NAHRUNGSMITTEL MIT WUNDER WIRKUNG

NAHRUNGSMITTEL MIT WUNDER WIRKUNG

Dieses Buch entstand in Zusammenarbeit zwischen
Reader's Digest Deutschland, Schweiz, Österreich –
Verlag Das Beste GmbH und der ADAC Verlag GmbH,
München

Deutsche Ausgabe
Producing: berliner buchmacher
Schlussredaktion: Text to go, Stuttgart

Reader's Digest
Projektleitung: Joachim Wahnschaffe
Grafik: Roland Sazinger
Bildredaktion: Christina Horut
Prepress: Andreas Engländer
Produktion: Thomas Kurz

Ressort Buch
Redaktionsdirektorin: Suzanne Koranyi-Esser
Redaktionsleiterin: Dr. Renate Mangold
Art Director: Susanne Hauser

Operations
Leitung Produktion Buch: Norbert Baier

Satz und Reproduktion: Colour Systems Ltd., London
Druck und Binden: Leo Paper Group, Hongkong

© 2008 der britischen Originalausgabe:
Reader's Digest Association Limited, London
© 2009 der deutschsprachigen Ausgabe:
Reader's Digest Deutschland, Schweiz, Österreich;
Verlag Das Beste GmbH, Stuttgart, Zürich, Wien
© 2009 ADAC Verlag GmbH, München

Das Werk einschließlich aller seiner Teile ist urheberrechtlich geschützt. Jede Verwendung außerhalb der engen Grenzen des Urheberrechtsgesetzes ist ohne Zustimmung des Verlags unzulässig und strafbar. Das gilt insbesondere für Vervielfältigungen, Übersetzungen, Mikroverfilmungen und die Verarbeitung in elektronischen Systemen.

Geschützte Warennamen (Warenzeichen) werden nicht besonders kenntlich gemacht. Aus dem Fehlen eines solchen Hinweises kann also nicht geschlossen werden, dass es sich um einen freien Warennamen handele.

Die Informationen und Ratschläge in diesem Buch wurden von den Autoren und vom Verlag sorgfältig erwogen und geprüft, dennoch kann eine Garantie nicht übernommen werden. Eine Haftung der Autoren bzw. des Verlags und seiner Beauftragten für Personen-, Sach- und Vermögensschäden ist ausgeschlossen.

US 4951/IC

Printed in China

ISBN 978-3-89915-518-1

Vorwort	8

Die Problemlösung für hohe Blutzuckerwerte

Kapitel 1
Die heimliche Gesundheitskrise — 10

Kapitel 2
Versteckte Effekte der Nahrungsmittel — 23

Kapitel 3
Folgen kohlenhydratarmer Diäten — 34

Kapitel 4
Durchbruch in der Ernährung — 38

Kapitel 5
Neue Ernährung in Aktion — 59

Nahrungsmittel mit Wunderwirkung

Äpfel	74
Auberginen	75
Avocados	76
Beeren	77
Blumenkohl	79
Bockshornklee	80
Bohnen/Kichererbsen	81
Brokkoli	83
Bulgur	84
Eier	86
Erbsen	88
Erdnussbutter	89
Essig	91
Fisch	93
Gelbwurz	95
Gerste	98
Haferflocken	99
Hühnchen und Pute	101
Joghurt	103
Kaffee	105
Käse	106
Kirschen	108
Kleie	109
Knoblauch	111
Kohl	112
Lamm	113
Leinsamen	114
Linsen	116
Meeresfrüchte	117
Melonen	119
Milch	121
Möhren	122

INHALTSVERZEICHNIS

Nudeln	123
Nüsse	125
Olivenöl	127
Pfirsiche, Aprikosen, Pflaumen	129
Pumpernickel	133
Rindfleisch	134
Roggenbrot	136
Rosenkohl	137
Samen	138
Sauerteigbrot	141
Schweinefleisch	142
Sojaprodukte	143
Spinat und Blattgemüse	145
Süßkartoffeln	147
Tee	150
Tomaten	152
Topinambur	153
Vollkornbrot und -mehl	154
Vollkornreis	156
Weizenkeime	159
Weizenkörner	160
Zimt	161
Zitronen	162
Zitrusfrüchte	163
Zwiebeln	165

So ist's gesünder!

3

Zum Frühstück	168
Zum Mittagessen	172
Für Zwischendurch	178
Zum Abendessen	180
Zum Dessert	186

Wunderbare Rezepte und Menüpläne

4

Rezepte	192
Menüpläne	303
1400 kcal-Tagesplan	304
1800 kcal-Tagesplan	306
2200 kcal-Tagesplan	308

Register	310–319
Bildnachweis	320

Vorwort

Ein gesundheitliches Problem von großer Tragweite zeichnet sich ab – eines, das auch Ärzte erst jetzt erkennen. Womöglich haben Sie noch nie davon gehört, und dennoch könnte es Sie bereits betreffen. Nicht Herz-Kreislauf-Erkrankungen, nicht Diabetes sind das Problem, obgleich es mit beiden verknüpft ist. Es ist der außer Kontrolle geratene Blutzuckerspiegel.

Bringen wir es auf den Punkt: In unserem Alltag nehmen wir viele Lebensmittel zu uns, die den Blutzucker nach oben katapultieren, um ihn dann rasch wieder abfallen zu lassen. Ein Blutzuckerabfall hat zur Folge, dass Sie sich schlapp, lustlos und gereizt fühlen und unmittelbar heißhungrig auf etwas Süßes werden. Wenn Sie das Auf- und Ab Ihres Blutzuckerspiegels akzeptieren, führt dies allmählich zur Steigerung des Hungergefühls, zu verminderter Leistungsfähigkeit und zur Gewichtszunahme.

Unsere Vorliebe für blutzuckersteigernde Nahrungsmittel kann – gepaart mit Bewegungsarmut – zur Entstehung einer Insulinresistenz führen. Dies geschieht vor allem dann, wenn die Mechanismen, die den Blutzuckerspiegel steuern, völlig erschöpft sind. Eine Insulinresistenz ist verknüpft mit ernst zu nehmenden Gesundheitsproblemen, angefangen von Herz-Kreislauf-Erkrankungen bis hin zum Diabetes.

Glücklicherweise kann man etwas gegen Insulinresistenz tun. Dieses Buch kann Ihnen helfen, Blutzuckerspitzen und -schwankungen zu vermeiden, ohne dass Sie Ihre Ernährung auf den Kopf stellen müssen.

In *Nahrungsmittel mit Wunderwirkung* werden 57 Lebensmittel vorgestellt, die Ihnen zu einer blutzuckerfreundlichen Kost verhelfen. Tauschen Sie zunächst bei jeder Mahlzeit nur ein Nahrungsmittel gegen ein anderes aus (essen Sie z. B. statt Weißbrot Vollkornbrot), und Sie werden schnell den Erfolg spüren. Dann kommt der nächste Schritt: Beziehen Sie einige weitere Lebensmittel ein (z. B. solche mit mehrfach ungesättigten Fettsäuren wie Avocado), und schon bald werden Sie sich besser fühlen und das Entstehen ernsthafter Krankheiten verhindern.

Sollten Sie bereits Diabetiker sein, können Ihnen diese Empfehlungen helfen, Ihre Zellen wieder empfindlicher auf einen Insulinanstieg reagieren zu lassen und Schwankungen des Blutzuckerspiegels zu vermeiden.

Sie können immer noch Ihr Steak essen – vorausgesetzt, es ist mager. Auch gegen Nudeln und andere kohlenhydratreiche Nahrungsmittel ist nichts einzuwenden, wenn Sie nur die richtigen wählen – Vollkornprodukte mindern das Diabetes-Risiko! Wir zeigen Ihnen auch, wie Essig, Gewürze oder die richtigen Öle Ihre Mahlzeiten gesünder machen können.

Nahrungsmittel mit Wunderwirkung basiert auf den neuesten Erkenntnissen und wurde für Menschen entwickelt, die wissen wollen, was sie wirklich essen sollen. Unsere Rezepte, die Zusammenstellung der Mahlzeiten und die Ernährungspläne machen es Ihnen unglaublich leicht, mit den »wunderbaren« Nahrungsmitteln das Richtige auf den Tisch zu bringen.

Wir geben Ihnen Tipps, wie eine Insulinresistenz in den Griff zu bekommen ist, wie Sie Ihr Fettbäuchlein loswerden, wie Sie sich vor Diabetes schützen (oder wie Sie einer bestehenden erfolgreich begegnen), wie Sie sich täglich immer besser fühlen und das Leben neu genießen können. Warten Sie bitte nicht, bis Sie den Arzt brauchen. Werden Sie aktiv, und entdecken Sie diese wundervollen Nahrungsmittel und tollen Rezepte, die Sie in diesem Buch erwarten.

Die Herausgeber

Die Problemlösung für hohe Blutzuckerwerte

Die heimliche Gesundheitskrise

KAPITEL 1

Abgesehen von Diabetikern haben die meisten Menschen wohl noch nie einen Gedanken an ihren Blutzucker verschwendet. Vor kurzem haben Ärzte und Forscher jedoch eine schockierende Wahrheit entdeckt: Wenn der Blutzuckerspiegel regelmäßig steigt und fällt wie ein ferngesteuertes Modellflugzeug, kann der Körper dadurch Schaden erleiden. Zunächst spürt man nichts. Die Folgen wie Leistungsabfall und Gewichtszunahme können jedoch zu schweren, sogar lebensbedrohenden Erkrankungen führen.

Um einen erhöhten Blutzuckerspiegel muss sich längst nicht mehr nur eine bestimmte Gruppe von Menschen sorgen, **jeder kann betroffen sein.**

Ob Sie nun Diabetiker sind oder nicht – eine Ernährung, die überwiegend aus rasch blutzuckersteigernden und -senkenden Nahrungsmitteln besteht, erhöht das Risiko für Herz-Kreislauf-Erkrankungen, denn einerseits nehmen die Blutgefäße Schaden, und andererseits steigt der Cholesterinspiegel. Vielleicht verdrängen Sie den Gedanken, jemals deshalb krank zu werden, dennoch besteht sogar ein erhöhtes Risiko für bestimmte Krebserkrankungen. Und nur Sie selbst können einen Weg beschreiten, der Ihnen eine bessere Lebensqualität und einige gesunde Jahre mehr bescheren kann.

Diese neue Denkweise scheint allmählich unser Verständnis für gesunde Ernährung zu verändern. Glücklicherweise entstehen gesundheitliche Schäden nicht von heute auf morgen. Daher: Die Zeit arbeitet für uns. Schon mit geringen Veränderungen in der täglichen Ernährung starten Sie in eine gesündere Richtung, die mit mehr Wohlgefühl, Leistungsfähigkeit und Lebensfreude verbunden ist.

Der Schwachpunkt glukosereicher Nahrungsmittel

Wie bekommt man einen schnellen Energieschub? Vielleicht mit einem Schokoriegel, einem Stück Kuchen oder Traubenzucker? Stimmt, denn die einfachen Kohlenhydrate sind leicht resorbierbar, sie belasten das Verdauungssystem nicht und sorgen für rasche Energiezufuhr, weil sie fast ungebremst ins Blut schießen. Sie überfluten es regelrecht mit Glukose. Der Blutzuckeranstieg hält jedoch nicht lange an, in der Tat fällt er fast genauso schnell wieder ab, wie er hochgeschnellt ist. Und Hunger zwischen den Mahlzeiten ist die Folge.

Viele Menschen beginnen den Tag mit Lebensmitteln, die schnell verpuffen und sie dann in ein Energie-Loch fallen lassen. Hierzu zählen das Brötchen mit Marmelade, die Cornflakes und das Buttercroissant. Zunächst fühlt man sich gestärkt und fit, doch schon in den späten Morgenstunden sinkt das Energie- und Leistungsniveau. Nachlassende Konzentration ist die Folge, verbunden mit unbändigem Heißhunger. So isst man am Mittag nicht nur große Mengen, sondern meist auch noch das Falsche. Dazu ein zuckerhaltiges Erfrischungsgetränk, und schließlich folgt noch etwas Süßes zum Nachtisch. Und der Kreislauf beginnt von vorn.

Leider besteht unsere Kost aus zahlreichen Produkten, die den Blutzuckerspiegel auf eine Achterbahnfahrt schicken. Die steilen Hochs und Tiefs machen schlapp und antriebslos. Außerdem begünstigen sie Übergewicht. Zu viel Essen und zu wenig Bewegung sind die Hauptgründe für Übergewicht. Doch auch der unkontrollierte Blutzucker hat seinen Anteil hieran, indem er eine Kette von Mechanismen auslöst, die Hunger und Sättigung steuern.

Warum Blutzucker eine Rolle spielt

Nach einer blutzuckersteigernden Mahlzeit sinkt bei den meisten Menschen der Blutzuckerspiegel innerhalb einiger Stunden wieder auf normales Niveau. Nur bei Menschen mit unbehandeltem Diabetes bleibt er die meiste Zeit stark erhöht. Daher galt lange Jahre, dass nur Diabetiker auf ihren Blutzuckerspiegel achten müssten. Heute wissen wir jedoch, dass sogar bei Gesunden ein erhöhter Blutzuckerspiegel nach den Mahlzeiten auf Dauer dem Körper schaden kann, auch wenn er nicht zum Diabetes führt. Kurz: Ein erhöhter Blutzuckerspiegel betrifft keineswegs nur Diabetiker, er betrifft so gut wie jeden.

> *Ein hoher Blutzuckerwert nach den Mahlzeiten kann schaden, auch wenn er nicht zum Diabetes führt.*

WIRKUNG schnell verwertbarer Kohlenhydrate

Schnell verwertbare Kohlenhydrate treiben den Blutzuckerspiegel kurzfristig in die Höhe. Das Auf und Ab kann sich rächen mit:

- Diabetes mellitus
- Müdigkeit
- Herzanfall
- Hunger

- Leistungsabfall
- Konzentrationsschwäche
- Stimmungsschwankungen
- Gewichtszunahme

Sogar dünne und gesunde Menschen sind nicht vor Schäden gefeit; zur Risikogruppe zählen jedoch insbesondere diejenigen, die zu wenig Bewegung haben und zum Fettansatz um die Körpermitte neigen.

Wie kann man aber aus dieser fatalen Achterbahn aussteigen? Es ist ganz einfach – dieses Buch zeigt Ihnen, wie es geht. Darin erfahren Sie, wie unsere Kost zu Blutzuckerschwankungen beiträgt (zu den schlimmsten Missetätern zählen Weißbrot, geschälter Reis, Kartoffeln und zuckerhaltige Getränke) und welche Nahrungsmittel ihn stabil halten können.

Energie und Übergewicht

Essen macht satt, oder etwa nicht? Das kommt darauf an! Mahlzeiten, die reich an Zucker und Stärke sind, passieren den Magen relativ schnell und werden im Dünndarm in Glukose gespalten, den Hauptenergieträger für Muskeln und Gehirn. Damit liefern sie rasch Energie.

Aber eine große stärkereiche Mahlzeit kann den Körper auch mit zu viel Glukose überschwemmen. Der Blutzuckerspiegel steigt dann eventuell doppelt so stark an wie nach einer anderen, gesünderen Mahlzeit. Bei den meisten Menschen sinkt er ziemlich schnell binnen 1 bis 2 Stunden nach dem Essen wieder ab. Dafür sorgt das Insulin, ein Hormon aus den Beta-Zellen der Bauchspeicheldrüse. Es ermöglicht, dass die Blutglukose zur Energiegewinnung in die Zellen geschafft wird und in die Muskeln gelangt.

Eine große Portion Pommes frites oder eine dicke Scheibe Weißbrot führen jedoch zu einem Blutzuckeranstieg, der durch eine Mehrproduktion von Insulin abgefangen werden muss. Bei bestehendem Übergewicht wird diese Reaktion noch verstärkt. Das »Mehr« an Insulin schließlich bringt den Blutzuckerspiegel schnell wieder herunter – aber zu weit. Und Insulin wirkt noch für Stunden im Organismus, sodass der Blutzuckerspiegel sogar niedriger werden kann als vor der Mahlzeit. Fazit: Der Körper gerät in eine Art Hungersituation (»Unterzucker«), die mit Unwohlsein und Kopfschmerzen einhergeht.

Der Körper reagiert auf die Unterzuckerung und steuert ihr entgegen, indem er Hormone ausschüttet, die Zucker und Fette mobilisieren, um den Blutzuckerspiegel auf das normale Niveau zu bekommen. Gleichzeitig signalisiert das Gehirn »Hunger«. Durch dieses Auf und Ab nimmt man schnell mehr Kalorien zu sich, als wirklich gebraucht werden, denn der Körper reagiert auf jede Unterzuckerung mit einem Verlangen nach Nahrung, insbesondere nach zuckerhaltigen Produkten.

WENN ESSEN HUNGRIG MACHT

Nicht nur ein niedriger Blutzuckerspiegel löst ein starkes Hungersignal aus, auch ein rasch abfallender. In 15 von 16 Studien wurde gezeigt, dass Mahlzeiten, die den Blutzucker schnell ansteigen lassen, zu Hunger zwischen den Mahlzeiten führen. Eine Studie an 65 Frauen, deren Mahlzeiten nachweislich den Blutzuckerspiegel stabil hielten, ergab, dass sie weniger Hunger zwischen den Mahlzeiten verspürten und weniger das Verlangen nach Essen hatten, vor allem am Nachmittag. Gesunde Mahlzeiten steigern die Ausschüttung von Leptin, einem Hormon, das Hunger bremst, für die Fettverbrennung wichtig ist und den Ghrelinspiegel (Ghrelin ist ein Hunger förderndes Hormon) senkt. Die Frauen dagegen, die blutzuckersteigernde Mahlzeiten bekamen, hatten früher wieder Hunger.

Einige Studien zeigten auch, dass Menschen, die solche Mahlzeiten zu sich nahmen, bei den darauf folgenden mehr aßen. In einer Untersuchung mit übergewichtigen jungen Männern wurde ein Mehrverzehr von 500 kcal innerhalb von 5 Stunden nach der Einnahme eines blutzuckersteigernden Frühstücks und Mittagessens festgestellt – gegenüber dem Verzehr von blutzuckerfreundlicheren Mahlzeiten. Andere Studien wiesen geringere Unterschiede auf. Allerdings können schon Differenzen von 150 und 100 kcal pro Tag darüber entscheiden, ob man auf Dauer ab- oder zunimmt. Natürlich kann man mit jeder kalorienreduzierten Kostform abnehmen – wer sich strikt an Diätplänen orientiert, kann durchaus sein Gewicht halten, hat allerdings einen harten Weg vor sich. Einfacher und gesünder ist es, mehr Nahrungsmittel mit Wunderwirkung zu essen.

EIN AUGENMERK AUF DAS FETT ...

Nach einer blutzuckersteigernden Mahlzeit wird mehr Insulin ausgeschüttet, um den Blutzucker zu drosseln. Das hemmt die Fettverbrennung. Statt Fett wird Blutzucker zur Energiegewinnung herangezogen. Die Folgen sieht man an der Figur: Menschen, die sich blutzuckersteigernd ernähren, weisen mehr Körperfett auf, vor allem im Bauchbereich.

In Untersuchungen, die übergewichtige Personen, Schwangere und Kinder einschlossen, führte eine den Blutzucker stabilisierende Kost zu höherem Verlust an Körperfett (und bei den Schwangeren zu weniger Körperfettzunahme während der Schwangerschaft). Durch die komplizierte Vernetzung der Stoffwechselabläufe kann eine Ernährung, die zu starken Blutzuckerschwankungen führt, sogar eine Verlangsamung der Stoffwechselaktivitäten zur Folge haben. Verglichen mit einer Kost, die den Blutzuckerspiegel stabil hält, reduziert sie den Ruheumsatz. In einer Studie mit 39 übergewichtigen Männern und Frauen lag der Unterschied bei etwa 80 kcal, die aufgrund der blutzuckerstabilisierenden Kost täglich mehr verbrannt wurden. Das macht in 6 Wochen 0,5 kg Gewicht aus, nach einem Jahr summiert sich dies auf 3,5 kg. Dabei ist die Gewichtsabnahme umso größer, je stärker das Übergewicht ausgeprägt ist.

Eine Bedrohung für das Herz

Es ist recht leicht zu verstehen, wie eine blutzuckersteigernde Ernährung zu Gewichtszunahme führen kann. Ungesunde Mahlzeiten wirken sich jedoch auch auf das Herz aus: Eine falsche Ernährung kann Arterienverstopfung begünstigen, was zu hohem Blutdruck führt und das Risiko für Herz-Kreislauf-Erkrankungen, Schlaganfall und Herzinfarkt erhöht.

Durch einen hohen Blutzuckerspiegel entstehen reaktionsfreudige Sauerstoffatome, sogenannte Freie Radikale. Sie greifen Zellstrukturen an und schädigen auch die Arterien, sodass die Regelung des Blutdrucks durch die Blutgefäße beeinträchtigt wird. Cholesterinablagerungen tragen ihren Teil dazu bei, indem sie die Gefäße verengen. Auch hohe Insulinspiegel können

---

HÖHEN UND TIEFEN des Blutzuckerspiegels Alle Kohlenhydrate erhöhen den Blutzuckerspiegel. Aber einige Kohlenhydratquellen, z. B. Kartoffeln und Weißbrot, steigern ihn stärker und schneller als andere, wie Vollkornprodukte. Höhere Spitzen bedeuten steilere Abfälle – der Blutzucker kann sogar weiter fallen als vor der Nahrungszufuhr (gestrichelte Linie) – die Energieversorgung rutscht ab.

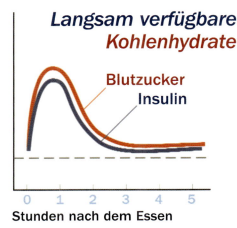

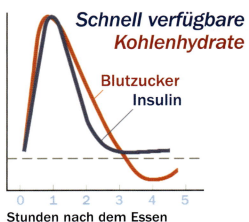

Menschen mit blutzuckersteigernder Ernährung neigen zu mehr Fettansatz, vor allem am Bauch.

dem Kreislaufsystem gefährlich werden und Veränderungen in Gang setzen, die den Blutdruck steigern, die Verklumpung von Blutplättchen fördern und das Risiko für Herz-Kreislauf-Erkrankungen erhöhen.

Nahrungsmittel, die zu Blutzuckerschwankungen führen, haben meist auch die Eigenschaft, das »gute HDL-Cholesterin« zu senken und die Triglyzeride im Blut zu erhöhen – hierunter versteht man Fette, die für ein erhöhtes Herz-Kreislauf-Risiko und den plötzlichen Herzstillstand verantwortlich gemacht werden.

Breit angelegte Studien haben gezeigt, wie schädlich diese Effekte für das Herz sein können. Eine Untersuchung mit mehr als 43 000 Menschen ab 40 Jahren ergab, dass von denen, die eine blutzuckersteigernde Kost erhielten, 37 % eine Herz-Kreislauf-Erkrankung in den folgenden 6 Jahren entwickelten. In der Nurses' Health Study mit mehr als 75 000 amerikanischen Frauen mittleren Alters litten bereits nach 10 Jahren doppelt so viele an einer Herz-Kreislauf-Erkrankung als in der »blutzuckerstabilen« Kontrollgruppe. Für übergewichtige Frauen erwies sich die blutzuckersteigernde Kost sogar als noch bedrohlicher. Die Triglyzeridspiegel waren bis zu 144 % höher als die von Frauen mit einer gesünderen Kost. Je günstiger der Blutzuckereffekt ist, desto besser ist die Ernährung für das Herz. Studien haben auch gezeigt, dass Menschen, die am wenigsten blutzuckererhöhende Nahrungsmittel essen, höhere HDL-, geringere Triglyzeridspiegel und weniger Herzanfälle haben.

Blutzucker und Krebs?

Das Auf und Ab des Blutzuckerspiegels hat, obgleich schwer vorstellbar, möglicherweise auch mit Krebs zu tun. Hohe Insulinspiegel scheinen dem Tumorwachstum Vorschub zu leisten. Die Forschung hierzu dauert jedoch noch an, sodass bislang keine abschließenden Erkenntnisse über den Zusammenhang von hohen Blutzuckerspiegeln und Krebs vorliegen. Dennoch gibt es durchaus Anlass, den Blutzucker bei folgenden Krebsarten in Betracht zu ziehen:

■ **Dickdarmkrebs** Eine amerikanische Studie mit über 50 000 Männern mittleren Alters zeigte, dass 32 % der Personen mit blutzuckersteigernder Kost innerhalb von 20 Jahren Dickdarmkrebs entwickelten. Je schwerer die Männer, desto größer das Risiko. Die Women's Health Study mit mehr als 38 000 Frauen zeigte ebenfalls ein steigendes Risiko, an diesem Krebs zu erkranken.

■ **Brustkrebs** Laut der Women's Health Study wiesen Frauen mit sitzender Tätigkeit und blutzuckersteigernder Kost nach 7 Jahren ein um 135 % höheres Brustkrebsrisiko auf als die Frauen mit einer blutzuckerfreundlicheren Kost. Diese waren noch nicht in der Menopause. Eine kanadische Studie mit 50 000 Frauen beweist, dass das Risiko in einer risikofreien Gruppe nach der Menopause bis auf 87 % steigt, insbesondere bei wenig körperlicher Betätigung. Eine mexikanische Studie ergab ein um 62 % erhöhtes Brustkrebsrisiko bei blutzuckersteigernder Kost, Ergebnisse aus Italien fanden eine Erhöhung um 18 %.

■ **Endometriumkrebs** In der Iowa Women's Healthy Study mit über 23 000 postmenopausalen Frauen ohne Diabetes und mit blutzuckersteigernder Kost wuchs das Risiko einer Krebserkrankung der Gebärmutterschleimhaut um 46 % innerhalb von 15 Jahren. Eine italienische Studie verglich die Ernährung von Frauen mit Brustkrebs und ohne. Das Risiko war unter einer blutzuckersteigernden Kost um 110 % erhöht.

■ **Prostatakrebs** In einer italienischen Studie wurde die Ernährung von 46 bis 76 Jahren alten Männern mit und ohne Prostatakrebs verglichen. Die Gruppe mit blutzuckersteigernder Kost wies ein um 57 % erhöhtes Risiko auf, ähnliche Ergebnisse lieferte eine kanadische Studie.

Stimmung und Gedächtnis

Wenn eine rasch und stark blutzuckersteigernde Mahlzeit Ihnen kurze Zeit später Energie entzieht, leidet darunter auch die Stimmung. Unsere Stimmungslage ist eng verknüpft mit hormonellen Regelungsmechanismen, einschließlich denen des Insulins. Diese wiederum beeinflussen Neurotransmitter, chemische Botenstoffe im Gehirn. Die Nährstoffe wirken auf unterschiedliche Weise darauf ein, indem sie sowohl schläfrig wie auch munter machen können. Am empfindlichsten reagiert jedoch das Gehirn auf den Blutzucker.

Im Gegensatz zur Muskulatur kann das Gehirn Zucker nicht speichern. Es braucht zu jeder Zeit genau die richtige Menge, um optimal zu funktionieren. Kein Wunder, dass es schon auf noch so kleine Blutzuckerschwankungen empfindlich reagiert. Am besten ist ein ständiger Nachschub, den man durch die hier aufgezeigten Nahrungsmittel erreichen kann.

Sowohl hohe wie auch niedrige Blutzuckerspiegel können die Stimmungslage und die Gehirnleistung beeinträchtigen. Personen berichten über eine stärkere Neigung zur Depressivität bei niedrigem Blutzuckerspiegel. Das Gedächtnis ist auch betroffen. In einer Untersuchung wiesen Diabetiker mehr Störungen bei der Verarbeitung von Informationen und im Erinnerungs- sowie Konzentrationsvermögen auf, wenn ihr Blutzuckerspiegel niedrig war – abgesehen von einer schlechten Stimmungslage. Bei Diabetikern des Typs 2 sind Blutzuckerschwankungen nicht nur mit einem schlechten Gedächtnis verknüpft, sondern auf Dauer auch mit abnehmender Wahrnehmung und Demenz.

Hohe Blutzuckerspiegel schaden dem Gehirn ebenfalls. Lange bevor ein Diabetes vorliegt, kann dadurch die Gehirnleistung, die mit der Speicherung von Erinnerungen verknüpft ist, verschlechtert werden, und das Alzheimer-Risiko steigt. Forscher fanden in einer Studie an der Universität New York heraus, dass bei Menschen mit der Neigung zu hohen Blutzuckerwerten das Ammonshorn, ein Teil des Gehirns, kleiner ist als bei Menschen mit niedrigeren Werten.

Wenn Sie den Blutzuckerspiegel im Gleichgewicht halten, trägt das zu besserem Befinden bei, und Sie bleiben geistig rege. Diabetiker, die ihren Blutzucker gut kontrollieren, sind besser gelaunt, neigen weniger zu Depressionen und sind weniger schlapp als andere, die es nicht tun. In Studien fand man Folgendes heraus: Je besser der Blutzuckerspiegel kontrolliert wird, desto besser können Diabetiker eine Textpassage nach dem Durchlesen wiedergeben und desto besser können sie sich Wörter aus einer Liste merken. Ein gutes Frühstück wirkt sich auf die Steigerung der geistigen Leistungsfähigkeit in den nächsten Stunden aus. Optimal ist ein Frühstück, dessen blutzuckerstabilisierende Wirkung bis zum Mittagessen anhält.

Weg zum Diabetes

Das Schlimmste am Verzehr von schnell verfügbaren Kohlenhydraten ist wahrscheinlich, dass sich dadurch mit der Zeit das Risiko eines Diabetes vom Typ 2 erhöht – einer Krankheit, die eng mit der Lebensweise zusammenhängt. Beim Diabetes vom Typ 2, des Weiteren nur »Diabetes« genannt, kann der Körper nicht genug Insulin produzieren, oder die Zellen sind resistent gegenüber der Insulinwirkung. Oft liegt beides vor. In beiden Fällen kann der Körper den Blutzuckerspiegel nicht konsequent kontrollieren.

Aus umfangreichen Langzeit-Studien wissen wir, dass der Verzehr von schnell verfügbaren Kohlenhydraten das Risiko eines Diabetes bei Männern mittleren Alters um 40 %, bei Frauen um 50 % steigert. Glücklicherweise geschieht das nicht über Nacht oder binnen einer Woche. Es dauert Jahre, oft sogar Jahrzehnte, bis der Punkt erreicht ist, an dem der Blutzucker außer Kontrolle gerät. Leider ignorieren die meisten Menschen das Risiko und korrigieren daher ihre Lebensgewohnheiten nicht.

Die gute Nachricht: Auf dem langsamen Kurs in den Diabetes kann man an jedem Punkt des Weges gegensteuern und wenden. Je früher das geschieht, desto besser. Blutzuckerstabilisierendes Essen ist ein wichtiger Schritt.

DER KAMPF gegen die Insulinresistenz

Nahrungsmittel, die den Blutzuckerspiegel stabil halten, können einer Insulinresistenz vorbeugen und eine bestehende rückgängig machen. Weitere Maßnahmen sind:

■ **Körperliche Bewegung** Regelmäßige Übungen und Sport reduzieren die Insulinresistenz. 30 Minuten auf dem Hometrainer, drei- bis viermal pro Woche, senken den Insulinspiegel um 20 % und den Blutzucker um 13 % – das reicht aus, um Prä-Diabetes abzuwenden.

■ **Ausreichend Schlaf** Weniger als 8 Stunden Schlaf verschlimmern die Insulinresistenz, möglicherweise dadurch, dass das Hormongleichgewicht gestört wird. Studien belegen, dass dies über Jahre hinweg das Diabetes-Risiko erhöht.

■ **Kalorien verringern** Weniger essen kann die Insulinempfindlichkeit verbessern und die Insulinmenge reduzieren. Eine Studie mit Männern und Frauen, die 6 Wochen lang ihre normale Kalorienzufuhr um 25 % reduzierten, ergab eine signifikante Senkung der Insulinspiegel. Andere Studien kamen zu ähnlichen Ergebnissen.

Insulinresistenz: Eine wachsende Epidemie

Haben Sie schon mal beim Heimwerken den Kopf einer Schraube beschädigt oder überdreht? Dann brauchen Sie viel Kraft, um diese nur ein wenig wieder herauszudrehen. Je stärker der Schraubenkopf beschädigt ist, desto schwieriger wird das.

Übertragen wir dieses Beispiel auf unseren Körper: Je mehr blutzuckersteigernde Nahrungsmittel wir essen, desto mehr Insulin muss der Körper bereitstellen, um die Blutzuckerlast zu mindern. Wiederholte Blutzuckerwellen können die Insulinrezeptoren überfordern, sodass sie nicht mehr auf normale Insulinmengen ansprechen und Insulin nicht mehr annehmen. Dann bleibt der Blutzuckerspiegel erhöht. Die Bauchspeicheldrüse muss noch mehr Insulin produzieren – wir sprechen dann von Insulinresistenz. In den westlichen Industrienationen, wo üppige Mahlzeiten und sitzende Tätigkeiten allgegenwärtig sind, ist die Insulinresistenz ein Volksübel. Schätzungsweise 25 % der Erwachsenen sind davon betroffen. Und wenn Übergewicht und ein Alter von über 45 vorliegen, stehen die Chancen 1:2, sie zu bekommen. Übergewicht und Bewegungsarmut sind deshalb Risikofaktoren.

Bei Insulinresistenz können die Blutzuckerwerte durchaus noch normal sein, auch wenn sie nach dem Essen erhöht sind. Ein Diabetes liegt (noch) nicht vor. Aber wenn das Blutzuckerkontrollsystem auf Dauer überlastet wird, nimmt es Schaden.

Zusätzliches Insulin, das vom Körper ausgeschüttet werden muss, kann den Blutdruck steigern, Blutfettstörungen hervorrufen und das Krebsrisiko erhöhen. Außerdem begünstigt es Übergewicht. Ein wahres Schreckensgespenst: Es besteht die zunehmende Wahrscheinlichkeit, dass auch im Gehirn eine Insulinresistenz entsteht, die die Nervenfunktionen betrifft und das Risiko für Alzheimer sowie Demenz erhöht. Und auch das Diabetes-Risiko steigt. Hohe Blutzuckerwerte und die Notwendigkeit, zusätzliches Insulin zu produzieren, schädigen die

Haben Sie das METABOLISCHE SYNDROM?

Beim Metabolischen Syndrom handelt es sich um eine Verkettung der vier Risikofaktoren Übergewicht, Insulinresistenz, Bluthochdruck und Fettstoffwechselstörungen. Liegt noch kein Diabetes vor, gilt das Metabolische Syndrom als Risiko Nr. 1 und als Vorstufe für Diabetes. Viele Experten, darunter auch die WHO (Weltgesundheitsorganisation), definieren das Syndrom über fünf Messgrößen. Die erste kann man selbst feststellen, die anderen werden vom Arzt gemessen.

Wenn Sie Ihre Werte wissen, machen Sie diesen Test.

- ☐ **Taillenumfang** Kreuzen Sie hier an, wenn er beim Mann mehr als 102 cm und bei der Frau mehr als 88 cm beträgt.
- ☐ **Triglyzeride** Der normale Wert liegt etwa bei 1,70 mmol/l* (150 mg/dl). Kreuzen Sie hier an, wenn Ihr Wert 1,70 mmol/l (150 mg/dl) beträgt oder höher ist.
- ☐ **Blutdruck** Ein normaler Blutdruck liegt bei 120/80 mm Hg oder leicht darunter. Kreuzen Sie hier an, wenn Ihr Blutdruck 130/85 mm Hg oder höher ist.
- ☐ **Nüchtern-Blutzucker** Der Wert wird 8 Stunden nach der letzten Nahrungsaufnahme festgestellt. Er liegt normalerweise zwischen 4,0 und 5,5 mmol/l (70 und 100 mg/dl). Kreuzen Sie hier an, wenn Ihr Wert bei 6,0 mmol/l (110 mg/dl) oder höher liegt.
- ☐ **HDL-Cholesterin** Das »gute« Cholesterin darf den Normalwert überschreiten. Kreuzen Sie hier an, wenn der Wert für den Mann unter 1,00 mmol/l (40 mg/dl), bei der Frau unter 1,30 mmol/l (50 mg/dl) liegt.

*) Diese Angaben stammen vom US National Institut of Health's National Cholesterol Education Program.

Ihr ERGEBNIS ermitteln Sie, indem Sie die Kreuzchen zählen.

0 Sie weisen keine Anzeichen für ein Metabolisches Syndrom auf. Bleiben Sie dabei!

1 Sie haben kein Metabolisches Syndrom, aber jeder dieser Punkte ist ein Risikofaktor dafür. Sie sollten diesen Faktor ausmerzen.

2 Sie haben kein Metabolisches Syndrom, aber Sie weisen bereits zwei Risikofaktoren auf, die mit dem Arzt abgeklärt werden müssen.

3 Sie haben das Metabolische Syndrom, und das Risiko steigt, einen Diabetes zu entwickeln und eine Herz-Kreislauf-Erkrankung zu bekommen. Nehmen Sie ab, treiben Sie mehr Sport und essen Sie gesünder. Sprechen Sie mit dem Arzt und nehmen Sie dieses Buch zur Hand.

4 Sie haben das Metabolische Syndrom und mit vier Risikofaktoren ein hohes Krankheitsrisiko. Nehmen Sie ärztliche Hilfe in Anspruch und folgen sie den Ratschlägen in diesem Buch.

5 Alle Risikofaktoren angekreuzt: Hier besteht ein sehr hohes Risiko, Diabetes zu bekommen und ein Herzleiden zu entwickeln. Sprechen Sie mit dem Arzt, treiben Sie mehr Sport und ernähren Sie sich gesünder – mit diesem Buch klappt es.

Beta-Zellen in der Bauchspeicheldrüse und führen zur Erschöpfung ihrer Tätigkeit. Dann liegt Diabetes vor.

Das Metabolische Syndrom: Eine Ansammlung von Problemen

Eine Insulinresistenz für sich ist schon gefährlich genug, aber es gibt noch mehr schlechte Nachrichten: Wenn sie vorliegt, dürften weitere Gesundheitsprobleme vorhanden sein, die alle miteinander zusammenhängen. Jedes für sich erhöht das Risiko für Herz-Kreislauf-Erkrankungen, aber wenn drei oder mehr zusammenkommen, wird das Risiko doppelt so hoch.

Dieses gefährliche Zusammenspiel von Übergewicht, Insulinresistenz, Bluthochdruck und Fettstoffwechselstörungen (s. Seite 18) wird »Metabolisches Syndrom« genannt. Wenn diese Konstellation vorliegt, die weltweit zunimmt, ist ein Diabetes vorprogrammiert, selbst wenn die Blutzuckerspiegel noch nicht zu hoch sind. Man schätzt, dass etwa 85 % der Typ-2-Diabetiker das Metabolische Syndrom haben.

Es dürfte jeden vierten Erwachsenen betreffen, kann sich aber bei jedem Menschen ausprägen, vor allem mit zunehmendem Alter. In einer breit angelegten Studie an Männern und Frauen ab 50 Jahren lag bei 44 % das Metabolische Syndrom vor. Bei Übergewicht ist das Risiko erhöht. Das Alter und Bewegungsarmut steuern zwar ihren Beitrag dazu bei, aber in vielen Fällen liegt jedoch die größte Gefahr in einer falschen Ernährungsweise.

Eine der umfangreichsten Langzeitstudien über Ernährung und Herz-Kreislauf-Erkrankungen ergab, dass durch eine Kost, die den Blutzucker nach den Mahlzeiten auf die Spitze treibt, voraussichtlich 40 % mehr Menschen das Metabolische Syndrom bekommen als Menschen, die Lebensmittel bevorzugen, wie sie in diesem Buch vorgestellt werden. Nach Angaben der WHO (Weltgesundheitsorganisation) liegt das Metabolische Syndrom vor, wenn drei oder mehr der folgenden Kriterien erfüllt sind:

Wenn Sie das Metabolische Syndrom haben, sind Sie prädestiniert für Diabetes, selbst wenn Ihr Blutzuckerspiegel noch nicht zu hoch ist.

■ **Abdominales Fett** Bei dem Fett um die Körpermitte handelt es sich um ein völlig anderes Fett als bei dem an Oberschenkeln und Hüfte. Das Fett, das sich an Bauch und Taille festsetzt, geht leichter ins Blut über, richtet dort viel Schaden an und erhöht das Risiko für Herz-Kreislauf-Erkrankungen. Die Figur des »Apfel-Typs« (breite Körpermitte) wird von Wissenschaftlern als genaueres Zeichen für dieses Krankheitsrisiko gewertet als Übergewicht und Fettsucht.

■ **Hohe Triglyzeridspiegel** Diese Fette sind im Fettgewebe gespeichert und werden im Blut transportiert. Sie werden zur Energiegewinnung abgebaut. Schon ein leichter Anstieg kann das Herz-Kreislauf-Risiko erhöhen.

■ **Niedrige HDL-Cholesterinspiegel** Vom »guten« HDL-Cholesterin haben Sie bestimmt schon gehört. Es kann das »schlechte« LDL-Cholesterin aus dem Blut zurück zur Leber schaffen, wo es abgebaut wird. Hohe LDL-Spiegel können zu Fettablagerungen in den Gefäßen führen und Arterienverkalkung (Arteriosklerose) verursachen. Menschen mit Metabolischem Syndrom haben meist niedrige HDL-Spiegel.

■ **Hoher Blutdruck** »Metaboliker« leiden oft an hohem Blutdruck. Auch wenn noch kein Bluthochdruck vorliegt, ist ein erhöhter Blutdruck zusammen mit den anderen Faktoren schlecht für Ihr Herz. Der Blutdruck sollte regelmäßig kontrolliert werden.

■ **Hohe Nüchtern-Blutzuckerspiegel** Wenn der Nüchtern-Blutzuckerspiegel erhöht ist, heißt das noch nicht, dass Diabetes vorliegt. Der Wert stellt jedoch einen Risikofaktor dar, der auf Insulinresistenz hinweist.

Prä-Diabetes (Diabetes-Vorstufe)

Selbst wenn eine Insulinresistenz sowie das Metabolische Syndrom vorliegen, kann ein Blutzuckertest beim Arzt normale Werte anzeigen.

Haben Sie PRÄ-DIABETES?

Nur ein Blutzucker-Test kann darüber sicher Auskunft geben. Wenn der Nüchtern-Blutzuckerspiegel (nach 8 Stunden Nahrungskarenz) zwischen 5,5 und 7,0 mmol/l (100 und 126 mg/l) liegt, handelt es sich um Prä-Diabetes, der Vorstufe des Diabetes. Es gibt auch einen Test, der den Blutzuckerspiegel nach einem zuckerreichen Getränk auswertet.

Warum und wann sollte man sich beim Arzt testen lassen?

■ **Wenn Sie älter als 45 Jahre sind**, ziehen Sie diesen Test in Betracht. Er ist unbedingt zu empfehlen, wenn Übergewicht vorliegt oder einige der folgenden Risikofaktoren zutreffen:

☐ **Ihre Eltern oder Geschwister** haben Diabetes. Oder Sie hatten selbst während der Schwangerschaft Diabetes (Gestations-Diabetes).

☐ **Ihre Vorfahren** stammen aus Afrika, der Karibik, Südasien oder sind arabischer Abstammung.

☐ **Sie sind Mutter** eines Kindes mit 4 kg oder mehr Geburtsgewicht, oder Sie hatten Schwangerschafts-Diabetes.

☐ **Sie haben einen Blutdruck** von 140/90 mmHg oder höher, oder Sie sind Bluthochdruck-Patient.

☐ **Die Cholesterinwerte** sind nicht normal: Das HDL-Cholesterin liegt bei 0,90 mmol/l (35 mg/dl) oder darüber, oder die Triglyzeride liegen bei 2,80 mmol/l (250 mg/dl) oder darüber.

☐ **Sie sind körperlich kaum aktiv.** Eine körperliche Betätigung erfolgt seltener als dreimal pro Woche.

Auch Personen unter 45 Jahren sollten den Test in Betracht ziehen, vor allem wenn Übergewicht vorliegt oder wenn mindestens eines der aufgeführten Kriterien zutrifft. Einige der Werte, wie die Blutdruck- und HDL-Werte, unterscheiden sich von denen, die im Test für das Metabolische Syndrom genannt werden. Der Grund hierfür liegt darin, dass Grenzrisikofaktoren an Bedeutung zunehmen, wenn sie in Kombination auftreten.

Haben Sie DIABETES?

Wenn der Nüchtern-Blutzuckerspiegel bei 7,0 mmol/l (126 mg/dl) oder darüber liegt, könnte es sich bereits um Diabetes handeln. Am besten ist es, sich schon im Vorstadium (Prä-Diabetes, siehe gegenüberliegende Seite) testen zu lassen, um rechtzeitig einzuschreiten. Viele Menschen wollen das Risiko nicht wahrhaben, bis sich die ersten Symptome zeigen. Das ist mehr als bedauerlich, denn obwohl Diabetes über Jahre hinweg ohne Krankheitssymptome bleiben kann, erhöht er das Risiko für Herz-Kreislauf-Erkrankungen, Erblindung und Nervenschäden. Je früher man den Blutzuckerspiegel unter Kontrolle bekommt, desto besser stehen die Chancen, Folgeschäden zu vermeiden.

Gehen Sie sofort zum Arzt, wenn Sie folgende Symptome feststellen:

- [ ] **Häufiges Harnlassen, auch nachts** Der Körper versucht, dadurch den Zucker aus dem Blut zu entfernen und mit dem Harn auszuschwemmen.

- [ ] **Starkes Durstgefühl** Wenn der Blutzucker nicht kontrolliert wird, kompensiert der Körper die hohe Blutzuckerkonzentration mit einem vermehrten Wassereinstrom ins Blut. Das führt zu starkem Durstgefühl.

- [ ] **Ständiger Appetit** Weil der Blutzucker nicht oder nicht schnell genug in die Zellen gelangt, verspürt der Mensch ständig Hunger.

- [ ] **Müdigkeit** Wenn den Körperzellen die Energie aus Glukose fehlt, können schon die einfachsten Dinge zur Erschöpfung führen.

- [ ] **Gewichtsverlust ohne Diät** Solange Glukose für die Energiegewinnung nicht zur Verfügung steht, muss der Körper seine Energie aus Fettdepots beziehen. Körperfett wird in Glukose umgewandelt, der Diabetiker nimmt ab.

- [ ] **Beeinträchtigtes Sehvermögen** Dabei handelt es sich um eine Netzhautschädigung, eine zunehmende Verschlechterung der Sehkraft bis zur vollständigen Erblindung.

- [ ] **Verzögerte und schlechte Wundheilung** Die hohen Glukosewerte im Blut und im Urin beeinträchtigen die Fähigkeit des Körpers, kleine Wunden zu heilen.

DIE HEIMLICHE GESUNDHEITSKRISE

Eine Zeit lang – sogar über Jahre hinweg – wird der Körper mit einem zu hohen Blutzuckerspiegel fertig, indem er nach den Mahlzeiten zusätzliches Insulin ausschüttet.

Bei manchen Menschen können jedoch die Insulin produzierenden Beta-Zellen der Bauchspeicheldrüse diese Mehrproduktion nicht aufrechterhalten. Ihre Tätigkeit lässt nach, und einige gehen zugrunde. Dann steht nicht mehr genug Insulin zur Verfügung und der Blutzucker gerät außer Kontrolle.

Der Blutzuckerspiegel kann dann am Morgen etwas erhöht sein. Normale Nüchtern-Blutzuckerwerte (nach 8 Stunden Nahrungskarenz) liegen zwischen 4,0 und 5,5 mmol/l beziehungsweise 70 bis 100 mg/dl Blut. Wenn sie zwischen 5,5 und 7,0 mmol/l beziehungsweise 100 und 126 mg/dl liegen, handelt es sich um die Vorstufe des Diabetes, genannt Prä-Diabetes. Noch liegt kein manifester Diabetes vor, aber der Weg dorthin ist nicht mehr weit.

Die Wahrscheinlichkeit, in den nächsten Jahren zum Diabetiker zu werden, ist hoch, aber noch lässt sich das verhindern. Das zeigte ein amerikanisches Forschungsprojekt, genannt Diabetes Prevention Program, das mit prä-diabetischen Männern und Frauen durchgeführt wurde. Einige der Versuchspersonen änderten ihre Lebensweise, wechselten zu gesünderen Mahlzeiten, nahmen Gewicht ab und brachten mehr Bewegung in den Alltag. Solche Maßnahmen verringerten die Wahrscheinlichkeit eines manifesten Diabetes um 58 %.

Diabetes

Wenn die Beta-Zellen aufgrund einer Insulinresistenz so stark geschädigt sind, dass ein Prä-Diabetes vorliegt und nicht durch eine Änderung der Lebensweise gegengesteuert wird, ist es meist unvermeidbar, einen manifesten Diabetes zu entwickeln. Die Beta-Zellen sind erschöpft, sie können ihre Funktion nicht mehr erfüllen mit der Folge, dass schon der Nüchtern-Blutzuckerspiegel bei 7,0 mmol/l (125 mg/dl) liegt. In diesem Stadium ist eine Diät Teil der Therapie. Darüber hinaus ist eine ärztliche Behandlung erforderlich, um durch Medikamente die Insulinresistenz sowie die Insulinproduktion zu verbessern. Eine Gewichtsabnahme, regelmäßige körperliche Betätigung und eine Ernährung mit blutzuckerfreundlichen Nahrungsmitteln sind das A und O der Diabetes-Therapie.

Nehmen Sie dieses Buch zu Ihrem Arzt mit und besprechen Sie mit ihm, wie Sie unsere Empfehlungen umsetzen können. Gemeinsam mit dem Arzt können Sie eventuell nach und nach die Medikamente reduzieren. Unter ärztlicher Aufsicht ist es für den Diabetiker mitunter durchaus möglich, ohne Medikamente auszukommen.

Die Lösung: Nahrungsmittel mit Wunderwirkung

Über die verborgene Gesundheitskrise – die Insulinresistenz und die damit verbundenen Gefahren, nämlich Diabetes, Herz-Kreislauf-Erkrankungen und weitere gesundheitliche Probleme – wird heute viel diskutiert. Schließlich beeinflusst unsere Ernährung die Gemütsverfassung, den Appetit, das Gewicht und letztendlich die Lebensdauer. Wenn wir wissen, was zu tun ist, können kleine Veränderungen bereits dazu beitragen, sich in Zukunft besser und gesünder zu fühlen.

Nahrungsmittel mit Wunderwirkung ist nicht mit einer Radikalkur gleichzusetzen. Es stellt die Ernährung nicht grundsätzlich auf den Kopf. Sie finden darin viele Bausteine für eine gesunde, bekannte Kost: Vollkorn, Obst, Gemüse, Nüsse, Samen, Hülsenfrüchte, Eier, mageres Fleisch, Geflügel, Fisch und fettarme Milchprodukte. Bewährtes wurde unter dem Aspekt der Blutzuckerstabilisierung überarbeitet, um den Blutzucker vor, während und nach dem Essen im Gleichgewicht zu halten. Das zeigen die Nahrungsmittel in Teil 2, die Mahlzeitenvorschläge in Teil 3 und die Rezepte sowie Menüpläne in Teil 4.

Versteckte Effekte der Nahrungsmittel

KAPITEL 2

Die meisten Menschen schaden ihrer Gesundheit, indem sie zu viele Nahrungsmittel essen, die den Blutzucker nach oben treiben. Abgesehen von der Gefahr, Diabetes und andere ernsthafte Krankheiten zu bekommen, machen sie müde, reizbar und lösen schon kurz nach dem Essen erneut Hunger aus. Doch es gibt andere Nahrungsmittel, die den Blutzuckerspiegel kaum beeinflussen oder ihn nur langsam und geringfügig steigern. Damit fühlen Sie sich länger fit und voller Energie.

Die Glykämische Last des Körpers ist ein wichtigeres Kriterium für die Gesundheit als die Aufnahme von Kohlenhydraten und Fetten.

Kohlenhydrate erhöhen den Blutzuckerspiegel.
Aber nicht alle Kohlenhydrate haben dieselbe Wirkung.

Leider sieht man den Lebensmitteln nicht an, ob sie den Blutzuckerspiegel drastisch erhöhen oder nicht.

Es ist doch ganz einfach, Vollkornnudeln statt geschältem Reis zu wählen, Hülsenfrüchte statt Kartoffelpüree, Vinaigrette statt Thousand Island Dressing und viele andere Lebensmittel durch gesündere zu ersetzen. Hier erfahren Sie, was diese Nahrungsmittel so »wunderbar« macht.

Zunächst geht es um die drei Hauptnährstoffe Kohlenhydrate, Eiweiß und Fett. Sie liefern uns Energie (Kalorien) und beeinflussen den Blutzuckerspiegel. Dann kommen wir zu zwei Inhaltsstoffen, die erstaunliche Wirkungen auf den Blutzuckerspiegel haben: lösliche Ballaststoffe und Essigsäure (in sauren Lebensmitteln).

Kohlenhydrate

Kohlenhydrate sind die Nährstoffe, die den Blutzuckerspiegel erhöhen. Sie sind in fast allen Nahrungsmitteln enthalten, außer in Fetten und Ölen sowie in Fleisch und Fisch. Die Gehalte sind sehr verschieden: Bohnenkerne enthalten etwa 21 % Eiweiß und 35 % Kohlenhydrate, geschälter Reis liefert etwa 7 % Eiweiß und 78 % Kohlenhydrate. Wichtig für eine Ernährung, die den Blutzuckerspiegel möglichst konstant hält, ist der Kohlenhydratgehalt der Lebensmittel und natürlich auch die Verzehrsmenge. Die Art der Kohlenhydrate spielt ebenfalls eine Rolle.

Der Glykämische Index

Wissenschaftler haben wahre Detektivarbeit geleistet, um herauszufinden, welche Kohlenhydrate gut bzw. schlecht für den Blutzuckerspiegel sind. Zunächst musste eine Messmethode für den Blutzuckereffekt gefunden werden. Im Jahre 1981 entwickelte der Ernährungswissenschaftler Dr. David Jenkins eine Messgröße, mit der man die Auswirkung bestimmter Nahrungsmittel auf den Blutzuckerspiegel darstellen kann. Er nannte sie Glykämischer Index (GI), die Vorsilbe »Glyk« bedeutet Glukose bzw. Blutzucker. Freiwillige Versuchspersonen aßen verschiedene Lebensmittel, die jeweils 50 g Kohlenhydrate enthielten. Dann wurden ihre Blutzuckerwerte im Verlauf von 2 Stunden nach Einnahme der Mahlzeit gemessen. Als Kontrolle diente eine reine Zuckergabe, Glukose (Traubenzucker), die identisch mit dem Blutzucker ist. Glukose geht sehr rasch ins Blut über, sie bekam den Glykämischen Index 100.

Der Glykämische Index öffnete den Wissenschaftlern die Augen. Bisher ging man davon aus, dass reiner Zucker der größte Feind des Blutzuckerspiegels ist, viel schlimmer als komplexe Kohlenhydrate wie Stärke, die wir in Reis, Kartoffeln, Nudeln und Brot finden. Aber das stimmt nicht ganz! Manche Lebensmittel wie Kartoffeln und Cornflakes rangieren ganz oben in der Liste des GI und erreichen fast den Wert für reinen Zucker.

DER GLYKÄMISCHE INDEX IST NICHT ALLES

Der GI ließ jedoch viele Fragen offen. Wie konnte es sein, dass als gesund geltende Lebensmittel wie Obst und Gemüse häufig hohe GI-Werte aufwiesen? Wassermelonen führen bei den Früchten sogar die Liste an. Aber niemand nimmt durch den Verzehr von Erdbeeren, Möhren oder Wassermelonen zu, auch führen sie nicht zu erhöhten Blutzuckerwerten. Was wurde im GI nicht berücksichtigt?

Der GI ist der Ausdruck für die Wirkung von 50 g Kohlenhydraten auf den Blutzuckerspiegel. Das entspricht etwa 1 kg Möhren oder Erdbeeren oder 600 g Wassermelone – eine Menge, die niemand isst. Das Gleiche gilt für die meisten anderen Gemüse- und auch Obstsorten, die wegen ihres hohen Wassergehalts kaum Kohlenhydrate enthalten. Anders bei Brot: Schon 2 Scheiben (100 g) oder 2 Brötchen liefern 50 g Kohlenhydrate. Der GI war also kein guter Anhaltspunkt.

Wissenschaftler entdeckten eine zweite Messgröße: die Glykämische Last (GL). Diese berücksichtigt nicht nur die Art der Kohlenhydrate, sondern die verzehrsübliche Menge des jeweiligen Lebensmittels.

Das ist viel sinnvoller, als nur den GI als Kriterium heranzuziehen. Unter diesem Aspekt schneiden Möhren, Erdbeeren, Wassermelonen und andere kalorienarme Lebensmittel sehr günstig ab – alle haben eine niedrige GL, denn ihr Kohlenhydratgehalt ist niedrig.

Die GL hat sich als Messgröße gut bewährt. Nicht nur die einzelnen Nahrungsmittel sind wichtig, sondern die Mahlzeit als Gesamtheit sowie komplette Speisepläne. Wissenschaftler prüften die GL von typischen Ernährungsweisen in verschiedenen Bevölkerungsgruppen und stellten fest: Je höher die GL ist, desto häufiger kommen Fettsucht, Diabetes, Herz-Kreislauf-Erkrankungen und Krebs vor. Eine in Kapitel 1 erwähnte Studie zeigt, dass bei Männern, die vorwiegend blutzuckersteigernde Nahrungsmittel essen, eine Wahrscheinlichkeit von 40 % besteht, einen Diabetes zu entwickeln. Das zeigt die GL ihrer Ernährung. Aus der Nurses' Health Study ist bekannt, dass bei Frauen, die häufig blutzuckersteigernde Nahrungsmittel essen, ein zweimal so hohes Risiko vorliegt, innerhalb von 10 Jahren eine Herz-Kreislauf-Erkrankung zu bekommen. Wieder liegt es an der GL. Je niedriger die GL in unserer Ernährung, desto höher ist die Wahrscheinlichkeit, das Gewicht zu halten und vor chronischen Krankheiten geschützt zu sein.

Manche Kohlenhydrate sind besser als andere

Warum haben kohlenhydratreiche Nahrungsmittel verschiedene GL? Das hat mit ihrer Art der Verarbeitung zu tun. Unter Kohlenhydraten versteht man Stärke und Zucker. Stärke, wie sie in Kartoffeln, Hülsenfrüchten und Mehl vorkommt, besteht aus langen, gedrehten Ketten von Zuckermolekülen. Der Körper »knackt« diese Strukturen, bis einzelne Zuckermoleküle (Glukose) vorliegen. Manche Stärkearten wie die im geschälten Reis sind für den Körper sehr einfach zu spalten, deshalb steigt der Blutzuckerspiegel nach dem Verzehr schnell an. Die Kohlenhydrate in Hülsenfrüchten dagegen werden nur langsam in Zuckermoleküle zerlegt, und diese gehen erst nach und nach ins Blut über. So steigt der Blutzucker langsam und geringfügig an. Folgende vier Faktoren beeinflussen die Dauer des Kohlenhydratabbaus:

Die KOHLENHYDRATDICHTE Die Glykämische Last (GL) beinhaltet die Menge der Kohlenhydrate in einer üblichen Portion. Ein Bagel (ca. 100 g) enthält etwa so viele Kohlenhydrate wie 650 g Wassermelone.

1 Bagel = *650 g Wassermelone*

55 g Kohlenhydrate

DIE ART DER STÄRKE – ODER WARUM GESCHÄLTER REIS UNGÜNSTIG IST

Unter Stärke versteht man eine lange Kette von Molekülen, die aus Zucker (Glukose) aufgebaut ist. Manche Ketten sind gerade, manche mehr oder weniger stark verzweigt, aber alle sind gedreht. Die gerade Stärkestruktur, genannt Amylose, lässt sich langsamer knacken, entsprechend langsam gehen die Glukosemoleküle ins Blut über. Die verzweigten Stärkemoleküle dagegen bieten den Enzymen viel mehr Angriffspunkte und werden deshalb schneller in Einzelzucker zerlegt. Diese Art der Stärke nennt man Amylopektin. Sie ist reichlich in Kartoffeln enthalten. Die Struktur allein ist dafür verantwortlich, dass diese Art von Stärke schneller abgebaut wird und den Blutzuckerspiegel rasch erhöht. Hülsenfrüchte (Erbsen, Bohnen, Linsen) sind reich an Amylose, der unverzweigten Stärke. Je mehr Amylose ein Nahrungsmittel enthält, desto langsamer wird es verdaut und desto langsamer gelangt die Glukose ins Blut. Manche Reissorten enthalten mehr Amylose als andere. Ist der Reis nach dem Kochen klebrig und weich, dann enthält er wenig Amylose: Deshalb erhöht dieser Reis den Blutzucker ziemlich schnell. Je härter der Reis, desto mehr Amylose ist enthalten und desto länger dauert es, bis der Zucker ins Blut gelangt. Wenn Sie gern Reis essen, dann wählen Sie am besten Vollkornreis.

DIE ART DES ZUCKERS – ODER WARUM OBST IMMER GUT IST

Das Kohlenhydrat Zucker begegnet uns in vielen Formen, etwa als Haushaltszucker (Saccharose), als Fruchtzucker (Fructose, in Früchten und Honig), als Milchzucker (Lactose, in Milchprodukten) und als Malzzucker (Maltose, in vergorener Gerste bzw. Malz). Frucht- und Milchzucker werden langsam resorbiert und gelten deshalb als »blutzuckerfreundlich«. Auch der normale Haushaltszucker, der je zur Hälfte aus Glukose und Fructose besteht, wird langsamer abgebaut als Stärke aus Brot und Kartoffeln. Natürlich ist Zucker deshalb nicht als gesund anzusehen. Hohe Zuckergehalte, insbesondere Fructose, erhöhen den Triglyzeridspiegel im Blut und damit die Blutfette, die Herz-Kreiskauf-Krankheiten begünstigen. Früchte enthalten Fruchtzucker, viel Wasser, Mineralien, Vitamine und Ballaststoffe. Da reiner Zucker all dies nicht enthält, ist er nur »leerer« Kalorienträger. Ein großes Glas Cola (500 ml) z. B. hat 55 g Zucker und 215 kcal – damit treibt das Getränk den Blutzuckerspiegel sofort in die Höhe.

KOCHEN – ODER WARUM REIS UND NUDELN BISS HABEN SOLLTEN

Jede Art von Stärke ist in kaltem Wasser unlöslich. Legen Sie ein Reiskorn ins kalte Wasser oder ein Stück rohe Kartoffel – es bleibt wie es

---

STÄRKE ist nicht gleich Stärke Kartoffeln erhöhen den Blutzuckerspiegel rasch, denn sie enthalten überwiegend das schnell abbaubare Amylopektin. Erbsen sind reich an Amylose, die langsamer »geknackt« wird.

Kartoffel (Amylopektin)   *Erbsen (Amylose)*

ist! Beim Kochen aber dringt Wasser in die kristalline Struktur der Stärke ein, und das führt zum Aufbrechen der Stärkekörnchen. So wird die Stärke besser verdaulich. Beim Abkühlen hingegen wird ein Teil der Stärke in eine Stärke umgewandelt, die im Verdauungstrakt nicht angreifbar ist und deshalb auch den Blutzucker nicht beeinflusst. Je weicher Reis, Nudeln und Kartoffeln gekocht werden, desto schlechter ist das für den Blutzuckerspiegel. Deshalb hat eine Portion Kartoffelpüree eine höhere GL als die gleiche Portion Kartoffelsalat.

VERARBEITUNGSGRAD – ODER WARUM SIE WEISSES MEHL MEIDEN SOLLTEN

Dunkles Brot kann genauso weich sein wie Weißbrot. Es gibt aber auch dunkle Sorten mit Körnern und Samen, die aufgrund des höheren Ballaststoffgehaltes besser sättigen und eine günstigere GL haben.

Handelsübliche Mehle – insbesondere normales Weizenmehl Type 405 – werden vom Körper schnell in Zuckermoleküle zerlegt und resorbiert. Deshalb empfehlen wir als Kohlenhydratquellen durchweg Vollkornmehle und Hülsenfrüchte. Wir sollten daher Weißmehlprodukte ganz bewusst reduzieren.

Bis zum 19. Jh. stellte man Mehl durch Zerquetschen und Mahlen der Getreidekörner zwischen Steinen her. Mühlräder und Turbinen sorgten für die nötige Kraft. Trotzdem war es schwierig, sehr feines Mehl zu gewinnen.

Danach kam die Mühlentechnologie mit Hochgeschwindigkeitsmahlwerken auf, die das Getreide hoch ausmahlen. Feines, weißes Mehl wurde damit für jeden erschwinglich. Für eine gesundheitsorientierte Ernährung war dies jedoch ein Rückschritt. Doch damit nicht genug: Aus Getreidekörnern entstehen auch Cornflakes, Popcorn und Puffreis, die aufgrund des hohen Verarbeitungsgrades höhere GI aufweisen als das Rohprodukt. Andererseits kann man auch Getreideschrote, grobe Mehle und Vollkornmehle produzieren, die für Schrotbrote verwendet werden und günstigere GI aufweisen.

Grünes Licht für NUDELN

Brot, sogar Vollkornbrot, kann den Blutzuckerspiegel rasch erhöhen. Nudeln dagegen – selbst wenn sie aus weißem Mehl hergestellt sind – haben eine niedrigere GL. Wie kann das sein?

Geben Sie gekochte Nudeln und ein Stück Brot in eine Schüssel mit Wasser. Das Brot fällt auseinander, die Nudeln nicht. Der Grund hierfür liegt darin, dass die aufgequollene Stärke im Nudelteig mit Eiweißmolekülen vernetzt ist. Auf diese Weise entsteht eine schlecht angreifbare, feste Struktur. Deshalb gehen die Kohlenhydrate von Nudeln, vor allem wenn sie *al dente* gekocht sind, langsamer ins Blut über als die von Kartoffeln oder den meisten Brotsorten. Auch Gnocchi – das sind nudelähnliche Klößchen aus Kartoffelteig – haben eine niedrigere GL als gekochte Kartoffeln. Nudeln, insbesondere Vollkornnudeln, finden Sie in Teil 2 »Nahrungsmittel mit Wunderwirkung«.

Nudeln sollten Sie nach italienischer Art zubereiten: bissfest gekocht, verfeinert mit Olivenöl und kombiniert mit Gemüse. Die Portionen sollten nicht zu groß sein, dazu können Sie Fisch oder mageres Fleisch servieren. Zum Abschluss gibt es frische Früchte.

In einer Studie nahmen Versuchspersonen mit einer eiweißreichen Kost 25 % weniger Kalorien zu sich als die Gruppe mit einer kohlenhydratreichen Kost.

Eiweiß (Protein)

Im Gegensatz zu Kohlenhydraten beeinflusst das Eiweiß den Blutzuckerspiegel nicht. Es wird im Körper in Aminosäuren gespalten, die einerseits Bestandteil jeder Zelle sind, andererseits für den Aufbau von Muskeln, Enzymen und Hormonen benötigt werden und nicht zuletzt als Neurotransmitter im Gehirn fungieren. Eine kohlenhydratfreie Ernährung zwingt den Körper dazu, den lebenswichtigen Blutzucker durch den Umbau von körpereigenem Eiweiß in Glukose zu gewinnen, und damit geht das ebenfalls lebenswichtige Eiweiß dem Körper verloren.

Dieses wiederum gewinnt der Körper durch Eiweißquellen wie Fisch, Geflügel, mageres Fleisch, Soja- und Milchprodukte sowie Eier, die deshalb zu den Nahrungsmitteln mit Wunderwirkung gehören. Wenn Sie kohlenhydratreiche gegen eiweißreiche Nahrungsmittel bei gleicher Kalorienzahl austauschen, hilft das, den Blutzuckerspiegel stabil zu halten. Reichen Sie z. B. zu Ihrem Reisgericht etwas Geflügel oder Fisch – auf diese Weise essen Sie weniger Reis, reduzieren Sie ihre GL und werden trotzdem satt.

Während Eiweiß positiv abschneidet, müssen wir bei Fett sehr vorsichtig sein. So enthalten etwa Schinkenspeck, Pommes frites und Hamburger vorwiegend gesättigte Fettsäuren, die eine Insulinresistenz begünstigen und verstärken können. Magere Produkte wie fettarme Milch oder Hähnchenbrust ohne Haut sind weitaus besser, denn sie sind kalorienarm und enthalten wenig gesättigte Fettsäuren. Fisch sollte ein Muss auf Ihrem Speisezettel sein: Er liefert die für die Herzgesundheit wichtigen Omega-3-Fettsäuren. Hülsenfrüchte, ebenfalls gute Eiweißquellen, sind fettarm und enthalten reichlich Ballaststoffe, was sich günstig auf den Blutzuckerspiegel auswirkt.

Was noch alles für Eiweiß spricht

Eiweiß hat weitere Vorteile: Einige Substanzen in unserem Körper, die für die Regulierung des Blutzuckerspiegels notwendig sind, werden aus Aminosäuren aufgebaut. Es ist daher sehr sinnvoll, eiweißhaltige Nahrungsmittel in eine Kohlenhydratmahlzeit einzubinden.

Außerdem verlangsamt der Eiweißanteil die Verdauung, denn der Aufschluss von Eiweißmolekülen nimmt längere Zeit in Anspruch. Sind Kohlenhydrate eingeschlossen, erfolgt auch deren Spaltung nur nach und nach, sodass die Zuckermoleküle relativ langsam ins Blut übergehen.

Kürzlich wurde eine Studie mit gesunden Versuchspersonen durchgeführt, die ein stärkereiches Frühstück (mit Weißbrot) bekamen und daraufhin ein stärkereiches Mittagessen mit Kartoffelpüree und Hackbällchen. An bestimmten Tagen wurde ihnen ein Molkedrink als Extra-Eiweißportion zusätzlich verabreicht. An diesen »eiweißreichen« Tagen reduzierte sich ihr Blutzuckerspiegel 2 Stunden nach der Mahlzeit um 50 % verglichen mit den Werten an den »kohlenhydratreichen« Tagen.

Eine Studie mit Diabetikern ergab, dass die Gabe von Molke zur normalen Kost den Blutzuckerspiegel innerhalb der folgenden 2 Stunden um 21 % senkte.

Eiweiß, insbesondere Milcheiweiß, regt demnach die Bauchspeicheldrüse zur Insulinproduktion an. Die Insulinausschüttung muss jedoch dem Blutzuckerspiegel angepasst sein. Wenn Eiweiß zusammen mit Kohlenhydraten aufgenommen wird, ist das in zweierlei Hinsicht sinnvoll: Einerseits wird die Kohlenhydratspaltung verlangsamt und die Blutzuckerbelastung bleibt niedrig, andererseits wird für einen adäquaten Insulinnachschub gesorgt. So kann man gezielt einer Insulinresistenz entgegenwirken.

Eiweiß und Abnehmen

Eiweißreiche Kostformen sollen angeblich die Gewichtsabnahme fördern. Eiweiß reduziert den Hunger, verlängert die Hungerzeitspanne zwischen zwei Mahlzeiten und mindert das Magenknurren. Das ist bewiesen. In einer Studie über 6 Tage aß eine Gruppe Versuchspersonen eine eiweißreiche Kost mit niedrigem GI, die andere Gruppe verzehrte eine eiweißarme, kohlenhydratreiche Diät. Beide Gruppen durften essen, so viel sie wollten. Die Gruppe, die sich eiweißreich ernährte, nahm im Durchschnitt 25 % weniger Kalorien zu sich als die »Kohlenhydratgruppe«. In einer weiteren 6-monatigen Studie verloren Versuchspersonen mit einer eiweißreichen Diät mehr Gewicht als mit einer kohlenhydratreichen. Sie aßen weniger, weil die Kost besser sättigte.

Es macht durchaus Sinn, dem Körper ausreichend Eiweiß zuzuführen, denn dadurch läuft der Stoffwechsel auf Hochtouren. Wenn mehr Eiweiß als nötig und wenig Kohlenhydrate zugeführt werden, z. B. bei einer Diät mit wenig Kohlenhydraten, stellt der Körper Kohlenhydrate aus überschüssigem Eiweiß her. Fehlt beides, wird Muskeleiweiß in Glukose umgewandelt. Die Muskulatur muss jedoch vor Abbau geschützt werden. Nur eine angemessene Eiweißzufuhr schützt uns daher bei einer kohlenhydratarmen Ernährung vor einem Verlust an Muskelmasse.

Wir verlieren bei einer eiweißbetonten Kost mehr Körperfett und weniger Muskelmasse als bei einer eiweißarmen Diät. Eine eiweißbetonte Ernährung enthält etwa 30 % Eiweißkalorien, verglichen mit der normalen Kost, die 15 bis 20 % Eiweißkalorien vorsieht. Wir empfehlen eine Ernährung mit 20–30 % Eiweißkalorien.

WAS EIWEISS alles kann Wenn Sie Eiweiß etwa in Form von Krabben zu einer kohlenhydratreichen Mahlzeit geben, verringern Sie deren Glykämische Last (GL) – weil man bei gleicher Portionsgröße weniger Kohlenhydrate isst. Eiweiß trägt deshalb zu einem stabilen Blutzuckerspiegel bei.

Gebratener Reis

Gebratener Reis mit Krabben

Niedrige GL

VERSTECKTE EFFEKTE DER NAHRUNGSMITTEL

Eine mäßig fettreduzierte Kost kann genauso zur Gewichtsabnahme beitragen wie eine fettarme Ernährung.

Fett

Fett hat von jeher ein schlechtes Image. Viele Menschen denken, je weniger Fett sie essen, desto besser. Aber das stimmt nicht, denn Fett ist nicht gleich Fett!

Das Schlagwort »Low fat« hat viele Menschen in ein ungesundes Fahrwasser gebracht. Sie kompensierten weniger Fett mit mehr leicht verfügbaren Kohlenhydraten, wie sie in fettarmen Chips und Gebäck enthalten sind – und wollten sich damit sogar etwas Gutes tun. Tatsächlich aber ist dies Gift für den Blutzuckerspiegel. Darüber hinaus werden damit kaum Kalorien gespart.

Fett muss nicht unbedingt unser Feind sein. Bestimmte Fette sind lebenswichtig und haben einen positiven Einfluss auf den Stoffwechsel. Ebenso wie Eiweiß erhöht Fett den Blutzuckerspiegel nicht. Deshalb ist es gesünder, statt kohlenhydratreicher Chips ab und zu ein paar Nüsse zu essen.

Ebenso wie Eiweiß braucht auch Fett eine gewisse Zeit der Verdauung. Es verlangsamt die Magenentleerung und mildert den Blutzuckeranstieg selbst nach einer kohlenhydrathaltigen Mahlzeit. Machen Sie den Salat deshalb mit etwas Olivenöl an und mischen Sie einige Tropfen unter die Nudeln, ein paar gehackte Nüsse machen Reisgerichte knackiger und gesünder. Fettreiche Kaltwasserfische lassen sich hervorragend grillen, und Avocadoscheiben ersetzen auf gesunde Art die Butter auf dem Brot.

Gutes Fett, schlechtes Fett

Den gesunden Fetten in Nüssen, Ölen und Fisch stehen die ungesunden in Hamburgern, Pommes frites und Butter gegenüber. Fett in unserer Ernährung senkt zwar die GL von kohlenhydratreichen Speisen, aber mit der Zugabe von Butter und Sahne zum Kartoffelpüree ist uns nicht wirklich geholfen – im Gegenteil! Butter ist ein tierisches Fett und besteht wie fast alle diese Fette überwiegend aus gesättigten Fettsäuren. Sie verstopfen nicht nur die Blutgefäße, sondern sind auch schlecht für den Blutzuckerspiegel. Studien an Mensch und Tier ergaben, dass gesättigte Fettsäuren in der Ernährung die Insulinresistenz auf verschiedene Art forcieren. Sie wirken entzündungsfördernd, was den Zellen schadet, Zellmembranen werden weniger durchlässig für Glukose, und damit sprechen die Insulinrezeptoren an den Zellmembranen schlechter auf Glukose an.

Eine Ernährung, die reich an gesättigten Fettsäuren ist, stellt das höchste Risiko für eine Insulinresistenz und das Metabolische Syndrom dar. Die Lösung besteht darin, fettreiche Nahrungsmittel wie fettes Fleisch, Wurst, Butter, Sahne, fettreiche Milchprodukte, Sahnetorten, fettreiche Süßigkeiten und Frittiertes zu meiden und stattdessen fettarme Produkte wie mageres Fleisch, Geflügel, fettarme Milchprodukte, magere Käsesorten und Halbfettmargarine zu essen.

Die »günstigen« Fette sind überwiegend pflanzlichen Ursprungs. Dazu gehören Avocados, Nüsse, Samen und Kerne sowie die Öle, die daraus gewonnen werden. Auch Seefisch enthält gesundes Fett mit wertvollen Fettsäuren. Die mediterrane Kost, eine der gesündesten Kostformen überhaupt, besteht aus 30 bis 35 % Fettkalorien, die vor allem aus ungesättigten Fettsäuren bezogen werden.

Schutz für das Herz

»Gute« Fette sind herzfreundlich. Ersetzen Sie den Cheeseburger durch eine kleine Fischmahlzeit und die Butter (tierisches Fett) durch Erdnussbutter (pflanzliches Fett), die reich an ungesättigten Fettsäuren ist. Auf diese Weise senken Sie den LDL-Cholesterinspiegel und erhöhen das »gute« HDL-Cholesterin. Eine Hand voll Nüsse hin und wieder ist tatsächlich gesund für das Herz und kann das Herz-Kreislauf-Risiko um bis zu 25 % senken.

Sie sollten auch öfter eine Seefischmahlzeit essen. Sie liefert die wichtigen Omega-3-Fettsäuren, die nachweislich vor Herz-Kreislauf-Erkrankungen schützen, indem sie Ablagerungen entgegenwirken und die Fließeigenschaft des Blutes verbessern. Schon zwei Fischmahlzeiten pro Woche, am besten Lachs, Hering oder Makrele, reduzieren das Herz-Kreislauf-Risiko.

Gewicht verlieren

Alle denken an das Fett in der Nahrung, wenn es ums Abnehmen geht. Fett liefert viele Kalorien – das stimmt. Neueste Studien belegen jedoch, dass es beim Abnehmen darauf ankommt, einerseits Fett zu sparen, aber auch andererseits die richtigen Fette zuzuführen. Fett hat eine gute Sättigungswirkung. Das ist wichtig, um eine Diät durchzuhalten. Fett ist auch ein Geschmacksträger. Keine Diät funktioniert, wenn sie nicht schmeckt. Aus verschiedenen Studien wissen wir, dass extrem fettarme Diäten schon frühzeitig scheitern, abgebrochen werden und die Gewichtsabnahme nicht zufriedenstellend ist. Mäßig fettreduzierte Diäten dagegen sind schmackhafter, bieten mehr Abwechslung bei den Rezepten, werden länger durchgehalten und haben auf lange Sicht mehr Erfolg.

Den Blutzucker senken durch lösliche Ballaststoffe

Eiweiß, Fett und Kohlenhydrate sind Makro-Nährstoffe, die dem Körper außer essenziellen Bausteinen auch Kalorien (Energie) liefern. Darüber hinaus gibt es weitere Makro-Nahrungsbestandteile mit großer Bedeutung, die aber keinen Nährwert haben – nämlich Ballaststoffe. Wir unterscheiden lösliche und unlösliche Ballaststoffe. Sie kommen nur in pflanzlichen Nahrungsmitteln vor, in Getreide, Obst und Gemüse. Alle fördern die Verdauung, sättigen und reduzieren den Blutfettspiegel – aber die löslichen Ballaststoffe tragen auch noch zur Senkung des

SPITZENREITER im Gehalt löslicher Ballaststoffe

Insgesamt sollte man täglich mindestens 30 g Ballaststoffe zu sich nehmen, davon 10 g lösliche Ballaststoffe.

GETREIDEKÖRNER (80 g gekocht)

Gerste	1 g
Hafer	1 g
Haferflocken	7 g

HÜLSENFRÜCHTE (125 g gekocht)

Augenbohnen	1 g
Grüne Bohnen	2 g
Kichererbsen	1 g
Kidney-Bohnen	3 g
Lima-Bohnen	3,5 g
Schwarze Bohnen	2 g
Spaghetti-Bohnen	1 g

GEMÜSE (80 g gekocht)

Brokkoli	1 g
Möhren	1 g
Rosenkohl	3 g

OBST (1 mittelgroße Frucht, wenn nicht anders angegeben)

Apfel	1 g
Birne	2 g
Grapefruit	2 g
Heidelbeeren (80 g)	1 g
Orange	2 g
Pflaumen (40 g)	1,5 g

Lösliche Ballaststoffe in der Ernährung halten den Blutzuckereffekt in Schach.

Blutzuckerspiegels bei. Amerikanische Forscher untersuchten die blutzuckersenkende Wirkung von Haferbrei (Porridge) und Gerstenbrei (er enthält mehr lösliche Ballaststoffe) bei übergewichtigen Frauen mittleren Alters. Allein der Getreidebrei bewirkte einen um 30 % niedrigeren Blutzuckerspiegel 3 Stunden nach der Mahlzeit, verglichen mit dem Verzehr von süßem Pudding. Und Gerstenbrei schnitt gegenüber Haferbrei um 60 % besser ab.

Wie aber wirken nun lösliche Ballaststoffe? Mischt man Wasser unter Getreideflocken, entsteht ein Brei, vor allem wenn es sich um heißes Wasser handelt. Probieren Sie es einmal mit Haferflocken. Sie kommen kernig und trocken aus der Packung, zusammen mit Wasser quellen sie, und es wird Brei daraus. Ein kleiner Teil der Ballaststoffe sorgt für die breiige Konsistenz, der andere für den Biss. Beide haben zwar keinen Nährwert, sind aber dennoch wertvoll, weil sie einerseits den Blutzuckeranstieg vermindern, andererseits Cholesterin binden und aus dem Körper schleusen. Nicht zuletzt regen sie die Darmtätigkeit an.

Lösliche Ballaststoffe in unserer Ernährung sind ein wichtiger Schlüssel zur Stabilisierung des Blutzuckerspiegels. Auch haben sie weitere gesundheitsfördernde Eigenschaften. Haferflocken etwa senken nachweislich einen hohen Cholesterinspiegel, sie reduzieren auch die Triglyzeride im Blut und tragen dazu bei, einen erhöhten Blutdruck zu senken. Viele andere Nahrungsmittel enthalten ebenfalls reichlich lösliche Ballaststoffe (siehe Übersicht auf Seite 31).

Ernährungsexperten empfehlen, täglich 30 g Ballaststoffe (lösliche und unlösliche) zuzuführen. Eine wünschenswerte Menge an löslichen liegt zwischen 9 und 12 g pro Tag – eine Empfehlung, die sich leicht umsetzen lässt:

Frühstück: ein Haferflockenmüsli mit kleinen Apfel- oder Birnenstücken.

Mittagessen: Reichen Sie immer Salat und Gemüse zum Essen. Und zum Dessert Früchte wie Orangen, Birnen oder Beerenobst.

Abendessen: Auch hier sollte unbedingt Gemüse vertreten sein. Gerichte mit Kohl (Rosenkohl, Blumenkohl, Kohlrabi) sind günstig.

Viele der ballaststoffreichen Nahrungsmittel haben eine niedrige GL und können dadurch die Gesamt-GL einer Mahlzeit senken. Kombinieren Sie z. B. 90 g Reis mit 125 g Bohnen – verglichen mit 180 g purem Reis (die Zahlen gelten für gekochte Nahrungsmittel), reduzieren Sie die GL um die Hälfte.

Sauer bringt Power!

Es wäre doch fantastisch, den Speisen etwas hinzuzufügen, das den Blutzuckeranstieg bremst. So etwas gibt es! Es ist Essigsäure, enthalten in Essig, in in Essig eingelegtem Gemüse, in Senf und sogar in Brot aus Sauerteig.

Die Wirkung ist verblüffend: In einer kleinen Studie mit einer Personengruppe, die zum Frühstück mit Butter bestrichene Bagels und Orangensaft (hohe GL) zu sich nahm, schnellte deren Blutzucker nach oben. Aber wenn zusätzlich Apfelessig oder ein Getränk mit Apfelessig zugeführt wurde, waren die Blutzuckerwerte nach der Mahlzeit um 50 % niedriger. Auch der Zusatz von Essig bei Hauptgerichten, z. B. zu Hähnchen und Reis, bremste den Blutzuckeranstieg.

Wie kann das sein? Wahrscheinlich liegt das an der Veränderung des Säure-Basen-Verhältnisses im Darm. Wissenschaftler vermuten dahinter das Zusammenwirken von Enzymen beim Abbau größerer Zuckermoleküle und Stärke. Kohlenhydrate aus Milchprodukten, Kartoffeln und Getreide müssen erst durch Enzyme zerlegt werden, um dann als Glukose ins Blut gelangen zu können. Essigsäure soll über die Beeinflussung des pH-Wertes die Verweildauer der Speisen im Magen-Darm-Trakt verlängern und damit die Verdauung verzögern. Sie erhöht zudem die Übergangsrate der Glukose ins Blut und deren Transport in die Zellen. Wie auch immer das Ganze abläuft, wir können dieses

WEINTRINKER
aufgepasst!

Alkohol kann in Maßen getrunken dem Blutzuckerspiegel gut tun. Ein moderater Konsum – ein paar Mal pro Woche, ein bis zwei Gläser pro Tag – führt zu niedrigeren Nüchtern-Insulinspiegeln, höherem HDL-Cholesterin, weniger Körperumfang und zu einem niedrigeren Triglyzeridspiegel. Kurz: Das Risiko für das Metabolische Syndrom ist geringer (s. Seite 19).

Alkohol senkt das Risiko für Diabetes um 33 bis 56 %, wie der Rückblick auf mehr als 30 Studien zeigt. Selbst wenn bereits Diabetes vorliegt, verringert er das Risiko für Herz-Kreislauf-Erkrankungen um 34 bis 55 %.

Wein, vor allem Rotwein, gilt als besonders herzfreundlich. Er enthält Antioxidantien, die vor Insulinresistenz schützen. Außerdem enthält Wein Säuren, die den Blutzuckereffekt nach dem Essen abfangen. Auch Bier hat günstige Wirkungen: Verglichen mit Erfrischungsgetränken enthält Bier wenig Kohlenhydrate.

Beim Alkoholgenuss ist die Menge entscheidend für den gesundheitlichen Wert. Ein Glas ist definiert als 330 ml Bier, 150 ml Wein und 45 ml Schnaps. Wenn Diabetes vorliegt, fragen Sie im Hinblick auf Alkohol bitte Ihren Arzt. Alkohol senkt den Blutzuckerspiegel, es kann zum »Unterzucker« kommen.

Phänomen nutzen, indem wir uns jeden Tag einen schönen Salat mit Vinaigrette gönnen und ein belegtes Brötchen immer mit einer Essiggurke oder einem Klecks Senf abrunden. Mehr dazu in Teil 2.

Ernährung kann Wunder wirken

Sie verstehen nun, warum geschälter Reis den Blutzuckerspiegel schnell erhöht, Haferbrei ihn nur ganz langsam anhebt und eine Hähnchenkeule überhaupt keinen Einfluss darauf hat. Und auch warum die löslichen Ballaststoffe in Hülsenfrüchten und die Säure in Essig den Blutzuckerspiegel stabil halten. In Kapitel 4 kommen wir darauf zurück und decken die sieben Regeln der »wunderbaren« Ernährung auf, die tatsächlich zu besseren Blutzuckerwerten beitragen. Belasten Sie sich nicht mit den GL-Zahlen, orientieren Sie sich nur an den fünf Bereichen »sehr niedrig, niedrig, mittel, hoch und sehr hoch«. Mehr dazu in Teil 2.

Sie müssen nicht nur Nahrungsmittel aus der Kategorie »sehr niedrig« oder »niedrig« auswählen. Auf die richtige Mischung kommt es an. Ersetzen Sie nur eine Zutat mit hoher GL gegen eine mit niedriger GL, und die gesamte Mahlzeit schneidet, was den Blutzucker betrifft, besser ab. Beachten Sie aber auch, dass die GL von der Portionsgröße abhängt. Wenn Sie eine doppelte Portion essen, steigt der Blutzuckerspiegel entsprechend. Gleiches gilt auch umgekehrt: Wenn Sie 50 % weniger Kohlenhydrate essen, sinkt der Blutzuckerspiegel um die Hälfte.

Folgen kohlenhydratarmer Diäten

KAPITEL 3

Was erhöht den Blutzuckerspiegel?
Ganz einfach – Kohlenhydrate! Warum entfernen wir sie nicht aus unserer Ernährung wie Unkraut aus dem Garten? Warum verzichten wir nicht einfach auf Nudeln, Reis, Kartoffeln, Brot und Müsli? Fast waren wir soweit, doch inzwischen ist der Low-Carb-Trend rückläufig. Es macht nachweislich keinen Sinn, die Menge an Kohlenhydrate auf Dauer herunterzuschrauben. Das heißt aber nicht, dass wir sie nicht im Auge behalten sollten.

Viele kohlenhydratarme Kostformen stellen sich als leere Versprechungen heraus, sie sind weder effektiv noch gesund.

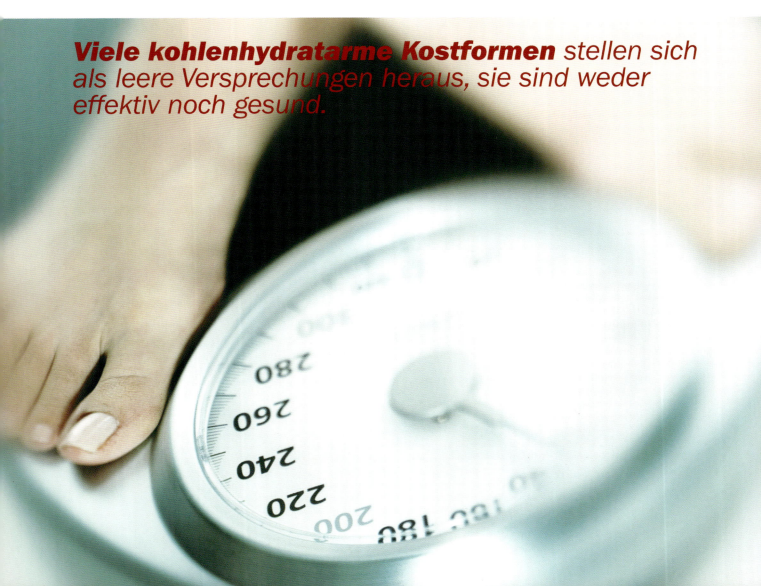

Als die Low-Carb-Diäten

(kohlenhydratarme Diäten) aufkamen, schien Neues den Low-Fat-Boom (fettarme und kohlenhydratreiche Diäten) abzulösen. Low-Fat-Produkte waren wohl doch nicht der Weisheit letzter Schluss? Mit Low-Carb dagegen sollten die Menschen unbesorgt Schinken, Wurst und Fleisch essen und trotzdem abnehmen – solange sie kohlenhydrathaltige Beilagen wie Brot und Nudeln wegließen. Man war erstaunt über die Wirkung, denn der Gewichtsverlust war verblüffend. Auch der Gesundheitsstatus verbesserte sich: Blutdruck, Cholesterin, Triglyzeride – alles im grünen Bereich.

Die extremste kohlenhydratarme Ernährung geht auf Dr. Robert Atkins zurück. Sein erstes Buch *Dr. Atkins' Diet Revolution* erschien 1972. Es versprach einen schnellen Gewichtsverlust, eine Schutzwirkung gegen chronische Krankheiten und das alles trotz fett- und eiweißreicher Kost. Andere Diätformen ließen zwar kleine Mengen an Kohlenhydraten zu, trotzdem waren die meisten Getreideprodukte und sogar stärkehaltige Gemüse- und Obstarten ausgeschlossen.

Low-Carb-Diäten auf dem Rückzug

Die Atkins-Diät und andere kohlenhydratarme Kostformen, die nachfolgten, scheitern daran, dass sie auf Dauer weder effektiv noch gesund sind. Oft ist ein Gewichtsverlust nur von kurzer Dauer, bald wiegt man sogar mehr als vorher. Auch der Blutfettspiegel steigt allmählich, und sogar der hohe Blutdruck ist bald wieder da. Und ohne Nudeln und Brot wird das Essen bald langweilig und unattraktiv. So muss eine Diät scheitern! Bei einer extrem kohlenhydratarmen Diät geschieht nämlich Folgendes …

Sie fühlen sich elend!

In der Einstiegsphase in eine kohlenhydratarme Diät werden nahezu alle Kohlenhydratquellen aus der Ernährung verbannt. Nur etwa 20 g Kohlenhydrate pro Tag (das sind weniger als 100 kcal und entsprechen einer Minischeibe Brot) sind erlaubt. Bei einer Diät mit täglich 1200 kcal entspricht diese Menge 8 % der Kalorienmenge. Experten hingegen empfehlen einen Anteil von 45 bis 65 % Kohlenhydratkalorien!

Wenn die tägliche Kohlenhydratzufuhr unter 100 g fällt, greift der Körper die Muskeln an, um die darin gespeicherte Glukose (Glykogen) zu mobilisieren. Die Speicher sind schnell aufgebraucht, sodass Körperfett zur Glukosebildung herangezogen werden muss. Das ist nicht effizient und ein komplizierter Weg, der nur in Hungersituationen beschritten wird. Es entstehen dabei Ketonkörper, die im Blut nachweisbar sind. Der Atem riecht seltsam, das allgemeine Wohlbefinden ist schlecht, man fühlt sich müde, schwindelig, niedergeschlagen und erschöpft.

Wenn Kohlenhydrate fehlen, ist der Körper nicht leistungs- und konzentrationsfähig. Allein das menschliche Gehirn benötigt pro Tag mindestens 125 bis 130 g Glukose (Traubenzucker), um optimal zu funktionieren, ganz zu schweigen von anderen Körperfunktionen. Es darf deshalb nicht verwundern, dass mit nur 20 g Kohlenhydraten pro Tag keine Leistung zu erwarten ist.

Die Gesundheit leidet

Wenn Übergewicht oder gar Fettsucht vorliegen, eine Insulinresistenz, Prä-Diabetes oder Diabetes, dann kann eine drastische Reduktion der Kohlenhydratzufuhr zunächst Vorteile haben: Der Blutzucker- sowie der Insulinspiegel sinken, auch kann der Blutdruck und der Triglyzeridspiegel fallen und das »gute« HDL-Cholesterin ansteigen. Aber gleichzeitig wird Muskelmasse (Muskeleiweiß) abgebaut, denn bei Kohlenhydratmangel kann Glukose durch den Umbau von Eiweiß bereit-

Wird Fett für die Blutzuckerbildung verbrannt, entstehen Ketonkörper, die zu Müdigkeit und Leistungsabfall führen.

gestellt werden. Wenn auch das nicht ausreichend vorhanden ist, wird Fett abgebaut, um Muskelmasse zu schonen. Sobald man wieder normal isst, legt man Gewicht zu.

Auch sind die Auswirkungen auf das Herz nicht zu unterschätzen: Kostformen, die reich an gesättigten Fettsäuren sind, viel Fleisch und andere tierische Produkte sowie wenig Gemüse enthalten, treiben den LDL-Cholesterinspiegel in die Höhe. Auch steigt der Homocysteinspiegel, eine Aminosäure, die das Risiko für Herz-Kreislauf-Erkrankungen erhöht. Beim Fettabbau fallen Nebenprodukte an, Ketone, die die Niere stark belasten.

Low-Carb-Diäten stören die Insulinempfindlichkeit. Eine Mindestmenge an Kohlenhydraten ist nötig, damit in der Bauchspeicheldrüse überhaupt so viel Insulin produziert wird, dass der Blutzuckerspiegel aufrechterhalten bleibt.

Mit Low-Carb fehlt etwas

Es geht zunächst gar nicht darum, dass Ihnen das tägliche Brot oder das Obst fehlen. Ihr Körper wird wertvoller Nahrungsmittel mit lebenswichtigen Nähr- und Wirkstoffen beraubt. Zu ihnen zählen:

■ **Vollkorngetreide** Es liefert genau die Nährstoffe, die vor dem Metabolischen Syndrom, Diabetes, Herz-Kreislauf-Erkrankungen, Schlaganfall und einigen Krebsarten schützen können.

■ **Obst und Gemüse** Frische Ware beugt Herz-Kreislauf-Erkrankungen, Schlaganfall und Krebs vor. Die meisten Obst- und Gemüsearten enthalten wenig Kalorien und gehören deshalb in jede kalorienbewusste Ernährung. Es ist erwiesen, dass Menschen, die viel Obst und Gemüse essen, schlanker und gesünder sind als andere.

■ **Hülsenfrüchte** Sie sind wahre Eiweiß- und Kohlenhydratbomben, dazu noch reich an Ballaststoffen, Mineralien und Vitaminen. Manche enthalten sekundäre Pflanzenstoffe, die vor Herz-Kreislauf-Erkrankungen und Krebs schützen sollen.

■ **Fettarme Milchprodukte** Sie sind wichtig, um den Eiweiß- und Kalziumbedarf zu decken. Ersetzen Sie Butter durch Halbfettmargarine und Sahne durch Sauerrahm oder Joghurt.

■ **Ballaststoffe** Außer den Milchprodukten liefern die genannten Nahrungsmittel Ballaststoffe, die wir zum Schutz vor Diabetes und Herz-Kreislauf-Erkrankungen brauchen. Lösliche Ballaststoffe senken den Blutzuckerspiegel, bremsen das Hungergefühl und senken den LDL-Cholesterinspiegel.

■ **Vitamine, Mineralstoffe und sekundäre Pflanzenstoffe** Das sind Substanzen ohne Nährwert, aber mit breitem Wirkungsspektrum: Obst und Gemüse, Getreide und Hülsenfrüchte liefern diese kraftvollen Stoffe, die essenzielle Eigenschaften haben, aber auch antioxidativ, krebshemmend und herzschützend wirken.

Sie essen zu viel ungesundes Fett

Die Original Atkins-Diät wurde vor allem deshalb so populär, weil sie genau die Nahrungsmittel erlaubte, die traditionell in anderen Diäten verboten waren, z. B. Speck, fettreichen Käse und Sahne. Die Diät wurde mittlerweile dahingehend überarbeitet, dass nunmehr Produkte mit gesünderen Fetten, wie Fisch und Olivenöl, erlaubt sind. Auch andere Low-Carb-Diäten haben sich allmählich von den gesättigten Fettsäuren verabschiedet. Dennoch nimmt man mit tierischen Nahrungsmitteln mehr Fett zu sich, vor allem wenn man gleichzeitig Brot, Obst, Gemüse und Hülsenfrüchte ausklammert. Auf welche Nahrungsmittel sollte man nun wirklich verzichten?

Wenn wir überwiegend Fette mit gesättigten Fettsäuren verzehren – die Original Atkins-Diät enthält mehr als doppelt so viele Kalorien in Form von tierischen Fetten, als von Ernährungswissenschaftlern heute empfohlen –, dann ist das schlichtweg ungesund. Zwar erlaubt die überarbeitete Atkins-Diät auch mageres Geflügel und Fisch, dennoch kommt es den meisten Atkins-Anhängern auf Butter und Speck an.

Gesättigte Fettsäuren beeinträchtigen die Fähigkeit des Körpers, auf Insulin zu reagieren. Low-Carb-Diäten mit gesättigten Fettsäuren können zwar kurzfristig zum Gewichtsverlust führen, aber sie fördern gleichzeitig die Entwicklung einer Insulinresistenz. Daraus können das Metabolische Syndrom, Diabetes sowie Herz-Kreislauf-Erkrankungen resultieren.

Wieder da – das Übergewicht!

Zwei große Studien über Low-Carb-Diäten, die im *New England Journal of Medicine* veröffentlicht wurden, beobachteten fettleibige Männer und Frauen, die sich kalorienarm ernährten. Eine Gruppe aß eine kohlenhydratarme, fettreiche Diät, die andere aß kohlenhydratreich und fettarm.

In der ersten Studie, die über 6 Monate ging, wurde für die Low-Carb-Gruppe ein Erfolg festgestellt: Ihre Mitglieder verloren im Durchschnitt etwa 6 kg Gewicht, die der »fettarmen« Gruppe dagegen nur 2 kg. Die zweite Studie, die auf 12 Monate angelegt war, brachte dann die Wahrheit zu Tage: Das Gewicht, das durch kohlenhydratarme und fettreiche Diäten erreicht wird, wurde auf Dauer nicht gehalten. Innerhalb der ersten sechs Monate schnitt die Low-Carb-Diät gut ab, in den folgenden Monaten kamen die Pfunde wieder. Nach Ablauf eines Jahres wurden bei beiden Gruppen keine signifikanten Unterschiede zum Ausgangsgewicht festgestellt. Deshalb haben extreme Low-Carb-Diäten heute wieder an Interesse verloren.

Die richtige Zusammensetzung

Die Gewichtsabnahme durch Low-Carb-Diäten hat nicht unbedingt etwas mit der Reduktion der Kohlenhydrate zu tun. Der Haupteffekt beruht auf der Steigerung von Eiweiß. Statt viel Fett zu essen, sollte besser der Eiweißgehalt der Kost erhöht werden. Dann braucht man die Kohlenhydrate auch nicht drastisch zurückzufahren. In Kapitel 2 war bereits die Rede davon, durch mehr Eiweiß das Gewicht besser unter Kontrolle zu bekommen. Der Grund liegt darin, dass die Verstoffwechslung von Eiweiß ziemlich viel Energie benötigt, mehr als die von Fett und Kohlenhydraten. Außerdem zügelt Eiweiß den Hunger. Neue Studien eröffnen neue Erkenntnisse, was die Zusammensetzung der Hauptnährstoffe auf Dauer betrifft. In einer Untersuchung an der Universität der Washington School of Medicine in Seattle erhielten Versuchspersonen eine Diät mit 50 % Kohlenhydratkalorien. Das ist keine kohlenhydratarme Kost, auch gilt sie nicht als kohlenhydratreich.

Anfangs bekamen die Testpersonen 15 % Eiweißkalorien und 35 % Fettkalorien, was die meisten Menschen zu sich nehmen. Dann wurde die Relation verändert: Der Kohlenhydratanteil von 50 % blieb gleich, aber Eiweiß wurde auf 20 % erhöht und Fett auf 30 % gesenkt. Während der gesamten Versuchsdauer durften die Teilnehmer so viel essen, wie sie wollten – aber sie aßen weniger als zuvor. Innerhalb von 14 Wochen nahmen sie aufgrund des geänderten Eiweiß/Fett-Verhältnisses im Durchschnitt 5 kg ab (davon 3,5 kg Körperfett).

Mehr Eiweiß und mäßig Kohlenhydrate

Wir essen zu viele Kohlenhydrate. Und damit auch zu viele Kalorien, die unnötig und vermeidbar sind: Chips, Pommes frites, Schokoriegel, zuckerhaltige Getränke und Kuchen tragen dazu bei. Deshalb ist es sinnvoll, die Kohlenhydratzufuhr leicht zu drosseln und Nahrungsmittel mit niedriger GL anstelle von schnell verfügbaren Kohlenhydraten zu bevorzugen.

Im nächsten Kapitel stellen wir Ihnen eine Ernährungsweise vor, mit allen Vorteilen einer kohlenhydratreduzierten Kost und ohne die bekannten Risiken. Davon profitieren der Blutzuckerspiegel und die Insulinausschüttung. Sie essen magere Eiweißprodukte, die anhaltend satt machen. Ergänzt wird diese Kost durch ausschließlich gesunde Fette, damit der LDL-Cholesterinspiegel nicht steigt und das Herz nicht unnötig belastet wird.

> **Der Haupteffekt** von Low-Carb-Diäten beruht auf ihrem höheren Eiweißgehalt.

Durchbruch in der Ernährung

KAPITEL 4

Sie wissen jetzt, wie wichtig die Ernährung für einen stabilen Blutzuckerspiegel ist. Es ist also sinnvoll, sich über die Zusammensetzung der Mahlzeiten Gedanken zu machen. Einige Tipps dazu werden in den Kapiteln 1–3 bereits genannt. In diesem Kapitel zeigen wir Ihnen genau auf, wie Sie schrittweise gesünder essen und den Blutzuckerspiegel auf Dauer stabil halten. Sie werden sich mit den *Nahrungsmitteln mit Wunderwirkung* so wohlfühlen, dass Sie niemals wieder so essen wollen wie früher.

Dies ist keine Diät im herkömmlichen Sinn, sondern eine gesunde, praktikable Ernährungsweise, die Sie ein Leben lang beibehalten können.

In diesem Kapitel lernen Sie die sieben Regeln der Nahrungsmittel mit Wunderwirkung kennen und erfahren, wie Sie diese in die Praxis umsetzen können. Das ist ganz einfach. Denn wenn Sie nur einige wenige Nahrungsmittel aus Ihrer normalen Kost gegen gesündere austauschen, fühlen Sie sich viel leistungsfähiger und beugen sowohl chronischen wie auch altersbedingten Krankheiten vor.

Es handelt sich hierbei nicht um eine Diät im üblichen Sinn. Vielmehr ist es eine langfristige Strategie, die zur gesunden Ernährung führt. Sie hilft nicht nur, den Blutzuckerspiegel stabil zu halten, sondern auch Übergewicht zu verhindern. Das Beste daran ist, dass Sie jederzeit so viele Nahrungsmittel gegen andere austauschen können, wie Sie möchten. Sie können z. B. nur von weißem auf Vollkornreis wechseln, oder Möhren statt Chips knabbern – oder beides, bis Sie dann einen weiteren Schritt machen. Vielleicht beginnen Sie aber gleich viel ehrgeiziger? Wir wollen Ihnen hiermit ein Werkzeug an die Hand geben, das Ihnen zu besseren Blutzuckerwerten verhilft.

Mit Nahrungsmitteln mit Wunderwirkung brauchen Sie nicht auf Brot zu verzichten, Sie sollten aber das richtige wählen und die richtigen Mengen zu sich zu nehmen. Auch Kartoffeln und weißen Reis dürfen Sie essen, wiederum auch in Maßen. Gleiches gilt für Nudeln. Und wir raten Ihnen, zum Frühstück Müsli zu verzehren.

Eiweißreiche Nahrungsmittel sättigen gut und sorgen für einen stabilen Blutzuckerspiegel. Verabschieden Sie sich von ungesunden Fetten und greifen Sie zu pflanzlichen, die den Blutzuckereffekt der Kohlenhydrate abschwächen.

Lernen Sie auch einige einfache Tricks kennen, mit denen sich viel erreichen lässt. Das richtige Salatdressing, zum Beispiel, kann den Blutzuckereffekt der gesamten Mahlzeit verlangsamen. Auch fernöstliche Gewürze wirken dem Anstieg des Blutzuckers entgegen. Und säurehaltige Früchte, Nüsse und Samen sind wahre Gesundheitspakete.

Es geht nicht darum, die bisherige Ernährung völlig über den Haufen zu werfen – mit kleinen Veränderungen lässt sich schon viel erreichen. Mischen Sie einfach einen gewürfelten Apfel ins Müsli, wählen Sie statt Weißbrot ein Sauerteigbrot und essen Sie statt Bratkartoffeln Pellkartoffeln. Ob Sie nun einen Austausch pro Mahlzeit vornehmen oder einen pro Tag, Ihr Blutzuckerspiegel profitiert davon.

Die Umstellungen sind ganz einfach – und das Ergebnis beachtlich: mehr Wohlbefinden, weniger Gewicht, mehr Fitness, ein gesünderes Herz, ein geringeres Diabetes-Risiko, Schutz vor Krebs und eine bessere Lebensqualität.

Die sieben Regeln der Nahrungsmittel mit Wunderwirkung

Die Strategie in diesem Buch basiert auf sieben Ernährungsregeln, von denen einige schon lange bekannt sind. Alle diese Regeln zielen darauf ab, den Blutzuckerspiegel den ganzen Tag über stabil zu halten. Hier werden die sieben Regeln kurz zusammengefasst. Schreiben Sie sie am besten auf und kleben Sie den Zettel an den Kühlschrank. So werden Sie immer daran erinnert.

1 Wählen Sie Kohlenhydrate mit niedriger GL und kleine Portionen. Kohlenhydratreiche Produkte wie Getreide und stärkereiche Gemüsearten (hohe GL) treiben den Blutzuckerspiegel nach oben. Langsam verfügbare Kohlenhydrate haben eine niedrigere GL. Sie wirken nur langsam und moderat auf die Blutzuckersteigerung. Beschränken Sie daher die Kohlenhydratportion.

2 Dreimal Vollkorn am Tag Damit nehmen Sie weniger schnell und mehr langsam verfügbare Kohlenhydrate zu sich, außerdem reichlich Ballaststoffe, Vitamine und Mineralien. Das hat nicht nur einen positiven Blutzuckereffekt, sondern schützt auch vor Diabetes und ist herzfreundlich.

3 Mehr Obst und Gemüse essen Die Ernährungsgesellschaften in Deutschland, Österreich und der Schweiz empfehlen unter dem Motto »Fünf am Tag«, fünfmal pro Tag eine Obst- oder Gemüseportion zu essen. Damit wird unser Vitamin- und Mineralstoffkonto gedeckt, die Kost sättigt gut, Kalorien werden begrenzt, und die meisten Nahrungsmittel gelten als blutzuckerfreundlich.

4 Jede Mahlzeit sollte Eiweiß enthalten Es mindert die GL der Gesamtmahlzeit, sättigt, bremst das Hungergefühl und hilft somit beim Abnehmen.

5 Bevorzugen Sie nur »gute« Fette Sie helfen, den Blutzucker unter Kontrolle und die GL der Gesamtmahlzeit niedrig zu halten. Außerdem schützen sie das Herz.

6 Achten Sie auf säurehaltige Nahrungsmittel wie Essig, Früchte, Gewürzgurken. Sie mildern den Blutzuckeranstieg nach dem Essen.

7 Essen Sie kleinere Portionen Damit sparen Sie Kalorien und steuern Übergewicht sowie Insulinresistenz entgegen.

Regel 1 Wählen Sie Kohlenhydrate mit niedriger GL und kleine Portionen

Die meisten Kohlenhydrate lassen den Blutzuckerspiegel rasch ansteigen. Wir essen reichlich Kartoffeln, oft gebraten oder als Pommes frites. Auch Brot wird in großen Mengen verzehrt, leider zu wenig Vollkornbrot. Bei Reis dominieren die weißen, geschälten Sorten. Dazu kommen Kuchen, Gebäck, Riegel und Snacks, die überwiegend aus weißem Mehl hergestellt sind. Damit jedoch noch nicht genug: Zuckerhaltige Getränke, übersüßte Milchmixgetränke und Süßigkeiten jeder Art werden massenhaft konsumiert. Hier sollten Sie als Erstes ansetzen, denn vieles lässt sich ganz leicht ändern oder komplett streichen.

Sagen Sie einfach »weniger«!

Ein Ziel besteht darin, weniger Produkte mit hoher GL zu essen. In den letzten 25 Jahren hat das Angebot an kohlenhydratreichen Produkten und Fast Food drastisch zugenommen. Die meisten davon haben eine hohe GL. Und wir greifen bedenkenlos und häufig zu. Fragen Sie sich doch: »Brauche ich das jetzt wirklich?« Weniger ist mehr! Konsumieren Sie weniger Knabberzeug, weniger Pommes frites, weniger Weiß- und Toastbrot, weniger Kuchen, weniger Cola und Limonaden, weniger Milchmixgetränke, weniger Riegel. Und wenn Sie Müsli essen, dann können Sie die Hälfte der (meist gezuckerten) Getreideflocken durch frische Früchte (Äpfel, Beeren) ersetzen. Der Magen ist zufrieden, die Verdauung profitiert, und die Leistung läuft auf Hochtouren. Dass auch der Blutzuckerspiegel im grünen Bereich bleibt, versteht sich dabei von selbst.

Eine niedrige Glykämische Last (GL)

Gönnen Sie sich ab und zu ein Müsli mit niedriger GL. Eine Portion Müsliflocken aus Vollkornhafer und Trockenfrüchten (nicht nur) zum Frühstück hält den Blutzuckerspiegel über Stunden bis zur nächsten Mahlzeit auf stabilem Niveau. Mischen Sie noch frische Früchte darunter, verwenden Sie kaum Zucker und profitieren Sie von den Vitaminen sowie den Fruchtsäuren.

Eine normale Portion Cornflakes wiegt 60 g und hat eine GL von 48. Eine Portion Vollkornmüsli wiegt 30 g und hat, zusammen mit einem mittelgroßen Apfel, nur eine GL von 15 – das sind zwei Drittel weniger. Entsprechend günstig wirkt sich dies auf einen Blutzuckeranstieg aus.

Ein weiteres Beispiel: Essen Sie am Abend statt Pellkartoffeln besser ein Nudelgericht. Eine Portion von 140 g Ofenkartoffeln hat eine GL von 26, die gleiche Menge gekochter Nudeln nur eine GL von 17. Mit diesem Tausch landet Ihre Mahlzeit statt im mittleren GL-Bereich im niedrigen. Geben Sie zu den Nudeln etwas Olivenöl, frisch gemahlenen schwarzen Pfeffer und ein bisschen Parmesan – und Sie werden die Kartoffeln nicht vermissen.

Um die GL des Nudelgerichtes weiter zu senken, schneiden Sie einige rote Pfefferschoten in Streifen, dünsten Sie sie leicht an und mischen Sie sie zusammen mit dem Öl und dem Käse unter die Nudeln. Die Zugabe von Gemüse senkt die GL der Mahlzeit. Wenn die Portionsgröße 140 g beträgt, essen Sie nur die Hälfte Nudeln. Die GL des Rezeptes kann damit um die Hälfte (auf 4,5) reduziert werden. Im Vergleich zu der GL von 140 g Ofenkartoffeln sind das nur 20 %! Durch solche Tricks können Sie den Blutzuckerspiegel um mehr als 80 % senken.

Beachten Sie die »Glykämische Last von gängigen Nahrungsmitteln« ab Seite 55 und die »Kohlenhydrat-Pyramide« auf Seite 43. Suchen Sie eines der Lebensmittel mit hoher GL heraus, die Sie häufig essen, und nehmen Sie sich vor, künftig weniger davon zu konsumieren, indem Sie es durch ein Nahrungsmittel mit niedriger oder mittlerer GL ersetzen und nur kleine Mengen verzehren.

Auch wenn Sie ein Lebensmittel mit niedriger GL wählen, beachten Sie die Portionsgröße in den Tabellen. Die doppelte Portion hat nämlich auch eine doppelt so hohe GL.

Regel 2 Dreimal Vollkorn am Tag

Wenn wir nur raffinierte Kohlenhydrate zu uns nehmen, geht das auf Kosten der Vollkornprodukte – und unsere Gesundheit profitiert nicht, weil uns die wertvollen Inhaltsstoffe des vollen Korns entgehen. Am besten ist, wenn drei Kohlenhydratmahlzeiten pro Tag aus Vollkornprodukten bestehen. Dadurch wird das Risiko für das Metabolische Syndrom, für Diabetes, Herz-Kreislauf-Erkrankungen und Krebs gemindert. Viele Menschen essen leider überhaupt keine Vollkornprodukte. Untersuchungen haben gezeigt, dass durch den Verzehr von Vollkornprodukten das Risiko für Herz-Kreislauf-Erkran-

WAS ERHÖHT den Blutzuckerspiegel am meisten?

Der beste Weg, die GL der Ernährung niedrig zu halten, besteht darin, die Nahrungsmittel mit hoher GL zu reduzieren und davon nur wenige und nur in kleinen Mengen zu essen. Oder sie durch andere mit niedriger GL zu ersetzen.

In einer Studie an Frauen mittleren Alters schnitten die unten aufgeführten Nahrungsmittel am schlechtesten für die GL ab. Zusammen machten sie 30 % der Kost aus. Ersetzen Sie sie durch die günstigeren Alternativen, sie haben nur eine halb so hohe GL.

NAHRUNGS-MITTEL	% AN GL IN DER KOST	ERSATZ
Gegarte Kartoffeln	7,7	Nudeln
Fertigmüsli	6,5	Haferbrei
Weißbrot	5,2	Sauerteigbrot
Muffin	5,0	Apfel
Weißer Reis	4,6	Linsen

Studien mit Kindern ergaben, dass Süßigkeiten in der Ernährung den größten Beitrag zur Erhöhung der GL leisten. Außerdem gehören süße Getränke, Kuchen, Kekse und Knabbereien zu den Übeltätern. Ersetzen Sie diese ungesunden Snacks durch frisches Obst, fettarme Milch und kalorienarme Getränke.

DURCHBRUCH IN DER ERNÄHRUNG | 41

kungen bei Frauen um 25 % und bei Männern um 18 % gesenkt werden kann. Das Diabetes-Risiko verringert sich bei beiden Geschlechtern sogar um 35 %. Vollkornprodukte helfen auch, das Metabolische Syndrom zu verhindern (s. Seite 19).

In einer Studie mit über 750 Männern und Frauen im Alter von über 60 Jahren wurde festgestellt, dass bei den Personen, die dreimal am Tag ein Vollkorngericht aßen, die Wahrscheinlichkeit für das Metabolische Syndrom um 54 % geringer war als bei der Gruppe, die nur ein oder gar kein Vollkorngericht pro Tag verzehrte. Dank der Vollwertkost lagen die Nüchtern-Blutzuckerwerte niedriger, und der Körperfettanteil nahm ab. Auch sank das Infarktrisiko um 52 %. Eine nur 6-wöchige Diät mit Vollkornkost kann die Insulinempfindlichkeit deutlich verbessern, was eine weitere Studie an übergewichtigen Männern und Frauen bestätigte.

Das ganze Getreidekorn enthält alle wertvollen Inhaltsstoffe des Getreides, nicht nur die Stärke oder das Mehl aus dem Korninneren (Endosperm), sondern auch den nährstoffreichen Keim sowie die Mineralien der Außenhaut. Das pure, ungeschälte Korn ist reich an Ballaststoffen, Vitaminen, Mineralien und einer Reihe sekundärer Pflanzenstoffe, die auf verschiedene Art chronischen Krankheiten entgegenwirken.

Die meisten dieser vollwertigen Getreidekörner haben eine niedrigere GL als die geschälten und verarbeiteten Körner. Aber es gibt Ausnahmen. Ein Brot aus feinem Vollkornmehl z. B. hat eine ziemlich hohe GL, während Teigwaren aus Hartweizengrieß eine mittlere GL aufweisen. Trotzdem sollten Sie Vollkornprodukte wählen, denn sie wirken sich unabhängig von der GL positiv auf den Blutzucker aus.

Wenn Sie gern Getreideprodukte essen, dann spricht nichts dagegen, sofern Sie täglich dreimal Vollkorn essen. Dann ist noch Spielraum für Mahlzeiten aus hoch ausgemahlenem Mehl, wenn sie eine niedrige GL haben. Achten Sie jedoch auf die Portionsgröße.

Wie viele Kohlenhydrate sollten Sie insgesamt essen? Unsere Empfehlungen gehen von 45 bis 55 % aus, gemessen an den Tageskalorien. Schlagen Sie Teil 4 auf, dort finden Sie Menüpläne mit den empfohlenen Kohlenhydratmengen.

WAS GILT ALS Vollkornerzeugnis?

- **Brot,** das in seinem Namen den Zusatz »Vollkorn« hat
- **Vollkornreis,** ungeschälter Reis
- **Vollkorn-Gerste** (Perlgraupen sind zwar keine Vollkornerzeugnisse, aber trotzdem gut geeignet)
- **Haferflocken**
- **Vollkornnudeln**
- **Popcorn**
- **Haferkekse**
- **Getreidekörner,** auch Amaranth, Buchweizen, Quinoa

Regel 3 Mehr Obst und Gemüse essen

Dass Obst und Gemüse gesund sind, weiß jedes Kind. Bekannt ist sicher auch, dass sie gesundheitlichen Risiken wie hohem Blutdruck, Herz-Kreislauf-Erkrankungen, Diabetes, Schlaganfall und Krebs entgegenwirken. Sie schützen vor Alterssichtigkeit und Nachtblindheit, liefern reichlich Vitamine, eine Vielzahl sekundärer Pflanzenstoffe und natürlich Ballaststoffe.

DIE KOHLENHYDRAT-PYRAMIDE

ESSEN/TRINKEN Sie weniger

- Kartoffeln
- Pommes frites
- weißes Brot
- zu weiche Nudeln
- weißen Reis
- klebrig gekochten Reis
- Cornflakes
- Hirse
- Bagels
- süßes Gebäck
- süße Erfrischungsgetränke
- gesüßte Fruchtgetränke
- getrocknete Datteln
- Rosinen

ESSEN/TRINKEN Sie öfter

- Basmati-Reis
- Wildreis
- Vollkornreis
- Bulgur
- *al dente* gekochte Nudeln
- Vollkornnudeln
- Roggen-Knäckebrot
- Kakaogetränk
- Apfelsaft
- Ananassaft
- getrocknete Feigen
- Bananen
- Erbsen
- Vollkornzerealien (ohne Zucker)
- Vollkorn- und Sauerteigbrot

ESSEN/TRINKEN Sie möglichst oft

- grobkörniges Gerstenbrot
- Vollkorn-Pumpernickel
- Perlgraupen
- Haferbrei
- Kleieprodukte
- Müsli
- Roggenbrot
- Fettarme Milch
- Haferkekse
- Tomatensaft
- Pflaumen
- getrocknete Aprikosen
- Popcorn
- Naturjoghurt
- Gemüse (fast alle Arten außer Kartoffeln)
- Hülsenfrüchte (Erbsen, Bohnen, Linsen)
- Frische Früchte (fast alle Sorten)
- Fruchtsaft (Direktsaft bis 180 ml)

Bestimmt wissen Sie auch, dass der Verzehr von mehr Obst und Gemüse beim Abnehmen hilft und eine große Rolle beim Stabilisieren des Gewichtes spielt. Außer stärkereichen Obst- und Gemüsesorten sind so gut wie alle kalorienarm, denn sie enthalten überwiegend kalorienfreie Substanzen, insbesondere Wasser, Ballaststoffe, Vitamine und Mineralien. Je mehr Obst und Gemüse wir essen, desto weniger neigt der Körper zur Gewichtszunahme.

Ein Beispiel – der Salat: In einer Studie der Pennsylvania State University wurde festgestellt, dass Frauen, die vor einer Nudelmahlzeit einen kalorienarmen Salat aßen, insgesamt 12 % weniger Kalorien zu sich nahmen als Frauen, die den Salat erst nach den Nudeln verzehrten. Eine andere Studie zeigt: Ergänzt man eine Mahlzeit durch 170 g Gemüse, wird man besser satt und nimmt weniger Kalorien auf.

Es gibt überhaupt keinen Grund, auf Obst und Gemüse zu verzichten. Obwohl sie bestimmte Kohlenhydrate enthalten, erhöhen sie den Blutzuckerspiegel nur geringfügig. Die Gesamtmenge der verfügbaren Kohlenhydrate ist gering. Außerdem liefern die meisten Obst- und Gemüsearten lösliche Ballaststoffe, die den Blutzuckeranstieg bremsen und verlangsamen. Aufgrund des guten Sättigungswertes schon in kleinen Mengen haben sie eine niedrige GL.

Hohe GLs austricksen

Sie können die GL jeder Kohlenhydratmahlzeit senken, indem Sie sie mit einer beliebigen Obst- oder Gemüseart (außer Kartoffel) mischen. Wenn Sie Tomaten, Möhren, Gurken etc. unter den Nudelsalat geben, essen Sie automatisch weniger Nudeln. Brokkoli als Beilage zum Reisgericht verringert die verzehrte Menge Reis. Genauso funktioniert es mit Obst: Frisches Obst im Müsli reduziert die Menge an Getreideflocken bei gleichem Sättigungswert, aber niedriger GL.

Je mehr Obst und Gemüse wir essen, desto weniger neigen wir zum Übergewicht.

Ein Beispiel: Eine Portion von 180 g gekochtem weißem Langkornreis hat eine GL von 23 und gehört zur Gruppe mit hohem GL. Die gleiche Menge gegarter Trockenerbsen (Hülsenfrüchte) hat eine GL von 3. Wenn Sie nun einen Teil des Reises durch Erbsen ersetzen, hat eine 150 g-Portion der Mischung eine GL von 13 und rutscht damit in die Gruppe der Nahrungsmittel mit mittlerer GL. Das funktioniert auch mit anderen Gemüsearten wie beispielsweise Möhren, Spargel etc.

Die ideale Zwischenmahlzeit

Frisches Obst ist immer gut für zwischendurch. 50 g Kartoffelchips z. B. haben eine GL von 14 und gehören in die »mittlere Gruppe« – aber nur wenn es bei 50 g bleibt! Ein mittelgroßer Pfirsich oder eine große Pflaume haben eine GL von nur 5, ein Apfel hat 6. Selbst wenn Sie zwei dieser Früchte essen oder alle drei, wird die GL maximal 16 betragen, aber der Hunger besser und anhaltender gestillt als durch 50 g Chips.

Rohkostgemüse gehören ebenfalls zu den idealen Snacks für zwischendurch. Man tunkt sie in einen Dip aus saurer Sahne, in ein fettarmes Dressing oder auch in ein Püree aus Hülsenfrüchten (Rezepte Seite 206–209). Zum Mitnehmen eignen sich Möhren- und Gurkensticks sowie Kirschtomaten. Essen Sie Obst und Gemüse nach der Ampel-Regel: Jeden Tag muss etwas Rotes, Gelbes und Grünes auf den Tisch. Das freut das Auge – und liefert die ganze Palette der Vitamine, Mineralstoffe und der protektiven sekundären Pflanzenstoffe.

Spezielle Tipps dazu finden Sie in Teil 2 dieses Buches. Dort werden alle Nahrungsmittel mit Wunderwirkung detailliert vorgestellt.

Nur wenige Ausnahmen

So gut wie alles aus dem Garten der Natur ist gesund, aber manche Obst- und Gemüsearten sind für den Erhalt eines möglichst stabilen Blutzuckerspiegels weniger geeignet. Speziell für Kartoffeln und andere stärkereiche Gemüsearten gibt es Einschränkungen. Hier die Gründe:

■ **Kartoffeln** Sie bilden die große Ausnahme im Reigen der Gemüsearten, denn sie sind reich an leicht abbaubarer Stärke und haben damit eine ziemlich hohe GL. Außerdem beträgt eine »normale« Kartoffelportion nicht selten 200 g (Bratkartoffeln, Püree, Pommes frites) und mehr. Einige Ernährungswissenschaftler ordnen Kartoffeln eher in die Gruppe der Getreideprodukte ein und zählen sie nicht zum Gemüse. Wie auch immer, sie stehen an der Spitze unserer Kohlenhydratpyramide.

■ **Andere stärkereiche Gemüsearten** In Amerika sind Süßkartoffeln und Winterkürbis gängige Gemüsearten, bei uns haben sie kaum eine Marktbedeutung. Sie sind zwar reich an Karotin und anderen wertvollen Nährstoffen, schneiden aber hinsichtlich ihrer GL nicht sehr gut ab. Gegenüber Kartoffeln sind sie die bessere Wahl, man sollte aber die Portionsgröße beachten. Der Vollständigkeit halber stellen wir Ihnen einige Rezepte in Teil 4 vor.

■ **Trockenfrüchte** Durch Trocknen konzentrieren sich alle Nährstoffe, auch die Zuckerarten, in den Früchten. Dadurch enthalten sie auch reichlich Kalorien. Ein Müsli mit Rosinen, Trockenfeigen oder getrockneten Aprikosen schmeckt sehr lecker, aber Sie sollten berücksichtigen, dass getrocknete Früchte eine deutlich höhere GL haben als frische. Weintrauben haben eine GL von 7, Rosinen immerhin von 28, Pflaumen von 5 und Trockenpflaumen von 10. Es kommt hier vor allem auf die Menge an.

■ **Fruchtsäfte** Bei Fruchtsäften gibt es große Qualitätsunterschiede, die mit der Herstellung zusammenhängen. Die gängigsten (und billigsten) werden aus Konzentrat hergestellt und haben weniger Vitamine und keine Ballaststoffe. Direktsäfte dagegen schneiden besser ab. Dennoch reichen Säfte nicht an die ganze Frucht heran. Sie haben eine höhere GL als die frische Frucht. Frische Ananas weist bei einer Portion von 125 g eine GL von 6 auf, ein Glas (180 ml) Ananassaft hat 12. Ähnlich verhält es sich bei anderen Früchten und deren Säften. Noch extremer ist der Unterschied bei gezuckerten Getränken wie Fruchtnektaren. Lesen Sie sorgfältig das Etikett. Wenn auf der Zutatenliste »Zucker« steht, handelt es sich nicht um reinen Fruchtsaft. Lassen Sie besser die Finger davon!

TROPISCHE FRÜCHTE, ja oder nein?

Manche Ernährungsexperten sind gegen tropische Früchte, weil sie stärkehaltig sein können. Doch die meisten in unseren Breiten gängigen Südfrüchte, außer Bananen, enthalten keine Stärke. Selbst mit Bananen »sündigt« man nicht, denn sie liegen im mittleren GL-Bereich. Alle anderen Früchte weisen – in üblichen Portionen verzehrt – Werte im unteren GL-Bereich auf. Daher sollten Sie auf diese gesunden Bereicherungen des Speisezettels nicht verzichten. Die Mango z. B. ist extrem gesund, auch wenn sie sehr süß ist. Sie hat dennoch eine niedrige GL. Gleiches gilt für die Papaya, die Ananas und die Wassermelone.

DIE EIWEISS-
Pyramide

ESSEN/TRINKEN Sie weniger

- Marmoriertes Rindfleisch
- Hackfleisch (gemischt oder nur vom Schwein)
- Rippchen (Schwein)
- Wurst
- Schinken und Frühstücksspeck
- Corned Beef
- Salami und andere Rohwurstsorten
- Hot Dogs
- Grill- oder Brathähnchen mit Haut
- Vollmilch (3,5 % Fett und mehr)
- Sahne (30 % Fett und mehr, Créme fraîche, Créme double)
- Butter
- Käse über 45 % F. i. Tr.

ESSEN Sie öfter

- Mageres Rindfleisch
- Rinderhack (Tatar)
- Mageres Schweinefleisch
- Mageren Schinken
- Mageres Lammfleisch
- Mageres Wildfleisch

ESSEN/TRINKEN Sie möglichst oft

- Geflügelfleisch ohne Haut
- Fisch und Meeresfrüchte
- Sojaprodukte (z. B. Tofu)
- Nüsse
- Samen und Sprossen
- Fettarme Käsesorten
- Fettarme Milch (1,5 % Fett) oder Magermilch (0,3 % Fett)
- Fettarmen Joghurt oder Magermilchjoghurt
- Eier
- Hülsenfrüchte (Erbsen, Splittererbsen, Bohnen, Linsen)

Regel 4: Jede Mahlzeit sollte Eiweiß enthalten

Um den Blutzuckerspiegel unter Kontrolle zu halten, ist eine ausreichende Eiweißzufuhr wichtig. Eine Kost mit mäßig erhöhter Eiweißzufuhr enthält bis zu 30 % Eiweißkalorien, für eine normale Ernährung werden 15 % empfohlen. In unserer Kostform, in der es um die Stabilisierung des Blutzuckerspiegels geht, sollten 20 bis 30 % der Tageskalorien auf Eiweiß entfallen.

Eiweiß hat zwar selbst nur einen geringen bis gar keinen Einfluss auf den Blutzucker, aber zusammen mit kohlenhydratreichen Produkten senkt es die GL der Mahlzeit. Eiweiß sättigt gut, genau wie bei dem Zusatz von Obst und Gemüse nimmt man automatisch weniger Kohlenhydrate und kleinere Portionen zu sich. Eiweiß hat aber auch stoffwechselrelevante Eigenschaften, wie Sie aus Kapitel 2 und 3 wissen. Es verlängert die Hungerstrecke zwischen zwei Mahlzeiten und es fördert die Gewichtsabnahme.

Eine eiweißreiche Mahlzeit, z. B. Hähnchenbrust oder ein mageres Steak, sollte nicht mehr als 60 bis 85 g wiegen, obwohl eine normale Portion etwa 170 g hat. Bei eiweißreichen Nahrungsmitteln ist es sehr wichtig, die Portionsgröße innerhalb jeder Mahlzeit niedrig zu halten. Geeignet ist etwa eine Beilage aus Hülsenfrüchten, ein Milchmixgetränk, einige Putenbruststreifen auf dem Salat, ein Naturjoghurt zwischendurch oder einige Nüsse. In der Liste der Nahrungsmittel mit Wunderwirkung in Teil 2 sind die besten Eiweißquellen aufgeführt.

■ **Erbsen, Bohnen und Linsen** Hülsenfrüchte sind die besten pflanzlichen Eiweißlieferanten. Sie enthalten essenzielle ungesättigte Fettsäuren, haben eine niedrige GL, weil sie lösliche Ballaststoffe enthalten und sind hervorragende Mineralstoffquellen. Sie sollten pro Woche zweimal eine Mahlzeit mit Hülsenfrüchten essen.

■ **Sojaprodukte** Die Basis dafür ist die Sojabohne, ebenfalls eine Hülsenfrucht, die hochwerti-

MEHR EIWEISS

Es ist ganz leicht, die Mahlzeiten mit Eiweiß anzureichern – man muss nur wissen, wie es geht.

■ **Essen Sie zum Frühstück** Vollkorn-Toast? Dann streichen Sie statt Butter besser Frischkäse darauf!

■ **Den Salat** reichern Sie mit Eiweiß an, indem Sie gekochte Hülsenfrüchte, gegartes Hühnerfleisch, mageren Schinken, Krabben, gekochtes Ei oder Käse hinzufügen.

■ **Essen Sie öfter** Bohnen-, Erbsen- oder Linsensuppe.

■ **Für den kleinen Snack** am Arbeitsplatz eignen sich Nüsse, die man in Minipackungen im Handel findet.

■ **Einige hartgekochte Eier** sollten Sie im Kühlschrank parat halten: So haben Sie eine hoch wirksame Eiweißbombe für den Salat, das belegte Brötchen und zum Garnieren.

■ **Sojaprodukte** sind hervorragende Eiweißquellen. Es gibt TK-Fertigprodukte auf Gemüse- und Sojabasis, die gut mit Nudeln harmonieren und schnell zubereitet sind.

ges Eiweiß liefert. Sojaprodukte zeichnen sich durch eine niedrige GL aus. Bereiten Sie Ihr Müsli doch einmal mit Soja-Drink zu. Oder grillen Sie Tempeh, ein Sojaprodukt mit nussigem Geschmack.

■ **Nüsse, Kerne und Samen** Eine der wenigen eiweißreichen Zwischenmahlzeiten, die ein günstiges Fettsäuremuster aufweisen, sind Nüsse, Kerne und Samen. Nur in kleinen Mengen essen, denn sie liefern reichlich Kalorien!

■ **Fische und Meeresfrüchte** Sie enthalten keine oder nur kaum gesättigte Fettsäuren und sind hervorragende Eiweißlieferanten. Fettreiche Kaltwasserfische (Seefische) sind ausgesprochen herzfreundlich. Zwar sind sie nicht gerade kalorienarm, doch wird dies durch den Gehalt an Omega-3-Fettsäuren wettgemacht. Damit beugen sie nicht nur Herz-Kreislauf-Erkrankungen vor, sie verbessern auch die Insulinempfindlichkeit. Essen Sie zwei- bis dreimal pro Woche eine Seefischmahlzeit. Am besten geeignet sind Makrele, Lachs und Hering.

■ **Geflügel** Hähnchen- und Putenfleisch enthalten wenig gesättigte Fettsäuren und sind kalorienarm – wenn Sie die fettige Haut nicht mitessen.

■ **Eier** Sie enthalten nur 1,5 g gesättigte Fettsäuren pro 100 g und sind gute Eiweißquellen. Beschränken Sie den Eierkonsum auf 3 gekochte Eier pro Woche, die Sie unter den Salat mischen, auf das Brot legen oder als Frühstücksei zu Vollkornbrot genießen.

■ **Rotes Fleisch** Darunter versteht man (Muskel-)Fleisch vom Rind, Schwein, Lamm und Wild. Es enthält zwar überwiegend gesättigte Fettsäuren, ist jedoch sehr mager und eiweißreich. Wählen Sie die magersten Stücke (sie enthalten besonders viel Eiweiß), aber essen Sie nur kleine Portionen und diese nicht jeden Tag.

■ **Milchprodukte** Am häufigsten greift man zu fettarmen und Vollmilch-Produkten. Die mageren (0,3 % Fett) führen ein Schattendasein, wobei ihr Eiweiß genauso hochwertig ist wie das der »fetthaltigeren« Verwandtschaft. Dennoch sollten Sie besser fettarme Produkte (1,5 % Fett) verwenden, dann bleibt der Geschmack nicht auf der Strecke. Sie liefern wertvolles Eiweiß, viel Kalzium und der Fettgehalt liegt durchaus im Rahmen. Milchprodukte sollten täglich auf dem Speiseplan stehen.

Regel 5 Bevorzugen Sie nur »gute« Fette

Trotz der Euphorie für Low-Fat-Produkte in den letzten Jahren und dem Boom in der Nahrungsmittelindustrie propagieren wir keine Low-Fat-Diät. Low-Fat funktioniert nur, wenn die Kohlenhydrat- und Eiweißanteile erhöht werden. Mit *Nahrungsmitteln mit Wunderwirkung* erreichen Sie einen Fettanteil von bis zu 35 % an den Gesamtkalorien, wobei es sich durchweg um gesunde Fette handelt. Die Rezeptvorschläge in Teil 4 weisen die Mengen aus.

Fett ist nicht zwangsläufig schlecht – vor allem, wenn es um den Blutzuckerspiegel geht. Fett ist unabhängig vom Insulin und erhöht den Blutzuckerspiegel nicht. Die GL von Fett ist gleich Null! Aber Fett verzögert die Magenentleerung und bremst den Blutzuckereffekt der Gesamtmahlzeit, vor allem wenn darin Kohlenhydrate enthalten sind.

Fetthaltige Nahrungsmittel als Bestandteile einer Mahlzeit können deshalb durchaus sinnvoll sein, um den Abbau der Kohlenhydrate zu verlangsamen – vorausgesetzt, es sind die richtigen Fette. Einfach ungesättigte Fettsäuren (in Olivenöl, Nüssen und Avocados), mehrfach ungesättigte Fettsäuren (in Sonnenblumen-, Raps- und Distelöl), wozu auch die Omega-3-Fettsäuren in fettreichen Seefischen zählen, sollten verstärkt an die Stelle der gesättigten Fettsäuren in Fleisch, Milchprodukten und Käse treten. Diese »guten« Fette können dazu beitragen, eine Insulinresistenz rückgängig zu machen (s. Seite 30). Die »schlechten« Fette, die gesättigte Fettsäuren enthalten, erhöhen das Herz-Kreislauf-Risiko, und dies wiederum begünstigt eine Insulinresistenz. Sie essen »gute« Fette, wenn Sie mindestens einmal pro Woche eine Seefischmahlzeit zu sich nehmen, wenn Sie Avocadowürfelchen statt fetten Käse unter Ihren Salat mischen, wenn Sie den Salat mit Olivenöl anmachen oder geröstete Walnusskerne darunter mischen. »Gute« Fette senken die GL der Gesamtmahlzeit.

DIE FETT-Pyramide

ESSEN/TRINKEN Sie weniger
- Marmoriertes Rindfleisch
- Fettreiche rote Fleischsorten
- Butter
- Sahne, Créme fraîche, Créme double
- Käse über 45 % F. i. Tr.
- Vollmilch
- Eiscreme
- gehärtete Fette (Plattenfette, Frittierfette)
- gehärtete Öle (in Margarine enthalten)
- Schweineschmalz
- Kokosfett, Palmfett

ESSEN Sie öfter
- Weizenkeimöl
- Sojaöl
- Distelöl (Safloröl)

ESSEN Sie möglichst oft
- Sonnenblumenöl
- Olivenöl
- Rapsöl
- Leinsamen und Leinsamenöl
- Nüsse, Samen und Kerne
- Nussöl
- Kaltwasserfische (reich an Omega-3-Fettsäuren)
- Avocados

DURCHBRUCH IN DER ERNÄHRUNG | 49

FETTE auf einen Blick

GÜNSTIGE FETTE

Einfach ungesättigte Fettsäuren: in Olivenöl, Rapsöl, Avocados, Mandeln und Nüssen. Werden sie anstelle von Produkten mit gesättigten Fettsäuren eingesetzt, wirkt sich dies vorteilhaft für den Blutfettspiegel und die Insulinresistenz aus.

Mehrfach ungesättigte Fettsäuren: in Getreide, Samen, Keimen und Sojabohnen enthalten. Die wichtigste und damit essenzielle ist die zweifach ungesättigte Linolsäure.

Omega-3-Fettsäuren: In fettreichen Kaltwasserfischen, in Leinsamen- und Rapsöl sind viele Omega-3-Fettsäuren. Sie schützen in mehrfacher Weise vor Herz-Kreislauf-Krankheiten und verbessern die Insulinempfindlichkeit.

UNGÜNSTIGE FETTE

Gesättigte Fettsäuren: In rotem Fleisch, fettreichen Milchprodukten und einigen Pflanzenfetten (z. B. Kokosfett) enthalten. Sie erhöhen das »schlechte« LDL-Cholesterin im Blut, begünstigen Herz-Kreislaufkrankheiten und reduzieren die Insulinempfindlichkeit.

Trans-Fettsäuren: Sind in manchen Margarinesorten, Back- und Bratfetten, Fast-Food-Snacks sowie in vielen Backwaren enthalten. Sie erhöhen das LDL-Cholesterin, senken den »guten« HDL-Anteil, erhöhen das Risiko für Herz-Kreislauf-Krankheiten und tragen zur Insulinresistenz bei.

Sie können jederzeit umsteigen

Sollten Sie bisher mit Freude Steak und Butter gegessen haben, arbeiten Sie sich schrittweise an gesündere Alternativen heran.

■ **Reduzieren Sie die Fettlieferanten mit gesättigten Fettsäuren** Sehen Sie sich unsere Fettpyramide auf Seite 49 an. Die an der Spitze aufgeführten Lebensmittel sollten Sie möglichst meiden. Essen Sie mittags ein Brötchen mit magerem Belag anstatt eines Rippchens. Oder Joghurt statt Eiscreme. Setzen Sie nach und nach mehr Produkte aus der Basis der Eiweiß- und Fett-Pyramide auf Ihren Speiseplan. Reduzieren Sie fette Käsesorten, Vollmilchjoghurt, saure Sahne – damit verringern Sie die Zufuhr an gesättigten Fettsäuren. Und von Vollmilch auf fettarme Milch umzusteigen ist einfach!

■ **Meiden Sie Trans-Fettsäuren** Über die Hälfte der handelsüblichen Fette enthält Trans-Fettsäuren. Sie entstehen durch Hydrierung (Härtung von Ölen) und durch eine starke Erhitzung der mehrfach ungesättigten Fettsäuren. Ein einst wertvolles Öl wird auf diese Weise wertlos bzw. sogar ungesund. In Europa ist eine Kennzeichnung von Trans-Fettsäuren nicht vorgeschrieben. Bis zu Temperaturen von 190 °C ist kaum mit einer Umlagerung der Doppelbindungen zu rechnen, erhitzen Sie deshalb Pflanzenöle nicht höher. Alle kaltgepressten Öle enthalten kaum Trans-Fettsäuren.

■ **Essen Sie mehr pflanzliches Eiweiß!** Hülsenfrüchte sind gute Eiweißquellen. Beginnen Sie damit, zunächst nur einige Fleischmahlzeiten gegen pflanzliche auszutauschen, das ist ein guter Schritt in Richtung einer gesünderen Ernährung. Ihr Fernziel sollte sein, jede Woche ein neues pflanzliches Gericht in die Kost zu integrieren.

■ **Essen Sie zweimal in der Woche Fisch oder Meeresfrüchte** – egal ob frisch, aus der Dose oder tiefgefroren. Probieren Sie verschiedene Zubereitungsmethoden aus: Dünsten Sie Fisch (auch in Alufolie) oder braten Sie ihn in einer Auflaufform im Backofen.

■ **Sollten Sie gern rotes Fleisch essen, nehmen Sie nur magere Stücke!** Es besteht hinsichtlich

6 HAUPTQUELLEN für gesättigte Fettsäuren

Ein kurzer Blick auf diese Liste genügt, um zu wissen, welche Nahrungsmittel am meisten gesättigte Fettsäuren enthalten.

1	Fleisch und Wurst
2	Koch- und Bratfette wie Butter, Frittierfette (Kokosfett, Butterschmalz)
3	Fettreiche Milchprodukte
4	Pommes frites, Kartoffelchips
5	Feinbackwaren und Konditoreierzeugnisse
6	Süßigkeiten wie Schokolade, Riegel etc.

Quelle: NHS Direct

Regel 6: Achten Sie auf säurehaltige Nahrungsmittel!

Wie bereits in Kapitel 2 angesprochen, können säurehaltige Zutaten den Blutzuckereffekt einer kohlenhydratreichen Mahlzeit senken. Die Säure verlangsamt die Spaltung der Stärke in Glukose, somit steigt der Blutzuckerspiegel nur langsam an, und die GL wird verringert. Manche säurehaltigen Produkte wie Essig haben noch weitere positive Wirkungen. Sie sollten jedes Salatdressing mit Essig zubereiten, am besten dafür auch ein hochwertiges Öl verwenden.

der gesättigten Fettsäuren ein enormer Unterschied zwischen magerem und marmoriertem Fleisch. 85 g Hackfleisch (halb Rind und halb Schwein) enthält beispielsweise 6 g gesättigte Fettsäuren, die gleiche Menge reines Rinderhack aus Muskelfleisch hat nur 2,5 g.

■ **Kochen und würzen Sie mit Olivenöl!** Nehmen Sie es für Dressings, zum Marinieren, zum Grillen und Braten. Verwenden Sie es statt Butter zum Verfeinern von Gemüse, Nudeln und Reis. Kaltgepresstes, natives Olivenöl ist besonders herzgesund. Sie sollten dieses Öl nur für die kalte Küche verwenden. Erhitzen mindert den Gesundheitswert. Wenn Sie unbedingt Wert auf den Buttergeschmack legen, dann nehmen Sie nur ganz wenig Butter und fügen Sie einen Teelöffel Olivenöl hinzu.

■ **Rapsöl ist ebenfalls ein sehr wertvolles Öl.** Es hat einen neutralen Geschmack, verträgt höhere Temperaturen als Olivenöl und eignet sich zum Braten und Frittieren.

■ **Verwenden Sie öfter Samen, Kerne und Nüsse oder Avocados,** aber wegen der Kalorien nur sparsam. Sie passen ins Müsli, in den Salat und in viele Backwaren. Auch Avocados sind gesunde Fettlieferanten. Sie ersetzen die Butter auf dem belegten Brötchen.

Essen Sie stets eine kleine Portion Salat, angemacht mit Vinaigrette, vor dem Mittag- oder Abendessen. So führen Sie Ihrem Körper etwas Säure zu, erhöhen den Anteil an Vitaminen sowie an Ballaststoffen und werten die gesamte Mahlzeit auf. Es gibt noch mehr Tricks: Legen Sie Fisch vor dem Garen in eine Essigmarinade ein. Dadurch wird er zarter und fällt nicht so leicht auseinander. Beim Pochieren von Fisch ist ein Schuss Essig ein absolutes Muss. Grillfleisch sollten Sie vor dem Grillen ebenfalls in eine Essigmarinade einlegen. Beim Garen und Blanchieren von Gemüse empfiehlt es sich, dem Kochwasser stets etwas Essig hinzuzufügen. Das Gemüse behält so seine Form und Farbe.

Essen Sie gerne Sushi? Keine Sorge wegen des weißen Reises, denn Sushi-Reis wird mit Essig zubereitet.

DURCHBRUCH IN DER ERNÄHRUNG | 51

Weitere Vorschläge

Die folgenden Tipps bringen noch mehr Geschmack ins Essen.

- **Senf** ist wie Essig eine wichtige säurehaltige Speisewürze. Streichen Sie ihn auf Brote, garnieren Sie damit Häppchen und umhüllen Sie Braten mit einer Senfpaste.
- **Auch Gewürzgurken** liefern Säure. Einfach zum Brot essen oder darauf verteilen.
- **Außer Gewürzgurken** gibt es noch andere essigsauer eingelegte Gemüse: Tomaten, Möhren, Sellerie, Silberzwiebeln, Blumenkohl, Paprika. Alle zusammen finden Sie in Mixed Pickles.
- **Verwenden Sie das Essigwasser!** Es eignet sich für Marinaden und Dressings. Mischen Sie frische Kräuter und Olivenöl darunter.
- **Sauerkraut ist Powerkraut!** Es liefert ebenfalls Säure, dazu Vitamin C und Ballaststoffe.
- **Träufeln Sie Zitronensaft** (ebenfalls säurereich) über Fisch und Meeresfrüchte, außerdem passt er zu Eintöpfen mit Hülsenfrüchten, Salaten, Reis- und Geflügelgerichten.
- **Limettensaft** passt zu Fisch, Geflügel, Avocados, Bananen und Melonen.
- **Essen Sie Zitrusfrüchte** (Grapefruits, Orangen, Mandarinen). Auch Kiwis, Erd- und Johannisbeeren sind säurereich.
- **Bevorzugen Sie Brot aus Sauerteig,** am besten Vollkornbrot. Es ist säurehaltig und günstig für die GL.
- **Verwenden Sie Wein zum Kochen.** Er enthält auch Säuren und verleiht Saucen, Fleischgerichten und Suppen ein ganz typisches Aroma.

Fisch lässt sich ebenfalls gut in Wein zubereiten: Braten Sie Zwiebeln und Knoblauch in Olivenöl an, geben Sie Kräuter und Gewürze dazu, löschen Sie mit Weißwein ab und lassen Sie den Fisch darin bei milder Hitze zugedeckt dünsten. Zum Schluss einen Schuss Zitronensaft zugeben.

- **Trinken Sie Wein zum Essen.** Das ist eine weitere Möglichkeit, etwas Säure in die Mahlzeiten zu bringen. Und Wein ist besser als jedes andere alkoholische Getränk – natürlich in Maßen genossen. Pro Tag ist ein Glas Wein für Frauen angemessen, zwei für den Mann. Ein moderater Weingenuss schützt vor Herz-Kreislauf-Erkrankungen, hält den Insulinspiegel auf niedrigem Niveau und verringert das Diabetes-Risiko. Sollten Sie aber Diabetiker sein, trinken Sie Wein nur nach Rücksprache mit dem Arzt.

Regel 7 Essen Sie kleinere Portionen

Es ist sehr wichtig, die Portionen zu verkleinern und dabei vor allem die schnell verfügbaren Kohlenhydrate zu beachten, wie sie in Kartoffelpüree und weißem Reis enthalten sind. Auch langsam verfügbare Kohlenhydrate sollten nicht in großen Mengen aufgenommen werden. Die Portionsgröße ist wichtig, denn sie entscheidet mit über den Kaloriengehalt der Mahlzeit.

Eine Kalorienreduktion ist der effektivste Weg, um die Insulinempfindlichkeit zu verbessern, wodurch der Blutzuckerspiegel gesenkt wird. Versuchen Sie die GL in Ihrer gesamten Kost zu mindern. Dabei können einerseits die Nahrungsmittel mit Wunderwirkung helfen, andererseits tragen auch die kleineren Portionen dazu bei. Diese recht einfachen Maßnahmen unterstützen eine Gewichtsabnahme, außerdem beugen sie Diabetes, Insulinresistenz und Herz-Kreislauf-Erkrankungen vor.

Wo spart man am sinnvollsten Kalorien ein? Überall! In erster Linie bei Süßigkeiten, Erfri-

WOMIT LÄSST SICH eine Portionsgröße vergleichen?

Diese Vergleiche helfen dabei, Mengen richtig abzuschätzen.

Eine Portion von **85 g** gegartem Fleisch entspricht der Größe eines **Kartenspiels**.

Eine **85 g-Fischportion** hat die Größe einer quadratischen Tafel **Schokolade**.

Ein Stück Käse von **30 g** entspricht der Größe einer **Streichholzschachtel**.

Eine **30 g**-Käsescheibe hat den Durchmesser einer **CD**.

Ein Häufchen von **50 g** gekochten Nudeln oder Reis hat die Größe einer **Computermaus**.

Eine **mittelgroße** Ofenkartoffel ist so groß wie ein **Stück Seife**.

Ein Esslöffel Butter entspricht der Größe eines **Tischtennisballs**.

Zwei Esslöffel Salatdressing passen in ein **Schnapsglas**.

150 ml Fruchtsaft entsprechen dem Inhalt eines **Bechers Joghurt**.

Eine **mittelgroße** Frucht, z. B. ein Apfel, ist so groß wie ein **Tennisball**.

---

schungsgetränken, Fast Food und Weißbrot, die alle eine hohe GL aufweisen, weil sie reich an leicht verfügbaren Kohlenhydraten sind. Und natürlich bei allem anderen, was schlichtweg zu viel ist. Zwar sollte jede Mahlzeit Eiweiß und gesunde Fette enthalten, aber ein Zuviel von allem macht dick. Olivenöl ist gut für die Herzgesundheit und den Blutzuckerspiegel, deshalb sollten Sie aber nicht Ihr Brot darin eintunken. 1 Esslöffel (10 g) liefert 90 kcal, bis zu 2 Esslöffel Olivenöl extra dürfen Sie täglich zusätzlich verwenden.

Fett sparen ist sehr leicht, ohne dass der Geschmack zu kurz kommt. Ein Beispiel dazu: 25 Mandeln (etwa 30 g) haben 165 kcal. Wenn man aber einmal angefangen hat, zu knabbern, kommt man schnell auf 100 g Mandeln und 577 kcal! Das entspricht einem kompletten Mittagessen.

Man sollte sich in jeder Kostform einen Spielraum für Extras lassen, die einem gut schmecken, kalorienmäßig nicht zu Buche schlagen und die Insulinresistenz nicht begünstigen. Infrage kommen hier in erster Linie frisches Obst und Gemüse! Dadurch wird keiner dick, selbst wenn es in größeren Mengen verzehrt wird. Wählen Sie saft- und säurereiche, aber stärkearme Sorten. Sie haben wenig Kalorien, machen satt, sind reich an Wirk- und Aufbaustoffen und haben eine niedrige GL.

Wie viel sollte man essen?

Pauschal kann man das nicht beantworten, denn es kommt darauf an, wie viel man wiegt und wie gut es um die körperliche Aktivität bestellt ist. Wenn Sie sich ein Ziel für die tägliche Kalorienaufnahme gesetzt haben, dann orientieren Sie sich an unseren Menüvorschlägen im Teil 4.

Wissen Sie womöglich gar nicht, wie viele Kalorien Sie täglich zu sich nehmen? Wenn Sie abnehmen wollen, müssen Sie pro Kilogramm Fettverlust 7000 kcal gegenüber der normalen Kost einsparen. Das sind in einer Woche täglich 1000 kcal weniger – wohlgemerkt bei normaler Kost. Wenn Sie ohnehin schon zu viel essen, z. B. 3500 kcal pro Tag, dann sollten Sie die Kalorienzufuhr noch stärker reduzieren. Eine Diät mit 1200 kcal (Frauen) bzw. 1500 kcal (Männer) ist gut realisierbar, abwechslungsreich und schmackhaft.

Um festzustellen, was man wirklich alles zu sich nimmt, sollte man ein Ess-Tagebuch führen. Beachten Sie unbedingt die Kalorienangaben auf den Lebensmittelpackungen. Besorgen

Sie sich eine gute Kalorien- und Nährstofftabelle, die auch die Werte der gängigsten Fertigprodukte enthält.

Eine andere Möglichkeit, die Portionen richtig einzuschätzen, besteht darin, das Auge zu schulen. Eine Portion Nudeln oder Reis sollte 50 g (Rohgewicht) haben, die meisten von uns essen aber doppelt so viel. Es dauert eine Weile, bis wir die Größen richtig einschätzen können – hierbei hilft die Übersicht auf Seite 53. Wählen Sie bei Getreideprodukten solche mit einer niedrigen bis mittleren GL, kleine Portionen und belassen Sie es bei drei bis vier Getreidemahlzeiten pro Tag. Eine Portion Fleisch oder Geflügel wiegt etwa 85 g, was der Größe eines Kartenspiels entspricht.

Weniger essen

Leider sind Riesenportionen vielen Menschen schon zur Gewohnheit geworden. Sollte das auch bei Ihnen der Fall sein, beginnen Sie einfach damit, sich weniger auf den Teller zu laden. Studien belegen, dass große Portionen auf dem Teller meist aufgegessen werden, selbst wenn man schon satt ist. Besser ist es, mit einer kleinen Portion zu beginnen und langsam zu essen.

Wenn Sie auswärts essen, fragen Sie nach kleinen Portionen. Manchmal gibt es Senioren-Menüs, die kleiner sind als normale Portionen. Lassen Sie immer etwas auf dem Teller liegen. Es ist nichts Ungewöhnliches, es einpacken zu lassen und mitzunehmen.

Besser ist es jedoch, zu Hause zu essen. Erstens wissen Sie, was auf den Tisch kommt und welche Zutaten verarbeitet wurden. Zweitens können Sie den Kalorien- und Fettgehalt sowie die Portionsgröße selbst bestimmen und die GL besser einschätzen.

Zusammengefasst

Sind Sie bereit, mit Nahrungsmitteln mit Wunderwirkung einen neuen Weg zu beschreiten? Sie haben bereits erfahren, wie wichtig ein kontrollierter Blutzuckerspiegel für die Gesundheit und das Wohlbefinden ist. Ebenfalls wissen Sie nun, welche Nahrungsmittel sich günstig bzw. ungünstig auf den Blutzuckerspiegel auswirken. Warum eine Low-Carb-Ernährung unsinnig ist und mehr schadet als nützt, wurde auch erklärt. Jetzt haben Sie noch die sieben Regeln kennengelernt, die Sie darin unterstützen, den Blutzuckerspiegel auf Dauer unter Kontrolle zu halten, sich fitter und wohler zu fühlen, einen Schutz vor vielen Krankheiten aufzubauen und sogar Gewicht zu verlieren. Im nächsten Kapitel können Sie dann selbst herausfinden, wie Ihr Ernährungszustand derzeit aussieht, und die richtige Strategie für Ihre künftige Ernährungsweise entwickeln.

Der Kern dieses Buches ist Teil 2, in dem Sie die 57 Nahrungsmittel mit Wunderwirkung von A bis Z kennenlernen. Die einzelnen Nahrungsmittelprofile informieren Sie über die jeweilige GL. Vertreten sind ausschließlich Lebensmittel mit einer sehr niedrigen, niedrigen und mittleren GL.

In Teil 3 finden Sie Vorschläge für Frühstück, Mittagessen, Abendessen und Zwischenmahlzeiten sowie Tipps, wie Sie einzelne Zutaten gegen gesündere austauschen können.

In Teil 4 stellen wir Ihnen weit mehr als 100 »wundervolle« Rezepte vor. Sie werden sehen, wie leicht es ist, durch die Verwendung der beschriebenen 57 Nahrungsmittel eine niedrige GL zu erreichen. Jedes Rezept enthält die vollständige Nährstoffinformation, wobei wir natürlich nur blutzuckerfreundliche Rezepte ausgewählt haben. Die Rezepte werden dann in Wochenpläne eingebaut. Damit können Sie sowohl abnehmen wie auch Ihr Gewicht stabilisieren.

DIE GLYKÄMISCHE LAST (GL)
gängiger Nahrungsmittel

Die GL ist die beste Maßzahl für die Wirkung einer Nahrungsmittelportion auf den Blutzuckerspiegel. Auf den folgen Seiten haben wir die GL gängiger Nahrungsmittel aufgelistet, wobei sich die GL stets auf eine bestimmte Menge bezieht. Die Lebensmittel sind in drei Kategorien eingeteilt: niedrig (GL = 10 oder weniger), mittel (GL = 11 bis 19) und hoch (GL = 20 bis 40). Sie sollten möglichst viele Nahrungsmittel mit einer niedrigen GL und der entsprechenden Portion in Ihre Kost integrieren.

Für die Berechnung der GL sind nur kohlenhydrathaltige Nahrungsmittel relevant. Zugrunde gelegt wird der Glykämische Index (GI) und die Portionsgröße. Fleisch, Fisch, Käse und Eier spielen aufgrund des minimalen Kohlenhydratgehaltes für den GI keine Rolle. Sie haben deshalb auch keine oder nur eine unbedeutende GL, selbst wenn Sie davon mehr essen. Diese Nahrungsmittel tauchen in der Liste nicht auf, schlagen aber natürlich kalorienmäßig zu Buche. Auch Lebensmittel mit hoher GL (ab 40) sind in der Aufstellung nicht vertreten – wenn Sie sie dennoch essen, dann nur in kleinsten Mengen. Zusammen mit Eiweiß und »gesunden« Fetten halten Sie die GL auf diese Weise im moderaten Bereich. Da die Portionsgröße für die GL entscheidend ist, essen Sie nur kleine Mengen verteilt auf mehrere Mahlzeiten. Die Angaben in den folgenden Tabellen beziehen sich jeweils auf eine definierte Menge.

Niedrige GL (GL = 10 und weniger)

Getreideprodukte	Portionsgröße	GL
Soja- und Leinsamenbrot	2 Scheiben (ca. 100 g)	10
Pumpernickel	2 Scheiben (ca. 100 g)	10
Graupen	160 g (trocken)	8
Popcorn	15 g	8
Frühstückszerealien	**Portionsgröße**	**GL**
Müsli	30 g	10
Haferbrei	30 g (trocken)	10
Vollkornhaferflocken	30 g (trocken)	9
Hülsenfrüchte	**Portionsgröße**	**GL**
Limabohnen	250 g (gegart)	10
Kichererbsen	250 g (gegart)	10
Baked Beans (gebackene Bohnen)	250 g (gegart)	8
Prinzess-Bohnen	250 g (gegart)	7
Kidney-Bohnen	250 g (gegart)	7
Butter-Bohnen	250 g (gegart)	6

Niedrige GL (GL = 10 und weniger)

Hülsenfrüchte	Portionsgröße	GL
Grüne Erbsen	145 g (gegart)	6
Halbe gelbe Erbsen	200 g (gegart)	6
Linsen	200 g (gegart)	5
Milch- und Sojaprodukte	**Portionsgröße**	**GL**
Fettarmer Fruchtjoghurt	200 ml	9
Sojadrink	250 ml	7
Fettarme Schokomilch mit Süßstoff	250 ml	3
Fettarmer Fruchtjoghurt mit Süßstoff	200 ml	2
Obst und Gemüse	**Portionsgröße**	**GL**
Pflaumen, getrocknet	60 g	10
Aprikosen, getrocknet	60 g	9
Pfirsiche, Konserve, leicht gezuckert	125 g	9
Mango	125 g	8
Weintrauben	125 g	8
Ananas	125 g	7
Apfel klein	125 g	6
Grapefruit	200 g	6
Kiwi	125 g	6
Orange	125 g	5
Pfirsich, frisch	125 g	5
Rote Bete, Konserve	85 g	5
Zwetschge	50 g	5
Birne	100 g	4
Erdbeeren	50 g	4
Wassermelone, Spalte	125 g	4
Karotte, groß	100 g	3
Kirsche	125 g	3
Getränke	**Portionsgröße**	**GL**
Orangensaft	200 ml	10
Grapefruitsaft	200 ml	7
Apfelsaft	200 ml	6
Tomatensaft	200 ml	4
Nüsse, Samen und Kerne	**Portionsgröße**	**GL**
Nussmischung, geröstet	45 g	4
Nussnugatcreme	4 EL	4
Cashewkerne	45 g	3
Erdnüsse	45 g	1

Mittlere GL (GL = 11 bis 19)

Getreideprodukte	Portionsgröße	GL
Spaghetti (15 Min. Kochzeit)	140 g (gegart)	17
Vollkornspaghetti	180 g (gegart)	16
Vollkornbrot	2 Scheiben (ca. 100 g)	14
Spaghetti (aus Vollkornweizen)	140 g (gegart)	13
Roggenbrot (aus Sauerteig)	2 Scheiben (ca. 100 g)	12
Spaghetti, eiweißangereichert	140 g (gegart)	12
Roggen-Knäckebrot	3 Scheiben (ca. 30 g)	11
Getreidearten	**Portionsgröße**	**GL**
Vollkorn- bzw. Naturreis	130 g (gegart)	18
Wildreis	110 g (gegart)	18
Quinoa	120 g (gegart)	16
Bulgur	120 g (gegart)	12
Obst, Gemüse und Hülsenfrüchte	**Portionsgröße**	**GL**
Zuckermais	160 g	18
Süßkartoffel	140 g (gegart)	17
Kartoffeln	150 g (gegart)	11–18
Kartoffelpüree (aus Instantpulver)	150 g	17
Feigen, getrocknet	60 g	16
Kartoffelchips	50 g	11
Banane	125 g	11
Schwarze Bohnen	250 g (gegart)	11
Getränke	**Portionsgröße**	**GL**
Orangensaft	250 ml	13
Orangensaftschorle	500 ml	13
Fettarme Schokomilch	250 ml	12
Ananassaft	200 ml	12
Apfelsaft, klar	200 ml	7

Hohe GL (GL = 20 und höher)

Kartoffeln	Portionsgröße	GL
Ofenkartoffel	ca. 150 g	26
Frittierte Kartoffelscheiben	150 g	22

Getreideprodukte	Portionsgröße	GL
Risotto, Rundkornreis	125 g (gegart)	31
Baguette-Brot, dicke Scheibe	30 g	30
Baguette mit Nussnugatcreme	70 g	27
Hirse	115 g (gegart)	25
Glasnudeln	150 g (gegart)	25
Basmatireis	100 g (gegart)	24
Cornflakes	30 g	24
Couscous	105 g (gegart)	23
Langkornreis	100 g (gegart)	23
Vollkornreis	150 g (gegart)	23
Spaghetti (20 Min. Kochzeit)	140 g (gegart)	22
Weißbrot, dicke Scheibe	30 g	20

Trockenfrüchte	Portionsgröße	GL
Rosinen	50 g	28
Datteln, entsteint	50 g	25
Sultaninen	50 g	20

Getränke und Sonstiges	Portionsgröße	GL
Mars-Schokoriegel	60 g	26
Colagetränk	375 ml	24
Orangenlimonade	250 ml	23

Quellen: »International Table of Glycemic Index and Glycemic Load Values 2002«, Kay Foster-Powell, Susanna H. A. Holt and Janette C. Brand-Miller, American Journal of Clinical Nutrition vol. 76, no 1 (2002); 5–56. Weitere Angaben aus www.glycemicindex.com, www. mypyramid.gov, www. ars.usda.gov., Ernährungs-Umschau 51 (2004), Seite 85

Neue Ernährung in Aktion

KAPITEL 5

Die sieben Regeln der Wohlfühldiät kennen Sie aus dem letzten Kapitel. Aber wie geht es jetzt weiter? Die Ernährung umzustellen, scheint Ihnen vielleicht ein wenig schwierig zu sein, vor allem wenn Sie schon etliche Diäten hinter sich haben. Aber das ist es nicht, vor allem wenn Sie es langsam angehen. Der erste Schritt besteht darin, die Essgewohnheiten zu prüfen und festzustellen, was richtig und was falsch ist. Und natürlich, wo kleine Kompromisse möglich und nötig sind.

Lesen macht schlau! Wer mehr über sein Essverhalten liest, erfährt auch, wie er es am sinnvollsten verändern kann.

Wie »wunderbar« IST IHRE ERNÄHRUNG?

Kreuzen Sie jeweils die **Variante** an, die am ehesten auf Sie zutrifft, und zählen Sie dann die **Punkte** zusammen. Die Auswertung finden Sie auf Seite 62.

1 Zum Frühstück trinke ich:
- **a** Kaffee oder Tee, mit Milch und/oder wenig Zucker oder Süßstoff — **1**
- **b** Kaffee oder Tee mit Sahne und/oder viel Zucker — **2**
- **c** Einen Saft oder ein Erfrischungsgetränk — **3**

2 Wenn ich Zerealien zum Frühstück esse, bevorzuge ich:
- **a** Cornflakes, Rice Crispies oder andere Fertigmüslis — **3**
- **b** Rosinen-Nuss-Mischung — **2**
- **c** Getreideflocken, Vollkorn-Müsli — **1**

3 Wenn ich Saft trinke, dann nehme ich:
- **a** Ein kleines Glas Orangen- oder Grapefruitsaft — **1**
- **b** Ein großes Glas Orangen- oder Grapefruitsaft — **2**
- **c** Ein großes Glas Fruchtsaftgetränk (6 bis 30 % Fruchtsaftanteil) — **3**

4 Ich trinke oder verwende für das Müsli:
- **a** Vollmilch — **3**
- **b** Fettarme Milch (teilentrahmte Milch) — **2**
- **c** Magermilch (entrahmte Milch) — **1**

5 Bei Brot bevorzuge ich:
- **a** Vollkornbrot (Pumpernickel, Roggenbrot, Sauerteigbrot) — **1**
- **b** Brot aus weißem und Vollkornmehl sowie Körnern — **2**
- **c** Brot aus weißem Mehl (Weißbrot, Baguette, Brötchen) — **3**

6 Kartoffeln (geröstet, gebraten, als Püree, Chips, Pommes):
- **a** Kommen täglich auf den Tisch — **3**
- **b** Kommen zwei- bis dreimal pro Woche auf den Tisch — **2**
- **c** Esse ich einmal pro Woche oder weniger — **1**

7 Dunkelgrüne Gemüsearten wie Spinat und Brokkoli esse ich:
- **a** Überhaupt nicht — **3**
- **b** Gelegentlich — **2**
- **c** Regelmäßig bis oft — **1**

8 Ein belegtes Brötchen esse ich am liebsten mit:
- **a** Aufschnittwurst, Salami, Streichwurst — **3**
- **b** Kaltem, magerem Braten wie Roastbeef — **2**
- **c** Fettarmen Wurstsorten (Pute) und magerem Schinken — **1**

9 Wenn ich am Nachmittag hungrig bin, esse ich gerne:
- **a** Frisches Obst, ein paar Nüsse oder Joghurt — **1**
- **b** Kräcker mit Käse oder Müsliriegel — **2**
- **c** Knabberzeug oder Schokoriegel — **3**

10 Ich esse Nüsse (wie Mandeln, Haselnüsse):
- **a** Selten — **3**
- **b** In großen Mengen — **2**
- **c** Etwa eine oder zwei Hand voll pro Tag — **1**

60 | DIE PROBLEMLÖSUNG FÜR HOHE BLUTZUCKERWERTE

11 Ich esse Fast-food-Mahlzeiten:

- **a** Zweimal pro Woche — **3**
- **b** Einmal pro Woche — **2**
- **c** Weniger als einmal pro Woche — **1**

12 In meinem Kühlschrank sind meist folgende Getränke:

- **a** Erfrischungsgetränke, Sport- und Energy-Drinks — **3**
- **b** Diätgetränke (mit Süßstoff) — **2**
- **c** Mineralwasser — **1**

13 Bei Pizza bevorzuge ich:

- **a** Ein oder zwei Stücke mit einem Beilagensalat und einem kalorienarmen Getränk — **1**
- **b** Ein oder zwei Stücke, ohne Salat, dazu Saft, Cola oder Limo — **2**
- **c** Zwei oder mehr Stücke, dazu Knoblauchbrot und ein großes Glas Cola oder Limonade — **3**

14 Salat esse ich am liebsten mit:

- **a** Sahnedressing oder Mayonnaisesauce — **2**
- **b** Essig-Öl-Dressing (Vinaigrette) — **1**
- **c** Ich esse gar keinen Salat — **3**

15 Wenn ich Nudeln esse, dann:

- **a** reichlich, dazu Käse und Hackfleischsauce — **3**
- **b** eine normale Menge mit Geflügel, Fisch oder Meeresfrüchten — **1**
- **c** als Beilage, mit etwas Olivenöl und geriebenem Käse — **1**

16 Ein vegetarisches Abendessen mit Hülsenfrüchten ist:

- **a** sehr willkommen — **1**
- **b** okay, ich probiere es und hoffe satt zu werden — **2**
- **c** unmöglich, weil das Fleisch fehlt — **3**

17 Ein Fleischgericht zum Abendessen sollte so aussehen:

- **a** Ein möglichst großes, saftiges Steak, wie T-Bone Steak, oder ein großes Stück Bratenfleisch mit reichlich Soße — **3**
- **b** Eine mittlere Portion mageres gegrilltes Rindfleisch, wie Lendenfilet, dazu Reis oder Kartoffeln — **2**
- **c** Eine kleine Portion mageres Fleisch, gegrillt oder kurz in der Pfanne oder im Wok gebraten. — **1**

18 Fisch esse ich:

- **a** Nur in Form von Fischstäbchen — **3**
- **b** gebraten und gegrillt mehrmals die Woche — **1**
- **c** gebraten und gegrillt alle paar Wochen — **2**

19 Zu asiatischen Gerichten esse ich Reis:

- **a** ungefähr 50 g — **1**
- **b** ungefähr 100 g — **2**
- **c** so viel, wie die Sauce aufnimmt — **3**

20 Und ein Dessert?

- **a** Brauche ich unbedingt! Ein großes Stück Kuchen oder eine schöne Portion Eis sind mir wichtig — **3**
- **b** Ich gönne es mir manchmal, um mich zu verwöhnen — **2**
- **c** Ich esse frisches Obst, auch als Fruchtsalat oder ein Sorbet — **1**

AUSWERTUNG

30 Punkte und weniger
Sie sind schon auf dem richtigen Weg, weil Sie überwiegend Nahrungsmittel mit niedriger GL und in angemessenen Portionen essen. Sie meiden gesättigte Fettsäuren und legen Wert auf Obst und Gemüse. Achten Sie auf die Nahrungsmittelprofile in Teil 2 und die Rezepte sowie Menüpläne in Teil 3 und 4.

31 bis 40 Punkte
Sie können Ihre Ernährung ein wenig verbessern. Beachten Sie vor allem die Antworten, die Ihnen jeweils 3 Punkte eingebracht haben. Das sind die Schwachpunkte, die Sie aber leicht ausmerzen können. Und auf das Gute sollten Sie aufbauen. Die folgenden Kapitel helfen Ihnen, Änderungen herbeizuführen.

41 Punkte und mehr
Hier besteht Handlungsbedarf. Es gibt etliche Kleinigkeiten in Ihrer Ernährung, die sich verbessern lassen. Gehen Sie Ihre Antworten mit 3 und 2 Punkten durch und versuchen Sie Ihr Essverhalten entsprechend unseren Anregungen in diesem Buch zu verändern.

Warum all diese TESTFRAGEN?

1 Ein bisschen Zucker im Kaffee oder Tee ist kein Drama, aber bereits 3 Teelöffel Zucker enthalten 50 kcal und 15 g Kohlenhydrate. Wenn Sie schon am Morgen Cola oder Limonade trinken, ist das äußerst ungesund. 500 ml Cola entsprechen 13–14 Teelöffeln Zucker. Die GL des Frühstücks erhöht sich so sehr schnell.

2 Die Zeralien in Antwort (a) haben die höchste, die in (b) eine mittlere und die in (c) die niedrigste GL. Zeralien sind Getreideflocken mit oder ohne getrocknete Früchte, auch mit Nüssen (z. B. Müsli). Sie sind grundsätzlich blutzuckerfreundlich. Um die GL eines Müslis zu senken, isst man entweder eine kleinere Portion oder mischt Produkte mit niedriger GL darunter.

3 Fruchtsäfte sind vitamin- und mineralstoffreich, aber sie enthalten auch reichlich Kohlenhydrate. Man sollte sie nur in kleinen Mengen trinken. Fruchtsaftgetränke dagegen bestehen aus wenig Fruchtsaft, viel Zucker und Wasser. Daher sollten Sie besser darauf verzichten.

4 Milch enthält gesättigte Fettsäuren, die ungünstig für die Herzgesundheit und für die Insulinempfindlichkeit sind. Vollmilch (3,5 % Fett) lässt sich am besten durch fettarme Milch (1,5 % Fett) oder auch durch Magermilch (0,3 % Fett) ersetzen.

5 Mit Vollkornbrot sind Sie am besten dran! Es wird nur aus Vollkornmehlen zubereitet und enthält darüber hinaus oft noch Samen und Körner. Brote, die aus Vollkorn- und weißem Mehl bestehen, sehen zwar braun aus, sind aber keine Vollkornbrote.

6 Kartoffeln haben eine hohe GL, weil sie reich an leicht abbaubarer Stärke sind. Sie sind zweifellos gesund, aber essen Sie nicht allzu viel davon.

7 Dunkelgrüne Gemüsearten enthalten wenig Kohlenhydrate, wenig Kalorien, liefern dabei reichlich Ballaststoffe, Vitamine, Mineralien und sekundäre Pflanzenstoffe. Gedünsteter Spinat, gekochter Brokkoli oder Wirsingkohl senken die GL einer Kohlenhydratmahlzeit. Das gilt auch für (fast) jedes andere Gemüse.

8 Fleisch und Wurst liefern relativ viele gesättigte Fettsäuren. Magere Sorten dagegen sind eiweißreich. Wählen Sie für Ihr belegtes Brötchen oder Brot Vollkornsorten, dazu magere Wurst, Schinken ohne Fettrand und statt Mayonnaise etwas Senf.

9 Kalorienarme und ballaststoffreiche Früchte sind immer gesund. Ein fettarmer Naturjoghurt ist aufgrund seiner blutzuckerstabilisierenden Wirkung ebenfalls empfehlenswert. Vollkornkräcker und Käse sind in kleinen Mengen auch akzeptabel.

10 Nüsse, Samen und Kerne haben ein günstiges Fettsäuremuster. Aufgrund ihres Eiweißgehaltes wirken sie stabilisierend auf den Blutzuckerspiegel. Eine Handvoll Nüsse pro Tag schützt das Herz. Leider haben Nüsse auch reichlich Kalorien.

11 Essen im Fast-Food-Restaurant bedeutet, dass man dort ziemlich viel Frittiertes vorfindet, was reich an gesättigten Fettsäuren ist. Die weichen Weißmehlbrötchen und die Pommes frites haben eine hohe GL. Essen Sie solche Mahlzeiten nur selten.

12 Softdrinks wie Säfte, Cola und andere Limonaden haben an sich keine sehr hohe GL, aber sie werden literweise konsumiert. Da die GL von der Menge abhängt, kommt über den Tag einiges zusammen. Löschen Sie den Durst besser mit Mineralwasser oder Saftschorlen.

13 Pizza ist grundsätzlich in Ordnung, jedoch kommt es auch hier auf die Portionsgröße an. Achten Sie darauf, dass der Boden dünn ist und der Belag reichlich Gemüse und nur wenig Käse enthält. Dazu ist eine kleine Cola akzeptabel, aber besser ist ein großes Glas Mineralwasser.

14 Ein grüner Salat, angemacht mit einem Essig-Öl-Dressing, ist wohl die beste Beilage. Die Säure des Essigs verringert die GL der gesamten Mahlzeit. Joghurt-, Sahne- und Mayonnaisedressings haben nicht denselben Effekt, sie liefern nur unnötige Kalorien. Allerdings ist ein Salat mit Joghurtdressing besser als gar kein Salat. Verwenden Sie stets nur wenig Dressing.

15 Nudeln sind nicht schlecht! Als Kohlenhydratlieferant haben sie eine mittlere GL, aber für die GL ist wiederum die Portionsgröße ausschlaggebend. Essen Sie Nudeln nur in Maßen und kombinieren Sie sie mit Gemüse, magerem Fleisch oder Fisch. Vorsicht mit Saucen: Sie enthalten meist viel Fett!

16 Hülsenfrüchte sind eiweißreich, liefern reichlich Ballaststoffe und Mineralien, schützen das Herz, senken den Blutzuckerspiegel und machen satt. Sie sollten öfter eine fleischlose Mahlzeit mit Hülsenfrüchten essen.

17 Rindfleisch zählt zu den Nahrungsmitteln mit Wunderwirkung, aber nur, wenn es mager ist und es sich um kleine Portionen handelt. Beachten Sie: Sogar ein »magerer« Hamburger enthält mehr gesättigte Fettsäuren als ein dickes Steak.

18 Fisch enthält kaum gesättigte Fettsäuren. Fettreiche Seefischarten liefern wertvolle Omega-3-Fettsäuren, die Herz-Kreislauf-Erkrankungen vorbeugen und auch den Blutzuckeranstieg bremsen. Essen Sie mindestens zweimal pro Woche eine filetierte Seefischmahlzeit.

19 100 g gegarter weißer Reis hat etwa 115 kcal. Manche Reisgerichte enthalten aber pro Portion mehr als 100 g, wodurch die GL deutlich erhöht wird. Bevorzugen Sie daher Vollkornreis oder mischen Sie Wildreis darunter.

20 Der Genuss sollte nie zu kurz kommen: Das gilt auch für das Dessert, das man sich manchmal gönnen darf. Es sollte jedoch etwas Besonderes bleiben. Wenn Sie aber auf Ihren täglichen Nachtisch nicht verzichten möchten, dann essen Sie am besten nur frisches Obst oder Fruchtsalat, da Sie sonst zu viele Kalorien zu sich nehmen könnten.

NEUE ERNÄHRUNG IN AKTION

Finden Sie die Schwachpunkte in Ihrer Ernährung

Jeder von uns hat Stärken und Schwächen – das gilt auch beim Essen und Trinken. Und »niemand ist perfekt«. Doch wenn es um die Kontrolle des Blutzuckerspiegels und um eine Gewichtsabnahme geht, sollten Sie einige Dinge beherzigen und von Ihren liebgewordenen Gewohnheiten eventuell ein wenig abrücken. Schon die eine oder andere sorgfältig überlegte Veränderung bringt garantiert einen Erfolg für Ihr Wohlbefinden. Erst aber müssen Sie das Problem erkennen.

Problem Ich esse gern eine große Schüssel Müsli zum Frühstück.

Lösung Wählen Sie nur Müsli oder Müslimischungen mit einer niedrigen GL, etwa Produkte mit Haferflocken (s. auch Seite 85). Sie können die Haferflocken auch in das bisher übliche Müsli mischen und auf diese Weise die GL senken. Nehmen Sie weniger Müsliflocken und mischen Sie dafür frische Früchte, z. B. Beeren, Apfel-, Pfirsich- oder Birnenstückchen darunter. Einige gehackte Haselnüsse oder Mandelblättchen runden das Müsli ab und machen es zu einem gesunden und wertvollen Frühstück. Es liefert hochwertiges Eiweiß, gesunde Fette und Kohlenhydrate, die die Leistungsfähigkeit steigern, und den Blutzuckerspiegel im grünen Bereich halten. Das Müsli können Sie mit fettarmer Milch oder Naturjoghurt mischen.

Problem Ich frühstücke erst bei der Arbeit. Dann reizt mich ein Stück süßes Plunder- und Blätterteiggebäck aus der Kantine am meisten.

Lösung Dieses Backwerk ist sehr fettreich, und vor allem enthält es ungesunde Fette. Nehmen Sie sich lieber etwas von zu Hause mit! Wenn es am Morgen immer hektisch zugeht, packen Sie sich Ihre Mahlzeit schon am Abend in eine Brotdose und stellen Sie diese in den Kühlschrank. Obst, fettarmer Joghurt, vielleicht ein paar Nüsse – das lässt sich prima mitnehmen. Oder deponieren Sie eine Packung Müsli im Büro und bringen Sie jeden Tag das frische Obst und den Joghurt mit.

Problem Ich trinke gern süße Getränke, Wasser trinke ich nicht.

Lösung Getränke wie Cola, Limonade, Eistee, aber auch Säfte, Fruchtnektare und Fruchtsaftgetränke sind reich an schnell verfügbarem Zucker und enthalten viele Kalorien. Abgesehen von Säften ist in allen diesen Getränken eine Menge zusätzlicher Zucker enthalten. Ein reiner Saft darf dagegen nur den Zucker der Frucht enthalten, aus der er gepresst wird. Getränke sind wichtig für das Wohlbefinden. Versuchen Sie, Mineralwasser ins Spiel zu bringen, indem Sie die zuckerhaltigen Getränke immer stärker mit Wasser verdünnen. Vielleicht schmeckt Ihnen nach einiger Zeit sogar Mineralwasser mit einem Schuss Zitronensaft. Achten Sie darauf, immer ausreichend Wasser zu Hause und im Büro zu haben.

Problem An meinem Arbeitsplatz gibt es kein gesundes Essen zu kaufen.

Lösung Nehmen Sie sich etwas von zu Hause mit! Wenn Sie in der glücklichen Lage sind, an

Ihrem Arbeitsplatz einen Kühlschrank und/ oder einen Mikrowellenherd zu haben, dann erweitern sich die Möglichkeiten, sowohl etwas gut Gekühltes (z. B. Joghurt, Fruchtquark) wie auch etwas Warmes (z. B. eine Portion Eintopf, ein Stück Lasagne) zu essen.

Problem Ich liebe Pizza. Ist das wirklich so schlecht?

Lösung Das kommt darauf an. Je dicker der Boden, desto höher die GL. Außerdem ist der Belag sehr wichtig! Geeignet ist ein wenig magerer Schinken oder Thunfisch. Außerdem sollte möglichst viel Gemüse wie Zwiebeln, Paprika, Pfefferschoten, Tomaten und ein bisschen Käse auf der Pizza sein. Wenn Sie Ihre Pizza selber machen, verwenden Sie für den Teig Weizen- oder Dinkelvollkornmehl. Essen Sie zur Pizza einen Salat mit Essig-Öl-Dressing. Dann reicht eine Pizza gut für zwei Personen. Denken Sie bei einer Kohlenhydratmahlzeit auch an die richtigen Getränke. Cola und Limo sind tabu, trinken Sie am besten Apfelschorle oder Mineralwasser.

Problem Wenn ich mich am Salatbuffet bediene, nehme ich gerne noch Käsewürfel, Croutons und ein Sahne- oder Joghurtdressing dazu.

Lösung Ein frischer, knackiger Salat wird durch ein schweres Dressing »erschlagen«, der zweite Schlag sind die Kalorien und der dritte die ungünstigen Fettsäuren. Croutons sind nur dann akzeptabel, wenn sie aus getoastetem Vollkornbrot bestehen – das kann man aber am Salatbuffet nicht erkennen. Besser ist es, ein Essig-Öl-Dressing zu wählen und den Salat mit ein paar gerösteten Sonnenblumen- oder Kürbiskernen zu bestreuen. Diese werden fettfrei geröstet und enthalten nur das wertvolle Fett, das in ihnen steckt. Ein paar Streifen Pepperoni und schwarze Oliven sorgen dann für den letzten gesunden Kick.

Problem Ich esse bis 3 Uhr nachmittags fast gar nichts. Dann habe ich so einen Heißhunger, dass ich alles Mögliche, vor allem Fast Food, in mich hineinstopfe.

Lösung Das würde nicht passieren, wenn Sie ein gesundes Frühstück zu sich nehmen und dann zu Mittag auch eine Kleinigkeit essen würden. Es ist erwiesen, dass man bei Heißhunger mehr als eine normale Portion isst. Auch viele Snacks zwischendurch gelten mittlerweile als problematisch, weil man den Überblick verliert und die Kalorien schnell außer Kontrolle geraten. Gleiches gilt auch für den Blutzuckerspiegel. Stabilisieren Sie den Blutzuckerspiegel am besten mit Gemüse und Obst oder fettarmem Joghurt. Das reicht aus bis zur nächsten Hauptmahlzeit.

Problem Ich esse kohlenhydratreiche Nahrungsmittel vor allem dann, wenn ich gestresst bin oder Kummer habe.

Lösung Damit sind Sie nicht allein! Es ist nicht geklärt, warum gerade kohlenhydratreiche Mahlzeiten in Stresssituationen oder bei Kummer helfen. Möglicherweise liegt es daran, dass es vertraute und beliebte Mahlzeiten sind, mit denen man positive Gedanken verbindet. Sie heben die Stimmung. Aber Stress und Ärger lassen sich auch ohne Essen bewältigen. Sport tut immer gut. Auch Atemübungen, ein kleiner Spaziergang in der Natur tragen zur Entspannung bei. Wenn Sie mehr Bewegung in Ihren Alltag bringen, werden Sie allmählich unempfindlicher gegen Stress und Druck. Nehmen Sie sich dafür Zeit – schließlich geht es um Ihre Gesundheit.

Problem Ich weiß sehr wohl, dass die Portionsgrößen wichtig sind, aber es fällt mir schwer, etwas auf dem Teller zurückzulassen.

Lösung Nehmen Sie einfach einen kleineren Teller! Große Teller und Schüsseln verführen uns dazu, größere Portionen aufzuladen und diese auch zu essen. Gleiches gilt für Gläser! Wir sollen zwar viel trinken, aber das funktioniert am besten, wenn wir uns öfter ein kleines Glas einschenken. Auch die Müslischüssel könnte zum Schälchen werden. Man kann ja noch nachlegen, wenn es sein muss.

Problem Ich würde schon mehr Hülsenfrüchte essen, aber ich kann sie nicht zubereiten.

Lösung Sie brauchen die meisten Hülsenfrüchte nicht frisch zuzubereiten – obwohl das auch nicht schwierig ist. Verwenden Sie Bohnen, Erbsen und Linsen aus der Dose. Sie eignen sich für Suppe, Eintopf und sogar für Salate! Einfach nur abgießen und kurz kalt abbrausen. Dann z. B. als letzte Zutat (weil bereits gegart) in einen Eintopf geben und erhitzen, oder unter einen Salat mischen. Hülsenfrüchte sättigen schon in kleinen Mengen gut und haben deshalb eine niedrige GL.

Problem Wenn ich zum Abendessen wenig esse, habe ich danach den ganzen Abend dauernd Hunger.

Lösung Erstens sollten Sie darauf achten, dass das Abendessen reich an wertvollem Eiweiß und »guten« Fetten ist. Denn diese tragen wesentlich zu einer lang anhaltenden Sättigung bei. Ein mageres, in Öl gebratenes Putenschnitzel ist durchaus geeignet, aber nicht zusammen mit Kartoffelpüree. Besser ist eine große Portion gemischter Salat. Zweitens sollten Sie sich viel Zeit zum Essen nehmen, langsam essen und dazu möglichst Mineralwasser in kleinen Schlucken trinken. Ansonsten können Sie vorher erst eine klare Suppe oder eine Portion grünen Salat essen. Das füllt den Magen, und Sie essen danach deutlich weniger.

Problem Eigentlich würde ich zwischendurch auch mal Obst essen, aber ich denke nicht daran.

Lösung Es gibt Studien, die belegen, dass man mehr Obst isst, wenn man es ständig vor Augen hat. Eine schöne Schale, gefüllt mit Äpfeln, Birnen, Pfirsichen und Bananen, macht einfach Appetit. Legen Sie die frischen Früchte nicht in den Kühlschrank, für manche ist das gar nicht gut, z. B. vertragen Exoten keine Kühltemperatur. Auch sollte man beachten, dass manche Früchte sich nebeneinander nicht vertragen. Legen Sie niemals Orangen neben Bananen und reife nicht neben unreife Früchte. Viele reife Früchte scheiden das Gas Ethylen aus, das die Reifung anderer Früchte beschleunigt und für den vorzeitigen Verderb verantwortlich ist.

Problem Mein Hauptproblem ist die Lust auf ein Dessert am späten Abend.

Lösung Sie sollten Ihr Dessert unbedingt vor 20 Uhr essen. Wenn Sie sich danach gründlich die Zähne putzen, lässt das Verlangen nach Süßem nach. Eine sehr sinnvolle Strategie besteht darin, sich solche Produkte erst gar nicht zu kaufen. Dann gibt es die Verlockungen nicht, noch spätabends an den Kühlschrank zu gehen. Wenn es unbedingt etwas Süßes sein muss, dann greifen Sie zu Obst. Essen Sie es pur, mischen Sie es unter fettarmen Joghurt oder mixen Sie mit Milch oder Buttermilch daraus einen Drink.

Über die Kunst, außer Haus gesund zu essen

Wer für sich selber kocht, kann ganz leicht gesund essen. Aber was ist in der Kantine oder im Bistro? Wenn dort mehr mageres Fleisch, mehr Vollkorn-Beilagen und mehr Desserts mit Früchten angeboten würden, wäre das hervorragend. Leider ist das in der Regel nicht der Fall. Typisch für unsere Außer-Haus-Ernährung sind kohlenhydratreiche Beilagen mit einer hohen GL. Dazu fettreiche Saucen, oft auch Sahnedressings und fettreiche Nachspeisen. Oft ist auch der Wunsch nach großen Portionen vorhanden – und die meisten Restaurants bedienen uns damit und servieren Riesenteller, Riesenschnitzel, eine Riesenportion Pommes und nur ein bisschen Salat. Das freut den Gast, und es ist nicht teuer – allerdings auch nicht gesund. Vor 50 Jahren galt das Außer-Haus-Essen als Luxus, den man sich nur hin und wieder gönnte. Heute ist es alltäglich. Ein Viertel der Kalorien nehmen Männer durch das Essen außer Haus zu sich, Frauen ein Fünftel. Trotzdem kann man gegensteuern und auch das Essen außer Haus besser gestalten.

Wohin wollen Sie zum Essen gehen

Wenn Sie zum Essen gehen, dann wählen Sie das Restaurant mit Bedacht aus. Ideal sind Fischgerichte und vegetarische Speisen. Die italienische, asiatische und mexikanische Küche kommt uns hier mit ihrem Speisenangebot sehr entgegen. Orientieren Sie sich bei der Auswahl an unseren Regeln für die Portionsgröße und lassen Sie lieber etwas auf dem Teller zurück. Bei besonderen Anlässen, zum Beispiel an Ihrem Geburtstag, können Sie eine Ausnahme machen – sofern es dabei bleibt.

Der Kellner kann viel für Sie tun

Wenn Sie das richtige Restaurant gefunden haben, achten Sie auf die Bedienung. Mit Kellnern und Kellnerinnen kann man sehr gut über das Essen und über die Portion sprechen. Oft bringen sie vor dem Essen ein Körbchen mit Brot, und man greift einfach zu. Lassen Sie es später bringen, wenn das Essen da ist, und trinken Sie erst ein Glas Wasser. Schauen Sie sich im Restaurant um und achten Sie darauf, wie groß die Portionen sind. Vielleicht reicht Ihnen eine Vorspeise, oder Sie teilen sich eine Mahlzeit mit dem Partner.

Extrawünsche sind immer möglich

Bevor Sie sich Schweinebraten und Knödel einverleiben, beginnen Sie Ihr Essen mit einer Vorspeise: Eine leichte Suppe oder ein Salat nehmen den ersten Hunger und füllen den Magen. Trinken Sie dazu ein Glas Wasser. Und wenn Sie Ihr Hauptgericht bestellen, können Sie durchaus sagen, dass Sie weniger Nudeln, Reis oder Kartoffeln, dafür aber doppelt so viel Gemüse oder einen großen Salat möchten.

IM **CHINESISCHEN** RESTAURANT

Chinesisches Essen gilt auch bei uns als sehr gesund, und es ist blutzuckerfreundlich: Bei relativ wenig Fleisch, dafür mehr Fisch und viel Gemüse freut sich auch die Figur! Neben der schonenden Zubereitungsart ist die Verwendung verschiedener Gewürze für die chinesische Küche typisch. Dennoch: Nicht alles, was als chinesisches Gericht bei uns angeboten wird, ist letztlich auch gesund. Achten Sie daher, ganz gleich ob im Restaurant oder am China-Imbiss an der Ecke, vor allem auf fettige, kalorienhaltige Saucen und beherzigen Sie unsere Empfehlungen.

VERMEIDEN SIE

Krabbenchips
Gebratene Nudeln
Eggrolls
Gebratene Wan-Tans
Gebratenen Reis
Chow mein
Gebratenes Rindfleisch oder Hähnchen mit Haut
Süß-sauer zubereitetes Fleisch
Mit Szechuan-Pfeffer gewürzten Fisch
Gewürzte Auberginen
Gebratene Bananen und Ananas

IHR ESSPLAN

1 **Bestellen Sie** nur eine halbe Portion Reis. In den meisten Restaurants ist das möglich. Weißer Reis lässt den Blutzuckerspiegel schnell explodieren. Und versichern Sie sich, dass der Reis gekocht und nicht gebraten ist. Machen Sie es wie die Chinesen: ein bisschen Reis in eine kleine Schale geben und immer nur wenig zwischen den anderen Bissen essen. Oder verzichten Sie gleich ganz auf den Reis.

2 **Nehmen Sie als Vorspeise** nur eine heiße Suppe. Das stillt den ersten Hunger und hat wenig Kalorien. Vermeiden Sie aber Suppen mit Kokosmilch! Sie können auch ein paar Ravioli als Vorspeise essen oder gedünstetes Gemüse, aber nichts Gebratenes.

3 **Die Hauptmahlzeit** sollte aus »gesunden« Zutaten bestehen: gedünstetes Geflügel und Gemüse, ein bisschen Sauce und fettarme Beilagen. Auch Gerichte mit Pilzen sind geeignet. Wenn Sie ein Pfannengericht wählen, bitten Sie darum, dass es mit möglichst wenig Öl, weniger Fleisch und mehr Gemüse zubereitet wird. Lassen Sie die Sauce auf dem Teller.

4 **Wählen Sie immer** reichlich Gemüse, auch als Beilagenportion. Sie können zu jedem Gericht eine Portion Gemüse extra bestellen.

5 **Probieren Sie auch** Sojakäse (Tofu). Fragen Sie den Kellner, ob er gebraten oder frittiert ist. Frittierten Tofu sollten Sie jedoch meiden.

6 **Lassen Sie Reste einpacken.** Sie müssen nicht alles aufessen. Also nehmen Sie das, was übrig geblieben ist, mit und essen es am nächsten Tag.

IM **ITALIENISCHEN** RESTAURANT

Ein kleines Stück Gemüsepizza mit sehr dünnem Boden ist eine wunderbare Vorspeise beim Italiener – vor allem wenn er mit Vollkornmehlen backt. Ein Schälchen Pasta mit etwas Tomatensauce ist ebenfalls akzeptabel.

Die süditalienische Küche in ihrer traditionellen Art gilt als eine der gesündesten weltweit. Leider sieht das beim Italiener um die Ecke oft anders aus. Pasta und Pizza dominieren eindeutig, und bevor das Hauptgericht serviert wird, steht das Brot schon auf dem Tisch. Und die Kohlenhydrate im Brot lassen den Blutzuckerspiegel rasant steigen.

VERMEIDEN SIE

Knoblauchbrot
Gebratenen Mozzarella
Frittierte Tintenfischringe
Nudeln mit Sahnesaucen (Alfredo etc.)
Spaghetti Carbonara (mit Schinken, Ei und Sahne)
Auberginenauflauf
Jegliche Gerichte mit Schmelzkäse
Tiramisu
Alles Frittierte
Die Extra-Portion geriebenen Parmesan

IHR ESSPLAN

1 **Sagen Sie der Bedienung,** dass Sie kein Brot möchten. Bestellen Sie stattdessen Minestrone (Gemüsesuppe), um den ersten Hunger zu stillen. *Pasta e fagioli,* ein klassisch italienisches Nudelgericht, ist auch eine gute Wahl.

2 **Wenn es Pasta sein soll,** dann bestellen Sie Vorspeisenportionen oder teilen sich eine normale Portion mit dem Partner. Nudeln werden beim Italiener häufig als Vorspeise mit Pastasaucen serviert. Beachten Sie jedoch, dass viele dieser Saucen mit sehr viel Sahne zubereitet werden. Wählen Sie Saucen auf Gemüsebasis mit wenig oder gar keiner Sahne. Aufgepasst: *Pasta Primavera* wird zwar mit Gemüse der Saison zubereitet, oftmals jedoch auch mit Butter und viel Sahne.

3 **Als Hauptgericht** nehmen Sie gegrilltes Fleisch (Rind-, Kalb-, Schweinefleisch oder Hähnchen) oder gegrillten Fisch. Dazu Brokkoli oder ein anderes Gemüse und am besten noch einen kleinen Salat mit Essig-Öl-Dressing.

4 **Beim Dessert** sollten Sie frische Früchte oder einen Fruchtsalat wählen, am besten Beeren der Saison, oder ein Fruchtsorbet. Von Kuchen, Zabaione und Tiramisu, obgleich italienische Nachspeisenklassiker, raten wir ab, da sie sehr kohlenhydrat- und fettreich sind.

IM **MEXIKANISCHEN** RESTAURANT

Ein Fast Food-Snack aus der Tex-Mex-Küche ist für den Blutzuckerspiegel alles andere als bekömmlich. Erstens sind die Portionen meist riesig, zweitens enthalten die großen Tortillas, Burritos und Tapas große Mengen leicht verfügbarer Kohlenhydrate, oft ist weißer Reis (der den Blutzucker in die Höhe treibt) und sehr viel fettreicher Käse dabei.

Gehen Sie einem solchen Essen aus dem Weg! Sie können im mexikanischen Restaurant auch etwas Gesünderes bestellen.

VERMEIDEN SIE

Tortilla-Chips
Nachos
Chimichangas
Quesadilla
Enchiladas (mit Fleisch, Käse etc.)
Chiles Rellenos
Refried Beans (mexikanisches Bohnengericht)
Saure Sahne
Pellkartoffeln mit saurer Sahne

IHR ESSPLAN

1. **Verzichten Sie auf Tortilla-Chips,** die statt des Brotkorbs beim Italiener gereicht werden. Auch Nachos sollten Sie meiden.

2. **Nehmen Sie stattdessen eine gesunde Vorspeise.** Guacamole ist ideal, da sie »gute« Fette liefert. Dazu gibt es Brot zum Eindippen. Gazpacho ist eine wunderbare kalte Gemüsesuppe, gut gewürzt und erfrischend. Bestellen Sie zur Vorspeise eine extra Portion Salsa, aber ohne Chips.

3. **Für das Hauptgericht** sind Fajitas ein gute Wahl. Dafür werden mageres Fleisch, Geflügel oder Shrimps mit Gurken und Pepperoni zubereitet. Auch gegrilltes Geflügel und Fisch sind beliebte Gerichte.

4. **Bestellen Sie Tacos oder Burritos** nur ohne die fettreiche saure Sahne. Nehmen Sie stattdessen eine extra Portion Salsa.

5. **Als Beilage eignet** sich auch eine Reismischung mit Bohnen, nicht Reis pur, denn er hat eine hohe GL. Hülsenfrüchte verzögern den Übergang von Kohlenhydraten ins Blut und sättigen schon in kleinen Mengen sehr gut. Sie sollten auf keinen Fall gebraten sein, denn dann enthalten sie viel Fett.

6. **Essen Sie Ihr Dessert zu Hause** Die Desserts der mexikanischen Küche sind meist sehr süß und fettreich. Verzichten Sie darauf und essen Sie zu Hause etwas frisches Obst. Das ist viel gesünder.

IM **THAILÄNDISCHEN** RESTAURANT

Thailändisches Essen stellt eine gute Wahl dar, vorausgesetzt Sie verzichten auf Gerichte mit Kokosmilch, die reichlich gesättigte Fettsäuren enthält und deshalb ungesund ist. Hüten Sie sich auch vor Frittiertem. Erdnüsse sind oft vertreten und auch akzeptabel, denn sie liefern wertvolle ungesättigte Fettsäuren. Kleine Mengen – meist ist nicht mehr im Essen enthalten – sind vertretbar. Die Thai-Küche bietet eine Menge an Salaten und gedünstetem Gemüse an, greifen Sie zu!

VERMEIDEN SIE

Frühlingsrollen
Thai Curry (grün und rot)
Gefüllte Thai-Nudeltaschen
Gebratenen Reis mit Hähnchenfleisch
Kokos-Reis
Alles, was Kokosmilch enthält
Alle Speisen mit weich gekochtem Reis

IHR ESSPLAN

1 **Lehnen Sie die Krabbenchips ab,** die den Gästen schon zur Begrüßung angeboten werden. Sie sind sehr verlockend, aber auch sehr fettreich. Bestellen Sie zuerst ein Glas Mineralwasser.

2 **Meiden Sie alles, was frittiert ist.** Frühlingsrollen und Krabben in Teighülle sind tabu. Als Vorspeise eignen sich zum Beispiel Tomatensuppe, oder Fleischspießchen mit Sataysauce. Gegrillte Thai-Fischspieße sind ebenfalls fett- und kalorienarm.

3 **Achten Sie auf die Nudel-Beilagen.** Wenn Sie dazu Fleisch, Geflügel, Fisch, Tofu oder Gemüse bestellen, wird daraus ein gesundes Mahl. Frittierte Nudeltaschen, typisch für die Thai-Küche, sind ungeeignet.

4 **Jasminreis, Basmatireis oder Himalayareis** haben einen wunderbaren Geschmack und sind in kleinen Portionen durchaus empfehlenswert. Kokosreis dagegen enthält Kokosflocken und damit auch gesättigte Fettsäuren. Er passt nicht in Ihre Kost.

5 **Vorsicht bei der Verwendung von Sojasauce.** Sie ist ziemlich geschmacksintensiv und enthält viel Kochsalz – pro Teelöffel etwa zwei Gramm, das ist ein Drittel dessen, was täglich »im Rahmen« ist. Manche Saucen enthalten auch große Mengen an Zucker, weil sie süß-sauer oder nur leicht scharf zubereitet sind. Diese Zuckermenge ist nicht zu unterschätzen.

6 **Frische Ananas** zum Dessert sind empfehlenswert. Meiden Sie in Teig ausgebackene Früchte wie Bananen, auch Früchte mit Sirup oder Kokosnussmilch sind ungeeignet.

NEUE ERNÄHRUNG IN AKTION

Mahlzeiten zum Mitnehmen

Vielleicht essen Sie gern zwischen Tür und Angel, im Stehen und Gehen und zwischen zwei Terminen? Gesund ist das nicht! Das Stichwort heißt Fast- oder Junk-Food: Das ist das praktische, schnelle und zugleich fettlastige Essen, bei dem jegliches Ambiente und die nötige Ruhe fehlen. Es geht darum, den Appetit oder den Heißhunger »auf die Schnelle« zu stillen. Bei einem solchen Essverhalten gerät man leicht in ein ungesundes Fahrwasser. Die Mahlzeiten werden allmählich langweilig, unausgewogen, und die Kalorien schlagen stark zu Buche. Bevor Sie eine Mahlzeit in der Tankstelle, am Kiosk oder am Automaten kaufen, lesen Sie das Etikett oder fragen Sie das Personal, was der schnelle Snack alles enthält. Manche belegte Brote und Brötchen sind hinsichtlich ihres Fett-, Kochsalz- und Kaloriengehaltes mit denen der bekannten Fastfood-Ketten vergleichbar.

Aber es gibt auch Anbieter, die Brote und Brötchen mit magerem Schinken, Geflügelwurst und knackigem Salat offerieren – ohne Mayonnaise und ohne Butter. Am besten ist es jedoch, mittags Obst und Gemüse zu essen.
Beherzigen Sie folgende Tipps:
- Wählen Sie einen mageren Belag, z. B. Putenbrust oder Schinken ohne Fettrand.
- Krabbensalat ist auch eine gute Wahl, sofern er nicht mit Mayonnaise angemacht ist.
- Meiden Sie Käse. Die verwendeten Käsesorten haben meist 45 % F. i. Tr. und mehr.
- Salat ist ein Muss auf jedem Sandwich – je mehr, desto besser.
- Fragen Sie nach Roggenbrötchen und Vollkornbrötchen und greifen Sie zu diesen, statt zu Ciabatta oder gar Focaccia.
- Große belegte Brote oder Brötchen lassen sich oft gut teilen. Die Hälfte sättigt meist auch.

Die großen Fastfood-Ketten informieren mittlerweile auf ihren Webseiten über die Nährwerte ihrer Produkte. Nutzen Sie diese Informationen und vergleichen Sie die Gehalte an Eiweiß, Fett, Kohlenhydraten und Kalorien der einzelnen Anbieter. Salat gilt durchweg als gesund, doch kann man selbst das nicht verallgemeinern. Sofern es sich um Gemüse- und Salatpflanzen handelt, mag diese Aussage stimmen, es gibt aber auch Wurstsalat, Eiersalat, Nudelsalat, Thunfischsalat, Reissalat – meist angemacht mit Mayonnaisedressing, das viel Fett enthält. Am besten ist es, ein Essig-Öl-Dressing separat zu bestellen und dann selbst über die Menge zu entscheiden.

Eine Falle: Kaffeegetränke

Kaffee galt lange als Fettkiller – heute ist das umgekehrt. Die modernen Kaffeegetränke, sei es Cappuccino, Latte macchiato, Espresso, Eiskaffee und andere, die mit viel Zucker, Milch oder Sahne serviert werden, sind in ihrem Fett- und Kaloriengehalt nicht zu unterschätzen – schon 10 g Zucker (das sind etwa 2 Teelöffel), haben eine GL von 6. Ein solches Kaffeegetränk kann Ihnen sogar eine GL von 40 bescheren. Da schon Produkte mit einer GL von 20 als hoch eingestuft werden, ist ein solches Getränk als ganz und gar nicht gesund einzustufen. Es geht jedoch nicht nur um den Zuckergehalt, sondern auch um das Fett: Ein Glas Eiskaffee enthält ungefähr 20 g Fett. Dabei handelt es sich überwiegend um Fette mit gesättigten Fettsäuren, die den Cholesterinspiegel erhöhen, die Arterien verstopfen, Herz-Kreislauf-Erkrankungen begünstigen und zur Insulinresistenz beitragen.

Hüten Sie sich vor Getränken wie Java Chip Frappuccino, ein Kaltgetränk aus Kaffeepulver, Schokocrispies, Zucker, Sahne, Schokosirup und gecrashtem Eis. Ein großes Getränk dieser Art enthält über 500 kcal und immerhin 70 g Zucker.

Trinken Sie besser schwarzen Kaffee, ein Tässchen Mocca oder Espresso ohne Zucker. Wenn Sie gern Kaffee mit Milch mögen, verwenden Sie nur fettarme Milch, keine Kondensmilch oder Kaffeesahne. Für viele ist Kaffee mit Milch bekömmlicher und reizt den Magen nicht.

Ein frisch gebrühter Kaffee, schwarz und ohne Zucker, hat gar keine Kalorien. Er fördert die Konzentration, tut der Verdauung gut und erleichtert vielen Menschen den Start in den Tag oder die Arbeit in der Nacht.

Nahrungs-mittel
mit Wunderwirkung

Äpfel

Wie gesund sind Äpfel wirklich? Äpfel helfen, den Blutzucker günstig zu beeinflussen. Wissenschaftler haben herausgefunden, dass bei Frauen, die mindestens einen Apfel pro Tag essen, das Risiko für Diabetes Typ 2 um 28 % niedriger ist als bei Frauen, die keine Äpfel essen. Das liegt vermutlich daran, dass Äpfel viele lösliche Ballaststoffe enthalten. Diese Stoffe sind die Nummer eins unter den Inhaltsstoffen, denn sie helfen, Schwankungen des Blutzuckerspiegels zu vermeiden. Ein mittelgroßer Apfel enthält etwa 3 g Ballaststoffe, vorwiegend Pektin, das auch den Cholesterinspiegel senkt.

Erinnern Sie sich? Das Fett am Bauch ist schlecht für den Blutzuckerspiegel. Eine brasilianische Studie ergab, dass Frauen, die täglich 3 Äpfel aßen, bei gleichzeitig kalorienreduzierter Ernährung nicht nur ihr Übergewicht abbauten, sondern auch den Blutzuckerspiegel senkten – und das deutlich mehr als Frauen, die statt der Äpfel etwas anderes zu sich nahmen.

Um alle Vorteile von Äpfeln auszukosten, sollten Sie sie mit der Schale essen. Braeburn haben die niedrigste GL, enthalten mehr Säure und weniger Zucker als Golden Delicious. An nächster Stelle mit ähnlicher glykämischer Last kommt ungesüßtes Apfelkompott, das die gleichen gesundheitlichen Vorzüge beinhaltet. Doch Finger weg vom gesüßten Apfelfruchtsaftgetränk. Es ist nicht viel besser als Zuckerwasser mit Apfelgeschmack. Greifen Sie daher zu gefiltertem oder naturtrübem Apfelsaft.

IDEALE PORTION: 1 Apfel

*Mit etwa **80 kcal** pro Stück ist der Apfel ein perfekter, **naturbelassener Snack** für zwischendurch.*

Gesunder Genuss

Äpfel sind nicht übermäßig reich an Vitaminen und Mineralien. Dafür enthalten sie Flavonoide, die als Antioxidantien das Risiko für Krebserkrankungen und Herzkrankheiten verringern können. Einer Studie zufolge hat ein kleiner Apfel, mit Schale gegessen, eine ebenso starke antioxidative Wirkung wie 1,5 g Vitamin C.

Köstliches mit Wunderwirkung

- **Dünne Apfelscheiben** machen das belegte Brötchen oder Brot knackig und lecker.
- **Geraspelte Äpfel** in fettarmem Joghurt (ein weiteres Nahrungsmittel mit Wunderwirkung) sind ein gesunder Snack für das zweite Frühstück.
- **Ein Dip aus geraspelten Äpfeln**, Gurken, Zwiebeln, Chilischoten (Japaleño) und Zitronensaft ist lecker und gesund.
- **Für Apfelkompott** werden die Früchte kleingeschnitten und in Wasser gekocht, bis sie weich sind. Zimt, ein Gewürz mit Wunderwirkung, darüber stäuben!
- **Als Snack – einen halben Apfel** dünn mit Erdnussbutter (ein weiteres Nahrungsmittel mit Wunderwirkung) bestreichen.

Cleverer Ersatz

Statt Rosinen geben Sie dünne Apfelscheiben oder geraspelte Äpfel ins Müsli. Rosinen enthalten konzentrierten Zucker, der den Blutzuckerspiegel anhebt.

Statt Fett ersetzen Sie ¾ der Butter oder des Öls in Kuchen und Gebäck durch ungesüßtes Apfelkompott.

Rezepte

Apfelmuffins 198
Bratapfel 296
Haferflockenbrei mit Apfel 192
Hähnchengeschnetzeltes in Apfelsauce 246
Preiselbeer-Apfel-Streusel 301

Auberginen

GL sehr niedrig

Dieses Gemüse sollte man viel häufiger auf den Speiseplan setzen. Weil sie so voluminös und fast fleischig sind, passen Auberginen besonders gut zu Nudeln. Automatisch essen Sie weniger Nudeln, reduzieren die GL der gesamten Mahlzeit und werden trotzdem satt. Auberginen sind auch ein fantastischer Ersatz für Fleisch in der Lasagne und helfen so, Kalorien und gesättigte Fettsäuren zu reduzieren.

Wenn man sie nicht frittiert (Auberginen saugen das Fett auf wie ein Schwamm), sind sie kalorienarm und enthalten wenig Kohlenhydrate, denn sie bestehen zu 95 % aus Wasser. Der hohe Gehalt an löslichen Ballaststoffen hilft, den Blutzucker- und Cholesterinspiegel günstig zu beeinflussen.

Gesunder Genuss

Was den Gehalt an Vitaminen und Mineralien betrifft, zählen Auberginen nicht zu den Spitzenreitern. Aber Sie gehören zu den reichhaltigsten Quellen für Antioxidantien.

Küchengeheimnisse

Auberginen gibt es in den unterschiedlichsten Größen, Formen und Farben. Wählen Sie die schweren, festen Exemplare mit glänzender, glatter Haut. Aufgepasst: Solche mit braunen Flecken verderben schnell.

Damit Auberginen weniger Öl aufsaugen, werden sie in Scheiben geschnitten, gesalzen und in einem Sieb mindestens 15 Minuten zum Abtropfen über die Spüle gehängt. Dann die andere Seite salzen und 15 Minuten abtropfen lassen. Das überschüssige Salz abspülen und die Scheiben trocken tupfen.

Köstliches mit Wunderwirkung

- **Eine blutzuckerfreundliche Vorspeise** aus dem Mittleren Osten ist Baba Ghanoush. Das Mus besteht aus gegrillten, dann pürierten Auberginen, zerdrücktem Knoblauch, Tahin (Sesampaste), Zitronensaft und Olivenöl und wird mit Vollkornfladenbrot, Vollkorncrackern oder als Paste auf Brot gegessen.
- **Ratatouille** enthält neben Auberginen viele andere Nahrungsmittel mit Wunderwirkung, wie Knoblauch, Zwiebeln, Tomaten und Olivenöl.
- **Kurz angebratene Auberginen** mit Zwiebeln und Knoblauch sind ein guter Ersatz für Hackfleisch in Rindfleischgerichten. Sie liefern mehr wertvolle Antioxidantien und weniger Kalorien.
- **Ersetzen Sie** bei Ihrer nächsten Lasagne das Hackfleisch durch Auberginen und Pilze.
- **Für einen einfachen, schnellen Snack** wenden Sie kleine japanische Auberginen in Öl, Salz, Pfeffer und Knoblauch und grillen Sie sie. Nichts ist leckerer als gegrillte Auberginen.

Rezepte

Caponata 201
Penne mit Tomaten-Auberginen-Sauce 262
Sandwich mit gebratenen Auberginen und Paprika-Walnuss-Sauce 227

Populärer IRRTUM

Auberginen gehören zur Familie der Nachtschattengewächse. Die Aubergine steht in dem Ruf, dass sie bei Arthritis gemieden werden soll. Es gibt aber keine hinlänglich klinischen Beweise, dass Nachtschattengewächse Arthritis negativ beeinflussen.

IDEALE PORTION: 80 g

Weil Auberginen sehr wenig Kalorien und eine sehr niedrige GL haben, können Sie mehr davon essen – aber fügen Sie nur wenig Öl zu!

Avocados

Anders als alle anderen Früchte (die Avocado zählt zu den Früchten) ist die köstliche Avocado sehr fettreich – jedes Exemplar enthält 25–35 g! Das ist einerseits viel, doch anderes besteht das Fett, ähnlich wie Olivenöl, überwiegend aus einfach ungesättigten Fettsäuren, die gut für das Herz sind. Untersuchungen deuten darauf hin, dass diese Sorte Fett helfen kann, den Blutzucker zu regulieren. Und das ist der Hauptgrund für Regel 5 *Bevorzugen Sie nur »gute« Fette* (s. Seite 48). Avocados als Ergänzung zu kohlenhydratreichem Essen erhöhen den Fettgehalt und verringern die Kohlenhydratzufuhr. Das verlangsamt die Verdauung der gesamten Mahlzeit und bremst den Blutzuckeranstieg.

Im Gegensatz zu gesättigten Fettsäuren in tierischen Fetten erhöhen ungesättigte Fettsäuren nicht die Insulinresistenz, was die Blutzuckerkontrolle erleichtert. Untersuchungen zufolge soll das gute Fett in Avocados (ebenso wie das in Olivenöl und Nüssen) sogar die Insulinresistenz mindern können. Auf diese Weise kann der Blutzuckerspiegel stabilisiert werden.

Avocados enthalten mehr lösliche Ballaststoffe (die den Blutzucker- und Cholesterinspiegel niedrig halten) und Proteine als irgendeine andere Frucht. Natürlich steigt mit dem Fettgehalt die Anzahl der Kalorien. Deswegen sollten Sie Avocados nicht in größeren Mengen essen – aber sie machen ohnehin schnell satt.

> **IDEALE PORTION: ⅕ Avocado**
>
> Teilen Sie die Avocado in **5 Stücke**. Ein Stück enthält etwa **55 kcal**. Zum Vergleich: Ein Teelöffel Mayonnaise oder Butter liefert 100 kcal, ein Teelöffel Salatdressing etwa 75 kcal. Avocados enthalten also weniger Kalorien und sind reich an **gesunden Inhaltsstoffen**.

Gesunder Genuss
Avocados sind reich an Phytosterinen, die als Cholesterinsenker bekannt sind. Außerdem stecken sie voller Vitamine und Mineralien, darunter Vitamin E und C, Folsäure, Magnesium und Zink. Und sie enthalten mehr Kalium als Bananen.

Küchengeheimnisse
So erkennen Sie eine reife Avocado: Halten Sie die Frucht in der Hand und drücken Sie sie leicht. Dann drehen Sie sie auf die andere Seite und drücken erneut. Wenn die Schale nur ein bisschen nachgibt und keine Dellen bildet, dann ist die Avocado genau richtig.

Köstliches mit Wunderwirkung
■ **Guacamole – der Avocadoklassiker**
Currypulver verleiht indisches Flair, scharfe Bohnen- oder Chilipaste sorgt für asiatischen Einfluss, Basilikum, getrocknete Tomaten oder Piniennüsse geben italienischen Geschmack.
■ **Avocadomus** auf Brot, Toast oder Knäckebrot (natürlich alles aus Vollkorn) verringert die GL von Frühstück oder Mittagessen.
■ **Avocadostücke** im Beilagensalat verringern die GL der gesamten Mahlzeit. Außerdem hilft das Fett dem Körper, wertvolle Karotinoide aus dem Salat aufzunehmen.

Cleverer Ersatz
Statt Käse aufs Brot Mit einer Scheibe Avocado tauschen Sie schlechte gegen gute Fette.
Statt Käse als Snack Probieren Sie doch ein Stück Avocado mit etwas Zitronensaft darauf.

Rezepte
Putenchili mit Avocado-Salsa 252
Spinat-Avocado-Salat mit Mohndressing 224

Beeren

GL sehr niedrig

Ob leuchtend rote Erdbeeren oder nachtblaue Heidelbeeren – Beeren schmecken himmlisch und wirken sich günstig auf den Blutzuckerspiegel aus. Ihre Süße dürfen Sie ohne Reue genießen, denn wie die meisten Früchte enthalten Beeren vor allem Fruktose. Verglichen mit Haushaltszucker (Saccharose) ist Fruktose viel süßer, hat aber bei gleicher Süße weniger Kalorien und lässt den Blutzuckerspiegel langsamer ansteigen.

Beeren enthalten viele Ballaststoffe und Anthocyane. Diese rotblauen Pflanzenstoffe helfen vermutlich ebenfalls, den Blutzuckerspiegel stabil zu halten. Forscher gehen davon aus, dass Anthocyane den Blutzuckerspiegel senken, indem sie die Insulinproduktion anregen.

Frische oder gefrorene Beeren sind besser als ihr Saft. Dieser enthält zwar die gleichen gesunden Pflanzenstoffe, aber zudem viele Kohlenhydrate und kaum Ballaststoffe. Und genau die brauchen wir, um den Blutzucker in Schach zu halten.

Und was ist mit Marmelade? Hier gilt: Nur dünn aufs Brot, denn sie enthält viel Zucker. Marmelade ohne zugesetzten Zucker wird meist mit Fruchtsaft gesüßt und hat daher ebenfalls eine höhere GL als die Früchte selbst. Aber gegen einen Teelöffel Beerenmarmelade auf einer Scheibe Vollkornbrot ist sicherlich nichts einzuwenden.

Gesunder Genuss

Beeren, vor allem Heidelbeeren, haben zu Recht einen guten Ruf als Lieferanten für Antioxidantien. Studien weisen Beeren gleich eine ganze Reihe guter Eigenschaften nach. Täglich gegessen, halten sie die Augen gesund, reduzieren das Risiko für Herz- und Krebserkrankungen und bringen Gehirn und Gedächtnis in Topform. Erdbeeren enthalten erstaunlich viel herzgesundes Vitamin C, und zwar noch mehr als Orangen und andere Zitrusfrüchte. Außerdem wurde nachgewiesen, dass Menschen, die täglich eine Portion Erdbeeren essen, einen niedrigeren Blutdruck haben. Ihr Blut enthält mehr Folsäure, ein B-Vitamin, das hilft, die Arterien freizuhalten.

Preiselbeeren schützen vor Blasenentzündungen. Experten zufolge reichen hierfür schon 45 g getrocknete Früchte täglich aus. Auch Heidelbeeren enthalten einige der entzündungshemmenden Inhaltsstoffe der Preiselbeere.

Küchengeheimnisse

Beeren sind zwar wahre Nahrungskraftwerke, aber sie sind auch empfindlich. Achten Sie beim Kauf darauf, dass die Früchte rund und prall sind und weder Flecken noch Schimmel zeigen. Die Haut von Heidelbeeren sollte glatt und nicht runzlig sein. Der helle Überzug auf den Früchten ist natürlich, er muss nicht abgewaschen werden. Kaufen Sie nur ganze, unversehrte Himbeeren und Brombeeren, sonst verschimmeln sie schnell. Bewahren Sie Beeren immer im Kühlschrank auf, und säubern Sie sie erst kurz vor dem Verzehr, dann halten sie sich länger. Erdbeeren gehören zu den Früchten und Gemüsesorten, die oft stark mit Pestiziden belastet sind. Wenn möglich, sollten Sie daher Bio-Erdbeeren kaufen.

Um das ganze Jahr über in den Genuss der guten Eigenschaften der Beeren zu kommen, kaufen Sie sie zur Erntezeit, und frieren Sie sie dann ein.

■ **Heidelbeeren und Erdbeeren** lassen sich am besten einfrieren. Himbeeren und Brombeeren, die nicht so fest sind wie ihre beerigen Verwandten, werden durch das Einfrieren schnell matschig.

> **Beeren liefern Ballaststoffe, die den Blutzuckerspiegel niedrig halten, und Antioxidantien zum Schutz der Körperzellen.**

Beeren (Fortsetzung)

- **Waschen Sie die Beeren** in kaltem Wasser und lassen Sie sie anschließend auf einem Papiertuch trocknen.
- **Dann breiten Sie die Beeren** auf Backpapier aus und legen sie in die Gefriertruhe.
- **Wenn die Früchte vollständig durchfroren sind,** füllen Sie sie in eine Tiefkühldose und stellen diese in die Gefriertruhe.

Köstliches mit Wunderwirkung

Beeren passen zu einer Vielzahl von Gerichten. Sie sind süß und dekorativ.

- **Streuen Sie Beeren auf Waffeln,** Pfannkuchen oder ins Müsli.
- **Backen Sie** Muffins mit Beeren.
- **Naturjoghurt mit frischen** oder gefrorenen Beeren ist ein leckerer Snack.
- **Experimentieren Sie** mit einer Sauce aus wilden Heidelbeeren (diese sind kleiner als die Kultursorte), gehackten Zwiebeln, klein geschnittener Chilischote (Japaleño) und roter Paprika, Korianderblättern und Zitronensaft.
- **Ganze Erdbeeren** sind eine leckere Garnitur für Frühstück, Mittagessen und Abendbrot.
- **Ausgefallen und dennoch gesund:** Erdbeeren mit etwas Schokoladensauce.
- **Eine Portion** frischer Beeren auf etwas gekühltem Joghurt oder Eiscreme schmeckt nicht nur an heißen Sommertagen.
- **Beeren sorgen** in einem grünen Salat für Abwechslung.
- **Getrocknete Preiselbeeren** machen sich gut im Salat, in Muffins oder Getreidebeilagen.
- **Für ein erfrischendes Joghurtgetränk:** Joghurt mit frischen oder gefrorenen Beeren und Orangensaft mischen und mit Vanille verfeinern.
- **Verarbeiten Sie** an einem heißen Sommertag Beeren zu einem erfrischenden Sorbet.

Rezepte

Beeren-Joghurt-Getränk mit Leinsamen 212
Beerenkaltschale mit Nektarinen und Pflaumen 289
Beeren-Mandel-Kuchen 300
Beerensorbet 295
Birnen-Beeren-Kuchen 300
Heidelbeer-Hafer-Muffins 198
Heidelbeer-Melonen-Salat 288
Heidelbeer-Quark-Schnitten 291
Himbeersauce 299
Kirsch-Himbeer-Streusel 302
Pfirsich-Himbeer-Streusel 302
Rhabarber-Heidelbeer-Streusel 302
Schnelles Erdbeer-Joghurt-Eis 289
Schokoladen-Käse-Kuchen mit Himbeeren 298
Vollkornpfannkuchen oder -waffeln 192

> **IDEALE PORTION: 80 g (7 Erdbeeren)**
>
> *Eine* **Hand voll Beeren** *sind ein perfekter* **kalorienarmer Snack.**

Blumenkohl

GL sehr niedrig

Nur wenige Gemüsesorten sättigen so gut wie der kalorienarme Blumenkohl. Er ist das perfekte Nahrungsmittel mit Wunderwirkung – kalorienarm, ballaststoffreich, kohlenhydratarm. Entsprechend zubereitet kann er Reis oder Kartoffelpüree ersetzen.

Schon eine Portion Blumenkohl (gekocht) liefert 50 % der empfohlenen Tagesdosis an Vitamin C, das vermutlich vor Zellschäden schützen kann, die durch zu hohe Blutzuckerspiegel entstehen. Doch Vorsicht: Wenn Blumenkohl in einer sahnigen Käsesauce schwimmt, verliert er seine Wunderwirkung.

Gesunder Genuss

Blumenkohl enthält wie seine Vettern Brokkoli und Rosenkohl aus der Kohlfamilie viele sekundäre Pflanzenstoffe, die vor Krebs schützen. Wer ihn häufig isst, senkt das Krebsrisiko, vor allem für Lungen-, Magen- und Darmkrebs. Das zeigt ein Rückblick auf 80 Studien. In einem Laborversuch konnte mit Blumenkohlsaft das Wachstum von Brustkrebszellen gestoppt werden.

Küchengeheimnisse

Wenn Sie Blumenkohl ohne Deckel kochen, verfliegt der unangenehme Geruch. Damit er beim Kochen seine weiße Farbe behält, sollte er völlig mit Kochwasser bedeckt sein. Wird Blumenkohl zu lange gekocht, intensiviert das nicht nur den Geruch, sondern zerstört auch den Großteil des darin enthaltenen Vitamin C.

Köstliches mit Wunderwirkung

- **Anstelle von Kartoffelpüree** Blumenkohl in Röschen teilen und zusammen mit 1 gewürfelten Kartoffel und 6 Knoblauchzehen weich kochen. Pürieren und mit warmer Milch verdünnen, bis eine sämige Masse entsteht. Mit Salz und Pfeffer abschmecken und etwas Olivenöl darüber geben.
- **Roh oder kurz gedämpft** schmeckt Blumenkohl gut zu Joghurt-Dip oder pikanter Tomatensauce.
- **Für Quiche, Omelett oder Auflauf** den Blumenkohl mit Brokkoli kombinieren.
- **Als Ofengemüse:** Bissfest gegarte Blumenkohlröschen in Olivenöl und Knoblauch wenden und im Ofen backen.
- **Als Hauptgericht:** Einen mittelgroßen Blumenkohl putzen und in einem großen Topf dämpfen, bis er zart, aber nicht zu weich ist. Abgießen und in eine Auflaufform geben. Mit einer Mischung aus Semmelbrösel, Olivenöl, Knoblauchpulver, Salz, getrocknetem Oregano und zerdrücktem Knoblauch bestreichen und etwas Parmesan darüber streuen. 10–15 Minuten bei 180 °C (Gas Stufe 2–3) backen.
- **Brokkoli- und Blumenkohlröschen** mit Maronen in der Pfanne anbraten und mit Sojasauce und Sesamöl abschmecken.
- **Blumenkohlsalat:** Vorgegarte Blumenkohlröschen über Nacht in Estragonessig, Dijon-Senf, Salz, weißem Pfeffer und Olivenöl marinieren.

Cleverer Ersatz

Statt Reis: Blumenkohl roh im Mixer zerkleinern, bis er die Konsistenz von Reis hat, dann kurz dämpfen. Passt gut zu Gerichten, die sonst mit Reis serviert werden.

Rezepte

Blumenkohl-Spinat-Auflauf 282
Würziger Blumenkohl mit Erbsen 284

IDEALE PORTION: 80 g (gekocht)

Eine Portion gekochter Blumenkohl – das entspricht etwa **8 Röschen** *– enthält magere* **22 kcal** *und* **2,5 g Ballaststoffe**.

NAHRUNGSMITTEL MIT WUNDERWIRKUNG | 79

Bockshornklee

GL sehr niedrig

Dieses etwas streng schmeckende Gewürz ist ein Bestandteil von Currypulver. Bockshornklee stabilisiert den Blutzuckerspiegel, und es gibt sogar Präparate, die seine Wirkstoffe enthalten. Aktuelle Studien zeigen, dass Bockshornklee Insulin imitiert und so den Blutzuckerspiegel senkt.

Die gelblich braunen Samen riechen wie Sellerie, schmecken aber bitterer. Sie enthalten viele lösliche Ballaststoffe, und diese sind gut für den Blutzuckerspiegel. Tierversuche deuten darauf hin, dass der Verzehr von Bockshornklee auch helfen kann, das Gewicht zu halten. Der Körper nimmt durch das Gewürz weniger Fett auf. All diese Vorteile beweisen, dass Bockshornklee überaus gesund ist.

Die Blätter dieses Gewürzes werden in indischen Gerichten häufig verwendet. Auch sie stecken voller gesunder Pflanzenstoffe. Allerdings sind sie im Hinblick auf ihre blutzuckersenkende Eigenschaft noch nicht so gut untersucht wie die Samen.

Gesunder Genuss

Bockshornkleesamen sind reich an löslichen Ballaststoffen, die den Cholesterinspiegel senken. Studien bestätigen, dass Bockshornsamen eine ausgeprägte antidiabetische Wirkung haben.

IDEALE PORTION: 3 g

Schon ½ Teelöffel hat eine eindrucksvolle Wirkung auf den Blutzuckerspiegel. In einer Studie konnten Diabetiker die Dosis ihrer blutzuckersenkenden Medikamente reduzieren, wenn sie diese Menge täglich zu sich nahmen. Das muss unbedingt mit dem Arzt abgesprochen werden.

Küchengeheimnisse

Die Samen werden milder, wenn Sie sie vor dem Mahlen (in einer Gewürz- oder Kaffeemühle) rösten – allerdings nicht zu lange, sonst werden sie bitter.

Köstliches mit Wunderwirkung

Bockshornklee passt sicherlich nicht zu allen Gerichten, doch intensiviert er den Geschmack vieler Speisen.

- **Brot** wird durch gemahlenen Samen würziger.
- **Rührei** bekommt einen Hauch von indischem Geschmack, wenn Sie Bockshornkleesamen, Koriander, Knoblauch, Kardamom und Kreuzkümmel zugeben.
- **Dhal** ist ein indisches Linsen- oder Erbsengericht, das mit Bockshornklee gewürzt ist.
- **Bockshornklee** ist ein typischer Bestandteil von Currys oder anderen indischen Gewürzmischungen. Es gibt zahlreiche Rezepte für leckere Currygerichte.
- **Die Kombination** aus Bockshornklee, Zimt, Ingwer und Kreuzkümmel passt gut zu Geflügel. Sie können auch Gelbwurz oder Selleriesamen zufügen. Bewahren Sie die Mischung luftdicht verschlossen an einem kühlen Ort auf.
- **Als Tee** nach dem Essen: ½ Teelöffel Bockshornkleesamen mit kochendem Wasser übergießen und 5–10 Minuten ziehen lassen.

Rezepte

Dhal mit Spinat 272
Würziges Curry aus Butternutkürbis 282

80 | NAHRUNGSMITTEL MIT WUNDERWIRKUNG

Bohnen/Kichererbsen

GL niedrig

»Jedes Böhnchen ...« – zugegeben, auch diese Wirkung haben Bohnen auf unsere Verdauung. Doch vor allem sind sie voller Ballaststoffe und reich an komplexen Kohlenhydraten. Sie werden daher langsam verdaut und verringern den Blutzuckeranstieg nach dem Essen. Ein wahres Nahrungs»wundermittel«! Und köstlich dazu.

Ob getrocknet oder aus der Dose, ob weiß oder schwarz, Kichererbsen oder Cannellini-Bohnen – durch ihren Reichtum an löslichen Ballaststoffen halten Bohnen sowohl das Insulin als auch den Blutzucker in Schach. Einer neueren Studie zufolge war der Blutzuckerspiegel von Testpersonen, die ein Gericht mit 170 g Kichererbsen aßen, eine Stunde später um 40 % niedriger als der von Personen, die stattdessen Weißbrot mit Marmelade verzehrt hatten.

Die löslichen Ballaststoffe verlangsamen die Verdauung, sodass der Blutzuckerspiegel nur allmählich ansteigt. Bohnen sind außerdem reich an Eiweiß, das den Blutzuckerspiegel konstant hält und dem Körper hilft, Kohlenhydrate besser zu verdauen. Sind sie das perfekte Lebensmittel für Diabetiker? Vielleicht. Mehr als 100–125 g pro Mahlzeit sollten es aber nicht sein, denn auch sie enthalten Kohlenhydrate.

Wenn Sie Ihr Gewicht reduzieren wollen: Essen Sie Bohnen! Sie werden nicht nur satt, sondern erhalten viele Nährstoffe bei geringer Kalorienaufnahme. Außerdem kann der Körper einen Teil der in Bohnen enthaltenen Stärke nicht aufschlüsseln, daher »zählen« diese Kalorien nicht.

Besonders für Diabetiker ist der hohe Gehalt an Folsäure wichtig. Dieses B-Vitamin schützt die Gefäße. Dennoch sind Bohnen auf unserem Speiseplan meist unterrepräsentiert, doch hieran können wir leicht etwas ändern.

Bohnen sind der beste Freund Ihres Blutzuckerspiegels und lassen sich problemlos zubereiten.

Gesunder Genuss

Wenn Sie eine Quelle für Antioxidantien suchen, greifen Sie zu Bohnen: Sie gehören zu den besten Lieferanten dieser Zellprotektoren. Die darin reichlich enthaltenen löslichen Ballaststoffe senken nicht nur den Blutzucker-, sondern auch den Cholesterinspiegel.

Perfekte Ergänzung

Bohnen und Reis sind zu Recht Klassiker auf unserem Esstisch, denn gemeinsam enthalten sie alle wichtigen Aminosäuren. Weißer Reis hat eine hohe GL, doch mit Bohnen gereicht, isst man weniger Reis und reduziert somit die GL der Mahlzeit.

Das Gleiche funktioniert mit Nudeln: Nehmen Sie mehr Bohnen und weniger Nudeln, und schon ist die GL niedriger.

Küchengeheimnisse

Achten Sie beim Kauf von Dosenbohnen darauf, dass kein Salz zugesetzt ist, oder spülen Sie die Bohnen ab, um den Salzgehalt zu verringern. Auch bei Gebackenen Bohnen (Baked Beans) gibt es inzwischen Varianten, die weniger Salz und Zucker enthalten.

Kichererbsenmehl kann mit Weizenmehl gemischt zum Backen verwendet werden. Dadurch reduziert sich die GL. Wenn Sie Kichererbsenmehl zum Backen von Vollkornbrot verwenden, wird Ihr Blutzuckerspiegel eine halbe Stunde nach der Mahlzeit bedeutend niedriger sein als nach dem Genuss von normalem Vollkornbrot.

Köstliches mit Wunderwirkung

■ **Hummus,** eine orientalische Spezialität aus Kichererbsen und Sesampaste, oder ein Bohnendip schmecken delikat auf getoastetem Vollkornfladenbrot.

Bohnen/Kichererbsen (Fortsetzung)

- **Pürierte Bohnen oder Kichererbsen** sind gut als Brotaufstrich auf grobem Vollkornbrot.
- **Verwenden Sie Bohnen aus der Dose** für eine schnelle Suppe am Abend.
- **Reichern Sie Salat mit Kidneybohnen** (oder anderen Bohnen) aus der Dose an.
- **Bereiten Sie am Wochenende** einen großen Topf Chili con Carne zu. Was übrig bleibt, wird eingefroren.
- **Mango, rote Peperoni**, Zwiebeln und schwarze Bohnen ergeben einen pikanten Sommersalat.

Rezepte

Burritos mit schwarzen Bohnen und Süßkartoffeln 274
Cannellinisalat mit Thunfisch 218
Deftige Erbsensuppe mit Croutons 230
Dhal mit Spinat 272
Graupensalat mit schwarzen Bohnen 216
Graupensuppe mit Bohnen 229
Linsen-Bohnen-Chili 273
Mediterrane Erbsencreme 208
Mexikanische Bohnencreme 209
Putenchili mit Avocado-Salsa 252
Vollkornnudeln mit Tomatensauce, Bohnen und Mangold 266
Warmer Artischocken-Bohnen-Dip 206

Wie man BLÄHUNGEN verhindert

Bohnen können Blähungen verursachen, denn sie enthalten unverdauliche Kohlenhydrate. Unsere Darmbakterien können diese Kohlenhydrate aufschlüsseln, doch entsteht hierbei unangenehm riechendes Gas. Dennoch sollten Sie dieses Nahrungsmittel essen, das den Blutzuckerspiegel so wunderbar stabilisieren kann, denn es gibt Abhilfe: Die Bohnen entweder für 12 Stunden einweichen oder 2 Minuten kochen und 2–4 Stunden bedeckt stehen lassen. Danach das Einweichwasser abgießen, die Bohnen spülen und in frischem, kaltem Wasser erneut aufsetzen.

Wenn Sie nur selten Bohnen essen, muss sich Ihr Körper erst an die Extra-Arbeit gewöhnen, die er zur Verdauung der komplexen Kohlenhydrate aufbringen muss. Beginnen Sie mit kleinen Portionen, und steigern Sie sich dann langsam.

Generell gilt: Je süßer die Bohne, desto leichter ist sie zu verdauen. Adzukibohnen, Augenbohnen, Linsen und Mungbohnen stehen ganz oben auf der Liste. Zu den schwerer verdaulichen Sorten zählen Limabohnen und ganze gekochte Sojabohnen.

IDEALE PORTION: 100–125 g (gekocht)

Das sind etwa **105** *bis* **147 kcal** *bei niedriger GL.*

NAHRUNGSMITTEL MIT WUNDERWIRKUNG

Brokkoli

GL sehr niedrig

Viel Volumen, wenig Kalorien – mit Brokkoli lässt sich die GL von kohlenhydratreichen Gerichten wie Nudeln und Aufläufen hervorragend verringern.

Brokkoli beeinflusst den Blutzuckerspiegel kaum. Er enthält Chrom, ein Spurenelement, das dem Körper hilft, die Insulinausschüttung und somit den Blutzucker zu regulieren. Schon eine Portion Brokkoli (80 g) versorgt uns mit der Hälfte des Tagesbedarfs an Chrom.

Auch Vitamin C ist reichlich enthalten: pro Portion mehr als 100 % der empfohlenen Tagesdosis. Wenn Sie Diabetes verhindern wollen – oder bereits entwickelt haben –, ist Vitamin C besonders wichtig. Wissenschaftler fanden heraus, dass Menschen mit einem hohen Vitamin-C-Spiegel im Blut seltener einen hohen Glykohämoglobinspiegel entwickelten. Dieses Hämoglobin ist ein Langzeitindikator für hohen Blutzucker. Auch wenn Vitamin C die Entstehung von Diabetes nicht verhindern kann, so vermag es doch zu helfen, das Risiko für Folgeerkrankungen an Augen und Nerven zu verringern.

Gesunder Genuss

Brokkoli enthält Inhaltsstoffe, die vor Krebs schützen. Zahlreiche Studien der letzten 20 Jahre haben gezeigt, dass Menschen, die viel Brokkoli essen, seltener an Krebs erkranken, etwa an Brust-, Darm-, Gebärmutterhals-, Lungen-, Prostata- oder Blasenkrebs. Außerdem ist Brokkoli eine gute Quelle für Kalzium, das die Knochen vor Osteoporose schützt.

Küchengeheimnisse

Brokkoli nicht zu lange kochen, sonst wird er breiig und verliert wichtige Nährstoffe.

Köstliches mit Wunderwirkung

- **Cremige Suppe ohne Sahne:** Gekochten Brokkoli, Blumenkohl sowie Zwiebeln pürieren und mit Salz und weißem Pfeffer abschmecken. Etwas fettarme Milch macht das Ganze cremiger.
- **Klein geschnittene Brokkoliröschen** schmecken gut in Omelett, vegetarischer Lasagne oder auf Pizza.
- **Hauptgericht mit besonders niedriger GL:** Brokkoli und Rindfleisch kurz anbraten, dazu eine kleine Portion Vollkornreis.
- **Brokkolisalat fürs Picknick:** Brokkoliröschen, in Scheiben geschnittene Möhren und Oliven, rote Paprika und gehackte Walnüsse mischen und in Vinaigrette marinieren.
- **Gedämpfte Brokkoli** mit einem Löffel fettarmem Naturjoghurt und gerösteten Mandelsplittern sind eine gesunde Beilage.
- **Die Stiele,** zusammen mit Möhren klein gehackt, schmecken gut im Krautsalat.

Rezepte

Brokkoli mit Zitronen-Vinaigrette 287
Rindfleischpfanne mit Brokkoli und Paprika 234
Vollkornpizza mit Brokkoli und Oliven 270
Zucchini-Frittata 195

Keine Lust auf Brokkoli? DIE GENE sind schuld

Schüttelt es Sie bei dem Gedanken an Brokkoli? Daran sind vielleicht Ihre Gene schuld. Forscher haben ein Gen gefunden, das einige Menschen empfindlich auf Bitterstoffe in Brokkoli, Rosenkohl und Weißkohl reagieren lässt.

IDEALE PORTION: 2 Röschen (80 g)

Diese Portion ist ideal. Sie dürfen jedoch **auch mehr Brokkoli essen.**

Bulgur

GL mittel

Wenn Sie das Ziel »dreimal täglich Vollkorn« verfolgen, sollten Sie auch Bulgur auf Ihren Speiseplan setzen. Mit seinem leicht nussigen Geschmack und der festen Konsistenz ist er eine leckere und sättigende Beilage. Auch für Frühstücksbrei oder als Füllung ist Bulgur geeignet. Außerdem hat er eine kurze Garzeit.

Bei Bulgur handelt es sich nicht um eine spezielle Getreidesorte, sondern um Weizen, der vorgekocht, dann getrocknet und grob zerkleinert wird. Er behält dabei alle seine Nährstoffe und ist ebenso ein Nahrungsmittel mit Wunderwirkung wie Vollkornbrot oder Kleie.

Wer viel Vollkornprodukte isst, verringert sein Diabetesrisiko um 35 % (Männer wie Frauen). Das Risiko für Herz-Kreislauf-Erkrankungen sinkt bei Frauen um 25 %, bei Männern um 18 %. Eine Untersuchung belegt, dass 6 Wochen vollkornreiche Diät ausreichen, um die Insulinempfindlichkeit deutlich zu erhöhen.

Gesunder Genuss

Wie bei allen Vollkornprodukten gilt: Je mehr Bulgur man isst, desto deutlicher sinkt das Risiko für Diabetes, Herz-Kreislauf-Krankheiten und bestimmte Krebserkrankungen. Eine schwedische Studie mit 61 000 Frauen wies nach, dass das Risiko für Dickdarmkrebs bei Frauen, die mindestens 4 $\frac{1}{2}$ Portionen Vollkorn täglich aßen, um 23 % niedriger lag als bei Frauen, die nur 1 $\frac{1}{2}$ Portionen täglich aßen. Die Lignane im Bulgur scheinen vor Brustkrebs zu schützen.

IDEALE PORTION: 90–100 g (gekocht)

Perfekt sind **100 g**, *aber auch bei einer Portion von* **150 g** *gekochtem Bulgur liegt die GL noch immer im* **mittleren** *Bereich.*

Küchengeheimnisse

Bulgur ist nicht gleich Bulgur. Grober Bulgur wird anstelle von Reis in Reisgerichten verwendet, der mittlere eignet sich als Frühstücksbrei und der feine für Tabouleh (einen arabisch-libanesischen Salat aus Bulgur, Petersilie, Gurke, Tomaten, Olivenöl und Zitronensaft). Je feiner der Bulgur, desto schneller gart er.

Köstliches mit Wunderwirkung

■ **Für Bulgur-Pilaw** gibt es unzählige Rezepte. Einige verwenden getrocknete Früchte, andere Gemüse und Kräuter. Greifen Sie zu einem guten Kochbuch und experimentieren Sie.

■ **Tabouleh** eignet sich als Sommersalat, als Beilage oder für unterwegs. Gemüse wie Tomaten und Gurken gehören hinein, Hühnerfleisch, Ziegen- oder Schafskäse liefern eine Extra-Portion Eiweiß.

■ **Ersetzen Sie** einen Teil des Hackfleisches in der Tomatensauce oder im Chili con Carne durch Bulgur.

■ **Bulgur gemischt** mit magerem Hackfleisch ergibt eine leckere Füllung für Zucchini.

Cleverer Ersatz

Statt Reis: Gekochter Bulgur passt gut zu gebratenem Gemüse.

Statt Couscous: Nehmen Sie Bulgur für Eintöpfe und Aufläufe.

Rezept

Bulgur mit Ingwer und Orange 275

84 | NAHRUNGSMITTEL MIT WUNDERWIRKUNG

Wunderbares Eiweiß (Protein)

Eier

Soja

EIWEISSquellen
mit wenig Fett tun dem Blutzuckerspiegel gut, ohne die Arterien zu verstopfen.

- Bohnen
- Eier
- Erdnussbutter
- Fisch
- Geflügelfleisch
- Joghurt
- Käse (fettarm)
- Lammfleisch
- Linsen
- Meeresfrüchte
- Milch (fettarm)
- Nüsse
- Rindfleisch
- Schweinefleisch
- Soja

Bohnen

Fisch

Eier

Eier sind besser als ihr Ruf, da sie eine hervorragende und zugleich preisgünstige Quelle für hochwertiges Eiweiß sind, das vom menschlichen Organismus schnell in körpereigenes umgesetzt werden kann. Was macht das Eiweiß im Ei so wertvoll? Es enthält alle essenziellen Aminosäuren (die der Körper nicht selbst aufbauen kann) in genau der Menge, die pflanzliche Eiweißträger in idealer Weise ergänzt.

Die Hauptnährstoffe im Ei sind Eiweiß und Fett, die den Blutzuckerspiegel nicht beeinflussen. Ein Ei zum Frühstück ist die bessere Wahl als mehrere Scheiben Toast, da es die Verdauung verlangsamt und länger vorhält. Einer Studie zufolge waren Frauen, die zum Frühstück 2 Eier und Brot aßen, vor dem Mittagessen weniger hungrig und nahmen tagsüber weniger Kalorien zu sich als Frauen, deren Frühstück aus Brot und Frischkäse mit dem gleichen Kaloriengehalt bestand.

Ist der Cholesteringehalt ein Problem? Eier enthalten relativ viel Cholesterin – das Eigelb eines mittelgroßen Eis enthält etwa 230 mg. Fakt ist auch, dass die Herzgesundheit bei Diabetikern oberste Priorität hat. Wie Studien aber mehrfach erwiesen haben, kommt gesättigten Fettsäuren ein stärkerer Einfluss auf den Cholesterinspiegel zu als dem Nahrungscholesterin selbst. In Maßen genossen ist deshalb gegen den Verzehr von Eiern nichts einzuwenden.

Menschen mit einem erhöhten Cholesterinspiegel und solche, die auf das Nahrungscholesterin mit erhöhtem Blutcholesterinspiegel reagieren, sollten nicht mehr als 3–4 Eigelbe in der Woche essen. Das Eiweiß ist cholesterinfrei.

Gesunder Genuss

Eigelb ist reich an Vitamin D, das unser Körper zur Verwertung von Kalzium und für die Knochengesundheit benötigt. Neuesten Studien zufolge, kann Vitamin D bei einigen Krebsarten sogar das Erkrankungsrisiko senken. Wichtig für den Aufbau des Knochensystems ist das ebenfalls reichlich enthaltene Vitamin K. Auch Lutein, das vor Augenkrankheiten wie Makuladegeneration schützen soll, findet sich in größeren Mengen. Ein weiterer Inhaltsstoff, das Cholin (ein Bestandteil des Lecithins), kann die Gedächtnisleistung unterstützen. Studien an Ratten zeigten, dass ihr Nachwuchs besser funktionierende Hirnzellen hatte, wenn die trächtigen Muttertiere cholinhaltiges Futter bekamen.

Küchengeheimnisse

Wenn Sie einen Eierhalter im Kühlschrank besitzen, dann ignorieren Sie ihn. Eier halten sich am besten in dem Karton, in dem Sie sie gekauft haben, und zwar sollten sie mit dem spitzeren Ende nach unten gelagert werden. So verlieren sie weniger

---

Sind Omega-3-Eier IHR GELD WERT?

Wie Hühner gehalten und gefüttert werden, ist eine ökologische und ethische Frage und für die Inhaltsstoffe im Ei von geringer Bedeutung. Diese variieren von Ei zu Ei nur wenig, bis auf eine Ausnahme: Es gibt Eier, die reich an Omega-3-Fettsäuren sind. Dies wird durch Beimischung von Leinsamen und Algen zum Hühnerfutter erreicht. Ein solches Ei enthält etwa 150–200 mg dieser herzfreundlichen Fettsäuren. Das ist verglichen mit einem Stück Fisch eher wenig, aber besser als nichts.

Ob als Rührei, gekocht oder pochiert, Eier halten den Blutzuckerspiegel konstant und liefern Vitamine und Mineralien.

Feuchtigkeit und nehmen den Geruch von anderen Lebensmitteln im Kühlschrank nicht auf. Auf jeden Fall gehören Eier in den Kühlschrank, denn bei Raumtemperatur halten sie sich nicht lange. Ob ein Ei frisch ist, erkennt man, indem man es in ein Gefäß mit Wasser legt: Wenn es absinkt, ist es frisch, wenn es nach oben steigt, werfen Sie es weg.

Rohe oder nicht ganz hart gekochte Eier können Salmonellen enthalten. Einer britischen Studie zufolge, in der 28 500 Eier untersucht wurden, ist diese Gefahr allerdings seit Mitte der 1990er-Jahre sehr gering. In Deutschland müssen Hühner in Legebetrieben gegen Salmonellen geimpft werden. Dennoch raten Experten, dass ältere Menschen, Schwangere und Kranke nur hart gekochte Eier essen sollten.

Köstliches mit Wunderwirkung

Genauso wie Hühnerfleisch sind auch Hühnereier sehr vielseitig verwendbar und sollten nicht nur zum Frühstück verzehrt werden.

■ **Bewahren Sie** einige hart gekochte Eier im Kühlschrank auf, sie sind ein perfekter eiweißreicher Snack.

■ **Zum Mittagessen:** Eiersalat (mit etwas Salatcreme) auf Vollkornbrot. Mischen Sie gehacktes eingelegtes Gemüse (Mixed pickles) und etwas Kurkuma (auch im Rührei sehr lecker) darunter, das verringert die GL des Brotes.

■ **Ein Rezept für Frittata** (ein italienisches Omelett) zum Abendessen finden Sie auf Seite 195. Frittata lässt sich durch Vielerlei ergänzen, z. B. durch mageren Schinken, Tomatenscheiben, Spinat oder Schafskäse.

■ **Probieren Sie** hart gekochte, gefüllte Eier: Das Eigelb herausnehmen und mit Salatcreme, gehackten Mixed Pickles, Chili- oder Paprikapulver und Senf mischen. Das Eiweiß mit der Masse füllen.

■ **Französischer Toast** (»Arme Ritter«): Vollkorntoast in mit Zimt gewürzten Pfannkuchenteig tauchen und in wenig Rapsöl in der Pfanne ausbacken. Fett und Eiweiß senken die GL des Brotes.

■ **Spanische Eier** für ein schnelles Essen: Scharfe Tomatensauce in eine feuerfeste Form füllen, den Inhalt eines rohes Eis darauf geben und bei mittlerer Hitze im Ofen so lange backen, bis das Ei gestockt ist.

Rezepte
Heidelbeer-Quark-Schnitten 291
Omelett mit Spinat und Ziegenkäse 194
Quarkspeise mit Früchten 292
Zucchini-Frittata 195

IDEALE PORTION: 1 mittelgroßes Ei

Ein mittelgroßes Ei (Größe M, ca. 60 g) enthält etwa 90 kcal und 6,6 g Fett, davon sind etwa 2 g gesättigte Fettsäuren. Fett und Cholesterin finden sich nur im Eigelb. Ein Omelett aus 2 Eiern, dazu eine Scheibe Vollkornbrot, ist kalorienarm, solange nicht allzu viel Butter, Schinken und Käse dazukommen. Auch beeinflusst es den Cholesterinspiegel kaum. Bei Rezepten mit mehreren Eiern kann ein Eigelb durch ein weiteres Eiweiß ersetzt werden.

Erbsen

GL sehr niedrig

Erbsen sind ein stärkereiches Gemüse, deswegen könnte man meinen, sie seien für den Blutzucker genau das Falsche. Das trifft jedoch nicht zu. Frische grüne Erbsen sind reich an Eiweiß, was ein Grund für ihre geringe Wirkung auf den Blutzuckerspiegel ist. Eine Portion von 80 g enthält 4,6 g Eiweiß und nur 55 kcal. Erbsen haben außerdem eine geringe GL, wofür unter anderem der hohe Gehalt an Ballaststoffen verantwortlich ist. Mit 4,2 g Ballaststoffen (davon sind etwa 1/3 vom löslichen Typ) hilft schon eine kleine Portion Erbsen, um auf die empfohlenen 30 g Ballaststoffe täglich zu kommen.

Erbsen schützen auch das Herz, denn sie enthalten den löslichen Ballaststoff Pektin. Pektin ist besonders geeignet, den Cholesterinspiegel zu senken. Erbsen liefern außerdem Kalium, das bei Bluthochdruck wirksam ist, und Folsäure. Experten glauben, dass dieses B-Vitamin dazu beiträgt, die Blutgefäße frei zu halten.

Gesunder Genuss

Erbsen sind reich an Lutein und Zeaxanthin. Man nimmt an, dass diese zu den Karotinen gehörenden Pflanzenstoffe das Risiko für grauen Star und Makuladegeneration senken, die Hauptursachen für Erblindung im Alter.

Küchengeheimnisse

Gefrorene Erbsen sind praktisch, aber meiden sie Erbsen aus der Dose, sie enthalten oft Salz. Kochen Sie Erbsen nicht zu lange, sonst verlieren sie ihre Nährstoffe.

IDEALE PORTION: 80 g

Eine Portion entspricht etwa **3 gehäuften Esslöffeln**. *Da die GL von Erbsen aber gering ist, können Sie ohne Bedenken auch etwas mehr essen.*

Köstliches mit Wunderwirkung

- **Der Klassiker:** Erbsen mit Möhren.
- **Geben Sie Erbsen zu Suppen** mit Nudeln oder anderen Getreideprodukten. Diese Kombination enthält alle essenziellen Aminosäuren.
- **Garnieren Sie** Salate mit Erbsen.
- **Erbsen passen** in fast alle Eintopfgerichte. Servieren Sie sie als Warmgemüse auch zu Hackfleischgerichten (Frikadellen, Hackbraten).
- **Erbsensalat fürs Picknick:** Mischen Sie gegarte Erbsen mit klein geschnittenem Paprika, gehackten Frühlingszwiebeln, etwas saurer Sahne, klein geschnittenem Apfel, Zitronensaft, Salz und Pfeffer. Oder vermengen Sie Erbsen und geröstete Mandeln, Frühlingszwiebeln, Schafskäse, Salatcreme und Balsamessig.
- **Zu Vollkornspaghetti:** Erbsen zur Sauce geben.
- **Zuckererbsen als Zwischenmahlzeit:** Diese Erbsen isst man mitsamt ihrer Schote. Die Schoten liefern mehr Ballaststoffe, wobei die Erbsen der Zuckerschote weniger Eiweiß enthalten als die normalen Erbsen.

Rezepte

Geflügelpastete mit Vollkornkruste 248
Graupensalat mit Zuckerschoten und Zitronendressing 216
Würziger Blumenkohl mit Erbsen 284

Erdnussbutter

 Erdnussbutter hat lange schon in unsere Märkte Einzug gehalten und ist für viele aus der Küche nicht mehr wegzudenken. Aus einem langweiligen Toastbrot macht sie eine Köstlichkeit. Und sie kann noch mehr. Deshalb zählt sie zu den Nahrungsmitteln mit Wunderwirkung.

Erdnussbutter ist reich an 2 Stoffgruppen, die beide gut für den stabilen Blutzuckerspiegel sind: Eiweiß und ungesättigte Fettsäuren. Die sehr angesehene Nurses' Health Study aus den USA zeigte, dass Frauen, die mindestens fünfmal wöchentlich Erdnussbutter aßen, um 30 % weniger Diabetes entwickelten.

Im Amerika gibt es die Erdnussbutter-Diät. Sie ist gar nicht so abwegig, denn dank der Kombination aus Eiweiß, guten Fetten und Ballaststoffen macht die Diät satt und ist gesund. Eine Studie der Universität Purdue ergab, dass Snacks mit Erdnüssen 2 Stunden länger sättigen als ballaststoffarme, aber kohlenhydratreiche Snacks (s. Seite 211, Rezept für Hafer-Erdnuss-Riegel).

Ebenso wie Erdnüsse kann Erdnussbutter das Herz schützen. Die guten Fette helfen, den Cholesterinspiegel niedrig zu halten – denn letztlich sind es dieselben Fette wie im Olivenöl. Eine Studie verglich zwei Diäten: In der einen stammten die einfach ungesättigten Fettsäuren überwiegend aus Erdnussbutter, in der anderen war Olivenöl die Quelle für die guten Fette. Dabei zeigte sich, dass die Diät mit Erdnussbutter das Risiko für Herzkrankheiten fast ebenso senken kann wie die Diät mit Olivenöl.

Erdnussbutter ist reich an Phytosterinen, die den Cholesterinspiegel niedrig halten. Ein Esslöffel Erdnussbutter (10 g) liefert außerdem gut 1 g Ballaststoffe. Das ist für einen Brotaufstrich relativ viel.

Dank des Eiweiß und der guten Fette schützt Erdnussbutter das Herz, ist vorteilhaft für den Blutzucker und für die Figur.

Gesundheit
AUFS BROT

Nicht nur Erdnussbutter ist gesund, auch Aufstriche aus anderen Nüssen wie Mandeln, Walnüssen oder Pistazien sind gesundheitsförderliche Alternativen. (Cashew und Macadamianüsse enthalten mehr gesättigte Fette.) Nussaufstriche sind zwar teuer, doch mit einem Glas kommen Sie lange aus. Es gibt auch Aufstriche aus Samen wie Sonnenblumen- oder Kürbiskernen, die ebenfalls positiv auf den Blutzuckerspiegel wirken. Die ausgefalleneren Produkte finden Sie im Reformhaus, Bioladen oder im Internet.

Achten Sie beim Kauf auf die Inhaltsstoffe. Einige Produkte sind mit Glukosesirup oder Zucker gesüßt. Da die Erdnussbutter auch mit pikanten Zutaten harmonieren soll, sollten Sie nur ungesüßte kaufen. Produkte aus dem Reformhaus oder Bioladen enthalten meistens keinen Zucker und weniger Salz als herkömmliche Marken.

Gesunder Genuss

Die Phytosterine in der Erdnussbutter helfen nicht nur, den Cholesterinspiegel konstant zu halten, sie schützen vermutlich auch vor Darm-, Prostata- und Brustkrebs. Ebenfalls enthalten ist das Antioxidans Resveratrol, das als gesundheitsfördernder Wirkstoff im Rotwein bekannt ist. Produkte aus dem Reformhaus oder Bioladen liefern meist mehr Resveratrol als konventionelle Erzeugnisse.

Erdnussbutter (oder Erdnüsse), mehrmals wöchentlich gegessen, hat

Erdnussbutter (Fortsetzung)

nachweislich eine stabilisierende Wirkung bei Bluthochdruck. Erdnussbutter ist zudem reich an Vitamin E und immunstärkend. Sogar die Knochen profitieren von dem Brotaufstrich, denn er ist eine bedeutende Quelle für Bor, einem Mineralstoff, der für die Knochenbildung benötigt wird.

Und schließlich zeigte eine Studie, dass Gallensteine seltener vorkommen, wenn man mindestens fünfmal pro Woche Erdnussbutter oder Erdnüsse isst.

Küchengeheimnisse

Gut verschlossen kann Erdnussbutter im Küchenschrank aufbewahrt werden. Produkte, die keine Konservierungsstoffe enthalten, stellen Sie am besten in den Kühlschrank. Wenn sich das Öl absetzt, warten Sie, bis das Glas Raumtemperatur hat, und rühren den Inhalt dann um.

Köstliches mit Wunderwirkung

- **Als Zwischenmahlzeit,** die den Blutzuckerspiegel nicht so schnell ansteigen lässt: Erdnussbutter auf Vollkornkräcker, Vollkornbrot oder Haferplätzchen.
- **Ein sättigender Snack** mit niedriger GL: Erdnussbutter auf Apfelschnitzen, Selleriestangen oder Möhren.
- **Experimentieren Sie** mit den verschiedenen Nussaufstrichen und unterschiedlichen Gemüsen und Früchten.

Cleverer Ersatz

Statt Konfitüre: Erdnussbutter auf Vollkorntoast oder Knäckebrot ist zwar kalorienreicher, macht aber länger satt, enthält weniger Zucker, dafür gesunde Fettsäuren und mehr Eiweiß.

Rezepte

Hafer-Erdnuss-Riegel 211
Hühnersuppe nach afrikanischer Art 232
Nudelsalat mit Hähnchenbrust und Erdnuss-Dressing 220
Orientalischer Erdnuss-Dip 206

IDEALE PORTION: 1 Esslöffel (20 g)

Erdnussbutter lässt den Blutzuckerspiegel nicht ansteigen, aber **1 Esslöffel enthält 120 kcal.** *Wenn Sie Brot, Knäckebrot oder Kräcker damit bestreichen, achten Sie auf die* **Portionsgröße.**

Essig

Vom Sonnenbrand

über Magenschmerzen bis hin zu stumpfem Haar – die Volksheilkunde lobt Essig als Hausmittel gegen fast alle Beschwerden. Aber Essig hat eine besonders beeindruckende Wirkung, von der die meisten Menschen nichts wissen: Wenn Sie dem Essen Essigsäure zufügen, steigt der Blutzuckerspiegel nach der Mahlzeit um 19–55 % weniger an! In Italien untersuchte man 5 Testpersonen, die 1 g Essigsäure (das entspricht 1 ½ Esslöffeln Essig) und Olivenöl (das klingt doch sehr nach einem Salatdressing) zu sich nahmen und anschließend 50 g Kohlenhydrate (etwa 4 kleine Scheiben Weißbrot) aßen. Ihr Blutzuckerspiegel stieg um 31 % weniger an, als wenn sie nur das Weißbrot verzehrten.

Für eine amerikanische Studie aßen gesunde Testpersonen eine Mahlzeit mit einem hohen GI (einen Bagel, Butter und Orangensaft). Zuvor nahmen sie in der ersten Testreihe 4 Esslöffel Apfelessig und in der zweiten Testreihe mit Süßstoff gesüßtes Wasser (also keine Kohlenhydrate!) zu sich. Etwa 1 Stunde nach dem Essen wurde Ihr Blutzuckerspiegel gemessen, und es zeigte sich, dass nach der Mahlzeit mit Apfelessig ihr Blutzuckerspiegel um 55 % weniger anstieg. Dieselben Wissenschaftler untersuchten Menschen mit Insulinresistenz. Ihre Insulinempfindlichkeit stieg im Mittel um 34 %, wenn sie vor einem Bagel Essig zu sich nahmen. Eine bessere Insulinempfindlichkeit führt natürlich zu einem stabileren Blutzuckerspiegel.

Eine weitere Studie aus Japan zeigte, dass der Glykämische Index von weißem Reis um beeindruckende 20–40 % sank, wenn die Mahlzeit Essig enthielt.

Ein Grund für diese bemerkenswerten Ergebnisse ist die Tatsache, dass die Säure im Essig die Umwandlung der Kohlenhydrate in Blutzucker verlangsamt. Tierversuche lassen außerdem vermuten, dass die Säure die Einlagerung von Glykogen in die Speicher von Leber und Muskeln fördert. Auf diese Weise verlässt der Zucker das Blut schneller und wird in Leber und Muskeln gespeichert.

Gesunder Genuss

Die Ergebnisse der Studien deuten auch darauf hin, dass Essig in der Mahlzeit zu einem besseren Sättigungsgefühl führt – ein positiver Nebeneffekt für alle, die Gewicht verlieren wollen. Die Säure »lockt« die Verdauungssäfte und macht viele Speisen besser bekömmlich.

Küchengeheimnisse

Essig ist Vielfalt! Außer dem ganz einfachen Tafelessig gibt es Kräuteressig, Rot- oder Weißweinessig, Reisessig und Apfelessig. Es sind auch besondere Essigsorten wie Himbeer-, Erdbeer- oder Estragonessig erhältlich. Auf der nächsten Seite erfahren Sie, wie Sie Ihren eigenen Essig herstellen können.

Köstliches mit Wunderwirkung

- **Als Vorspeise zum Abendessen** ein grüner Blattsalat mit Dressing aus Balsamessig und Öl.
- **Schmecken Sie** Linsensuppe mit Rotweinessig ab.
- **Asiatischer Kohlsalat:** Klein geschnittener Rotkohl, Möhren, Mungbohnensprossen, gehackter Pak-Choi, Olivenöl und Reisessig mischen

> **IDEALE PORTION: 3–4 Teelöffel**
>
> *Forschungsergebnisse deuten darauf hin, dass diese Menge Essig als Teil der Mahlzeit den Blutzucker* **weniger ansteigen** *lässt.*

Essig (Fortsetzung)

und etwas Sesamöl, Korianderblätter und gerösteten Sesam darüber geben.

- **Als Würze für gegrillten Lachs:** Balsamessig, Rotwein und Honig in der Pfanne einkochen.
- **Marinieren Sie Geflügelfleisch** in Apfelessig und Rapsöl.
- **Rote Bete einmal anders:** In Scheiben schneiden und in Balsamessig, Rosmarin, zerdrücktem Knoblauch und Kräutern der Provence für etwa 20 Minuten marinieren. Das Gemüse zusammen mit der Marinade in eine Auflaufform geben und zugedeckt im Backofen garen.
- **Hähnchen mit Sojaglasur:** Knoblauch und Schalotten in Olivenöl anbraten, gewürfelte Tomaten, Essig, Sojasauce, Honig, Salz und Pfeffer hinzugeben und gut umrühren. Das Hähnchenfleisch darin bei mittlerer Hitze unter Rühren weitergaren, bis die Sauce zu einer Glasur eingedickt ist.
- **Eingelegte Möhren:** 200 ml Weißweinessig, 2 Esslöffel Zucker, 1 Teelöffel Salz, Pfeffer und 150 ml Wasser in einer Pfanne zum Kochen bringen. Vom Herd nehmen und etwas abkühlen lassen. 8 große Möhren in Scheiben schneiden, in eine Glasschüssel geben und mit der Essigsauce bedecken. Schüssel abdecken und die Möhren 12 Stunden durchziehen lassen.
- **Als Dessert:** Erdbeeren in Scheiben schneiden, mit einer Mischung aus Balsamessig und Zuckerrübensirup beträufeln. Darauf geröstete Mandelblättchen streuen.

Rezepte

Caponata 201
Gedünsteter Spinat mit Ingwer und
 Sojasauce 287
Graupensalat mit schwarzen Bohnen 216
Orientalischer Nudeleintopf 233
Rosenkohl-Paprika-Gemüse mit Kümmel 284
Rumpsteak mit Balsamico-Sauce 237
Spinat mit Pinienkernen und Korinthen 286

Mehr GESCHMACK

So können Sie Ihren Würzessig selber herstellen:

1 Verwenden Sie einwandfreie, saubere, verschließbare Gläser oder Flaschen.

2 Wählen Sie Essig und Kräuter ganz nach Ihrem Geschmack: Der einfachste Essig, Tafelessig, schmeckt etwas saurer. Er passt zu feinen Kräutern. Weißwein- oder Champagneressig sind aromatischer und lasen sich gut mit feinen Kräutern versetzen. Der kräftige Geschmack von Rotweinessig wird durch Gewürze (Zimt, Nelken) und Kräuter (Rosmarin, Thymian) ergänzt.

3 Erhitzen Sie den Essig in einer Kasserolle bis kurz vor dem Siedepunkt (mindestens 90 °C).

4 Geben Sie pro 300 ml Essig 3–4 Zweige von frischen Kräutern, 3 Esslöffel getrocknete Kräuter oder die Schale einer Zitrone oder Orange in die Flasche oder das Glas. Bei manchen Kräutern ist es sinnvoll, die Blätter im Mörser zu zerreiben, damit sie mehr Geschmack abgeben.

5 Gießen Sie den heißen Essig dazu und verschließen Sie das Glas oder die Flasche. Dunkel und kühl 3–4 Wochen stehen lassen.

6 Filtern Sie den Essig durch eine Kaffeefiltertüte, bis er nicht mehr trüb ist. Dann geben Sie ihn in eine saubere, trockene Glasflasche. Die Flasche dicht verschließen.

Kühl und dunkel aufbewahrt, hält sich der Essig 3 Monate, im Kühlschrank sogar 6 Monate.

Fisch

GL sehr niedrig

Obwohl sich die Inuit in Grönland sehr fettreich ernähren, leiden sie erstaunlich selten an Herz-Kreislauf-Erkrankungen. Der Grund dafür könnte in ihrem hohen Fischkonsum liegen: Die Grundlage ihrer Nahrung bildet Fisch, der reich an Omega-3-Fettsäuren ist. Diese Fettsäuren schützen vor Herzkrankheiten, und genau dafür ist das Risiko bei Diabetikern erhöht. Kein Wunder also, dass Fisch ganz oben auf unserer Liste der Nahrungsmittel mit Wunderwirkung steht.

In einer Studie aus Harvard wurden Frauen untersucht, die einmal wöchentlich Fisch aßen. Ihr Risiko, an einer Herz-Kreislauf-Erkrankung zu sterben, lag 40 % niedriger als bei Frauen, die höchstens einmal im Monat Fisch aßen.

Omega-3-Fettsäuren helfen auch dabei, Entzündungen im Körper zu bekämpfen, die ein Grund für viele chronische Erkrankungen im Alter, z. B. für Insulinresistenz oder Diabetes, sind. Einige Wissenschaftler vermuten, dass Omega-3-Fettsäuren auch bei Erkrankungen des Gehirns wie der Alzheimer-Krankheit oder bei Krebs eine Rolle spielen.

Natürlich ist Fisch auch eine hervorragende Eiweißquelle und hat damit kaum Einfluss auf den Blutzuckerspiegel. Essen Sie am besten ein- oder zweimal pro Woche Fisch, z. B. statt Hähnchen oder Rind. Dabei sollten Sie ihn immer nur in wenig Fett oder Öl anbraten oder dünsten. Meiden Sie frittierten Fisch oder Tintenfischringe im Teigmantel, denn mit dem Frittierfett gelangen ungesunde Fettsäuren auf den Teller. Eine Studie zeigte, dass frittierter Fisch seine positive Wirkung auf das Herz verliert.

Besonders reich an Omega-3-Fettsäuren sind fettreiche Kaltwasserfische wie Lachs, Hering oder Makrele (siehe Kasten).

Gesunder Genuss

Am besten untersucht ist die schützende Wirkung von Fisch auf das Herz. Aber es gibt auch Studien, die zeigen, dass Fisch das Risiko für Prostatakrebs verringern kann und sich im Alter positiv auf die Gehirnleistung auswirkt. Auch bei Depressionen kann fettreicher Fisch helfen.

Küchengeheimnisse

Kaufen Sie den Fisch so frisch wie möglich. Wir verraten Ihnen, woran Sie erkennen, ob die Ware wirklich frisch ist.

GANZE FISCHE

- **Kaufen Sie dort,** wo viele Menschen kaufen, denn dann liegt der Fisch nicht lange und wartet auf Abnehmer.
- **Das Auge** sollte klar aussehen, nicht milchig.
- **Die Innenseite der Kiemen** sollte rot sein, nicht rosa oder gar grau.
- **Frischer Fisch** riecht nach Meer, ein wenig nach Gurken oder Melonen.
- **Das Fleisch** ist elastisch und fest.

Omega-3-Fettsäuren

Einige Fischarten sind besonders reich an diesen herzfreundlichen Fettsäuren. Hier eine Übersicht:

FISCH	OMEGA-3-Fettsäuren (g pro 100 g)
Bückling	3,4
Forelle	1,2
Hering	1,8
Kabeljau	0,25
Lachs (aus der Dose)	1,8
Lachs (frisch)	2,5
Makrele	2,8
Sardinen (in Tomatensauce)	2,0
Schellfisch	0,15
Thunfisch (frisch)	1,6
Thunfisch (in der Salzlake)	0,17

Fisch (Fortsetzung)

FISCHFILETS
- **Filets** sollten feucht und fest sein.
- **Löcher im Fleisch** sind kein gutes Zeichen.
- **Filets** sollten nicht nach Fisch riechen. Frischer Fisch hält sich nur 1–2 Tage im Kühlschrank. Bereiten Sie ihn so bald wie möglich zu oder frieren ihn für maximal 6 Monate ein.
- **Auch tiefgefrorene Filets** sind eine gute Alternative.

Köstliches mit Wunderwirkung

Fisch eignet sich ausgezeichnet für das Abendessen, denn er ist im Handumdrehen fertig.

- **Vom Grill:** Fast jeder Fisch schmeckt gegrillt hervorragend. Vor dem Grillen mit Olivenöl bestreichen, dann klebt er nicht auf dem Rost fest. Einige Zucchinistreifen daneben legen – und fertig ist das blutzuckerfreundliche Mahl.
- **Aus dem Ofen:** Forelle mit Zitronenscheiben belegen und mit Dill, Thymian, Salz und Pfeffer würzen. In der Folie backen und auf Quinoa servieren.
- **In der Pfanne:** Fisch mit Rosmarin kurz anbraten und mit Zitronensaft beträufeln. Dazu passt brauner Reis.
- **Thunfischsalat:** Salatcreme oder Sauerrahm, gewürfelte hartgekochte Eier, Äpfel, Staudensellerie, Zwiebeln und zerpflückten Thunfisch (aus der Dose) mischen. Dazu Vollkornkräcker reichen.
- **Als Nudelsauce:** Zwiebeln und Knoblauch kurz in Olivenöl anbraten, Sardinen aus der Dose (zerkleinert) und Tomatensauce zugeben und erhitzen. Etwas Zitronensaft darüber geben und mit Parmesan bestreuen.

> **IDEALE PORTION: 75 g**
>
> Wenn Sie Fisch als *Hauptmahlzeit* essen, dann ist eine Portion von **bis zu 200 g** akzeptabel.

LACHS ja oder nein?

Lachs und andere fettreiche Fische wie Thunfisch oder Schwertfisch sind oft mit Umweltgiften wie Quecksilber belastet, denn diese Gifte werden im Fettgewebe eingelagert. Unter Experten ist umstritten, ob die gesundheitlichen Vorteile die Nachteile überwiegen und ob Fisch aus Zuchtbetrieben besser ist als Wildfang.

Die meisten Experten sind sich aber inzwischen einig, dass es gesünder ist, Lachs zu essen, als auf ihn zu verzichten. Eine Forschergruppe aus verschiedenen Instituten kam außerdem zu dem Schluss, dass wilder Lachs dem gezüchteten vorzuziehen sei, denn im gezüchteten finden sich mehr chemische Verunreinigungen. Andererseits ist der gezüchtete Lachs reicher an Omega-3-Fettsäuren und oft billiger. Lachs in Dosen stammt häufig aus Wildfang und ist daher eine gesunde Alternative.

- **Eingelegter Hering** ist reich an Omega-3-Fettsäuren (s. Seite 110 Kasten). Als Vorspeise schmeckt er gut auf Roggenbrot. Etwas gehackte Petersilie und Paprika darüber geben.

Rezepte

Canapés mit Räucherlachs 205
Cannellinisalat mit Thunfisch 218
Gebratene Fischsteaks mit Tomaten-Oliven-Sauce 256
Lachs mit Zitronen-Dill-Sauce 258
Lachsfilet auf Linsen 257
Pumpernickel mit Lachs und Wasabi-Creme 226
Roggensandwich mit Thunfisch und Möhren 229
Scholle nach Florentiner Art 255
Warmer Lachssalat mit Oliventoast 258

Gelbwurz

GL sehr niedrig

Gelbwurz, ein Verwandter des Ingwers, verleiht Curry-Gerichten ihre warme Farbe. Und vermutlich kann er helfen, den Blutzuckerspiegel in Schach zu halten. Das liegt an dem hohen Gehalt an Curcumin, das in kaum einem anderen Lebensmittel in konzentrierter Form vorliegt, wobei Kreuzkümmel auch reichlich Curcumin enthält. Dieses Antioxidans konnte im Tierversuch einen steilen Blutzuckeranstieg verhindern. Gelbwurz als Gewürz ist noch wenig untersucht, aber Wissenschaftler haben Extrakte mit dem aktiven Inhaltsstoff Curcumin unter die Lupe genommen. In einem Tierversuch verringerten bereits 10 mg eines Gelbwurzextraktes den Blutzuckerspiegel innerhalb von 3 Stunden um 37 % und innerhalb von 6 Stunden um 55 %.

Es ist noch nicht bekannt, auf welche Weise Curcumin wirkt. Der anerkanntesten Theorie zufolge regt es die Bauchspeicheldrüse an und stimuliert so die Freisetzung von Insulin.

Curcumin ist ein sehr wirkungsvolles Antioxidans und könnte somit Herzkrankheiten und den Spätfolgen eines hohen Blutzuckerspiegels wie Augen-, Nieren- und Nervenschädigungen entgegenwirken.

Gesunder Genuss

Gelbwurz ist unter anderem in Indien ein Hausmittel gegen Magenprobleme, Entzündungen, Arthritis und Verstauchungen. Auch antikanzerogene Eigenschaften werden diskutiert. Bevölkerungsstudien zeigen, dass bei Menschen, die viel Curcumin zu sich nehmen, Darmkrebs bedeutend seltener auftritt. Im Laborversuch hat Curcumin Gebärmutterkrebszellen abgetötet und schädliche Zellveränderungen verhindert.

Zur Zeit wird untersucht, ob Curcumin auch vor der Alzheimer-Krankheit schützen kann. In Indien, wo das Gewürz in vielen Gerichten verwendet wird, kommt diese Krankheit nur sehr selten vor. Im Tierversuch verringerte Curcumin die Bildung von Amyloid. Dieser Stoff wird im Gehirn von Alzheimer-Patienten abgelagert. Die Ergebnisse sind zwar vielversprechend, aber ob Curcumin sich zur Prävention oder Behandlung der Alzheimer-Krankheit bei Menschen eignet, ist noch nicht entschieden.

Küchengeheimnisse

Gelbwurz ist ein starkes Färbemittel – es färbt auch Fingernägel, Plastikgeschirr, Küchentücher und unter Umständen sogar Ihre Arbeitsplatte. Seien Sie also vorsichtig, wenn Sie es verwenden.

Köstliches mit Wunderwirkung

- **Wählen Sie besonders** intensiv leuchtendes gelbes Currypulver, es enthält viel Gelbwurz.
- **Verwenden Sie Gelbwurz** anstelle von Safran in Reisgerichten wie Paella.
- **Geben Sie etwas Gelbwurz** an Ihre Lieblingserbsensuppe.
- **Auch in Eintöpfen** und Aufläufen schmeckt Gelbwurz lecker.
- **In fast allen Linsengerichten** ist Gelbwurz eine gute Würze.
- **Gelbwurz macht sich** auch gut in Geflügel- und Fischgerichten.

Rezepte

Würziger Blumenkohl mit Erbsen 284
Würziges Curry aus Butternutkürbis 282

IDEALE PORTION: ⅛ – ¼ Teelöffel

Die meisten Studien wurden mit Gelbwurzextrakten durchgeführt und nicht mit dem Pulver, deswegen ist es schwer zu sagen, wie groß eine Portion sein muss, um eine gesundheitliche Wirkung zu erzielen. Unser Rat: Essen Sie Gelbwurz so oft wie möglich.

Wunderbares Gemüse

Niedrig bis **sehr niedrig**

ist die Glykämische Last von Gemüse, sodass Ihr Blutzuckerspiegel bei diesen Nahrungsmitteln relativ konstant bleibt. Zur Vorbeugung vor Diabetes und zum Abnehmen ist Gemüse ebenfalls ideal. Hier eine Auswahl besonders gesunder Sorten. Die Aubergine eignet sich zudem als Fleischersatz.

■ **Auberginen**	■ **Möhren**
■ **Blumenkohl**	■ **Rosenkohl**
■ **Brokkoli**	■ **Spinat**
■ **Erbsen**	■ **Tomaten**
■ **Kohl**	■ **Zwiebeln**

Gerste

Wenn Ihnen Gerste bisher nur in Eintöpfen begegnet ist, sollten Sie sich von der Vielseitigkeit dieses Getreides überraschen lassen. Ob als Rollgerste, Graupen, Perlgraupen oder Flocken, Gerste verleiht jedem Gericht einen köstlichen Geschmack und Wunderwirkung.

Entdecken Sie Gerste als delikaten Ersatz für weißen Reis; der Anstieg des Blutzuckerspiegels verringert sich dadurch um fast 70 %. Denn Reis hat eine sehr hohe GL, aber die von Gerste ist niedrig. Der hohe Gehalt an löslichen Ballaststoffen verlangsamt zudem die Verdauung, sodass Sie sich trotz weniger Kalorien schneller satt fühlen.

Nutzen Sie Gerste in Suppen, Risotto (anstelle von Arborio-Reis, der ungünstigsten aller Reissorten) oder als nussige Beilage – es gibt zahlreiche köstliche Möglichkeiten.

Köstliches mit Wunderwirkung

Mit Gerste lässt sich jede Suppe anreichern. Aber trauen Sie diesem Getreide ruhig mehr zu:
- **Statt Reis** passt Gerste als ideale Beilage zu jedem Gericht.
- **Probieren Sie Gerste im Auflauf** oder anstelle von Reis im Reissalat.
- **Als Füllung** eignet sich gekochte Gerste gemischt mit Zwiebeln, frischen Kräutern und einem Ei.
- **Gekochte Gerste** macht einen Bohnensalat zu einem vollwertigen Mittagessen.
- **Mais-Gersten-Relish** Mais (aus der Dose) und gekochte Gerste mischen, Tomaten, Paprika und Zwiebeln klein schneiden und zugeben, mit Olivenöl, Weinessig, frischem Basilikum (gehackt), Salz und Pfeffer abschmecken.

IDEALE PORTION: 80–100 g (gekocht)

Das ist die ideale Menge für eine **Beilage.** *Für Gerste als Hauptgericht darf es etwas mehr sein, die* **GL bleibt dennoch niedrig.**

GLOSSAR

Es gibt Gerste in unterschiedlichen Aufbereitungen, die alle für den Blutzuckerspiegel gut sind.
- **Rollgerste** Die Körner werden entspelzt und geschliffen und sind daher rundlich. Dies ist die am wenigsten aufbereitete Form der Gerste.
- **Graupen** Hierfür werden die Körner entspelzt, geschält und geschliffen. Sie enthalten daher weniger Ballaststoffe. Dennoch sind sie vor allem als Suppeneinlage und als Reis-Ersatz für Risotto eine gesunde Alternative.
- **Perlgraupen** Das sind besonders kleine, runde Graupen.
- **Gerstenmehl** Es hat mehr als dreimal so viele Ballaststoffe wie weißes Weizenmehl. Es enthält wenig Klebereiweiß und muss deshalb zum Backen mit anderem Mehl vermischt werden.
- **Gerstenflocken** Hier wird die Gerste getrocknet und unter Dampf gequetscht oder zu Flocken ausgewalzt. Man verwendet sie in Müsli-Mischungen oder warmen Getreidegerichten.

Rezepte

Graupenrisotto mit Spargel und Zitrone 272
Graupensalat mit schwarzen Bohnen 216
Graupensalat mit Zuckerschoten und Zitronendressing 216
Graupensuppe mit Bohnen 229
Pilaw mit Graupen und Pilzen 276

Haferflocken

GL mittel

Eine Schüssel Haferflocken – am besten mit etwas Zimt angereichert – erinnert viele Menschen an ihre Kindheit. Doch Hafer tut auch den Erwachsenen gut, da er dazu beiträgt, den Blutzucker- und Insulinspiegel nach der Mahlzeit zu reduzieren.

Diese Wirkung geht auf den hohen Gehalt an löslichen Ballaststoffen zurück. Sie binden Wasser und werden gelartig. Dadurch verlangsamen sie die Verdauung, und der Blutzuckerspiegel steigt deutlich langsamer an. Hafer liefert auch wertvolle Spurenelemente, z. B. Mangan, das eine Rolle beim Blutzuckerstoffwechsel spielt.

Etliche Studien haben gezeigt, dass Menschen, die fünf- bis sechsmal Haferflocken pro Woche essen, zu 39 % seltener an Diabetes Typ 2 erkranken. Und wenn Sie zu Vollkornhaferflocken greifen, dann sind Sie dem Ziel, »dreimal täglich Vollkorn«, schon näher gekommen.

Hafer schützt außerdem vor Herzkrankheiten. Das haben über 40 verschiedene Studien in mehr als 30 Jahren Forschung zweifelsfrei bewiesen. Diese Wirkung beruht vor allem auf dem löslichen Ballaststoff Beta-Glukan.

Ein weiterer Vorteil dieses Getreides liegt darin, dass es langanhaltend satt macht. Eine Studie verglich die Wirkung eines Frühstücks aus Haferflocken mit der von gesüßten Zerealien. Die Menschen, die Haferflocken aßen, nahmen zum Mittagessen ein 1/3 weniger Kalorien zu sich.

Ein wichtiger Teil des Hafers ist die Kleie. Wenn Sie Haferzerealien essen, dann sollten diese Kleie enthalten (vgl. Seite 109).

Gesunder Genuss

Der Ballaststoff Beta-Glukan hilft nicht nur, den Blutzucker- und Cholesterinspiegel konstant zu halten, er wirkt vermutlich auch positiv auf das Immunsystem und bei Bluthochdruck. Hafer ist auch reich an sekundären Pflanzenstoffen, die vor Brustkrebs schützen. Diese Stoffe besetzen im Körper Bindungsstellen für Östrogen und könnten so dieses Hormon daran hindern, Krebszellen zum Wachstum anzuregen.

Im Hafer außerdem enthalten sind Antioxidantien aus der Gruppe der Polyphenole und Saponine.

Küchengeheimnisse

Verwenden Sie für Müsli kernige Haferflocken. Für gebundene Suppen und Saucen sind Instant-Haferflocken (Schmelzflocken) eine gesunde Alternative zu Mehl und Stärke. Auch kann man sie in Teige und Mixgetränke mischen.

Köstliches mit Wunderwirkung

- **Zerkleinern Sie Haferflocken** im Mixer, dann lassen Sie sich als Panade für Fisch und Hühnchen verwenden.
- **Backen Sie einige Muffins** mit Haferkleie fürs Frühstück.
- **Für Pfannkuchen- oder Waffelteig** können Sie 1/3 des Mehls durch Hafer ersetzen. Instant-Haferflocken unter den Teig mischen und quellen lassen.

Haferflocken? Immer aus vollem KORN!

Die einzelnen Flockenarten unterscheiden sich zwar im Grad ihrer Verarbeitung, es handelt sich aber immer um ein Vollkornprodukt. Für die großen »kernigen« werden ganze Haferkörner platt gewalzt, für die zarten geschnittene Haferkörner (Grütze). Bei Instantflocken (Schmelzflocken) handelt es sich um Vollkorn-Hafermehl, das zu schnell löslichen Flocken verarbeitet wird. Die GL der kernigen Haferflocken liegt etwa 20 % niedriger als die der zarten.

Haferflocken (Fortsetzung)

GLOSSAR

Alle Haferflocken können den Blutzuckerspiegel positiv beeinflussen, aber sie sind unterschiedlich im Geschmack und in der Konsistenz.

- **Kernige bzw. zarte Haferflocken:** Die Körner werden gereinigt und entspelzt. Die großen werden zu den »Kernigen« ausgewalzt, und für die zarten wird das ganze Korn geschnitten und zu Flocken gewalzt.
- **Instant-Flocken:** Dieses auch Schmelzflocken genannte Produkt wird aus gemahlenen Haferkörnern (Hafer-Vollkornmehl) hergestellt. Instantflocken lösen sich in kalter wie warmer Flüssigkeit.
- **Hafermehl:** Dieses Vollkornmehl entsteht durch Mahlen der Haferkörner.
- **Haferkleie:** Kleie enthält mehr Ballaststoffe als Hafermehl und kann für Müsli sowie als Zusatz zum Backen und zum Festigen von Hackfleischteig verwendet werden.

- **Verwenden Sie Instant-Haferflocken** zum Backen oder zum Binden von Suppen und Eintöpfen.
- **Backen Sie Kekse mit Haferflocken** (dabei 1/3 des Mehls durch Vollkornmehl ersetzen). Geben Sie zusätzlich etwas Zimt in den Teig.

Cleverer Ersatz

Statt gezuckerte Zerealien: Müsli mit Haferflocken (zarte oder kernige), z. B. mit Rosinen und Walnüssen, ist ein leckeres Frühstück und macht satt.

Statt Paniermehl: Verwenden Sie Instant-Haferflocken in Frikadellen oder im Hackbraten.

Statt Weizenmehl: Ersetzen Sie beim Backen 1/3 des Mehls durch Instant-Haferflocken.

Statt Käsekräcker: Servieren Sie pikante Haferplätzchen zu Käse oder Suppen.

Rezepte

Hafer-Erdnuss-Riegel 211
Haferflockenbrei mit Apfel 192
Heidelbeer-Hafer-Muffins 198
Preiselbeer-Apfel-Streusel 301
Putenhackbällchen in Tomatensauce 254
Vollkornpfannkuchen oder -waffeln 192

IDEALE PORTION: 60 g Haferflocken

*Die **Kohlenhydrate** des Hafers werden langsam gespalten, deshalb sind sie gut für den Blutzuckerspiegel. Ergänzen Sie Ihr Haferflockenmüsli mit **frischem Obst** sowie **Nüssen** und verwenden Sie 25 g Haferkleie zum Festigen von Bratlingen und Hackbraten.*

Hühnchen und Pute

GL sehr niedrig

Hühnerfleisch ist reich an Eiweiß, fettarm, unglaublich vielseitig und im Handumdrehen gegart – ein rundum zweckmäßiges Essen. Sogar gegenüber Rindfleisch ist dieses Geflügel im Vorteil: Verglichen mit der gleichen Menge Rinderfilet enthält Hähnchenbrust (ohne Haut) 95 % weniger gesättigte Fettsäuren, die die Insulinempfindlichkeit verringern. Außerdem hat Hühnerbrust etwa 40 % weniger Kalorien.

Eiweißreiche Nahrungsmittel verlangsamen die Verdauung der Mahlzeit, inklusive der darin enthaltenen Kohlenhydrate – also auch die des Kartoffelpürees, das es zum Brathähnchen gibt, oder des Fladenbrotes, das mit Putenkebab gefüllt ist. Und langsame Verdauung heißt langsamer Blutzuckeranstieg. Wenn Sie mehr Eiweiß essen, fühlen Sie sich auch länger satt, was der Figur zugute kommt. Ergänzen Sie also Ihre Hauptspeise, so oft Sie mögen, durch mageres Geflügelfleisch (ohne Haut) und reichern Sie auch Salate und Nudelgerichte auf diese Weise mit Eiweiß an.

Essen Sie Hühner- oder Putenfleisch gegrillt, gebacken oder kurz gebraten, aber meiden Sie fettreiche Zubereitungsarten, denn frittiertes und paniertes Hühnerfleisch enthält meist mehr Panade und Fett als Fleisch. Ein Stück frittierte Hühnerbrust enthält bis zu 50 % der empfohlenen Tagesdosis für Fett, nämlich 28 g, darunter 8 g gesättigte Fettsäuren und 4,5 g Trans-Fettsäuren – ein wahrer Anschlag auf Ihre Herzgesundheit. Wenn Sie Lust auf gebratenes Hähnchen haben, dann probieren Sie unsere Hühnerkeulen aus dem Ofen (Rezept Seite 249).

Und was ist mit Pute oder Truthahn? Wenn Sie ihn nur einmal im Jahr zur Weihnachtszeit auf den Tisch bringen, dann wird es Zeit, dies zu ändern. Putenbrust ist noch fett- und cholesterinärmer und eiweißreicher als Hähnchenbrust. Ersetzen Sie einen Teil des Rindfleischs im Hackfleisch durch Pute und schon ist das Gericht fettreduziert. Nehmen Sie dafür magere Putenbrust.

Gesunder Genuss

Hühnerfleisch enthält viel Selen, ein antioxidativ wirksames Spurenelement. Niedrige Blutwerte für Selen werden mit einem stark schwankenden Blutzuckerspiegel und den Spätfolgen von Diabetes in Verbindung gebracht. Selen kann vermutlich vor Zellschäden schützen, die durch zu hohe Blutzuckerspiegel entstehen.

Auch die B-Vitamine sind in Hühnerfleisch reichlich enthalten. Sie spielen bei der Vorbeugung und Behandlung vieler Krankheiten eine Rolle, z. B. bei nervösen Störungen und Hautkrankheiten. Sie unterstützen auch das Immunsystem.

Bei Erkältungen wirkt Hühnerbrühe mit ihrem einzigartigen Fettsäuremuster Wunder: Sie wirkt schleimlösend, kräftigend, regt den Appetit an und fördert die Produktion von Abwehrzellen.

Küchengeheimnisse

Geflügelfleisch wird immer mit Haut gegart, so bleibt es saftiger. Die Haut erst danach entfernen.

Köstliches mit Wunderwirkung

Hühnerbrust gleicht geschmacklich einem unbeschriebenen Blatt – Ihrer Kreativität sind daher keine Grenzen gesetzt. Es gibt eine Vielzahl leckerer und gesunder Gerichte:

- **Marinieren Sie** das Hähnchen in drei anderen gesundheitsfördernden Zutaten: Olivenöl, Zitronen- oder Limettensaft

> *Magere, eiweißreiche Lebensmittel wie Geflügelfleisch sind das beste, um die Kohlenhydratzufuhr zu reduzieren und Gewicht zu verlieren.*

Hühnchen und Pute (Fortsetzung)

und zerdrückter Knoblauch. So wird das Fleisch schmackhaft und zart. Gehackte grüne Chilischoten machen es pikanter. Mindestens 2 Stunden marinieren, dann grillen oder kurz anbraten.

- **Für die Pizza:** Hähnchenbrust in Streifen schneiden und gemeinsam mit Knoblauch in Olivenöl anbraten.
- **Salate werden** mit Hähnchen- oder Putenbruststreifen eiweißreicher.
- **Zu gebratenem Hähnchenfleisch** passen Curry (Kurkuma ist der Bestandteil mit Wunderwirkung), ebenso Brokkoli, Pfirsiche, Äpfel, Mandeln, Erdnüsse, Cashewnüsse, Sesam, Spinat, Tomaten, Zwiebeln und Knoblauch – alle sind wunderbare Begleiter von Geflügelfleisch.
- **Für gebratenen Reis mit Huhn:** Braten Sie Hähnchenbruststreifen, kleingeschnittene Frühlingszwiebeln, rote Paprika und eine zerdrückte Knoblauchzehe in Rapsöl an und würzen Sie mit Sojasauce und gemahlenem Ingwer. Dann gegarten braunen Reis untermischen und mitbraten.
- **Geflügelsalat mit wenig Kalorien:** Wenig Salatcreme mit fettarmem Joghurt mischen, gehackte Frühlingszwiebeln, Dill, Senf und Zitronensaft dazugeben, dann unter den Geflügelsalat mischen.

Cleverer Ersatz

Statt normaler Frikadellen: Wenn Sie einen Teil des Fleischteigs durch Putenhack ersetzen, sparen Sie Kalorien und Fett.

Statt Rinder-Chili: Versuchen Sie es einmal mit Putenchili.

Rezepte

Geflügelpastete mit Vollkornkruste 248
Hähnchenbrustfilets mit Pfirsich und Ingwer 244
Hähnchen-Cordon bleu 246
Hähnchengeschnetzeltes in Apfelsauce 246
Hühnerkeule auf marokkanische Art, mit Butternutkürbis und kleinen Zwiebeln 247
Hühnerkeulen aus dem Ofen 249
Hühnersuppe nach afrikanischer Art 232
Mit Süßkartoffelpüree überbackene Putenpaste 250
Nudelauflauf mit Putenfleisch und Spinat 251
Nudelsalat mit Hähnchenbrust und Erdnuss-Dressing 220
Putenchili mit Avocado-Salsa 252
Putenfrikadelle mit Honig-Senf-Sauce 252
Putenhackbällchen in Tomatensauce 254
Salat mit gebratener Hähnchenbrust und Orangenfilets 214
Vollkornnudeln mit Tomatensauce, Bohnen und Mangold 266

IDEALE PORTION: 85 g

Wenn Sie zweimal am Tag Geflügelfleisch essen, dann sind **85 g** *ideal, essen Sie es nur einmal, dürfen es auch* **170 g** *sein. Es gibt an mancher Fleischtheke und im TK-Bereich auch Mini-Filets. Das sind kleine* **Hühnerbruststreifen ohne Haut,** *die das Portionieren leichter machen und sich gut zum Anbraten eignen. Braten Sie viel Gemüse mit und würzen Sie großzügig – dazu gibt es natürlich Vollkornreis.*

102 | NAHRUNGSMITTEL MIT WUNDERWIRKUNG

Joghurt

Wie Milch hat auch Joghurt eine niedrige GL, denn letztlich ist Joghurt nichts anderes als gesäuerte Milch. Welcher Milchbestandteil hilft, einer Insulinresistenz entgegenzusteuern, ist noch nicht bekannt, aber dieser Bestandteil findet sich auch im Joghurt. Joghurt ist ein Sauermilchprodukt und enthält 1 % wertvolle Milchsäure. Säuren wirken sich positiv auf den Blutzuckerspiegel aus.

Trinken Sie Ihren Joghurt als Joghurtgetränk oder essen Sie ihn mit frischen Früchten. Außerdem ist Joghurt ein leckerer und fettarmer Ersatz für Mayonnaise in Salaten oder für Sauerrahm in Gebäck, Suppen oder Saucen.

Joghurt ist für Menschen mit Laktoseunverträglichkeit leichter zu verdauen als Milch. Zwar enthält auch Joghurt Laktose (Milchzucker), aber die Bakterien, die für die Fermentation verwendet werden, produzieren Laktase, ein Enzym, das für die Spaltung von Laktose, also für die Verdauung, benötigt wird.

Natürlich ist fettarmer und Magerjoghurt die beste Wahl. Um fertigen Fruchtjoghurt machen Sie einen Bogen, denn er ist meist stark gesüßt. Besser ist ein Joghurt mit frischen Früchten.

Gesunder Genuss

Die Empfehlung lautet, täglich 3 Portionen Milchprodukte zu essen. Ein Becher Joghurt (150 g) gehört dazu.

Joghurt enthält »gute« Bakterien, die eine Vielzahl von positiven Wirkungen auf unsere Gesundheit haben: Sie stimulieren das Immunsystem, sanieren eine gestörte Darmflora, helfen bei Darmkrankheiten, Infektionen und wirken regulierend bei Verstopfung. Sie senken sogar das Risiko für Darmkrebs.

Viele Menschen essen Joghurt, nachdem Sie Antibiotika einnahmen. Auf diese Weise ersetzen sie die guten Bakterien im Darm, die von dem Antibiotikum getötet wurden.

Populärer IRRTUM

Haben Sie schon einmal Joghurteis gegessen? Das schmeckt nach Joghurt – aber das ist auch schon alles. Joghurt eignet sich überhaupt nicht zum Einfrieren, jedenfalls nicht der normale Naturjoghurt. Er wird flockig, denn nur das Wasser gefriert, und der Rest flockt aus. Gefrorener Joghurt muss Bindemittel enthalten, d. h. auch, er muss vor dem Frosten wärmebehandelt werden. Dadurch werden die wertvollen Milchsäurekulturen zerstört.

Über 70 % des Immunsystems befindet sich im Darm. Wenn Sie also die nützlichen Darmbakterien unterstützen, stärkt das Ihr Immunsystem, sodass sie resistenter gegen Viren werden. Es gibt außerdem Hinweise darauf, dass Frauen, die Joghurt mit lebenden Kulturen von *Lactobacillus acidophilus* essen, seltener an Pilzinfektionen leiden.

Auf dem Etikett des Joghurts sollte stehen, dass er aktive, lebende (probiotische) Kulturen enthält. Wenn der Joghurt pasteurisiert wird, nachdem die Kulturen zugegeben wurden, werden die Bakterien abgetötet und sind dann wirkungslos.

Küchengeheimnisse

Die »darmfreundlichen« Bakterien sterben ab, wenn der Joghurt nicht mehr frisch ist. Achten Sie deswegen auf das Haltbarkeitsdatum. Durch

IDEALE PORTION: 150 g (1 Becher)

Diese Menge hat nur eine geringe Glykämische Last, liefert aber viel Eiweiß und Kalzium.

NAHRUNGSMITTEL MIT WUNDERWIRKUNG

Joghurt (Fortsetzung)

Erhitzen werden die Bakterien ebenfalls abgetötet, auch wenn Joghurt dann immer noch zu den Nahrungsmitteln mit geringer GL zählt.

Geben Sie acht, wenn Sie Joghurt zum Kochen verwenden, denn er gerinnt schnell. Binden Sie ihn am besten mit 1 Teelöffel Stärke pro 150 g Joghurt und geben ihn erst gegen Ende des Kochvorgangs zum Gericht. Dann das Ganze nur noch kurz aufkochen.

Köstliches mit Wunderwirkung

- **Verwenden Sie** Vollmilchjoghurt (3,5 % Fett) statt Sauerrahm (10 % Fett) in Backwaren.
- **Ersetzen Sie Sauerrahm** im Dip durch Vollmilchjoghurt.

- **Im Salatdressing:** Sie können Salatmayonnaise (50 % Öl) mit fettarmem Joghurt (1,5 % Fett) strecken.
- **Als Garnitur:** Joghurt passt gut zu pürierten Gemüsesuppen, z. B. zu Kürbis- oder Möhrensuppe. Verrühren Sie den Joghurt mit fettarmer Milch, bis er dieselbe Konsistenz hat wie die Suppe. Geben Sie einige Löffel der Mischung zur Suppe und ziehen Sie dann mit dem Messer hindurch, um ein Muster zu erzeugen.
- **Cremige, fruchtige Kaltschale:** Fettarmen Joghurt, Pfirsichstücke, Erdbeeren, Orangensaft und Honig im Mixer pürieren. Mit einem Blatt frischer Minze garnieren.
- **Nehmen Sie** 1 Löffel Joghurt anstelle von Sauerrahm im Chili con Carne
- **Im Gurkensalat:** Gurken und Möhren raspeln, Zwiebeln hacken. Fettarmen Joghurt mit Pfeffer, Salz und gehacktem Dill mischen und untermengen.
- **Geben Sie Joghurt** auf frische Früchte oder kreieren Sie ein Frühstücksmüsli: Füllen Sie in ein hohes Glas schichtweise Joghurt, Heidelbeeren, Müsli mit Haferflocken und Nüssen.
- **Erfrischender Snack:** Saftige Äpfel in Spalten schneiden und in Joghurt dippen.
- **Für Ayran,** ein erfrischendes türkisches Joghurtgetränk, mischen Sie Joghurt und kaltes Wasser zu gleichen Teilen. Leicht salzen und mit Eiswürfeln servieren.
- **Joghurt wird fester,** wenn Sie ihn in ein Sieb geben, das mit einem Tuch ausgelegt ist. Das Ganze über eine Schüssel hängen. Stellen Sie die Schüssel mindestens 6 Stunden in den Kühlschrank und schütten Sie die Flüssigkeit (Molke) weg. Die festgewordene Masse lässt sich nun wie Sauerrahm oder Frischkäse verwenden. Für einen leckeren Aufstrich einfach Frühlingszwiebeln, frische Kräuter und Knoblauch einrühren.

Rezepte

Beeren-Joghurt-Getränk mit Leinsamen 212
Beerenkaltschale mit Nektarinen und Pflaumen 289
Dhal mit Spinat 272
Gebratene Pflaumen mit Orangensirup 296
Gemischter Krautsalat 220
Haferflockenbrei mit Apfel 192
Nudelsalat mit Gartengemüse 223
Schnelles Erdbeer-Joghurt-Eis 289

Kaffee

GL sehr niedrig

Teufelsgebräu oder Wundermittel? Das ist seit Jahrzehnten eine heiß umstrittene Frage unter Gesundheitsexperten. In Maßen genossen, ist Kaffee gesund und kann, vor allem in entkoffeinierter Form, den Blutzuckerspiegel positiv beeinflussen. Den höchsten Kaffeekonsum gibt es bei den Finnen, und einer finnischen Studie zufolge ging die Erkrankungsrate für Diabetes Typ 2 mit steigendem Kaffeekonsum zurück. Am meisten profitierten die Testpersonen, die 6 Tassen täglich tranken. Daraus wollen wir aber keine Empfehlung ableiten.

Die Harvard School of Public Health untersuchte 88 000 Frauen, die jeden Tag 1 Tasse Kaffee (mit oder ohne Koffein) tranken. Ihr Risiko, an Diabetes vom Typ 2 zu erkranken, war um 13 % geringer als das von Frauen, die keinen Kaffee zu sich nahmen. 2 – 3 Tassen Kaffee täglich verringern das Risiko sogar um 32 %.

Große Mengen Koffein lassen den Blutzucker steigen und führen zu verstärkter Nervosität und innerer Unruhe. Eine Studie zeigte, dass Testpersonen, die auf nüchternen Magen eine große Tasse Kaffee tranken, für eine halbe Stunde einen deutlich höheren Blutzuckerspiegel hatten als andere, die eine Zuckerlösung zu sich nahmen. Entkoffeinierter Kaffee hingegen zeigte diese Wirkung nicht. Daher ist die Lösung ganz einfach: Greifen Sie künftig zu entkoffeiniertem Kaffee.

Kaffee ist aber nicht nur unser beliebtester Wachmacher, sondern er ist auch eine reichhaltige Quelle für Antioxidantien. Unter ihnen befindet sich die Chlorogensäure, ein Antioxidans aus der Gruppe der Polyphenole. Chlorogensäure trägt vermutlich zur positiven Wirkung von Kaffee auf den Blutzuckerspiegel bei. Zwar enthalten Preiselbeeren, Trauben und andere Früchte und Gemüse noch mehr Antioxidantien, aber leider konsumieren wir sie nicht in dem Ausmaß, wie wir Kaffee trinken.

Gesunder Genuss

Mehrere Studien weisen darauf hin, dass die Antioxidantien im Kaffee vor Leber- und Darmerkrankungen und vor der Parkinsonkrankheit schützen. Einer kanadischen Studie zufolge senkt erhöhter Kaffeekonsum das Risiko für die Alzheimer-Krankheit.

Köstliches mit Wunderwirkung

Eine Tasse entkoffeinierter Kaffee am Morgen oder nach dem Essen ist eine gute Alternative für Softdrinks. Mit ein paar Tricks stillt er sogar die Lust auf Süßes.

- **Trinken Sie im Sommer** anstelle einer dampfenden Tasse Kaffee einen Eiskaffee mit fettarmer Milch.
- **Eine besondere Delikatesse:** Kaffee mit Nelken, Muskat, Zimt oder mit geriebener Zitronen- oder Orangenschale. Fettarme Milch dazugeben und leicht süßen.
- **Starker, ungesüßter, dampfender Kaffee** schmeckt gut zu zartbitterer Schokolade. Mit einem Hauch Zimt oder etwas geriebener Orangenschale wird er noch aromatischer.

Rezepte
Geeister Kaffeedrink 213

IDEALE PORTION: 1 Tasse

Am besten immer **entkoffeinierten** *Kaffee wählen.*

NAHRUNGSMITTEL MIT WUNDERWIRKUNG

Käse

GL sehr niedrig

Wenig bis keine Kohlenhydrate, dafür viel Eiweiß – Käse macht satt, ohne den Blutzucker hochschnellen zu lassen. Käse ist außerdem eine hervorragende Quelle für Kalzium. Studien ergaben, dass reichlich Kalzium aus der Nahrung hilft, Insulinresistenz und somit das Risiko von Diabetes zu vermeiden. Einer jüngeren Untersuchung zufolge haben Frauen, die viel Kalzium aus Milchprodukten zu sich nehmen, auch ein geringeres Risiko, am Metabolischen Syndrom zu erkranken. Dieses wird mit Diabetes und Herz-Kreislauf-Erkrankungen in Verbindung gebracht.

Dennoch ist Käsegenuss nur in Maßen zu empfehlen, da er einen kleinen Schönheitsfehler hat: Er steckt voller Kalorien und enthält viele gesättigte Fettsäuren. Diese verstopfen nicht nur die Blutgefäße, sondern erhöhen auch die Insulinresistenz. Deswegen ist es wichtig, zu fettarmem Käse wie körnigem Frischkäse oder magerem Speisequark zu greifen. Sonst wiegen die Nachteile die Vorteile auf. Bezogen auf das Gewicht, enthalten Weich- und Frischkäse oft weniger Fett als Hartkäse.

Hartkäse ist dennoch kein Tabu. Er sollte nur in geringeren Mengen oder kalorienreduziert (vgl. Seite 107) gegessen werden. Als Snack schneiden andere Käsesorten jedoch besser ab als fettarmer Hartkäse. Wie wäre es mit körnigem Frisch- oder Ziegenkäse, Kräutern und etwas Zitronensaft? Das ist nicht nur lecker, sondern verringert durch die Säure zudem die GL.

NÄHRWERTTABELLE
Nährwerte pro 30 g

Milchprodukt	KCAL	FETT (g)	EI-WEISS (g)	KAL-ZIUM (mg)
Frischkäse				
Körniger Frischkäse, 20 % F. i. Tr.	31	1,3	3,8	24
Speisequark, mager	21	0,06	3,7	36
Mozzarella, 45 % F. i. Tr.	77	5,9	5,6	120
Feta, 45 % F. i. Tr.	72	5,6	5,1	135
Weich- und Schnittkäse				
Brie, 45 % F. i. Tr.	84	6,5	6,3	105
Butterkäse, 45 % F. i. Tr.	90	7,1	6,5	225
Gorgonzola, 48 % F. i. Tr.	107	9,3	5,8	180
Edamer, 40 % F. i. Tr.	91	6,7	7,4	240
Gouda, 48 % F. i. Tr.	104	8,4	6,8	225
Limburger, 20 % F. i. Tr.	56	2,7	7,9	120
Hartkäse				
Emmentaler, 45 % F. i. Tr.	116	8,7	9,0	330
Parmesan, 32 % F. i. Tr.	107	6,7	11,6	420
Bergkäse, 45 % F. i. Tr.	118	9,5	8,1	330

IDEALE PORTION: 30 g

Eine Portion entspricht nur **30 g**, bei Hartkäse ist das nicht mehr als ein Stück von der Größe einer **Streichholzschachtel**. Je nach Käsesorte liefert eine Portion 77 kcal bei Mozzarella, bis **107 kcal** bei Parmesan.

Kalorien spart man auch mit einem kräftigen Käse wie Parmesan, da man davon weniger isst. Käse an sich ist gesund, doch wir neigen dazu, zu viel davon zu essen. Lasagne und Pizza sind oft mit Käse überladen. Greifen Sie daher zu einem einfachen Trick: Nehmen Sie die normale Menge Ricotta und Parmesan, aber nur die halbe Menge Mozzarella (daher weniger Kalorien). Im Restaurant bitten Sie einfach um etwas weniger Käse auf der Pizza.

Gesunder Genuss

Milch ist gesund, keine Frage, und Käse besteht auch aus Milch: Um 450 g Käse herzustellen, benötigt man 4,5 l Milch. All die gesunden

Inhaltsstoffe der Milch sind somit im Käse konzentriert, darunter Phosphor, Zink, Vitamin A, Vitamin B_2 (Riboflavin) und B_{12} sowie Kalzium. Vermutlich senkt der hohe Kalziumgehalt von fettarmen Milchprodukten den Blutzuckerspiegel. (Abgesehen von Frischkäse, denn er enthält wenig Kalzium.) Nach der Mahlzeit gegessen, schützt Käse vor Karies.

Küchengeheimnisse
Käse schmeckt intensiver, wenn er nicht zu kalt ist. Nehmen Sie ihn daher etwa eine halbe Stunde vor dem Essen aus dem Kühlschrank.

Köstliches mit Wunderwirkung
- **Käse und Obst** sind lecker als Vorspeise, Snack oder Nachtisch. Mischen Sie Geschmack und Konsistenz: Apfelscheiben mit Emmentaler, Brie oder Parmesan mit Birnen, körnigen Frischkäse mit Ananasstücken.
- **Feta oder Ziegenkäse** schmeckt gut in einem Salat mit kernlosen Trauben, gehackten Pekanüssen und frischem Basilikum. Mit Vollkornkräckern servieren.
- **Pizza auf die Schnelle:** Vollkornfladenbrot mit Tomatensauce bestreichen, dann mit Mozzarella und gekochtem Gemüse belegen. Im Backofen den Käse zum Schmelzen bringen.

Rezepte
Blumenkohl-Spinat-Auflauf 282
Gefüllte Kirschtomaten mit Käsepesto 202
Griechischer Linsensalat 223
Griechischer Nudel-Hackfleisch-Auflauf 240
Hähnchen-Cordon bleu 246
Heidelbeer-Quark-Schnitten 291
Käsemakkaroni mit Spinat 264
Mediterraner Salat mit Edamame 224
Omelett mit Spinat und Ziegenkäse 194
Penne mit Spargel, Ricotta und Zitrone 264
Schokoladen-Käse-Kuchen mit Himbeeren 298
Spinat-Hackfleisch-Lasagne 267
Zucchini-Frittata 195

So wird FETTARMER KÄSE zur Delikatesse
Mit ein paar Tricks wird aus fettarmem Käse ein vollwertiger Ersatz für seine kalorienreichen Verwandten:
- **Fettarmer Käse schmeckt am besten** frisch auf Brot oder im Salat. Manche Sorten lassen sich nur schwer reiben, also besser gleich gerieben kaufen.
- **Fettarmer Käse wird unter der direkten Hitze** im Backofen oder unter dem Grill meist gummiartig. In Aufläufen oder auf Toast und Brot schmilzt er besser.
- **Fettarmen Käse für eine Käsesauce** bei geringer Hitze langsam schmelzen, dabei immer in der gleichen Richtung rühren. Dieser Käse braucht etwa 25 Minuten länger, um richtig zu schmelzen.

Kirschen

 GL sehr niedrig Wir sollten mehr Obst und Gemüse essen – Sie erinnern sich sicher an Regel 3. Obst ist nicht nur reich an sekundären Pflanzenstoffen, sondern hat auch eine so niedrige GL, dass es den Blutzuckerspiegel nur geringfügig beeinflusst. Kirschen sind eine ganz besonders gute Wahl. Sie liefern nicht nur viele Ballaststoffe, sondern zudem einen roten Farbstoff, der die Insulinproduktion anregen und so den Blutzuckerspiegel niedrig halten kann. Darüber hinaus sind Kirschen kalorienarm.

Wenn Sie die Lust auf Süßes packt, greifen Sie also lieber zu Kirschen als zu Keksen mit hoher GL. Zum Nachtisch häufen Sie die Früchte über eine ½ Portion Eis – das Schälchen ist gefüllt, liefert aber weniger Kalorien.

Das gilt jedoch nicht für Maraschino-Kirschen: Verarbeitet und in Zuckersirup eingelegt haben sie all ihre Wunderwirkung verloren. Auch Kirschsaft gehört nicht auf den Speiseplan, er ist meist gesüßt und enthält keine Ballaststoffe.

Gesunder Genuss

Kirschen sind kleine Antioxidantien-Cocktails, reichhaltiger noch als Orangen. Antioxidantien wie Vitamin C helfen, Herz-Kreislauf-Erkrankungen, Krebs und den Spätschäden von Diabetes vorzubeugen. Eine Studie ergab, dass die Antioxidantien in der Kirsche Schädigungen an Gehirnzellen verhindern können, andere gesundheitsfördernde Stoffe halten den Cholesterinspiegel niedrig. Pektin, ein Ballaststoff in der Kirsche, senkt ebenfalls den Cholesterinspiegel.

> **IDEALE PORTION: 80 g**
>
> *Eine Portion entspricht etwa 14 Kirschen, doch bei dem geringen Kaloriengehalt und der niedrigen GL dürfen Sie ruhig mehr davon essen.*

Küchengeheimnisse

Das Fruchtfleisch von jeder einzelnen Kirsche zu entfernen und klebrige Hände zu bekommen – so haben Sie sich das nicht vorgestellt? Mit einem Entkerner entfernen Sie Kerne im Handumdrehen. Zuvor die Kirschen sortieren, nur die guten kommen ins »Töpfchen«. Denn eine schlechte Kirsche kann die ganze Schale verderben.

Köstliches mit Wunderwirkung

- **Fruchtiges Hackfleisch:** Einen Teil des Hackfleisches durch zerkleinerte Kirschen ersetzen. Das spart Kalorien, liefert wertvolle Nährstoffe und schmeckt.
- **Reichern Sie Ihr Joghurtgetränk** mit halb gefrorenen Kirschen statt Eis an.
- **Für zwischendurch:** Frische Kirschen mit fettarmem Naturjoghurt.

Cleverer Ersatz

Statt Karamellsauce: Geben Sie Kirschen über das Vanilleeis.

Rezept

Clafoutis mit Kirschen 300

Kleie

GL niedrig

Wenn Sie Getreide regelmäßig essen – Frühstückszerealien sollten einen festen Platz auf Ihrem Speiseplan haben –, vergessen Sie die Kleie nicht. Vollkornzerealien haben nur ein Drittel der GL von Cornflakes (s. Seite 110, *Getreidrangliste*). Anders ausgedrückt: Steigt Ihr Blutzuckerspiegel nur ein Drittel so hoch an, ist der Blutzuckerabfall auch nicht so drastisch. Denn letzteres verursacht gesundheitliche Probleme und macht uns wieder hungrig.

Wenn Sie den Tag mit kleiehaltigen Zerealien beginnen, dann kommen Sie dem Ziel »dreimal täglich Vollkorn« schon morgens näher. Streuen Sie auch noch Beeren darüber, ist die Wohlfühldiät perfekt.

Wie ein schützender Mantel umhüllt Kleie Körner wie Weizen, Hafer und Reis. In ihr steckt der größte Teil der Ballaststoffe. Ein Teelöffel Weizenkleie (7 g) enthält 3,5 g Ballaststoffe, dieselbe Menge Haferkleie liefert 2 g. Ballaststoffe sorgen schon bei relativ geringer Kalorienaufnahme für ein angenehmes Sättigungsgefühl, und das erleichtert das Abnehmen.

Kleie hilft außerdem, das Auf und Ab des Blutzuckerspiegels abzuschwächen. Wissenschaftler gaben einer Gruppe von übergewichtigen Kindern eine Zuckerlösung, einer weiteren Gruppe dieselbe Zuckerlösung plus 15 g Weizenkleie. Der Blutzuckerspiegel lag bei den Kindern, die die Kleie gegessen hatten, deutlich niedriger. Eine andere Studie, in der Reiskleie über 2 Monate fester Bestandteil einer herzgesunden Diät war, ergab, dass der regelmäßige Verzehr von Kleie den Blutzuckerspiegel dauerhaft um 22 % senkt.

Haferkleie ist eine Fundgrube für lösliche Ballaststoffe und wirkt daher besonders blutzuckerstabilisierend. Geben Sie Haferkleie zum Teig von Pfannkuchen, Kuchen oder Gebäck hinzu. Sie beeinflussen damit den Blutzuckerspiegel günstig. Forscher fanden heraus, dass die Zugabe von 1 g Beta-Glukan (löslicher Ballaststoff der Haferkleie) den Glykämischen Index von Müsliriegeln um 4 Punkte senkt. Ein niedriger GI führt zu einer niedrigeren GL, was bedeutet, dass der Blutzuckerspiegel nach dem Verzehr weniger ansteigt. In nur 30 g Haferkleie sind bereits 1,5 g Beta-Glukan enthalten.

Gesunder Genuss

Es gilt als erwiesen, dass Haferkleie den Cholesterinspiegel senken und das Risiko für Herzkrankheiten verringern kann. Einer Studie zufolge hatten Männer, die viel Kleie aßen (etwa 9 g täglich) ein um 30 % geringeres Risiko für Herzkrankheiten als Männer, die nur 2 g Kleie täglich zu sich nahmen.

Auch Reiskleie kann den Cholesterinspiegel senken. Jüngste Forschungsergebnisse deuten darauf hin, dass sie auch hilft, unseren Blutzuckerspiegel in Schach zu halten. Dafür könnten die Öle, die in Reiskleie enthalten sind, verantwortlich sein. Reis enthält außerdem kein Gluten, ein Vorteil für alle Menschen mit einer Glutenunverträglichkeit (Zöliakie).

Weizenkleie reduziert vermutlich das Risiko für Darm- und Brustkrebs.

Küchengeheimnisse

Da die Öle in der Kleie ranzig werden können, bewahren Sie sie gut verschlossen, kühl und tro-

---

Populärer IRRTUM

Vollkornmuffins mögen gesund aussehen, sind es meist aber nicht. Im Laden gekauft, enthalten sie oft sehr viel Zucker und Fett und sind deshalb kalorienreich. Backen Sie Ihre kleinen Köstlichkeiten am besten selbst (s. Seite 198)!

Kleie (Fortsetzung)

cken im Vorratsschrank auf. Angebrochene Packungen sollten in Frischhalteboxen umgefüllt werden – auf diese Weise sind sie einige Monate haltbar.

Köstliches mit Wunderwirkung

- **Beginnen Sie den Tag** mit kleiehaltigen Zerealien. Sie gehören zu den Getreideprodukten mit der niedrigsten GL.
- **Ersetzen Sie beim Backen** die Hälfte des Mehls durch Kleie. Sollten Sie kein Haferkleiemehl zur Hand haben, versuchen Sie es mit kleiehaltigen Zerealien.
- **Ein gesunder Hackbraten** entsteht, wenn Sie Haferkleie anstelle von Paniermehl zum Binden verwenden. Wenn Sie gerne Kartoffelpüree dazu essen, dann hilft die Kleie, die negative Wirkung des Pürees auf den Blutzuckerspiegel zu mildern.
- **Experimentieren Sie beim Backen** von Brötchen oder Waffeln mit Reismehl und Reiskleie oder anderen Kleiesorten. Jedes Mehl hat seinen eigenen Geschmack und seine eigene Konsistenz.

Cleverer Ersatz

Statt Cornflakes oder ähnlich stark verarbeiteten und meist gesüßten Produkten lieber eine Schale mit mit kleiehaltigen Zerealien und getrockneten Preiselbeeren oder frischen Erdbeeren essen.

GETREIDE-Rangliste

Einige Getreideprodukte werden schnell umgesetzt und lassen daher den Blutzuckerspiegel Achterbahn fahren. Andere wiederum werden langsam verdaut. Zu diesen Produkten gehört auch die Kleie.

PRODUKT	PORTION	GL
Haferkleie	30 g	3
Müsli	30 g	9
Haferbrei (gekocht)	250 g	10
Instant-Haferflocken (gekocht)	250 g	13
Cornflakes	30 g	24

Rezepte
Apfelmuffins 198

IDEALE PORTION: 2–3 Teelöffel

Diese Portion Kleie sollte Sie **satt machen.** *Verwenden Sie etwas weniger im Joghurt und etwas mehr als Ersatz für Mehl.*

Knoblauch

GL sehr niedrig

Knoblauch ist für seine cholesterinsenkende Wirkung bekannt. Aber das ist noch nicht alles: Er wirkt auch positiv auf Ihren Blutzuckerspiegel. Tierversuche deuten darauf hin, dass Knoblauch die Insulinsekretion anregt. Daraus resultiert ein niedrigerer Blutzuckerspiegel und eine höhere Insulinempfindlichkeit und damit eine Besserung von Diabetes. Knoblauchpräparate beeinflussen den Blutzuckerspiegel nicht, genießen Sie Knoblauch daher auf traditionelle Weise. Eine aktuelle Studie zeigte im Tierversuch, dass roher Knoblauch den Blutzuckerspiegel bedeutend senken kann.

Das Gewürz hat aber noch weitere gute Seiten. Es verdünnt das Blut und beugt damit der Verklumpung der Blutplättchen und der Bildung von Blutgerinnseln vor. Es ist erwiesen, dass Knoblauch den Cholesterinspiegel senkt, indem er den Anteil an »gutem« Cholesterin (HDL) hebt und den des »schlechten« (LDL) senkt. In einer Untersuchung wurde Versuchspersonen für 6 Monate entweder ein Knoblauchpräparat oder ein Placebo verabreicht. Das Ergebnis: Das Knoblauchpräparat, das etwa einer Menge von 1½ bis 3 Knoblauchzehen täglich entsprach, senkte den Cholesterinspiegel um etwa 9 %.

Gesunder Genuss

Wer viel Knoblauch isst, verringert vermutlich das Risiko für bestimmte Krebserkrankungen, darunter Magen- und Darmkrebs. Knoblauch ist außerdem bei Bluthochdruck wirksam.

Küchengeheimnisse

Wenn Sie nicht gern schneiden und hacken, sollten Sie sich eine Knoblauchpresse zulegen. Bewahren Sie Knoblauch an einem kühlen, dunklen Ort auf, z. B. in einem Knoblauchtopf. Das sind Tontöpfe mit Deckel und Löchern, in denen die Knollen dunkel, aber luftig gelagert werden.

Köstliches mit Wunderwirkung

- **Kurz angebraten** passt Knoblauch zu fast allen Gerichten mit Geflügel, Schwein, Rind, Fisch oder Tofu.
- **Gerösteter Knoblauch** eignet sich als Brotaufstrich anstelle von Butter und schmeckt im Kartoffelpüree oder zu Nudeln. Zum Rösten Zehen mit der Schale auf ein Backblech legen. Mit Öl und Salz besprenkeln und bei 190 °C für etwa 30 Minuten backen. Wenn die Knoblauchzehen weich sind, einfach aus der Schale drücken.
- **Zerdrückten Knoblauch** in Reis oder Getreidegerichten mitkochen.
- **Zerdrückten Knoblauch** zur Vinaigrette geben.
- **Knoblauch-Senf-Marinade** für Rindfleisch: Senf, Olivenöl, Balsamessig, schwarzen Pfeffer und gehackten Knoblauch mischen. Das Fleisch für 2 Stunden im Kühlschrank darin einlegen.
- **Legen Sie eine ganze Knolle** auf den Grill. Gelegentlich wenden, sodass sie von allen Seiten Hitze bekommt. Wenn die Schale dunkelbraun ist und sich pellen lässt, ist der Knoblauch fertig und lässt sich in Saucen, Dips und als Brotaufstrich verwenden.

Rezepte

Brokkoli mit Zitronen-Vinaigrette 287
Caponata 201
Gebratenes Frühlingsgemüse mit Tofu 271
Gefüllte Kirschtomaten mit Käsepesto 202
Graupensuppe mit Bohnen 229
Krabben-Gersten-Topf 260
Mediterrane Erbsencreme 208
Orientalischer Erdnuss-Dip 206
Penne mit Tomaten-Auberginen-Sauce 262
Würziger Blumenkohl mit Erbsen 284

IDEALE PORTION: Nach Belieben

So oft wie möglich.

Kohl

Über Jahrhunderte haben Bauern überwiegend von diesem Blattgemüse gelebt. Obgleich heute die Auswahl an Nahrungsmitteln riesig ist, sollten Sie Kohl weiter auf den Tisch bringen. Er ist sehr kalorienarm (20 kcal pro 80 g) und reich an Ballaststoffen – eine ideale Kombination, um abzunehmen und den Blutzuckerspiegel günstig zu beeinflussen. Dazu gesellt sich noch seine geringe GL. Das alles zusammen macht Kohl zu einem Nahrungsmittel mit Wunderwirkung. Die Zeiten der dünnen Kohlsuppe sind jedoch vorbei. Richtig zubereitet ist er eine Delikatesse.

Doch Kohl tut nicht nur der Figur gut – vor allem Rotkohl ist besonders reich an Vitamin C, das Experten zufolge das Diabetesrisiko senkt. Der Rotkohl bietet noch weitere Vorteile, da er viele Anthocyane enthält. Diese Pflanzenfarbstoffe scheinen, wie aktuelle Studien zeigen, die Insulinproduktion anzukurbeln und so den Blutzuckerspiegel zu senken.

Kohl wird ein besonderer Genuss, wenn man ihn mit Essig abschmeckt. Dadurch verringert sich auch die GL der Mahlzeit.

Gesunder Genuss

Kohl enthält Sulforaphan, einen Stoff mit krebsvorbeugender Wirkung. Eine Studie mit Frauen hat ergeben, dass diejenigen, die viel Kohlgemüse aßen, ein um 45 % geringeres Brustkrebsrisiko aufwiesen als eine Gruppe, die nur wenig Kohlgemüse verzehrte.

Auch vor Lungenkrebs scheint Kohl zu schützen. Darüber hinaus besticht rohes Sauerkraut durch seine krebshemmenden Substanzen, die durch die Vergärung entstehen. Achten Sie jedoch auf einen geringen Salzgehalt, oder spülen Sie das Sauerkraut kalt ab, bevor Sie es zubereiten.

Küchengeheimnisse

Wird Kohl zu lange gekocht, entsteht nicht nur der typische Kohlgeruch, auch die hitzeempfindlichen Inhaltsstoffe wie Vitamin C werden zerstört. Bevorzugen Sie Kohl gekocht, sollten Sie ihn dämpfen oder kurz in der Pfanne in wenig Wasser garen. Den höchsten Gehalt an Vitamin C hat er roh in Form von Salat.

Länger gelagerter Kohl entwickelt auch im Kühlschrank einen stärkeren Geruch. Um jedoch den Kohlgeruch beim Kochen zu mildern, gibt man beim Garen einen Teelöffel Essig zu.

Köstliches mit Wunderwirkung

- **Krautsalat** ist ein gesunder Klassiker.
- **Dünn geschnitten oder gehackt** macht sich Kohl gut im Kartoffelpüree.
- **Gourmet-Tipp:** Das Steak auf kurz angebratenem Kohl servieren.
- **Schmoren Sie Rotkohl** zusammen mit einem Apfel, Walnüssen und Rotwein.
- **Schnell serviert** ist mit Zwiebeln angebratener Kohl.
- **Geraspelter Kohl** ist ein leckerer Ersatz für Salatblätter auf belegtem Brötchen oder Brot.
- **Gesunde Beilage:** Gekochter Kohl mit Kümmel und fettarmem Naturjoghurt.
- **Fischfilet im Kohlblatt:** Einfach einrollen und in Gemüsebrühe dämpfen.

Rezepte

Gemischter Krautsalat 220
Orientalischer Nudeleintopf 233
Schweinekoteletts mit Pfannengemüse 242

IDEALE PORTION: 80 g

Diese Portion entspricht etwa ⅙ Kohlkopf, aber da Kohl **nährreich** *und* **kalorienarm** *ist, darf man auch etwas mehr essen.*

Lamm

GL sehr niedrig

Lammfleisch ist vermutlich das erste Fleisch, das Menschen durch Viehhaltung auf ihren Speiseplan gebracht haben. Es gehört inzwischen in vielen Teilen der Welt zu den Grundnahrungsmitteln. Wenn Sie die richtigen Stücke kaufen, ist Lamm so wertvoll wie Rind.

Lammkeule ist am magersten. Die vordere Keule gilt als besonders fettarm. Sie muss allerdings mehrere Stunden lang gebraten werden, bis sie zart ist. Filet ist etwas fettreicher und wird noch von der Schulter übertroffen. Am fetthaltigsten sind die Rippen und natürlich das Lammhackfleisch. In manchen Supermärkten bekommen Sie auch mageres Lammhack, aber besser ist es, beim Metzger danach zu fragen. Im Vergleich zum Rindfleisch ist Lamm weniger marmoriert. Das meiste Fett sitzt an der Außenseite und lässt sich daher leicht entfernen.

Gesunder Genuss

Lamm ist reich an Vitaminen der B-Gruppe sowie an Eisen und Zink. Zink ist wichtig für ein intaktes Immunsystem und für die Wundheilung. Eisenmangel zeigt sich durch Müdigkeit und Konzentrationsschwäche. Die B-Vitamine helfen, das HDL/LDL-Verhältnis zu verbessern und senken den Homocysteinspiegel – eine Aminosäure, die mit Herzinfarkt, Schlaganfall und Alzheimer-Krankheit in Verbindung gebracht wird.

Küchengeheimnisse

Lammfleisch stammt von Schafen, die jünger als ein Jahr sind, und ist deswegen meist zart und saftig. Qualitativ am hochwertigsten ist fein strukturiertes, rosarotes Fleisch mit wenig, aber festem, weißem Fett. Trennen Sie das Fett ab und auch die feine Haut, die manchmal am Fett hängt. Fleisch von älteren Schafen nennt man Hammelfleisch. Das Fleisch hat einen strengeren Geschmack und ist oft etwas zäh. Durch langes Kochen bei mittlerer Hitze wird es zarter.

Köstliches mit Wunderwirkung

Lammeintopf, Lammkoteletts, Lammcurry, Lammkeule – dieses Nahrungsmittel mit Wunderwirkung können Sie auf viele unterschiedliche Arten genießen.

- **Lammeintopf:** Bereiten Sie am Wochenende einen großen Topf zu und frieren Sie den Rest für wochentags ein. Fügen Sie viel Gemüse, z. B. Möhren, Lauch, Sellerie, Zwiebeln, Erbsen und Topinambur hinzu.
- **Für Lammkebab** stecken Sie rohe Fleischstückchen abwechselnd mit Gemüse wie rote Paprika, Tomaten und Zwiebeln auf Spieße. Grillen und dazu Couscous reichen.
- **Schmoren Sie** eine Lammkeule im Backofen langsam 2–3 Stunden in Rotwein zusammen mit Knoblauch und Rosmarin. Die Keule vorher rundherum anbraten.
- **Zu gegrilltem oder geschmortem Lamm** einige Löffel Joghurtsauce reichen: Dafür Naturjoghurt mit gehackter Pfefferminze, Knoblauch und etwas Cayennepfeffer mischen.

Rezepte

Eintopf mit Lammfleisch und Frühlingsgemüse 238
Lammkoteletts mit Senfkruste 241

IDEALE PORTION: 85 g

Für die einzige Fleischmahlzeit am Tag dürfen es auch 170 g sein.

Leinsamen

Diese kleinen braunen Samen sind ein Geschenk für den Blutzuckerspiegel und das Herz. Wenn Sie sie bisher noch nicht probiert haben, dann sollten Sie es jetzt tun. Sie können sie gemahlen kaufen oder in einer Gewürz- oder Kaffeemühle selber mahlen. Wenn Sie im Supermarkt keinen Leinsamen bekommen, dann finden Sie ihn im Reformhaus oder Bioladen. Leinsamen schmeckt nussig und lässt sich erstaunlich vielseitig verwenden.

Leinsamen ist reich an Eiweiß und Ballaststoffen (über 2 g Ballaststoffe pro Teelöffel gemahlene Samen). Er enthält außerdem viel Magnesium, einen Mineralstoff, der die Insulinausnutzung fördert. Mehrere Studien zeigen, dass das Risiko, an Diabetes Typ 2 zu erkranken, extrem steigt, wenn die Nahrung magnesiumarm ist. Aber selbst wenn Sie schon Diabetes haben, kann Magnesium Ihnen helfen.

Sie essen nicht genug Fisch? Dann greifen Sie zu Leinsamen. Die darin reichlich enthaltene Alpha-Linolsäure hilft dem Körper, die gleichen Omega-3-Fettsäuren herzustellen, die im Fisch zu finden sind. Leinsamen hält das Herz gesund, indem er den Cholesterinspiegel senkt und verhindert, dass sich gefährliche Blutgerinnsel bilden. Ebenso wie Fisch wirkt Leinsamen gegen Entzündungen im Körper und somit gegen viele chronische Krankheiten im Alter wie Insulinresistenz oder Diabetes.

Auch das Brustkrebsrisiko kann Leinsamen vermutlich verringern. Dafür sind hormonähnliche Inhaltsstoffe, die Lignane, verantwortlich. Sie werden im Körper in eine Substanz umgewandelt, die dem Östrogen zwar ähnelt, aber nicht ganz so wirksam ist. Diese Substanz blockiert die Östrogenrezeptoren der Zellen, sodass nun die Wirkung der körpereigenen Östrogene herabgesetzt ist. Auf diese Weise kann Leinsamen vermutlich vor hormonell bedingten Krebsarten wie Brustkrebs schützen. Der Lignangehalt in Leinsamen liegt mehrere hundert Mal so hoch wie in anderen Lebensmitteln.

Wie Fisch kann auch Leinsamen vor Alzheimer-Krankheit und Depression schützen. Bei Verstopfung hilft er auf sanfte und natürliche Art. Schon kleine Mengen wirken zuverlässig und schnell.

Küchengeheimnisse

Der Körper kann die Lignane und die Omega-3-Fettsäuren besser aufnehmen, wenn die Samen geschrotet oder gemahlen sind – ganze Körner verlassen den Körper meist unverdaut. Aufgrund des hohen Ölgehalts sollten die zerkleinerten Samen aber sofort verzehrt werden. Deswegen kaufen Sie am besten die ganzen Samen und mahlen sie selbst oder zerkleinern sie im Mörser. Die ganzen Samen können Sie bis zu 1 Jahr bei Raumtemperatur aufbewahren. Gemahlene Leinsamen gehören in den Kühlschrank.

Gesunder Genuss

Weil Leinsamen vor Entzündungen im Körper schützt, wirkt er auch positiv bei Krankheiten wie Arthritis, Asthma, Morbus Crohn, Ekzeme oder Psoriasis.

Machen Sie Leinsamen zu einem festen Bestandteil Ihrer Ernährung, besonders wenn Sie keinen Fisch essen.

Köstliches mit Wunderwirkung

Leinsamen können Sie in fast jede Mahlzeit integrieren.

■ **Im Pfannkuchen- oder Muffinteig:** ¼ des Mehls durch geschroteten Leinsamen ersetzen.

- **In Kuchen, Brot oder Pfannkuchen:**
1–2 Teelöffel in den Teig geben. Manche Teigarten werden durch Leinsamen schneller braun, deswegen öfter in den Ofen schauen.
- **Zu Müsli** oder zu Frühstückszerealien zufügen.
- **In den Teig von Frikadellen,** Hackfleischbällchen oder zu Aufläufen geben.
- **Geröstet auf Eiscreme,** Pudding und im Joghurt genießen.
- **Ins Joghurtgetränk** geben.
- **Im Fruchtdessert:** z. B. über Bratäpfel streuen oder ins Pflaumenkompott geben.
- **Auf dem belegten Brot:** Brot mit Thunfisch- oder Geflügelsalat anrichten und Leinsamen darüber streuen.
- **Auf Brot und Vollkornkräckern:** Frischkäse oder Weichkäse darauf verteilen und gerösteten Leinsamen darüberstreuen.

Rezepte
Beeren-Joghurt-Getränk mit Leinsamen 212
Pilaw mit Vollkornreis, Zitrone und geröstetem Leinsamen 276
Vollkorn-Leinsamen-Brot 196
Vollkornpfannkuchen oder -waffeln 192
Vollkornreis mit Leinsamen, Limette und Koriander 277

Ist LEINÖL gesund?

Leinöl versorgt Sie mit Omega-3-Fettsäuren, aber es enthält weder die Ballaststoffe noch die Lignane der Samen. Um etwas für Ihr Herz zu tun, greifen Sie zu Leinöl, um mehr »gute« Fette zuzuführen. Wenn Sie blutverdünnende Medikamente einnehmen, dann sollten Sie Ihren Arzt fragen, denn auch Leinöl verdünnt das Blut. Die Dosis beträgt 1 Teelöffel bis 1 Esslöffel ein- oder zweimal täglich.

Bewahren Sie das Öl im Kühlschrank auf, es wird schnell ranzig. Verwenden Sie es in Salatsaucen, über gedünstetem Gemüse oder geben Sie es über Getreidegerichte. Aber nehmen Sie es nicht zum Kochen, denn Hitze zerstört die wertvollen Inhaltsstoffe.

IDEALE PORTION: 1–2 Teelöffel

1–2 Teelöffel gemahlene Samen täglich können generell für die Gesundheit, aber besonders in Hinblick auf die Blutzuckerkontrolle wahre Wunder wirken. Sie können die gemahlenen Samen auch in ein Glas Wasser rühren und trinken.

Linsen

GL sehr niedrig

Linsen mit ihrem hohen Eiweißgehalt und den komplexen Kohlenhydraten gehören zu den Lebensmitteln, die langsam abgebaut werden. Dank der schnellkochenden Sorten gibt es keinen Grund, sie nicht für Salate, Suppen und Hauptgerichte zu verwenden. Wenn Sie Linsen mit Reis mischen, brauchen Sie weniger Reis und verringern dadurch die GL der Mahlzeit.

Die beste Waffe gegen einen starken Anstieg der Blutzuckerwerte sind die Ballaststoffe. 100 g rohe Linsen enthalten davon 17 g, vor allem vom löslichen Typ. Diese Ballaststoffe tragen zur Senkung des Cholesterinspiegels bei – kein Wunder, dass Linsen ein fester Bestandteil der herzfreundlichen Mittelmeerdiät sind. Außerdem bringen sie den trägen Darm in Schwung. Linsen sind auch eine hervorragende Quelle für Eiweiß (8–10 g pro Portion). Deswegen machen sie satt und unterstützen beim Abnehmen.

Gesunder Genuss

Eine Studie zeigte, dass Frauen, die mindestens zweimal wöchentlich Linsen oder Bohnen aßen, ein um 25 % geringeres Brustkrebsrisiko hatten als Frauen, die weniger als einmal im Monat Linsen zu sich nahmen. Linsen enthalten relativ viel Folsäure. Dieses Vitamin der B-Gruppe senkt zusammen mit Vitamin B_6 und B_{12} den Blutspiegel von Homocystein, einer Aminosäure, die mit Herzkrankheiten und Demenz in Verbindung gebracht wird.

IDEALE PORTION: 100 g (gekocht)

Weil ihre **GL so niedrig** ist und Linsen zu den nahrhaftesten Lebensmitteln gehören, können Sie davon auch *mehr essen.*

Küchengeheimnisse

Linsen können Sie kühl, dunkel und trocken gelagert bis zu 6 Monaten aufbewahren – danach werden sie muffig. Mischen Sie nie frische und alte Linsen, denn die älteren brauchen länger, bis sie gar sind.

Köstliches mit Wunderwirkung

- **Gekochte Linsen** schmecken gut im Salat oder zu Nudelgerichten.
- **Als Dip:** Gekochte Linsen pürieren und mit Tomatensauce oder einer Mischung aus zerdrücktem Knoblauch, Joghurt und Zitronensaft verrühren.
- **Für leckere Suppen:** Interessante Kombinationen bestehen z. B. aus roten Linsen mit Tomaten, Linsen und Gerste, Linsen mit Mangold und Zitrone, Linsen und Geflügelfleisch, Linsen mit Gemüse.
- **Als Hauptgericht:** Linsen mit Zwiebeln, Tomaten und Kräutern zu Putenwiener.
- **Den Reis neu entdecken:** Experimentieren Sie mit den unterschiedlichen Linsensorten und verschiedenen Gewürzen. Unter Vollkornreis mischen.
- **Linsensuppe aus der Dose** ist eine gute Hauptmahlzeit! Wenn es schnell gehen muss, steht auf diese Weise im Handumdrehen ein gesundes Essen auf dem Tisch.

Rezepte

Dhal mit Spinat 272
Griechischer Linsensalat 223
Lachsfilet auf Linsen 257
Linsen-Bohnen-Chili 273
Rote Linsensuppe mit Curry 230

116 | NAHRUNGSMITTEL MIT WUNDERWIRKUNG

Meeresfrüchte

GL sehr niedrig

Wenn es um Nahrungsmittel mit Wunderwirkung geht, dann ist alles, was aus dem Meer kommt, genau richtig. Und das sind nicht nur Fische – auch von Krebsen, Krabben oder Muscheln kann Ihr Blutzuckerspiegel profitieren, denn sie sind reich an Eiweiß und arm an Kalorien. Außerdem sind die Meeresbewohner unsere besten Jodquellen.

Hummer und Krabben enthalten nahezu keine gesättigten Fette, liefern dafür aber viele Omega-3-Fettsäuren. Das sind dieselben Fettsäuren, die sich auch in fettreichem Fisch finden und die das Risiko für Herzerkrankungen verringern – ein Ziel, das für Diabetiker oberste Priorität hat. Es stimmt zwar, dass Schalentiere relativ viel Cholesterin enthalten, aber wie schon unter dem Eintrag *Eier* erklärt, hängt der Cholesterinspiegel eher von den gesättigten Fetten ab als vom Cholesterin in der Nahrung. Eine Portion Meeresfrüchte enthält nur etwa 1/3 so viel Cholesterin wie ein Ei, deswegen ist ein moderater Genuss kein Problem.

Hummer, der Star unter den Schalentieren, gilt als besonders reichhaltige Quelle für das wenig beachtete Mineral Vanadium. Eine Studie legt nahe, dass Vanadium die Wirkung von Insulin auf den Körper verstärken kann und daher den Blutzuckerspiegel konstant hält. In einer Studie verbesserte Vanadium die Insulinempfindlichkeit und senkte gleichzeitig den Cholesterinspiegel. Eine andere Studie ergab, dass Vanadium, als Nahrungsergänzungsmittel gegeben, den Blutzuckerspiegel senkt.

Auch wenn Hummer sehr aromatisch schmeckt, ist er dennoch fettarm – vorausgesetzt, Sie bereiten ihn nur mit wenig Butter zu. Er ist sogar fettärmer als Rind-, Schweine- oder Geflügelfleisch.

Gesunder Genuss

Die meisten Meeresfrüchte sind reich an Kupfer und Zink, die für ein optimal funktionierendes Immunsystem wichtig sind. Außerdem enthalten sie eine erstaunliche Menge an Vitamin B_{12}, das Depressionen, Herzerkrankungen und sogar der Alzheimer-Krankheit entgegenwirken kann. Das ebenfalls enthaltene Selen schützt vor Krebs. Muscheln liefern zudem Sterine, die dazu beitragen, den Cholesterinspiegel zu senken. Und Jod ist unerlässlich für die Bildung der Schilddrüsenhormone.

Küchengeheimnisse

Muscheln, besonders Austern, werden lebend gekauft. Die Schalen sollten fest geschlossen sein oder sich bei Berührung schließen. Bewahren Sie Muscheln im Kühlschrank in einer Schüssel (ohne Wasser!) auf, die sie mit einem feuchten Tuch abdecken. Beim Kochen öffnen sich die Muscheln (geschlossene unbedingt wegwerfen, sie sind verdorben) und werden anschließend weitere 3–5 Minuten gekocht. Muscheln isst man nie roh, die einzige Ausnahme sind Austern: Man schlürft sie lebend aus der frisch aufgebrochenen Schale.

Viele Supermärkte bieten gefrorene Krabben an. Einfach gefroren in die Pfanne geben, anbraten und würzen – schon haben Sie ein schnelles und eiweißreiches Gericht.

Köstliches mit Wunderwirkung

Allzu oft werden Meeresfrüchte frittiert oder in einer schweren Sauce serviert. Unsere Devise lautet: Je einfacher, desto besser. Ein Spritzer Zitronensaft reicht völlig. Kochen Sie Meeresfrüchte nicht zu lange, sonst werden sie trocken.

IDEALE PORTION: 85 g

Als **Hauptgericht** *sind bis zu* **170 g** **Meeresfrüchte** *als angemessene Portion anzusehen.*

Meeresfrüchte (Fortsetzung)

- **Festliche Vorspeise:** Krabben (Shrimps) in fettarmer Cocktailsauce.
- **Ersetzen Sie Rind** oder Geflügelfleisch in Pfannengerichten durch Garnelen, die Sie nur während der letzten 5 Minuten mitgaren.
- **Geben Sie gegarte Muscheln** oder Garnelen zu Ihrer Lieblings-Spaghettisauce.
- **Als eiweißreiche Salatzugabe:** Gegarte Garnelen klein schneiden und über den Salat geben. Dazu ein Zitronendressing verwenden.
- **Als Salatsauce:** Krabbenfleisch (z. B. aus der Dose) mit Vinaigrette-Sauce mischen. Passt gut zu gemischten Blattsalaten und Gurke.
- **Geben Sie** gegartes Muschelfleisch auf die Pizza.
- **Legen Sie eine große Garnele** zusammen mit Avocado- und Tomatenstücken sowie etwas Tomatensauce auf ein Salatblatt. Einrollen und genießen.
- **Mischen Sie Muscheln,** Garnelen oder Stücke vom Fischfilet mit Olivenöl und Zitronensaft. Auf einen Holzspieß stecken und für etwa 5 Minuten grillen.
- **Für Tacos:** Garnelen, Salat, Tomate, etwas geriebenen Käse und Salsa vermengen und Tacos damit füllen.
- **Linguini mit Muscheln:** Anstelle der cremigen, fettreichen Sauce, die Sie im Restaurant bekommen, bereiten Sie die Muscheln mit Knoblauch, Olivenöl, gehackten Peperoni und Tomatenstücken zu.

Rezepte
Krabben-Gersten-Topf 260
Krabben- und Muscheleintopf 259

Meeresfrüchte in ZAHLEN

Meeresfrüchte enthalten fast gar keine Kohlenhydrate, deswegen ist ihre GL fast gleich Null. Alle Meeresfrüchte enthalten nur wenig gesättigte Fette, aber unterschiedliche Mengen anderer Nährstoffe.

MEERESFRUCHT (100 g)	KALORIEN (kcal)	EIWEISS (g)	FETT (g)	CHOLESTERIN (mg)	VITAMINE UND MINERALSTOFFE
Austern	65	11	1,3	57	Eisen, Zink und Selen
Garnelen	76	17	0,6	195	Verschiedene Vitamine, Mineralstoffe (Jod) und Omega-3-Fettsäuren
Hummer	103	22	1.6	110	Vitamin B$_{12}$ und Zink und Jod
Kammmuscheln	118	23	1.4	47	Jod, Vitamin B$_{12}$
Krabben (Shrimps)	77	18	0,5	72	Jod, Kupfer, Zink und Selen
Miesmuscheln	104	17	2,7	58	Eisen und Jod
Venusmuscheln	77	16	0,6	67	Eisen, Jod und Kalium

Melonen

GL sehr niedrig

Melonen sind so süß, dass einem das Wasser im Mund zusammenläuft. Und trotzdem sind sie blutzuckerfreundlich und eignen sich daher ideal zum Frühstück oder als Snack. Auch in Obstsalate und Salsas lassen sich Melonen gut integrieren. Zwar wird der enthaltene Zucker schnell in Glukose – also in Blutzucker – umgewandelt, aber da Melonen zu 90 % aus Wasser bestehen, liegt ihr Zuckergehalt ziemlich niedrig. Daher haben sie auch wenig Kalorien.

An Wassermelonen lässt sich der Unterschied zwischen Glykämischem Index (GI) und Glykämischer Last (GL) gut aufzeigen. Weil der Zucker in den Früchten schnell ins Blut gelangt, haben Melonen einen extrem hohen GI. Da Sie mit 1 Stück Melone aber insgesamt nur wenig Zucker essen, ist die GL niedrig.

Das Vitamin C in den Früchten (v. a. in der Sorte Cantaloupe) beugt Schäden vor, die ein dauerhaft hoher Blutzuckerspiegel in Körperzellen und Blutgefäßen anrichtet. Der Mineralstoff Kalium schützt vor hohem Blutdruck, der häufig bei Diabetikern auftritt. Da Melonen auch reich an Lycopin (ein Karotinoid) sind, steuern sie Herzkrankheiten entgegen, was das erhöhte Risiko bei Diabetikern mindern kann.

Gesunder Genuss

Lycopinreiche Lebensmittel wie Wassermelonen bieten vermutlich einen gewissen Schutz vor bestimmten Krebserkrankungen, z. B. Brust-, Lungen-, Darm- und Prostatakrebs. Die meisten Hinweise hierfür gibt es bei Prostatakrebs. Eine Studie an 47 000 Testpersonen zeigte, dass Männer, die 2–4 Portionen Tomaten wöchentlich aßen (auch Tomaten sind lycopinreich), ein um 26 % verringertes Risiko für Prostatakrebs als diejenigen hatten, die keine Tomaten verzehrten.

Ein weiterer gesunder Inhaltsstoff der Melone ist Beta-Karotin, der wichtigste Vertreter aus der Gruppe der Karotinoide. Es bildet die Vorstufe von Vitamin A, das Ihre Augen gesund hält und auch in Möhren reichlich vorhanden ist. Cantaloupe-Melonen enthalten besonders viel Beta-Karotin.

Küchengeheimnisse

Wenn doch nur Melonen ein kleines Schildchen tragen würden, das verrät, ob sie reif sind oder nicht. Leider tragen sie keins, aber diese Tipps helfen Ihnen, den Reifegrad zu erkennen.

Wassermelonen: Klopfen Sie mit dem Finger gegen die Schale. Wenn diese etwas hohl klingt (die Melone »singt«), sollte die Melone reif sein.

Cantaloupe-Melonen: Diese Melonen reifen bei Raumtemperatur nach. Sie können also auch noch nicht ganz reife Früchte nehmen und sie zum Nachreifen auf die Fensterbank legen.

Honigmelonen: Wählen Sie Exemplare, die eine glatte Schale haben. An der Ansatzstelle des Stängels sollte sich die Schale mit dem Daumen etwas eindrücken lassen.

Vor dem Zerteilen die Melonen immer kurz abspülen, da sie beim Wachsen in Kontakt mit dem Erdboden waren. Mit dem Messer könnten daher Bakterien von der Schale auf das Fruchtfleisch gelangen.

IDEALE PORTION: 30 g Fruchtfleisch

Da Melonen überwiegend aus *Wasser* bestehen, können Sie auch *mehr davon* verzehren.

Melonen (Fortsetzung)

Sehr hübsch sieht es aus, wenn das Fruchtfleisch mit einem Kugelformer (»Pariser Löffel«) herausgestochen, in Dessertgläsern serviert und mit weiteren Früchten kombiniert wird.

Köstliches mit Wunderwirkung

- **Geben Sie Melonen** in jeden Fruchtsalat. Die ausgehöhlte Melonenschale kann als Schüssel dienen.
- **Servieren Sie** einen Salat aus Melone und Feta. Nach Belieben Pfefferminzblätter, geröstete Kürbissamen oder Pinienkerne darüber geben.
- **Erfrischender Nachtisch:** Wassermelone und Eiswürfel im Mixer zerkleinern und etwas Honig darüber geben.
- **Verwenden Sie** Wassermelonenschnitze als essbare Dekoration.
- **Lecker kombiniert:** Honigmelone und Vanilleeis.
- **Kleine Melonenwürfel** schmecken gut im Geflügel- oder Meeresfrüchtesalat.
- **Als Sauce:** Wassermelone, süße Zwiebeln, schwarze Bohnen, Jalapeños (Chilischoten), gehackte Korianderblätter, zerdrückten Knoblauch und Salz mischen.
- **Erfrischender Snack:** Melonenwürfel oder -kugeln einfrieren.
- **Melonenkaltschale:** Das Fruchtfleisch von Cantaloupe-Melonen, Orangensaft, Limettensaft und Zimt im Mixer pürieren.
- **Für ein Joghurtgetränk:** Cantaloupe- und Honigmelone mit Limettensaft und etwas Honig mixen.
- **Farbenfrohe Vorspeise:** Melonenstückchen unterschiedlicher Sorten abwechselnd auf Spieße stecken.
- **Als Snack:** Dünne Scheiben Cantaloupe-Melonen auf Schweizer Käse anrichten.

Rezept
Heidelbeer-Melonen-Salat 288

Bittermelone – eher MEDIZIN als Genuss

Bittermelonen werden auch Bittergurken (Karella) genannt. Sie sind mit den süßen Melonen verwandt, sehen aber eher aus wie warzige Gurken. Wie der Name schon sagt, sind sie alles andere als süß. Ihr bitterer Geschmack liegt an dem hohen Gehalt an Chinin. Tierversuche deuten darauf hin, dass die Inhaltsstoffe der Bittermelone den Blutzuckerspiegel ebenso senken können wie einige Diabetesmedikamente. Vermutlich kurbeln sie die Insulinproduktion an, verbessern die Fähigkeit der Zellen, Glukose aufzunehmen, verringern die Aufnahme von Zucker im Darm und hemmen die Freisetzung von Glukose aus der Leber.

Eine der umfangreicheren Studien zur Wirkung von Bittermelonen bei Typ-2-Diabetikern dauerte nur 2 Tage, zeigte aber bereits signifikante Ergebnisse: Bei 100 Versuchspersonen, die eine Flüssigkeit mit Bittermelonen zu sich genommen hatten, sank der Blutzuckerspiegel innerhalb weniger Stunden auf geringere Werte als bei der Kontrollgruppe.

Obwohl der Geschmack der Bittermelone sehr eigen ist, lohnt es sich, diese Frucht kennen zu lernen. Bei der Zubereitung schneiden Sie das faserige Innere mit den Samen weg. Das Fruchtfleisch wird gebraten oder gekocht, man kann die geschälten und halbierten Früchte auch füllen und süß-sauer einlegen.

Milch

Milch liefert eine sehr gesunde Kombination aus wenig Kohlenhydraten (Milchzucker), mäßig Fett (je nach Fettstufe) und viel Eiweiß mit essenziellen Aminosäuren, ideal also, um den Blutzuckerspiegel stabil zu halten. Aber Milch kann noch mehr! Durch spezielle Bakterien gesäuert, wird Milch zum Probiotikum: Immunstärkende Kulturen und ein bisschen Milchsäure machen aus der Milch einen durch und durch gesundheitsfördernden Genuss.

Zwei Untersuchungen aus Harvard belegen, dass mit jeder Portion von Milchprodukten, die ein Mensch täglich zu sich nimmt, das Risiko für Insulinresistenz um 21 % und das Risiko für Diabetes Typ 2 um 9 % sinken. Dieses Ergebnis ist beeindruckend, muss aber relativiert werden. Sahne und fetter Käse sind damit nicht gemeint, wohl aber Sauermilchprodukte, fettarmer Frischkäse und Käsesorten mit niedrigem Fettgehalt.

Wählen Sie statt Vollmilch (3,5 % Fett) besser fettarme Milch (1,5 % Fett) und Käsesorten mit weniger als 45 % F. i. Tr. Denn auch Milchfett enthält gesättigte Fettsäuren und Cholesterin, die Insulinresistenz hervorrufen und Arteriosklerose fördern können.

Gesunder Genuss

Milch ist reich an Kalzium und Vitamin D. Beide sind wichtig für gesunde Knochen. Fettarme Milch enthält minimal mehr Kalzium und Eiweiß als Vollmilch, im Vitamin D-Gehalt gibt es keinen Unterschied.

Experten vermuten, dass unser Bedarf an Vitamin D höher ist, als bisher angenommen. Er wird einerseits über die Ernährung gedeckt, andererseits kann der Körper Vitamin D selbst produzieren. Voraussetzung für die Eigensynthese ist allerdings Sonnenlicht. Bei allen ernährungsbedingten Krankheiten – viele sind im Metabolischen Syndrom vereint – werden fettarme Milchprodukte empfohlen.

Küchengeheimnisse

Magermilch (entrahmte Milch, 0,3 % Fett) findet bei uns keine Berücksichtigung, weil sie wässrig schmeckt. Aber fettarme (teilentrahmte) Milch, ganz gleich, ob H-Milch oder Frischmilch, ist sehr gut akzeptabel und ebenso vielseitig wie Vollmilch verwendbar. Sie hat nur 1,5 % Fett (Vollmilch 3,5 % Fett) und ansonsten etwa denselben Gehalt an Vitaminen und Mineralstoffen.

Köstliches mit Wunderwirkung

- **Versetzen Sie sich zurück in Ihre Kindheit** und trinken Sie ein Glas kalte Milch zum Mittagessen oder Abendbrot.
- **Für Bananen-Erdbeer-Milch** Bananen und Erdbeeren mit fettarmer Milch und etwas Vanillezucker mixen und kühl stellen.
- **Verfeinern Sie Möhrencremesuppe** oder Tomatensuppe mit einem Klecks saurer Sahne (10 % Fett). Sauerrahm ist besser für die GL als Mehl oder Stärke.
- **Ersetzen Sie** gelegentlich die Tasse Kaffee durch einen Milchkaffee.

Rezepte

Blumenkohl-Spinat-Auflauf 282
Clafoutis mit Kirschen 300
Gewürztee 210
Griechischer Nudel-Hackfleisch-Auflauf 240
Haferflockenbrei mit Apfel 192
Käsemakkaroni mit Spinat 264
Scholle nach Florentiner Art 255

IDEALE PORTION: 200 g

200–300 g fettarme **Sauermilchprodukte** *wie* **Joghurt** *und Kefir pro Tag können helfen, Insulinresistenz zu vermeiden, und decken 1/3 – 2/3 des täglichen Kalziumbedarfs.*

Möhren

An Möhren lässt sich der Unterschied zwischen Glykämischem Index (GI) und Glykämischer Last (GL) gut zeigen. Als der GI unter den Gesundheitsenthusiasten Begeisterung auslöste, gerieten die Möhren zunächst in Verruf, da sie einen Zucker enthalten, der fast so schnell ins Blut gelangt wie Haushaltszucker. Der Zuckergehalt von Möhren ist jedoch so gering, dass sie noch immer auf unserem Speiseplan stehen – und dies mit Recht, denn sie sind die ergiebigste Quelle für Beta-Karotin, das das Risiko für Diabetes vermindern soll. Eine Studie ergab, dass Testpersonen mit dem höchsten Beta-Karotingehalt im Blut einen um 32 % niedrigeren Insulinspiegel hatten als andere mit sehr wenig Beta-Karotin im Blut. Demzufolge scheint es den Blutzucker unter Kontrolle zu halten. Darüber hinaus sind Möhren eine gute Ballaststoffquelle.

Gesunder Genuss

Möhren schützen vor Augenkrankheiten, insbesondere vor Makuladegeneration und vor grauem Star. Reich an Ballaststoffen helfen sie außerdem, den Cholesterinspiegel zu senken.

Küchengeheimnisse

Entfernen Sie das Grün von den Möhren, sonst entzieht es dem Gemüse Saft und Nährstoffe.

Köstliches mit Wunderwirkung

- **Geraspelte Möhren aufs Brot:** Gesund ist ein Belag aus geraspelten Möhren, fettarmem Frischkäse, gehackten Oliven und fein geschnittenen Zwiebeln.

IDEALE PORTION: 80 g (gekocht)

Diese Portion ergibt etwa **3 gehäufte Esslöffel**. Die GL von **gekochten Möhren** ist etwas höher als von rohen.

Populärer IRRTUM

Rohkostanhänger sehen den Vorteil von ungekochter Nahrung vor allem darin, dass sie gesünder sein soll. Das stimmt so nicht. Denn beim Garen in etwas Fett werden die festen Zellwände der Möhre weich gekocht, wodurch das Beta-Karotin leichter zugänglich ist. Rohe Möhren hingegen enthalten mehr Vitamin C.

- **Als Snack** oder feine Beilage: Babymöhren und Hummus.
- **Babymöhren** mit Rosmarin, Thymian, gehackten Zwiebeln und schwarzem Pfeffer in Olivenöl anbraten. Mit Orangensaft beträufeln.
- **Pikante Möhrensuppe:** Pürierte gekochte Möhren mit angeschwitzten Zwiebeln und Knoblauch in etwas Gemüsebrühe einrühren. Soja-Drink oder fettarmen Joghurt zugeben.
- **Salat mit orientalischem Geschmack:** Gekochte, in Scheiben geschnittene Möhren mit Olivenöl, Petersilie, gehacktem Knoblauch, frischem Zitronensaft und Salz mischen.

Rezepte

Gebratenes Frühlingsgemüse mit Tofu 271
Gemischter Krautsalat 220
Graupensuppe mit Bohnen 229
Nudelsalat mit Gartengemüse 223
Nudelsalat mit Hähnchenbrust und Erdnuss-Dressing 220
Orientalischer Nudeleintopf 233
Pikanter Hackbraten mit Gemüse 239
Rindfleisch-Eintopf 238
Roggensandwich mit Thunfisch und Möhren 229
Schweinekoteletts mit Pfannengemüse 242
Würzige Möhren nach marokkanischer Art 286

Nudeln

Man könnte meinen, es gäbe nichts Schlimmeres für den Blutzuckerspiegel als einen Teller Nudeln. Überraschenderweise beeinflussen Nudeln den Blutzuckerspiegel aber nur mäßig. (Mit dem italienischen Weißbrot, das Sie zu Ihrem Nudelgericht essen, verhält es sich allerdings ganz anders.)

Obwohl Nudeln sehr kohlenhydratreich sind, wird die Weizenart, aus der sie hergestellt werden (Durum- oder Hartweizen), offensichtlich langsamer verdaut als der normale Weizen, den man zum Brotbacken verwendet. Für die niedrige GL von Nudeln ist auch die besondere Teigstruktur verantwortlich. Die Kohlenhydrate sind in die Eiweißmoleküle eingebettet wie in einem Netz. Dadurch werden sie von den Enzymen im Magen nicht so schnell »geknackt« und gehen langsamer ins Blut über. Je länger Sie Ihre Nudeln kochen, desto lockerer wird die Struktur und desto schneller kann der Körper sie verdauen. Genießen Sie daher die Nudeln *al dente* (bissfest).

Wählen Sie Vollkornnudeln anstelle der normalen hellen, damit bekommen Sie eine Vollkornration und etwa dreimal so viele Ballaststoffe pro Portion. Streben Sie täglich 3 Kohlenhydratportionen aus dem vollen Korn an, damit Ihr Diabetesrisiko sinkt.

Ob ein Nudelgericht gut oder schlecht für Ihren Blutzuckerspiegel ist, hängt von der Sauce ab. Besteht diese aus Gemüse wie Tomaten, gedämpftem Spinat oder Brokkoli, dazu etwas Olivenöl und Knoblauch, entsteht ein Gericht mit einer wunderbar niedrigen GL. Ertränken Sie aber Ihre Nudeln in Sahnesauce, dann ist die GL vergleichbar mit der von einem Stück Sahnetorte. Bei erhöhtem Cholesterinspiegel verwenden Sie besser keine Eiernudeln – obwohl, wie auf Seite 106 dargestellt, das Nahrungscholesterin, nicht unbedingt allein für einen hohen Cholesterinspiegel verantwortlich ist.

Gesunder Genuss

Mehl enthält – je nach Ausmahlungsgrad und Mehltype – mehr oder weniger Mineral- und Ballaststoffe. Jedem Mehl darf Vitamin B zugesetzt werden, um die Haltbarkeit zu erhöhen – dies ist übrigens auf der Packung nicht vermerkt. Vollkornmehl ist reicher an Mineralien und liefert mehr Ballaststoffe als das normale Haushaltsmehl (Type 405). Deshalb enthalten Vollkornnudeln diese Stoffe in größeren Mengen. Auch Eiweiß ist enthalten, aber nicht in optimaler biologischer Wertigkeit. Den Ausgleich schaffen Eier, Käse, Fisch oder mageres Fleisch.

Küchengeheimnisse

Luftdicht verpackt können Sie Nudeln bis zu 3 Jahren aufbewahren – und sind immer für eine schnelle Mahlzeit gerüstet. Gießen Sie die Nudeln ab, wenn sie noch leicht bissfest sind. Im heißen Wasser kochen sie sonst weiter und werden weich.

Köstliches mit Wunderwirkung

Nudeln sind mit Sicherheit das vielseitigste Lebensmittel, das jemals erfunden wurde, und die

Nudeln (Fortsetzung)

Liste der Rezepte für Nudelsaucen ist schier endlos. Nehmen Sie Kräuter, gebratenes Gemüse, Bohnen, Geflügelfleisch und geben Sie etwas Olivenöl sowie geriebenen Parmesankäse darüber. Zusammen mit Knoblauch und Zwiebeln haben Sie acht Nahrungsmittel mit Wunderwirkung auf Ihrem Teller.

- **Einfach und schnell:** Tiefgefrorenes Gemüse garen, zusammen mit Olivenöl, Knoblauch und etwas Käse über die Nudeln geben.
- **Pürieren Sie das Gemüse** Ihrer Wahl und servieren Sie es als Nudelsauce mit einigen Kräutern garniert.
- **Für Hackfleischsauce:** Angebratenes Hackfleisch aus Putenbrust oder Rindfleisch mit Tomatensauce (mit wenig zugesetztem Salz und Zucker) mischen. Dazu einen großen grünen Salat reichen.
- **Geben Sie geröstete Pinien-** oder Kürbiskerne über die Nudeln.
- **Wer Bohnen, Kichererbsen** oder Linsen zu Nudeln isst, verringert die GL der Mahlzeit. Außerdem wird sie hierdurch mit Eiweiß, Mineral- und Ballaststoffen angereichert.

Cleverer Ersatz
Statt Kartoffelpüree: Servieren Sie Nudeln mit Olivenöl und Zucchini als Beilage.

Rezepte
Griechischer Nudel-Hackfleisch-Auflauf 240
Käsemakkaroni mit Spinat 264
Krabben-Gersten-Topf 260
Nudelauflauf mit Putenfleisch und Spinat 251
Nudelsalat mit Gartengemüse 223
Nudelsalat mit Hähnchenbrust und Erdnuss-Dressing 220
Orientalischer Nudeleintopf 233
Penne mit Spargel, Ricotta und Zitrone 264
Penne mit Tomaten-Auberginen-Sauce 262
Spinat-Hackfleisch-Lasagne 267
Vollkornnudeln mit Tomatensauce, Bohnen und Mangold 266

IDEALE PORTION: 75–100 g (gekocht)

Für eine mittlere GL der Mahlzeit nehmen Sie **150 g Nudeln** *als* **Hauptgericht** *oder* **75 g** *als Beilage.*

Nüsse

Dass Nüsse als Proviant beliebt sind, hat seinen Grund: Sie versorgen uns langanhaltend mit Energie, denn sie enthalten eine ideale Mischung aus Fett und Eiweiß, die langsam verstoffwechselt wird. Aus demselben Grund sind Nüsse auch blutzuckerfreundlich. Wissenschaftler in Harvard fanden heraus, dass Frauen, die fünfmal in der Woche eine Hand voll Nüsse essen, ein um 20 % geringeres Risiko für Diabetes Typ 2 haben als Frauen, die seltener Nüsse konsumieren.

Nüsse sind zwar fettreich, enthalten aber zu 85 % »gute« Fette, die reich an ungesättigten Fettsäuren sind und vermutlich die Insulinresistenz reduzieren. Lediglich Macadamia-Nüsse enthalten viele gesättigte Fettsäuren und sind weniger empfehlenswert.

Gute Fette verbessern außerdem die Herzgesundheit, denn sie erhöhen den Anteil des HDL-Cholesterins im Blut. Studien zufolge leiden Menschen, die als Teil einer speziellen Herzdiät 150 g Nüsse pro Woche essen, zu 35 % seltener an Herzkrankheiten als Menschen, die weniger als einmal im Monat Nüsse verzehren. Eine Studie verglich die Wirkung einer eher traditionellen cholesterinsenkenden Diät mit einer Ernährung, die durch ungesättigte Fettsäuren aus Mandeln und Walnüssen angereichert war. Letztere scheint den Cholesterinspiegel um weitere 10 % zu senken.

Wenn Sie regelmäßig Nüsse essen, kann sich das auch positiv auf chronische Entzündungen auswirken. Die in Nüssen enthaltene Aminosäure Arginin soll zudem den Blutfluss in den Gefäßen verbessern und so zum Schutz vor Herzinfarkt beitragen.

Einige Nüsse wie Walnüsse, Mandeln und Erdnüsse, enthalten Phytosterine, die ebenfalls den Cholesterinspiegel senken. Ein weiterer Inhaltsstoff, das Resveratrol, senkt das Risiko für Herz-Kreislauf-Erkrankungen. Resveratrol ist vor allem aus Rotwein bekannt.

Wie viele NÜSSE sind eine Portion?

NUSS	ANZAHL DER NÜSSE pro 30 g
Cashewnüsse	16–18
Erdnüsse	ca. 40
Haselnüsse	18–20
Mandeln	20–24
Paranüsse	9–10
Pinienkerne	150–157
Pistazien	45–47
Walnüsse	8–11 Hälften

Walnüsse liefern ähnlich wie Kaltwasserfisch Omega-3-Fettsäuren, weitere Schutzstoffe gegen Herzkrankheiten. Erdnüsse gehören, botanisch gesehen, zu den Hülsenfrüchten. Wie der Name schon vermuten lässt, wachsen sie unter der Erde. Sie sind aber genauso gesund wie alle anderen Nüsse, die auf Bäumen oder Sträuchern wachsen (s. Seite 89, *Erdnussbutter*).

Gesunder Genuss

Nüsse liefern viel Vitamin E, ein Antioxidans, das vermutlich vor Prostata- und Lungenkrebs schützt. Paranüsse sind sehr reich an Selen: Sie enthalten 200-mal so viel dieses Spurenelements wie andere Nüsse. Selen wird mit dem Schutz vor Krebs und Herzkrankheiten in Verbindung gebracht. Mandeln versorgen uns mit Kalzium, Haselnüsse und Cashewnüsse mit Kupfer, das besonders für Diabetiker wichtig ist.

Küchengeheimnisse

Legen Sie sich einen Nussvorrat an: Luftdicht verschlossen kann man sie im Kühlschrank 6 Monate aufbewahren. Der Geschmack wird durch Rösten intensiver: Backofen auf 150 °C (Gas Stufe 1) vorheizen, die Nüsse in einer einzigen Lage auf

Nüsse (Fortsetzung)

das Backblech legen und für 7–10 Minuten rösten. Gegen Ende der Röstzeit aufpassen, dass die Nüsse nicht zu dunkel werden.

Köstliches mit Wunderwirkung

Nüsse passen zu vielen Gerichten. Sie verleihen einen besonderen Geschmack und liefern wertvolle Inhaltsstoffe. Hier ein paar einfache Ideen, wie sich eine Mahlzeit verfeinern lässt:

- **Mischen Sie gehackte Walnüsse** oder Pekanüsse in Reisgerichte.
- **Pistazien passen** gut zu Geflügelfleisch.
- **Geben Sie Pinienkerne** oder gehackte Walnüsse zusammen mit Olivenöl, Basilikum oder einigen gehackten getrockneten Tomaten über Nudelgerichte.
- **Kreieren Sie Ihre eigene** Mischung aus Nüssen, Trockenfrüchten und Zerealien.
- **Verfeinern Sie Kürbis-** oder Tomatensuppe mit gehackten und gerösteten Nüssen.
- **Streuen Sie Nüsse** Ihrer Wahl über grünen Salat.
- **Für mehr Geschmack:** Gehackte Nüsse in den Pfannkuchenteig geben.
- **Statt Chips oder Kräcker** sind Nüsse ein Snack mit niedriger GL und ideal zum Mitnehmen geeignet.
- **Pekanüsse** schmecken gut zu Apfelmus.
- **In Pfannengerichten** werden Nüsse einfach mit angebraten.

Cleverer Ersatz

Statt Weißmehl: Ersetzen Sie einen Teil des Mehls z. B. im Kuchen- oder Plätzchenteig durch gemahlene Nüsse.

Rezepte

Apfelmuffins 198
Beeren-Mandel-Kuchen 300
Bratapfel 296
Bulgur mit Ingwer und Orange 275
Caponata 201
Gefüllte Kirschtomaten mit Käsepesto 202
Hafer-Erdnuss-Riegel 211
Nudelsalat mit Hähnchenbrust und Erdnuss-Dressing 220
Orientalischer Erdnuss-Dip 206
Quinoa mit Chilischoten und Koriander 278
Salat aus Weizenkörnern, getrockneten Aprikosen und Minze 277
Salat mit gebratener Hähnchenbrust und Orangenfilets 214
Schokoladen-Käse-Kuchen mit Himbeeren 298
Spinat mit Pinienkernen und Korinthen 286
Umgedrehte Nektarinenmuffins 200
Würzige Mandeln 205

IDEALE PORTION: 30 g

Nüsse sind **kalorienreich***, genießen Sie sie daher nur in* **kleinen Portionen***. Da die verschiedenen Nüsse unterschiedlich groß sind, variiert die Anzahl der Nüsse pro Portion (s. Seite 125, Kasten). 100 g* **Paranüsse** *liefern 673 kcal, 30 g haben 202 kcal.*

Olivenöl

GL sehr niedrig

Wenn es um den Gesundheitswert geht, kann man Olivenöl zu Recht als flüssiges Gold bezeichnen, denn in der Liste der Lebensmittel mit guten Fettsäuren steht Olivenöl ganz oben. Ziehen Sie Olivenöl daher anderen Ölen vor (oder verwenden Sie das geschmacksneutralere und hitzebeständigere Rapsöl).

Gute Fette – also ungesättigte Fettsäuren – wie die im Olivenöl bewirken wahre Wunder für den Blutzucker, denn sie verstärken die Insulinresistenz nicht und können sogar helfen, sie zu mindern. Auf diese Weise kann der Blutzuckerspiegel stabilisiert werden.

Olivenöl bewirkt außerdem, dass die Kohlenhydrate der Mahlzeit langsamer ins Blut übergehen, wodurch ein plötzlicher Blutzuckeranstieg vermieden wird. Allein ein Salatdressing mit Olivenöl und Essig bewirkt, dass der Einfluss der gesamten Mahlzeit auf den Blutzuckerspiegel niedriger ausfällt (zur Wirkung von Essig vgl. Seite 91/92).

Oliven: WUNDERBARE ÖLFRÜCHTE

Der Rohstoff für Olivenöl sind Oliven. Es sind Ölfrüchte mit hochwertigen Fettsäuren und Phenolen. Natürlich enthalten auch eingelegte Oliven diese gesunden Stoffe und sind damit Nahrungsmittel mit Wunderwirkung. Frische Oliven aber schmecken besser als die aus dem Glas. Ebenso wie das Öl liefern auch Oliven viele Kalorien (etwa 6 kcal pro mittelgroße schwarze Olive). Essen Sie Oliven anstatt anderer Fette, nicht zusätzlich.

Ein Vorspeisensalat, angemacht mit Essig und Olivenöl, bewirkt eine Verzögerung des Blutzuckeranstiegs, selbst wenn anschließend eine kohlenhydratreiche Mahlzeit gegessen wird. Die Sättigung ist besser und anhaltender. Ein langsamerer Anstieg des Blutzuckers führt außerdem dazu, dass Sie vor der nächsten Mahlzeit nicht so hungrig sind, was dabei hilft abzunehmen.

Unter anderem liegt es am Olivenöl, dass Menschen, die sich nach der Mittelmeerdiät ernähren, seltener an Herz-Kreislauf-Krankheiten leiden oder einen Herzinfarkt bekommen.

Eine Studie wies zudem nach, dass Olivenöl auch positiv auf den Cholesterinspiegel wirkt: 28 Männer und Frauen nahmen täglich 2 Esslöffel Olivenöl für 6 Wochen mit ihrer gewohnten Nahrung zu sich. Ihr Gesamt-Cholesterinspiegel verringerte sich um 12 %, der LDL-Spiegel (das ist das schlechte Cholesterin) um 16 %. Eine Vielzahl von Studien hat außerdem bewiesen, dass Olivenöl den Spiegel des guten HDL anhebt. Olivenöl ist auch reich an Antioxidantien aus der Gruppe der Phenole. Sie wirken Cholesterinablagerungen in den Gefäßen entgegen.

Olivenöl (Fortsetzung)

Gesunder Genuss

Olivenöl enthält nicht nur die hochwertige Ölsäure, als sekundäre Pflanzenstoffe sind eine Reihe von phenolischen Substanzen (darunter Lignane) mit entzündungshemmenden Eigenschaften vertreten. Das mag ein weiterer Grund dafür sein, dass unter der Mittelmeerdiät Herzkrankheiten seltener auftreten, denn sie gehen mit einer chronischen Entzündung einher. Das Gleiche trifft übrigens auf Diabetes Typ 2 und andere chronische Krankheiten zu.

Die Polyphenole im Olivenöl können helfen, das Risiko für Darm-, Brust-, Prostata-, Bauchspeicheldrüsen- und Gebärmutterkrebs zu senken. Wie bei allen Ölen sollten Sie auch bei Olivenöl den Kaloriengehalt beachten.

Küchengeheimnisse

Olivenöl wird ranzig, wenn es zu lange oder falsch gelagert wird. Bewahren Sie es daher in einem dunklen Behälter an einem kühlen Ort auf.

Köstliches mit Wunderwirkung

Greifen Sie anstelle von anderen Pflanzenölen, Margarine oder Butter lieber zu Olivenöl. Natives Olivenöl gehört nur in die kalte Küche.

- **Olivenöl mit grobem schwarzen Pfeffer** würzen und dann als Dip zu frischem Vollkornbrot reichen.
- **Ersetzen Sie die Butter** im Kartoffelpüree durch etwas Olivenöl mit geröstetem Knoblauch (s. Seite 111, *Gerösteter Knoblauch*).

IDEALE PORTION: 3 EL (270 kcal)

Verwenden Sie, so oft es geht, Olivenöl anstelle von anderen Ölen – aber in Maßen: Bei 90 kcal pro Esslöffel verwandeln sich diese gesunden Kalorien schnell in ungesunde Pfunde.

- **Nehmen Sie Olivenöl** zum Marinieren von Rindfleisch, Geflügel, Fisch oder Schweinefleisch.
- **Kleingeschnittene Oliven** schmecken gut in Saucen, vor allem solchen auf Tomatenbasis.
- **Schnelles Abendessen:** Nudeln mit gehackten Tomaten, zerbröseltem Schafskäse, frisch gehacktem Basilikum, Kapern und Olivenöl.
- **In der Bohnensuppe** Olivenöl anstelle der traditionellen Würstchen und des geräucherten Fleisches verwenden.
- **Nehmen Sie für Gerichte,** die Sie bisher mit Butter oder Margarine zubereitet haben, Olivenöl. Wenn Sie es erhitzen müssen, wählen Sie raffiniertes Olivenöl.
- **Geben Sie als Pizzabelag** zu dem Gemüse ihrer Wahl ein paar Oliven.
- **Auch in grünem Salat,** Nudelsalat und auf Thunfischbrötchen machen sich Oliven gut.

Rezepte

Cannellinisalat mit Thunfisch 218
Caponata 201
Gebratene Fischsteaks mit Tomaten-Oliven-Sauce 256
Graupensalat mit schwarzen Bohnen 216
Graupensalat mit Zuckerschoten und Zitronendressing 216
Griechischer Linsensalat 223
Marinierte Oliven 202
Mediterrane Erbsencreme 208
Mediterraner Salat mit Edamame 224
Nudelsalat mit Gartengemüse 223
Salat aus Weizenkörnern, getrockneten Aprikosen und Minze 277
Salat mit gebratener Hähnchenbrust und Orangenfilets 214
Spinat-Avocado-Salat mit Mohndressing 224
Vollkornpizza mit Brokkoli und Oliven 270
Warmer Lachssalat mit Oliventoast 258

Pfirsiche, Aprikosen, Pflaumen

Pfirsiche, Aprikosen und Pflaumen sind ideal als kalorienarmer, süßer Snack oder Nachtisch. Dieses Steinobst hat eine niedrige GL, denn es enthält viel Wasser und Ballaststoffe, die den Blutzucker stabil und den Cholesterinspiegel niedrig halten.

Pfirsiche haben von den dreien den höchsten Ballaststoffgehalt. Ihre nahen Verwandten, die Aprikosen, sind reich an Beta-Karotin, einem hochwirksamen Antioxidans mit herzschützender, immunstärkender und krebsvorbeugender Wirkung. Auch Pflaumen stecken voller Antioxidantien, die helfen, Herzkrankheiten und die Spätfolgen eines hohen Blutzuckerspiegels zu vermeiden.

Essen Sie besser die frischen Früchte als die aus der Dose. Ein frischer Pfirsich liefert nur 35 kcal, 125 g Dosenfrüchte, in Sirup eingelegt, hingegen 66 kcal. Wenn Sie dennoch Dosen kaufen wollen, achten Sie auf den Zusatz »ungezuckert« oder »light syrup«.

Vorsicht auch bei den Getränken: Greifen Sie nur nach reinen Säften und nicht nach Nektaren. Diese sind aus Fruchtsaftkonzentrat hergestellt, mit Wasser gestreckt und gesüßt. Dafür wird viel Zucker oder Glukosesirup zugesetzt. Außerdem enthalten sie kaum Ballaststoffe – alles in allem eine schlechte Kombination, die Ihren Blutzuckerspiegel in die Höhe schnellen lässt. Auch wenn Sie reine Fruchtsäfte wählen, verdünnen Sie sie mit Mineralwasser. Dann haben Sie eine Schorle. Probieren Sie auch unseren Pfirsich-Eistee. Ein Rezept für 8 Personen finden Sie auf Seite 213. Ein Glas enthält nicht mehr als 30 kcal, daher ist der Eistee gesünder als fertige Fruchtsaftgetränke.

> *Steinobst ist ein leckerer Snack, und dank der vielen löslichen Ballaststoffe profitiert auch Ihr Blutzucker davon.*

Gesunder Genuss
Die Karotine (Provitamin A) im Steinobst, insbesondere in der Aprikose, tragen zur Deckung des Vitamin A-Bedarfs bei. Vitamin A ist verantwortlich für die Bildung des Sehpurpurs und das Hell-Dunkel-Sehen. Zahlreiche Studien haben bewiesen, dass Menschen, die reichlich und regelmäßig Obst essen, generell gesünder sind und seltener an Diabetes, Herz-Kreislauf-Erkrankungen, Krebs oder Fettleibigkeit leiden. Steinobst liefert Kalium, das vor Bluthochdruck und Herzinfarkt schützt. Die Wirkung von getrockneten Pflaumen und Pflaumensaft auf die Verdauung ist Ihnen sicherlich bekannt: Beides hilft bei Verstopfung.

Küchengeheimnisse
Aprikosen sind roh ein Genuss, aber gekocht kann der Körper das enthaltene Beta-Karotin und die Ballaststoffe leichter aufnehmen. Entkernen und vierteln Sie Aprikosen und braten Sie sie mit Olivenöl und etwas Knoblauch kurz an – das schmeckt ausgezeichnet zu gegrilltem Fleisch und Geflügel.

Köstliches mit Wunderwirkung
- **Belegen Sie Vollkornpfannkuchen** oder Waffeln mit Pfirsichscheiben.
- **Für etwas orientalisches Flair:** Eine Hand voll klein geschnittene getrocknete Aprikosen oder Pflaumen zu Geflügelgerichten geben.
- **Gesunder Nachtisch:** Pflaumen in Rotwein kochen und mit geriebener Zitronenschale bestreuen.
- **Im fettarmen Naturjoghurt:** Pfirsiche mit Zimt und Muskatnuss.
- **Pfirsiche in wenig Margarine** (und etwas Ingwer, wenn Sie mögen) kurz anbraten. Als Nachtisch oder Garnitur verwenden.

(weiter auf Seite 132)

Wunderbare Früchte

Zitrusfrüchte

Kirschen

Melonen

Trotz ihrer SÜSSE

haben die meisten Früchte eine geringe GL und passen daher perfekt in die Wohlfühldiät. Zitronen senken den Blutzuckerspiegel sogar.

- Äpfel
- Beeren
- Zitronen
- Zitrusfrüchte
- Melonen
- Kirschen
- Aprikosen, Pfirsiche und Pflaumen

NAHRUNGSMITTEL MIT WUNDERWIRKUNG | 131

Pfirsiche, Aprikosen, Pflaumen (Fortsetzung)

Was steckt hinter dem NAMEN?

Haben Sie schon einmal von Plumcots oder Pluots gehört? Die Plumcot ist eine Kreuzung aus Pflaume (plum) und Aprikose (apricot), die Pluot dagegen halb Pflaume und halb Plumcot. Einige solcher Kreuzungen, z. B. die Nektarinen (halb Pfirsich, halb Pflaume) sind sehr beliebt, andere wie die Peacherine (eine Kreuzung aus Pfirsich und Nektarine) haben bislang keine Marktbedeutung erlangt.

Die echte Pflaume ist nicht nur mit der eher ovalen Zwetschge, sondern auch mit der Kriechpflaume, der Mirabelle und der Reneklode verwandt.

- **Pfirsich-Joghurt-Getränk:** Fettarmen Vanillejoghurt, Pfirsiche, Erdbeeren und Vanillezucker mixen.
- **Pfirsichscheiben** geben dem Geflügelsalat eine fruchtig-süße Note.
- **Gesunder Brotaufstrich:** Getrocknete Aprikosen durch den Fleischwolf drehen und mit etwas Wasser und Zucker zu einem konfitüreartigen Aufstrich vermengen.
- **Getrocknete Aprikosen** in geschmolzene dunkle Schokolade tauchen. Das ist originell und (relativ) gesund, solange Sie nicht zu viel davon essen.

IDEALE PORTION: 1 Pfirsich (150 g)

Aprikosen und Pflaumen sind kleiner als Pfirsiche, deswegen entsprechen hier 3 Früchte einer Portion.

Populärer IRRTUM

Haben Sie getrocknete Früchte vom Speiseplan verbannt, weil diese angeblich den Blutzuckerspiegel stark ansteigen lassen? Dann sollten Sie das überdenken: Die GI von Trockenfrüchten ist aufgrund des Zuckergehalts zwar hoch, aber die GL, die die Größe der Portion (das sind 60 g, keine ganze Tüte) berücksichtigt, ist niedrig.

- **Im Müsli oder zu Frühstückszerealien:** Pfirsiche, frische oder getrocknete Aprikosen und getrocknete Pflaumen passen gut.
- **Im Reis:** Klein geschnittene Aprikosen im Wildreis mitkochen.
- **Zum Knabbern:** Kreieren Sie Ihre eigene Mischung aus Nüssen, kleiehaltigen Zerealien und getrockneten Aprikosen.
- **Pflaumensauce:** Pflaumen aus dem Glas (ohne Zuckerzusatz) mit Zimt und anderen Gewürzen mischen. Passt gut zu gegrilltem Geflügel oder Schweinefilet.

Rezepte

Beerenkaltschale mit Nektarinen und Pflaumen 289

Eistee mit Pfirsich 213

Gebratene Pflaumen mit Orangensirup 296

Hähnchenbrustfilets mit Pfirsich und Ingwer 244

Pflaumen-Nuss-Streusel 302

Schweinelende mit würziger Kruste und Pfirsich-Salsa 243

Umgedrehte Nektarinenmuffins 200

NAHRUNGSMITTEL MIT WUNDERWIRKUNG

Pumpernickel

GL niedrig

Traditionell werden für Pumpernickel ausschließlich Roggenschrot, ganze Roggenkörner, Wasser sowie Salz verwendet. Dieses Brot verbindet gleich zwei Wunderwirkungen: die des Roggens und des Sauerteigs. Die Essigsäure aus dem Sauerteig (vgl. Seite 141) und die löslichen Ballaststoffe aus dem Roggen (vgl. Seite 136) halten die GL von Pumpernickel niedrig – weit niedriger als die GL von weißem oder auch von Vollkornbrot.

Einer kanadischen Studie zufolge enthält Pumpernickel achtmal so viel resistente Stärke wie Brot aus Weizen oder Gerste. Diese Stärkeart ist gut für den Blutzuckerspiegel, denn sie wird nicht so schnell gespalten und gelangt daher langsamer ins Blut. Die Spaltung beginnt bereits im Mund durch die Amylase des Speichels, aber der Hauptprozess findet im Dünndarm durch die Darmenzyme und -bakterien statt.

Nicht alle Pumpernickelbrote sind gleichermaßen gesund. Nach traditionellem Rezept hergestellte Brote erhalten ihre dunkle Farbe aufgrund eines speziellen, mehrere Stunden dauernden Dämpf- und Backverfahrens. Diese Brote sind nicht nur lange haltbar, in Folie eingeschweißt mehrere Monate, sondern auch ein rundum kerngesundes Nahrungsmittel.

Manche Brote werden hingegen mit Zuckerrübensirup dunkel gefärbt und sind nur manchmal mit Sauerteig gebacken. Achten Sie deshalb genau auf das Etikett! Wenn das Brot für seine Größe sehr schwer wirkt, ist es vermutlich das Richtige. Pumpernickel gibt es auch als kleine runde Scheiben – ideal für Häppchen.

Gesunder Genuss
Pumpernickel versorgt Sie mit Lignanen. Das sind sekundäre Pflanzenstoffe, die vermutlich das Risiko für Brust- und Prostatakrebs verringern.

Küchengeheimnisse
Pumpernickelbrot enthält keine Konservierungsstoffe, trotzdem ist es eingeschweißt lange haltbar. Geöffnete Packungen bewahren Sie in einer Frischebox im Kühlschrank auf und verbrauchen das Brot innerhalb weniger Tage.

Köstliches mit Wunderwirkung
- **Als leckere Vorspeise:** Kleine Pumpernickelstücke mit Frischkäse bestreichen und mit Zwiebelringen und Tomate garnieren.
- **Zu Pumpernickel passen** deftige Brotaufstriche und kräftige Käsesorten.
- **Senf schmeckt gut** zu Pumpernickel: Streichen Sie dieses Nahrungsmittel mit Wunderwirkung auf ihr nächstes Schinkenbrot.
- **Reichen Sie eine Scheibe** Pumpernickel als Beilage zu Suppen oder Chili con Carne.

Rezepte
Canapés mit Räucherlachs 205
Pumpernickel mit Lachs und Wasabi-Creme 226

IDEALE PORTION: 30 g

Eine Portion entspricht einer **kleinen Scheibe**. *Für ein Sandwich benötigen Sie natürlich 2 Portionen.*

Rindfleisch

 GL sehr niedrig

Rindfleisch zum Abendessen? Warum nicht, schließlich handelt es sich hierbei um eine wichtige Eiweißquelle. Solange Sie ein mageres und nicht zu großes Stück wählen, passt es zu einer Wohlfühldiät. Eiweiß ist wichtig für den Blutzucker: An der Universität Minnesota testeten Wissenschaftler zwei Diäten: eine eiweißreiche (und damit kohlenhydratarme) und eine Diät mit halb so viel Eiweiß. Im Fettgehalt waren beide Diäten gleich. Dabei stellte sich heraus, dass die Wirkung der eiweißreichen Diät auf den Blutzuckerspiegel mit der von blutzuckersenkenden Medikamenten vergleichbar war.

Die mageren Stücke sind Lende, Filet sowie Stücke von Bug, Schulter (Rinderschmorbraten) oder Rücken (Roastbeef). Weniger mager sind Stücke vom Bauch und Gehacktes. Für Frikadellen oder Hackfleischsauce fragen Sie nach magerem Rinderhack (Tatar). Die gesättigten Fettsäuren im tierischen Fett sind nicht nur ungesund für die Gefäße, sie können auch zu einer Insulinresistenz beitragen. Dann ist es für den Körper schwerer, den Zucker aus dem Blut in die Zellen zu transportieren.

Mageres Rindfleisch stabilisiert nicht nur den Blutzuckerspiegel, es ist auch gut für die Figur. Wer eine Diät macht, läuft Gefahr, Muskelmasse abzubauen. Dadurch sinkt der Energiegrundumsatz, denn Muskeln verbrauchen mehr Kalorien als Fettgewebe. Wenn Sie jedoch ausreichend Eiweiß zu sich nehmen, bleiben die Muskeln erhalten, und der Grundumsatz bleibt hoch. Das heißt jedoch nicht, dass eine übertrieben hohe Eiweißzufuhr gesund wäre (s. Seite 34 ff., *Folgen kohlenhydratarmer Diäten*). Halten Sie daher den Eiweißanteil bei 20–30 % der Kalorien, die Sie zu sich nehmen.

Gesunder Genuss

Eiweiß ist nicht der einzige Vorteil von Rindfleisch – es ist auch eine der besten Quellen für Zink. Dieses Mineral kann Menschen, die sich kalorienreduziert ernähren, fehlen. Außerdem enthält Rindfleisch Vitamin B$_{12}$, ein Vitamin, das nur in tierischen Produkten wie Eiern, Milch und Fleisch enthalten ist. Ein weiteres Plus: Das Fett in Rindfleisch enthält konjugierte Linolsäure, die den Blutzuckerspiegel senkt.

Küchengeheimnisse

Am gesündesten ist das Fleisch von Freilandrindern. Dank der artgerechten Freilaufhaltung enthält es doppelt so viel Linolsäure und um 60 % mehr Omega-3-Fettsäuren als Fleisch von konventionell gehaltenen Tieren. Doch ökologisches Rindfleisch hat seinen Preis: Manchmal ist es doppelt so teuer.

Köstliches mit Wunderwirkung

- **Gegrilltes Rindfleisch** auf knackigem Salat mit gehackten Zwiebeln und Zitronensaft ergibt einen erfrischenden Salat.
- **Wenn Freunde kommen,** servieren Sie ein schönes (und mageres) Stück Filet.
- **Schnell und einfach** lassen sich Rindfleischstücke und buntes Gemüse in der Pfanne anbraten.
- **Nicht nur für besondere Gelegenheiten** Bereiten Sie ein etwas größeres Stück Roastbeef zu. Mit den Resten Brötchen oder Brote belegen bzw. Salate verfeinern.
- **Drei-Bohnen-Chili** aus Kidneybohnen, weißen Bohnen und Kichererbsen mit etwas magerem Rinderhack.
- **Orientalischer, asiatischer Kebab** Rindfleisch in Sojasauce, Sesamöl, zerdrücktem Knoblauch und Ingwer einlegen. Anbraten und auf Vollkornreis servieren.

> *Mageres Rindfleisch ist gut für den Blutzucker und für die Figur. Behalten Sie es auf Ihrer Einkaufsliste.*

■ **Eine gesunde Variante des Hackbratens** mit fein gehacktem Spinat, Zwiebeln, geraspelten Möhren und Rinderhack. Verwenden Sie Haferflocken zum Binden.

■ **Die perfekte Marinade für Rindfleisch** Balsamessig vermischt mit Olivenöl, Dijonsenf, Basilikum und Knoblauch.

Rezepte
Griechischer Nudel-Hackfleisch-Auflauf 240
Pikanter Hackbraten mit Gemüse 239
Rindfleisch-Eintopf 238
Rindfleischpfanne mit Brokkoli und Paprika 234
Rumpsteak mit Balsamico-Sauce 237

Am liebsten ZART

Zwar ist mageres Fleisch gesünder, dafür aber oft weniger zart, denn erst ein gewisser Fettanteil macht das Fleisch butterweich. Hier sind einige Tricks, wie Sie auch magere Stücke zart bekommen.

■ **Klopfen** Sie das Fleisch, bis es dünn ist.

■ **Marinieren** Sie das Fleisch in frischem Ananas- oder Papayasaft. Die Enzyme im Saft brechen das Fleisch auf und machen es zart. Frischer Saft wirkt besser, denn in Saft aus Dosen sind die Enzyme meist zerstört.

■ **Auch Essig,** Wein oder Saft von Zitrusfrüchten sind geeignet. Die Säure macht das Fleisch zarter und schmackhafter.

■ **Braten** Sie derart vorbehandeltes Fleisch entweder schnell bei hohen Temperaturen oder garen Sie es langsam bei geringer bis mittlerer Hitze.

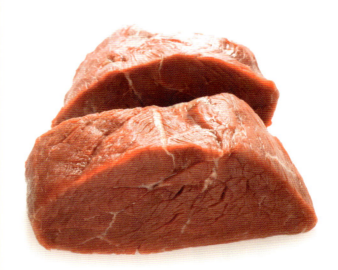

IDEALE PORTION: 85 g

Vergessen Sie die XXL-Burger, die Sie mit Kalorien für den ganzen Tag versorgen. Eine **gesunde Portion** *besteht aus* **85 g** *(wenn Sie nur einmal am Tag Fleisch essen, sind auch 170 g erlaubt). Das enspricht der Größe eines* **Kartenspiels***. Den Rest Ihres Tellers füllen Sie mit Gemüse und Getreide mit geringer GL.*

NAHRUNGSMITTEL MIT WUNDERWIRKUNG

Roggenbrot

GL niedrig

Untersuchungen haben ergeben, dass Roggenvollkornbrot (oder Roggenvollkornkräcker bzw. -zerealien) im Gegensatz zu Weißbrot das Auf und Ab des Blutzuckerspiegels ausgleichen und sogar das Risiko für Diabetes vom Typ 2 verringern kann. Auch im Vergleich zu anderen Vollkornbroten schneidet reines Roggenvollkornbrot besser ab, wenn es um einen stabilen Blutzuckerspiegel geht.

Einer Studie zufolge war bei Frauen an den Tagen, an denen sie Roggenvollkornbrot aßen, der Blutzuckerspiegel um 10 % niedriger als an den anderen Tagen. Eine andere Studie ergab, dass der Verzehr von Roggenbrot im Vergleich zu hellem Weizenbrot die Insulinproduktion senkte. Das bedeutet, dass bei Roggenbrot weniger Insulin benötigt wird, um den Blutzuckerspiegel in Schach zu halten. Das ist gut, denn wenn der Körper regelmäßig viel Insulin ausschüttet, steigt die Gefahr einer Insulinresistenz und damit auch die Gefahr für Diabetes.

Eine weitere Studie untersuchte Männer, die 4 Wochen lang Roggenvollkornbrot, -kräcker oder -zerealien aßen (sie bekamen täglich 18 g Ballaststoffe aus Roggen). Ihr Blutzuckerspiegel war um bis zu 19 % niedriger als zu Beginn der Untersuchung.

Was ist das Besondere an Roggen? Die Struktur und die Größe der Stärkekörner spielen sicherlich eine Rolle. Außerdem enthält Roggen dreimal so viele lösliche Ballaststoffe wie Weizen, was dem Cholesterinspiegel zugute kommt.

Mit Roggenbrot ist an dieser Stelle Roggenvollkornbrot gemeint. Es ist aus Roggenvollkornmehl hergestellt und kann auch ganze Körner sowie Sonnenblumenkerne enthalten. Viele Roggenbrote bestehen aus einer Mischung von Roggen- und Weizenmehl, deshalb haben sie nicht dieselbe gesundheitliche Wirkung. Sehen Sie sich die Zutatenliste auf der Packung an: Roggenvollkornmehl sollte ganz oben stehen.

Gesunder Genuss
Roggen enthält viele Lignane. Diese Pflanzenstoffe helfen, das Risiko für Brust- und Prostatakrebs zu verringern. Und Wissenschaftler haben bewiesen, dass Roggenvollkornprodukte gut für die Darmgesundheit sind. Eine Studie aus Finnland, wo Roggen sehr beliebt ist, zeigte, dass Menschen, die 4 ½ Scheiben Roggenvollkornbrot täglich aßen, einen um 26 % geringeren Blutspiegel an darmkrebsfördernden Substanzen hatten.

Küchengeheimnisse
Roggenvollkornmehl zum Selberbacken finden Sie im Supermarkt, Reformhaus oder Bioladen.

Köstliches mit Wunderwirkung
- **Verwenden Sie** für die nächsten belegten Brote Roggenvollkornbrot.
- **Lust auf Kräcker** mit Käse? Greifen Sie zu Roggenvollkornkräckern.
- **Essen Sie Roggenvollkornbrötchen** anstelle heller Weizenbrötchen. Es gibt sie bei jedem Bäcker.
- **Frühstück einmal anders:** Müsli aus Mehrkorngetreideflocken. Im Handel gibt es eine große Auswahl an Mehrkornflocken, in denen auch Roggen enthalten ist.

Rezepte
Canapés mit Räucherlachs 205
Deftige Erbsensuppe mit Croutons 230
Roggensandwich mit Thunfisch und Möhren 228

IDEALE PORTION: 50 g

Eine Portion entspricht *einer Scheibe*, aber das Brot ist so gesund, dass auch 2 zum Frühstück erlaubt sind.

Rosenkohl

GL sehr niedrig

Wie die meisten

Gemüsesorten haben diese Mini-Kohlköpfe eine geringe GL, daher sind sie blutzuckerfreundlich. Doch das ist noch nicht alles: Rosenkohl ist eine Fundgrube an löslichen Ballaststoffen (etwa 2 g pro 80 g Rosenkohl), die im Magen Wasser binden und gelartig werden. Das verlangsamt die Verdauung – nicht nur des Kohls, sondern der gesamten Mahlzeit – und bremst den Blutzuckeranstieg.

Einer Studie zufolge senkt Gemüse aus der Familie der Kreuzblütler (z. B. Rosenkohl) das Risiko für Diabetes. Frauen, die diese Gemüse häufig aßen, erkrankten um 60 % seltener als Frauen, die nur selten Kohlgemüse verzehren.

Ein weiterer Vorteil: Fast 1/3 der Kalorien geht auf das Konto von Eiweiß, denn der nährstoffreiche Rosenkohl enthält erstaunlich wenig Kohlenhydrate. Rosenkohl liefert darüber hinaus reichlich Vitamin C (48 mg pro 80 g), was die Arterien gesund hält und die Spätfolgen von Diabetes günstig beeinflusst.

Eine breit angelegte europäische Studie hat gezeigt, dass das Risiko, eine Herz-Kreislauf-Erkrankung zu bekommen, für die Personengruppe mit dem höchsten Vitamin-C-Gehalt im Blut nur halb so hoch ist wie bei Personen mit niedrigerem Vitamin-C-Spiegel.

Gesunder Genuss

Ebenso wie seine Verwandten Kohl und Brokkoli kann auch Rosenkohl Krebserkrankungen vorbeugen. Außerdem ist er reich an Zeaxanthin und Lutein, Antioxidantien aus der Gruppe der Karotinoide, die die Augen schützen und helfen, die Sehkraft im Alter zu erhalten. Auch Vitamin K, ein knochenbildendes Vitamin, ist in Rosenkohl enthalten.

Küchengeheimnisse

Wie alle Kohlsorten riecht auch Rosenkohl beim Kochen unangenehm, und zwar umso intensiver, je länger er gekocht wird. Am besten ist es daher, ihn zu dämpfen. Sind die Reste nicht luftdicht verpackt, stellen Sie das bereits beim Öffnen der Kühlschranktür fest.

Köstliches mit Wunderwirkung

An Rosenkohl scheiden sich die Geister: Entweder man liebt ihn, oder man hasst ihn. Doch bevor Sie ihn ein für alle Mal verdammen, geben Sie ihm noch eine Chance.

- **Die Köpfchen dämpfen,** dann kurz in Olivenöl anbraten. Als Gewürze passen (alle oder in Auswahl) zerstoßene Senfsamen, Kreuzkümmel- und Fenchelfrüchte, Cayennepfeffer, fein gehackter Ingwer, frischer Limettensaft und Salz. Mit Mandelblättchen bestreuen.
- **Vier Nahrungsmittel mit Wunderwirkung** in einem Gericht: Babymöhren mit halbierten Rosenkohlköpfchen in Olivenöl kurz anbraten, Hühnerbrühe angießen und leicht köcheln lassen. Zum Schluss Zitronensaft und Dill darübergeben.
- **Der kräftige Geschmack** von Rosenkohl oder anderen Kohlsorten passt gut zu Beilagen wie Süßkartoffeln oder Apfelkompott.
- **Noch blutzuckerfreundlicher** wird Rosenkohl durch Essig (z. B. Estragonessig). Legen Sie die gekochten Köpfchen über Nacht in Essig ein, der mit zerdrücktem Knoblauch, gehackten Zwiebeln, etwas Salz und 1 Teelöffel Honig versetzt ist.

Rezepte

Rosenkohl-Paprika-Gemüse mit Kümmel 284

IDEALE PORTION: 80 g

Das sind ungefähr **8 Köpfchen**, *aber Sie dürfen auch mehr davon essen.*

Samen

Ähnlich wie Nüsse

sind auch Samen wahre Gesundheitspakete – vollgepackt mit Eiweiß und wertvollen Fettsäuren liefern sie uns genau das, was wir für einen stabilen Blutzuckerspiegel brauchen.

Zwar enthalten Samen reichlich Fett – etwa 12–14 g pro Portion –, aber fast die gesamten Fettsäuren sind einfach oder mehrfach ungesättigt und daher gut für das Herz. Auch der hohe Anteil an Eiweiß – etwa 4–9 g pro 30 g – ist ein gesundheitliches Plus. Außerdem stecken in einer Portion bis zu 10 g Ballaststoffe (Kürbiskerne sind am ballaststoffreichsten).

Streuen Sie einfach etwas Sesam oder einige Kürbis- oder Sonnenblumenkerne über Ihr Essen. Damit helfen Sie auch Ihrem Cholesterinspiegel, denn die Samen enthalten reichlich Phytosterine, die senkend auf den Cholesterinspiegel wirken. Auch die Öle, die aus den Samen und Kernen gewonnen werden, sind reich an diesen sekundären Pflanzenstoffen.

Eine Studie untersuchte Menschen, die viel »schlechtes« LDL-Cholesterin im Blut hatten und für 4 Wochen 40 g Sesam täglich zusätzlich zu einer speziellen Herzdiät aßen. Ihr LDL-Spiegel sank nachweislich um weitere 10 % allein durch den Verzehr von Sesam und erhöhte sich wieder, als die Diät ohne Sesam weitergeführt wurde.

In einer anderen Studie testeten Forscher 27 verschiedene Nüsse und Samen und fanden, dass Sesam den höchsten Steringehalt aufweist. Auch Leinsamen und Sonnenblumenkerne sind reich an Phytosterinen. Setzen Sie deshalb diese Samen und Kerne auf Ihren Speiseplan.

IDEALE PORTION: 30 g

Eine Portion entspricht etwa **1 Esslöffel** *und enthält ca.* **175 kcal.**

Samen PERFEKT RÖSTEN

Wenn Sie Kürbis oder Wassermelone zum Nachtisch servieren, können Sie die Samen selber rösten.

Die Samen aus dem Fruchtfleisch lösen, von den Fasern befreien, gut säubern und trocknen lassen. Die trockenen Samen in eine Schüssel geben und mit etwas Öl und Salz mischen. In einer Schicht auf Backpapier auslegen und etwas würzen (je nach Geschmack mit Kreuzkümmel, Selleriesalz, Zimt, Paprika- oder Chilipulver).

Im vorgeheizten Backofen (150 °C bzw. Gas Stufe 1) etwa 45 Minuten rösten. Das Blech zwischendurch rütteln, damit die Samen nicht anbrennen.

Gesunder Genuss

In Kürbissamen und Sesam ist sogar mehr Eisen enthalten als in Leber. Und 1 Esslöffel Sesam liefert fast so viel Kalzium wie ein Glas Milch. Sonnenblumenkerne enthalten viel Selen, ein Spurenelement mit antioxidativen Eigenschaften, das möglicherweise das Risiko von Herzkrankheiten und Krebs verringert. Die meisten Samen sind außerdem reich an Vitamin E, das ebenfalls als Antioxidans wirkt. Eine Portion Sonnenblumenkerne z. B. deckt einen Großteil des täglichen Bedarfs. Samen liefern außerdem das Mineral Zink, das das Immunsystem stärkt und die Wundheilung verbessert.

Kürbiskerne sind ein altes Hausmittel bei Prostatavergrößerung. Der hohe Gehalt an Zink, Vitamin E, Selen und Sterinen spielt hier eine große Rolle. Ihnen kommt auch eine Schutzwirkung vor Prostatakrebs zu.

(weiter auf Seite 140)

Wunderbare Fette

Olivenöl

Avocado

Die »guten« FETTE
in diesen Nahrungsmitteln halten den Blutzuckerspiegel konstant und können die Insulinempfindlichkeit verbessern.

- Avocados
- Nüsse
- Erdnussbutter
- Olivenöl
- Leinsamen
- Samen

Nüsse

Erdnussbutter

Samen (Fortsetzung)

Cleverer Ersatz
Statt Chips: Wenn Sie Lust auf einen salzigen Snack haben, greifen Sie zu gerösteten und gewürzten Samen. Ihr Blutzuckerspiegel und Ihre Gefäße werden es Ihnen danken.

Küchengeheimnisse
Samen können mit der Zeit ranzig werden. Um sie mehrere Monate frisch zu halten, bewahren Sie sie luftdicht verschlossen und kühl auf.

Achtung: Allergien gegen Nüsse sind allgemein bekannt, aber auch Allergien gegen Sesam treten immer häufiger auf. Wenn Sie nach dem Verzehr von Sesam Hautrötungen, Schwellungen oder Atemnot an sich bemerken, dann sind Sie möglicherweise dagegen allergisch.

Köstliches mit Wunderwirkung
- **Geben Sie Samen** über gedünstetes Gemüse.
- **Streuen Sie Sesam** über Vollkornreis.
- **Als Panade:** Fischfilets oder Geflügelfleisch in zerdrückten Sonnenblumen- und Kürbiskernen wenden und anbraten.
- **Gehackte Kürbis-** oder Sonnenblumenkerne schmecken gut im Müsli und im Fruchtsalat.
- **Gerösteter Sesam** steigert den Gesundheitswert von Fleischteig und verleiht Frikadellen und Hackbällchen eine nussige Note.
- **Verwenden Sie Sesam** beim Backen von Brot, Pfannkuchen, Kuchen oder Keksen.
- **Aufs Brot:** Tahin (aus gemahlenem Sesam) auf getoastetes Vollkornbrot streichen.
- **Als Garnitur:** Kürbiskerne über den Salat streuen.
- **Sonnenblumenkerne** passen gut zu Thunfischsalat.
- **Reichern Sie das Gemüseomelett** oder Rührei mit Sonnenblumenkernen an.
- **Geben Sie die Samen** Ihrer Wahl über Tomaten-, Möhren- oder Kürbissuppe.
- **Sesam im Obstsalat** sorgt für etwas mehr Biss.

Rezepte
Gedünsteter Spinat mit Ingwer und Sojasauce 287
Gemischter Krautsalat 220
Hühnerkeulen aus dem Ofen 249
Pumpernickel mit Lachs und Wasabi-Creme 226
Quinoa mit Chilischoten und Koriander 278
Rosenkohl-Paprika-Gemüse mit Kümmel 284
Spinat-Avocado-Salat mit Mohndressing 224

Sauerteigbrot

Brot aus Sauerteig ist gut für den Blutzuckerspiegel. Üblicherweise wird es aus Roggenmehl oder einer Mischung mit Weizenmehl hergestellt, wobei man den Sauerteig selbst, genannt »Natursauer«, nur mit Roggenmehl ansetzt. Italienische und französische Weißbrote wie Ciabatta oder Panettone hingegen sind traditionelle Gebäcke mit Weizensauerteig.

Brot aus Sauerteig zu backen hat eine jahrhundertealte Tradition. Das Besondere daran ist, dass allein das »Natursauer« für das Volumen und den Geschmack sorgt. Der Brotteig kommt völlig ohne Hefe aus. Als Teigansatz werden Roggenmehl oder Roggenvollkornschrot mit Wasser gemischt und einige Tage sich selbst überlassen. Für die gezielte Steuerung der Gärung werden meist noch Hefe und Starterkulturen zugefügt. Einen Teil des Sauerteigs verwendet man für den Brotteig, der Rest wird kühl aufbewahrt und dem nächsten Brotteig zugesetzt.

Die Säuren, die von den Bakterien gebildet werden, verleihen dem Sauerteigbrot die blutzuckerfreundliche Wirkung. Eine Studie in Schweden untersuchte den Einfluss von Milchsäure, die dem Frühstücksbrot von 12 gesunden Testpersonen in derselben Menge zugegeben wurde, wie sie im Sauerteigbrot zu finden ist. Die Testpersonen hatten 1½ Stunden nach dem Frühstück einen um 27 % geringeren Blutzuckerspiegel als nach einem Frühstück, bei dem sie Mischbrot (aus Vollkorn- und Weißmehl) gegessen hatten.

Gesunder Genuss

Sauerteigbrot aus Roggenmehl, Roggenvollkornschrot oder einer Roggen-Weizen-Mischung ist aufgrund des Säuregehaltes nicht nur bekömmlicher als Weißbrot aus reinem Weizenmehl, es enthält auch mehr Mineralien sowie Ballaststoffe und sättigt daher besser.

Küchengeheimnisse

Sie können Ihr eigenes Sauerteigbrot backen, indem Sie einen fertigen Sauerteigstarter verwenden. Oder sie bestellen einfach beim Bäcker eine Portion Sauerteig. Reste kann man einfrieren. Roggenvollkornbrote sind immer mit Sauerteig zubereitet. Sie sind länger haltbar, werden nicht so schnell trocken und lassen sich sogar ausgezeichnet toasten.

Köstliches mit Wunderwirkung

Vielleicht müssen Sie sich erst an den säuerlichen Geschmack von Sauerteigbrot gewöhnen. Doch Ihrer Gesundheit zuliebe sollten Sie es immer dann essen, wenn Sie gewohnheitsmäßig zu »normalem« Brot greifen würden, z. B. wenn Sie sich ein belegtes Brot machen.

Rezept

Sandwich mit gebratenen Auberginen und Paprika-Walnuss-Sauce 227

IDEALE PORTION: 50 g

Eine Portion entspricht bei einer viereckigen Brotform **einer Scheibe**. *Sollten Sie 2 Scheiben essen, liegt das immer noch bei einer mittleren GL.*

Schweinefleisch

Die meisten Menschen denken bei Schweinefleisch vor allem an Fett und glauben daher, es sei ungesund. Aber Schweinefleisch hat wie andere eiweißreiche Lebensmittel keinerlei Auswirkungen auf den Blutzuckerspiegel. Und die magersten Stücke wie das Filet enthalten fast so wenig Fett wie Hähnchenbrust.

Fortschritte in der Züchtung und Fütterung der Tiere haben dazu geführt, dass das Fleisch magerer geworden ist. Weniger Fett bedeutet weniger Kalorien, was dem Körpergewicht und damit dem Blutzuckerspiegel zugute kommt.

Gesunder Genuss

Wie alle tierischen Lebensmittel ist Schweinefleisch reich an den Vitaminen B_6 und B_{12}, die den Homocysteinspiegel konstant halten. Hohe Blutspiegel dieser Aminosäure können zu Herzkrankheiten und Demenz führen. Das ebenfalls enthaltene Vitamin B_2 (Riboflavin) spielt beim Kohlenhydratstoffwechsel und der Produktion von roten Blutkörperchen eine Rolle.

Küchengeheimnisse

Marmoriertes Fleisch ist zwar vorzüglich, aber sichtbares Fett sollten Sie vor der Zubereitung wegschneiden. Wenn Sie Schweinefleisch zu lange garen, wird es trocken und hart. Um magere Stücke saftig zu halten und gleichzeitig die GL noch etwas zu senken, legen Sie diese in eine Marinade ein, die Essig, Wein oder Zitronensaft enthält. Die Säure der Marinade macht das Fleisch zarter, saftiger und geschmackvoller. Früher bestand die Gefahr, sich über Schweinefleisch mit Parasiten (Trichinen) zu infizieren. Heutzutage werden die Tiere aber anders gehalten und gefüttert, daher tritt die Infektionskrankheit Trichinellose nur noch selten auf. Wenn Sie das Fleisch auf eine Temperatur – auch im Inneren – von mindestens 75 °C erhitzen, dann werden ohnehin alle Trichinen abgetötet.

Köstliches mit Wunderwirkung

Verwenden Sie Schweinefleisch so wie Rind oder Geflügel. Die Möglichkeiten sind vielfältig.

- **Braten Sie Schweinefleischstreifen** mit viel Gemüse in der Pfanne an.
- **Zum Kurzbraten:** Schweinefilet.
- **Suppe mit Wildreis:** Angebratene Würfel von der Schweinelende mit weißen Bohnen, Kichererbsen, gekochtem Wildreis, gehackter und gedünsteter Zwiebel, Fleischbrühe, Olivenöl, Kreuzkümmel, Petersilie und Koriander dünsten.
- **Würziges Chili con Carne:** Kidneybohnen mit kleinen Fleischwürfeln (Schulter) oder gemischtem Hackfleisch, gehackter roter Paprika, gewürfelten Tomaten, Tomatenpüree, zerdrücktem Knoblauch, gehackten Zwiebeln und Chilipulver mischen. Bedeckt etwa 1 Stunde bei mäßiger Hitze garen.
- **Zum mageren Schweinekotelett** eine Scheibe Zucchini und eine halbe Tomate auf den Grill legen.
- **Schweinehack** sieht man den Fettgehalt direkt an. Es sollte möglichst rot (mehr Muskelfleischanteil) sein, nicht blassrot (mehr Fettanteil). Mischen Sie es mit magerem Rinderhackfleisch für Frikadellen, Hackbraten oder Hackfleischsauce.
- **Nehmen Sie Schweinefleisch** auch für Kebab, zusammen mit Kirschtomaten, Zwiebelringen und gelber Paprika.

Rezepte

Schweinekoteletts mit Pfannengemüse 242
Schweinelende mit würziger Kruste und Pfirsich-Salsa 243

IDEALE PORTION: 125 g

Bei Geschnetzeltem mit reichlich Gemüse reichen **85 g Fleisch.** *Für Schnitzel sind bis zu* **150 g** *erlaubt.*

Sojaprodukte

Wenn Sie bereits Bekanntschaft mit Sojaprodukten gemacht haben, möchten Sie wahrscheinlich mehr über die guten Eigenschaften der als gesund geltenden Sojabohne wissen.

Soja enthält mehr Eiweiß als Rindfleisch, aber fast keine gesättigten Fettsäuren. Die GL von Sojabohnen liegt bei 1 und ist damit extrem niedrig. Das Gleiche gilt für Produkte aus Soja, die daher ein fester Bestandteil Ihrer Wohlfühldiät sein sollten.

Zusätzlich zur niedrigen GL scheint Soja den Blutzuckerspiegel zu senken. Eine aktuelle Studie untersuchte übergewichtige Menschen, die einen Diättrunk auf Sojabasis zu sich nahmen. Sie verloren etwas mehr Gewicht als Menschen, deren Schlankheitstrunk auf Milch basierte. Bei den Testpersonen, die das Sojagetränk zu sich nahmen, sank außerdem der Blutzuckerspiegel (bei denen, die das Milchgetränk tranken, nicht). Das liegt vermutlich am Sojaeiweiß. Schwedische Wissenschaftler verglichen die Wirkung des Eiweißes von Fisch (Kabeljau), Milch (Körniger Frischkäse) und Soja: Das Sojaeiweiß war am freundlichsten zum Blutzuckerspiegel.

Am besten verzehrt man die Sojabohne in naturbelassener oder wenig verarbeiteter Form – also als geröstete Sojabohne, gegarte Sprossen oder zubereiteten Tofu. Produkte wie Sojariegel und aromatisierter Soja-Drink enthalten oft zu viel Zucker und Fett, um wirklich gesund zu sein.

Gesunder Genuss

Die cholesterinsenkende Wirkung ist vielleicht nicht so ausgeprägt wie früher angenommen, aber Soja ist aufgrund der »guten« Fette, der Ballaststoffe und der cholesterinsenkenden Phytosterine gut für das Herz.

Soja kann auch helfen, Nierenerkrankungen bei Diabetes vorzubeugen. Eine Studie untersuchte Menschen mit Diabetes Typ 2 und erkrankten Nieren. Diejenigen, die $1/3$ ihres Eiweißbedarfs mit Sojaeiweiß deckten, schieden 9,5 % weniger Albumin aus. Das ist ein Zeichen dafür, dass ihre Nieren besser funktionierten.

SOJA-Glossar

Soja ist eine Bohne, die sich sehr vielseitig in der Küche einsetzen lässt.

■ **Edamame:** Frische grüne Sojabohnen, geschält oder noch in der Schote erhältlich. Man kann sie roh essen oder gedünstet mit etwas Salz. Die Schoten werden nicht mitgegessen.

■ **Sojabohnen:** Reife Bohnen gibt es getrocknet oder aus der Dose (dann vor dem Kochen kurz abspülen). Gut in Chilis, Eintopf oder Suppen.

■ **Geröstete Sojabohnen:** Sie werden meist als Snack gegessen.

■ **Tofu:** Tofu und Sojabohnen gehören zusammen wie Käse und Milch. Käse entsteht, wenn Milch koaguliert und sich die Molke absetzt. Sojabohnen werden zu Soja-Drink verarbeitet, dieser wird fermentiert und koaguliert dann zu Quark oder Käse – auch Bohnenquark genannt. Es gibt ihn in weicher (Seidentofu, »Quark«) und festerer Form (»Käse«).

■ **Tempeh:** Besteht ebenfalls aus fermentierten Sojabohnen, ist aber fester als Tofu. Tempeh wird als Fleischersatz verwendet.

■ **Miso:** Fermentierte Sojabohnenpaste, die als Gewürz oder Suppenbasis verwendet wird.

■ **Sojamilch:** Cremige Flüssigkeit aus ausgepressten gekochten Sojabohnen. Die korrekte Bezeichnung lautet Soja-Drink, weil das Produkt nicht unter die Milchverordnung fällt.

Sojaprodukte (Fortsetzung)

Studien deuten darauf hin, dass Soja das Risiko für einige Krebserkrankungen verringert, z. B. für Prostata-, Brust- oder Gebärmutterkrebs. Dafür scheinen östrogenähnliche Inhaltsstoffe (Isoflavone) verantwortlich zu sein.

Küchengeheimnisse

Tofu und Tempeh lassen sich im Kühlschrank etwa 2 oder 3 Tage und unverpackter Tofu im Wasser, das täglich gewechselt wird, aufbewahren. Miso hält sich im Kühlschrank mehrere Monate, frische Edamame nur 1–2 Tage. Geröstete Sojabohnen können bis zu 6 Monaten an einem kühlen, dunklen Ort aufbewahrt werden.

Köstliches mit Wunderwirkung

Soja ist für viele Menschen bislang ein ungewohntes Produkt. Dabei ist Soja leicht und praktisch zu verwenden.

EDAMAME
- **Edamame in der Schote dünsten,** dann schälen. Passt zu Getreide- oder Gemüsesalaten.
- **Halten Sie** einige gefrorene Edamame auf Vorrat für einen schnellen eiweißreichen Snack.

GERÖSTETE SOJABOHNEN
- **Als Snack oder in Pfannengerichten.** Sie sind fettärmer und haben mehr Ballaststoffe als Nüsse, aber auch mehr Kalorien.

SOJAHACK
- **Tofu zerbröckeln** und wie Hackfleisch in Nudelsaucen und zu Frikadellen verwenden.

> **IDEALE PORTION: 125 g Tofu**
>
> Eine Portion *rohe* Sojabohnen entspricht 60 g. Die *gerösteten* Sojabohnen sind kalorienreicher, hier wiegt eine Portion 40 g.

SOJACREME
- **Als vegetarischer Dip:** Sojaquark (Seidentofu) mit saurer Sahne verrühren.
- **In Suppen:** Ersetzen Sie einen Teil oder die gesamte Sahne durch Sojaquark (Seidentofu).
- **Eiweißreiches Sojagetränk:** Bananen, Pfirsich und Soja-Drink mit Honig im Mixer mischen.

TOFU
- **Marinieren Sie Tofu** in zuckerarmer Grillsauce und braten Sie ihn auf dem Grill.
- **Auf Roggenvollkornkräckern:** Mit körnigem Frischkäse mischen und würzen.
- **Verwenden Sie festen Tofu** anstelle von Rindfleisch im Eintopf.
- **In asiatischen Pfannengerichten** festen Tofu mit roter Paprika, Möhren und Zuckererbsen anbraten.
- **Als Salat:** Tofuwürfel in Rapsöl anbraten, mit Romana-Salat, Mais, gehacken Korianderblättern, Avocado- und Tomatenscheiben mischen. Geröstete Kürbiskerne und Limettensaft darüber geben.
- **Für Tofu-Curry** den Tofu, rote Paprika und Kichererbsen in Öl anbraten und mit Curry würzen. Mit Sesam bestreuen und Vollkornreis dazu servieren.

SOJA-DRINK
- **Ersetzen Sie** Kuhmilch durch Soja-Drink, z. B. in Mixgetränken, Müslis oder anderen Gerichten. Wählen Sie die fettarme, ungesüßte Sorte.

Rezepte

Beeren-Mandel-Kuchen 300
Gebratenes Frühlingsgemüse mit Tofu 271
Mediterraner Salat mit Edamame 224
Nudelsalat mit Hähnchenbrust und Erdnuss-Dressing 220
Orientalischer Nudeleintopf 233
Orientalischer Erdnuss-Dip 206
Schokoladen-Käse-Kuchen mit Himbeeren 298

Spinat und Blattgemüse

GL sehr niedrig

Wenn wir alle mehr Spinat und grünes Gemüse essen würden, gäbe es weniger Diabetiker, und auch andere Krankheiten wie Herz-Kreislauf-Erkrankungen und Krebs würden seltener auftreten.

Spinat kann Ihren Blutzuckerspiegel nicht direkt senken, denn er beeinflusst wie die meisten Gemüsesorten den Blutzuckerspiegel kaum. Und dennoch: Je mehr Obst und Gemüse Sie essen, desto schlanker sind Sie und desto geringer ist das Risiko für Diabetes. Spinat steckt voller guter Inhaltsstoffe und hat wenig Kalorien, deswegen ist er ein Muss auf dem Speiseplan einer Wohlfühldiät.

Spinat ist zwar nicht der Spitzenreiter im Eisengehalt, wie noch vor Jahrzehnten irrtümlich behauptet, aber die vielen anderen Substanzen im Spinat tragen dazu bei, gesund zu bleiben, besonders wenn Sie Diabetes haben oder einen Risikofaktor dafür aufweisen.

Weil Spinat viel Kalium und Magnesium enthält, kann dieses Gemüse – ebenso wie viele andere grüne Gemüse – dabei helfen, den Blutzuckerspiegel stabil zu halten. Und dank seines hohen Gehalts an Karotinoiden ist Spinat so reich an Antioxidantien wie kaum ein anderes Gemüse. Diese Antioxidantien können das Krebsrisiko senken und beugen Problemen vor, die mit Diabetes auftreten, wie Herzkrankheiten oder Nervenschädigungen.

Spinat liefert auch erstaunlich viel antioxidativ wirksames Vitamin C. Schon 50 g der rohen Blätter (das reicht für einen Salat) versorgen Sie mit $\frac{1}{3}$ des Tagesbedarfs an diesem Vitamin – und das bei nur 14 kcal. Bei so wenig Kalorien können Sie die Gesamtkalorien von fast jedem Gericht verringern, indem Sie Spinat dazugeben.

Gesunder Genuss

Spinatesser haben vermutlich ein geringeres Krebsrisiko. Etliche Studien zeigten, dass Menschen, die viel Spinat und andere grüne Blattgemüse essen, seltener an Krebs erkranken als Menschen, die wenig Blattgemüse verzehren.

Wissenschaftler haben mindestens ein Dutzend antioxidative Inhaltsstoffe im Spinat gefunden, die vor Krebs schützen können. Lutein und Beta-Karotin sind die bekanntesten. Als Vertreter der Karotinoide wurde ihnen immer wieder bescheinigt, dass sie das Risiko für einige Krebserkrankungen (z. B. Darm- und Prostatakrebs) und Herzkrankheiten senken können.

Karotinoide sind außerdem gut für die Augen. Es ist erwiesen, dass Lutein vor dem grauen Star und Makuladegeneration schützen kann. Durch beide Krankheiten lässt die Sehschärfe mit zunehmendem Alter nach.

Ein weiteres Plus: Eine einzige Portion Spinat deckt den Tagesbedarf an Vitamin K, das für ein starkes Skelett und für die Blutgerinnung benötigt wird.

Haben Sie manchmal den Eindruck, Sie werden alt? Essen Sie mehr Spinat. Amerikanische Studien zeigten, dass Ratten, die mit Spinatextrakt gefüttert wurden, im Alter etwas weniger ihres Langzeitgedächtnisses und der Lernfähigkeit

Je mehr Obst und Gemüse wir essen, desto niedriger das Risiko für Übergewicht und Diabetes. Bringen Sie also Spinat auf den Tisch.

NAHRUNGSMITTEL MIT WUNDERWIRKUNG | 145

Spinat und Blattgemüse (Fortsetzung)

einbüßten, als es bei Ratten normalerweise der Fall ist. Wissenschaftler glauben, dass dafür die Antioxidantien verantwortlich sind – und sie könnten bei Menschen auf die gleiche Weise wirken.

Küchengeheimnisse

Waschen Sie frischen Spinat gründlich in kaltem Wasser – zweimal. So werden Schmutz und Insekten entfernt. Wenn Sie frischen abgepackten oder losen Spinat kaufen, spülen Sie ihn kurz ab, bevor Sie ihn blanchieren. Schneiden Sie die Stängel weg.

Köstliches mit Wunderwirkung

Nutzen Sie jede Gelegenheit, um Blattgemüse auf den Tisch zu bringen. Versuchen Sie es mit diesen Vorschlägen:

- **Als gesunde Beilage:** Spinat (oder Grünkohl oder Mangold) zusammen mit Zwiebeln in Olivenöl kurz anbraten. Mit Sesam (einem Nahrungsmittel mit Wunderwirkung) bestreuen.
- **Im Kartoffelpüree:** Etwas gedünsteten Spinat unterrühren, so essen Sie weniger Kartoffeln, und die GL ist niedriger. Mit Frühlingszwiebeln garnieren.
- **Geben Sie** gedünsteten Blattspinat auf die Pizza.
- **Als Sauce** für Geflügel oder Nudeln: gedünsteten Spinat mit Knoblauch und Zitronensaft pürieren, mit Muskatnuss würzen.
- **Für Pesto:** Rohen Spinat zusammen mit Mandeln, Knoblauch, Olivenöl und etwas Parmesan pürieren. Zu Vollkornnudeln und Kichererbsen servieren.
- **Ersetzen Sie** das Fleisch in der Lasagne durch Blattspinat.
- **Servieren Sie Spinat** mit Knoblauch und Olivenöl zu Nudeln, die *al dente* gekocht wurden. Etwas Sesam darüberstreuen.
- **Als schnell zubereitete Suppe:** Gedünsteten Spinat mit Knoblauch und gerührtem Joghurt pürieren.

Rezepte

Blumenkohl-Spinat-Auflauf 282
Cannellinisalat mit Thunfisch 218
Dhal mit Spinat 272
Gedünsteter Spinat mit Ingwer und Sojasauce 287
Graupensuppe mit Bohnen 229
Griechischer Linsensalat 223
Käsemakkaroni mit Spinat 264
Nudelauflauf mit Putenfleisch und Spinat 251
Omelett mit Spinat und Ziegenkäse 194
Penne mit Spargel, Ricotta und Zitrone 264
Pumpernickel mit Lachs und Wasabi-Creme 226
Scholle nach Florentiner Art 255
Spinat-Avocado-Salat mit Mohndressing 224
Spinat-Hackfleisch-Lasagne 267
Spinat mit Pinienkernen und Korinthen 286
Vollkornnudeln mit Tomatensauce, Bohnen und Mangold 266

IDEALE PORTION: 80 g (gekocht)

Die rohen Spinatblätter einer Portion füllen eine **kleine Schüssel,** *aber beim Kochen schrumpfen sie zusammen. Spinat ist kalorienarm und gesund, daher können Sie* **auch mehr davon essen.**

Süßkartoffeln (Bataten)

GL mittel

Süßkartoffeln sind erstaunlich gesund – und sie sind lecker, aber leider bei uns zu wenig bekannt. Wenn Sie eine gebackene Süßkartoffel anstelle einer normalen Kartoffel essen, steigt Ihr Blutzuckerspiegel um 30 % weniger an. Verglichen mit normalen Kartoffeln rangieren Süßkartoffeln relativ weit unten auf der GL-Skala. Außerdem stecken sie voller wertvoller Nähr- und Ballaststoffe (davon fast 40 % vom löslichen Typ, der den Cholesterin- und Blutzuckerspiegel niedrig hält).

Süßkartoffeln sind außerordentlich reich an Karotinoiden. Diese orange und gelben Farbstoffe helfen dem Körper, Insulin besser zu nutzen. Und so ungewöhnlich es klingt: Kaffee (ein weiteres Nahrungsmittel mit Wunderwirkung) und Süßkartoffeln haben eines gemeinsam: Sie enthalten viel Chlorogensäure, die vermutlich dazu beiträgt, die Insulinresistenz zu verringern.

Vielleicht denken Sie beim Wort Süßkartoffel nicht an Vitamin C, weil ja die normale Kartoffel schon die Eigenschaft als Vitamin-C-Quelle für sich in Anspruch nimmt. Die Süßkartoffel liefert aber fast doppelt so viel davon. Das ist vor allem für Menschen mit hohem Blutdruck interessant, denn die antioxidative Wirkung dieses Vitamins kann helfen, Schäden an Gefäßen zu verhindern. Vitamin C soll auch zum Schutz vor Herz-Kreislauf-Erkrankungen und Diabetes-Spätfolgen wie Nerven- und Augenschäden beitragen.

Gesunder Genuss

Eine aktuelle Studie an 2000 Männern zeigte, das diejenigen, die besonders viel Vitamin C und Beta-Karotin mit der Nahrung zu sich nahmen, ein niedrigeres Risiko hatten, an Prostatakrebs zu sterben als diejenigen, die diese beiden Pflanzenstoffe seltener konsumieren. Die bekannte Nurses' Health Study der Medical School in Harvard ergab, dass Frauen, die viel Beta-Karotin mit der Nahrung aufnahmen, ihr Risiko, an Brustkrebs zu erkranken, um 25 % verringerten.

Süßkartoffeln eignen sich hervorragend, um hohem Blutdruck zu begegnen. Die Knolle ist reich an Kalium, einem Mineralstoff, der für seine blutdrucksenkende Wirkung bekannt ist. Außerdem liefern Süßkartoffeln weitaus mehr Kalium als Bananen.

Küchengeheimnisse

Wählen Sie schwere und feste Knollen mit unversehrter Schale. Wenn Sie die Süßkartoffeln kochen wollen, nehmen Sie Exemplare gleicher Größe, damit sie die gleiche Garzeit haben. Kühl, aber nicht kalt, und dunkel gelagert halten sie sich etwa einen Monat (nicht im Kühlschrank aufbewahren!). Süßkartoffeln sind in unseren Super-

---

Und YAMS?

Gibt es einen Unterschied zwischen Yamswurzeln und Süßkartoffeln? Und ob. Auf dem Markt erhalten Sie vermutlich zwei weit verbreitete Süßkartoffelsorten: Die eine ist innen orange und schmeckt süß und saftig. Die andere ist innen gelb, etwas trockener und nicht ganz so süß.

Yams hingegen finden Sie wahrscheinlich nur in Feinkostläden. Die Yamswurzel kommt aus Afrika, dem tropischen Asien sowie heute auch aus Mittel- und Südamerika. Die Knollen sind viel größer als die der Süßkartoffeln und schmecken weniger süß. Ihr Fleisch ist hell.

Süßkartoffeln lassen den Blutzuckerspiegel dank ihrer löslichen Ballaststoffe um 30 % weniger ansteigen als normale Kartoffeln.

Süßkartoffeln (Fortsetzung)

märkten selten. Versuchen Sie, sie auf dem Markt, im Reformhaus oder in Bioläden zu bekommen.

Köstliches mit Wunderwirkung

Verwenden Sie nur frische Süßkartoffeln. Im Schnellkochtopf sind die frischen Knollen in wenigen Minuten gar. Unsere Vorschläge zeigen Ihnen, wie vielseitig dieses Gemüse ist. Sie werden Süßkartoffeln bald regelmäßig auf Ihren Speisezettel setzen.

- **Backen Sie Süßkartoffeln** wie normale Kartoffeln und servieren Sie sie zu eiweißreichen Gerichten wie Fisch, Rind, Hühnchen oder Lamm.
- **Wenn Sie gern** Kartoffelpüree essen, ersetzen sie die Hälfte der normalen Kartoffeln durch Süßkartoffeln.
- **Als süßes Püree:** Süßkartoffeln pürieren, cholesterinfreundliche Margarine zugeben und mit Zimt und Pekanüssen bestreuen.
- **Im Auflauf:** Scheiben von Süßkartoffeln auf den Auflauf legen, mit Alufolie abdecken, damit sie saftig bleiben, und wie gewohnt im Ofen backen.
- **Im Eintopf:** Schneiden Sie Süßkartoffeln in Würfel und fügen Sie sie etwa 30–45 Minuten vor Ende der Garzeit zu.
- **Gekochte Süßkartoffeln** kann man würfeln und in Pfannengerichten mit anbraten.
- **Geröstete Süßkartoffeln** mit Thymian als leckere Beilage: Olivenöl, Knoblauch, Thymian, Salz und geschroteten Pfeffer in einer Schüssel mischen. Eine Lage geschälte Süßkartoffelscheiben auf Backpapier geben und mit der Mischung bestreichen. Bei 220 °C backen, bis sie leicht braun sind.

Rezepte

Burritos mit schwarzen Bohnen und Süßkartoffeln 274

Hühnersuppe nach afrikanischer Art 232

Mit Süßkartoffelpüree überbackene Putenpaste 250

Püree aus Süßkartoffeln mit frischem Ingwer und Orange 278

Süßkartoffeln aus dem Ofen 281

IDEALE PORTION: 140 g

Eine **mittelgroße** *Süßkartoffel wiegt etwa* **140 g**. *Sie macht satt, ohne den Blutzuckerspiegel in die Höhe zu treiben.*

Wunderbare Kräuter & Co.

Tee

Knoblauch

Es ist ERSTAUNLICH, wie etwas so Einfaches
wie eine Tasse Tee oder eine Prise Zimt helfen kann, Ihren Blutzuckerspiegel unter Kontrolle zu halten.

- Bockshornklee
- Gelbwurz
- Tee
- Kaffee
- Knoblauch
- Zimt

Gelbwurz

Zimt

NAHRUNGSMITTEL MIT WUNDERWIRKUNG | 149

Tee

Weltweit gesehen ist Tee das populärste Getränk, auch für Ihre Gesundheit. Studien zeigen, dass Tee die Insulinaktivität auf das 15-fache steigern und so den Blutzuckerspiegel senken kann. Ob schwarz, grün oder Oolong – Untersuchungen des US Department of Agriculture zufolge ist die Wirkung unabhängig von der Teesorte und geht vor allem auf das Konto des natürlichen antioxidativen Inhaltsstoffs EGCG (Epigallocatechingallat). Aber lassen Sie die Milch weg, denn sie verringert die insulinaktivierende Wirkung um bis zu 90 %. Milch ist nicht schlecht für Sie, aber sie bindet das EGCG, und in dieser Form kann es der Körper nicht nutzen.

Auch Diabetiker können vom Teetrinken profitieren. Eine taiwanesische Studie untersuchte 20 Diabetiker des Typs 2, die blutzuckersenkende Medikamente einnahmen. Wenn die Testpersonen viel Oolong-Tee tranken – 6 Gläser à 250 ml täglich –, sank der Blutzuckerspiegel um 29 %. Vielleicht ist diese Menge für Sie zu viel, aber 1 Tasse oder 2 sind sicherlich gesund.

Einige Untersuchungen deuten darauf hin, dass Tee den Energieumsatz des Körpers steigern und damit Übergewicht entgegenwirken kann. Auch dadurch sinkt vermutlich das Risiko für Insulinresistenz und Diabetes Typ 2. Bei einer Gruppe von gesunden Männern stieg der Kalorienverbrauch pro Tag um 4 %, wenn sie einen Teeextrakt zu sich nahmen, dessen Gehalt an aktiven Inhaltsstoffen dem zweier Tassen Tee entsprach. Eine andere Studie zeigte, dass Menschen, die über einen Zeitraum von mindestens 10 Jahren mindestens einmal pro Woche Tee tranken, 20 % weniger Körperfett hatten als Menschen, die seltener Tee zu sich nahmen. Dabei wurden auch andere Faktoren wie Lebensstil und Bewegung berücksichtigt.

Tee hat als Chai genossen eine äußerst günstige Wirkung auf den Blutzuckerspiegel, da dieser Gewürztee aus Indien auch Zimt enthält. Chais, die Sie im Café bestellen, werden meist aus einer vorgefertigten Mischung hergestellt, die Milch enthält und oft stark gesüßt ist. Fragen Sie daher nach einem Teebeutel und trinken Sie Tee am besten pur (oder höchstens mit 1 Stück Zucker).

Und was das Koffein angeht, so seien Sie beruhigt: Tee enthält nur etwa halb so viel Koffein wie Kaffee.

Gesunder Genuss

Tee enthält mehr Antioxidantien als manches Gemüse. Antioxidantien können vor Krankheiten wie Krebs, Herz-Kreislauf-Erkrankungen oder Schlaganfall schützen. In einer Studie wurden 15 Männer und Frauen untersucht, die über einen Zeitraum von 3 Wochen 5 Tassen à 180 ml Schwarztee täglich tranken. Ihr Blutspiegel an »schlechtem« LDL-Cholesterin sank um 11 %, das gesamte Cholesterin um 6,5 %. Fünf Tassen sind

---

Populärer IRRTUM

Den Gerüchten zufolge enthält nur grüner Tee genug Antioxidantien, um eine gesundheitsfördernde Wirkung zu erzielen. Das stimmt nicht. Tee ist das am besten untersuchte Getränk überhaupt, und Studien haben gezeigt, dass zwar die Antioxidantien von Teesorte zu Teesorte variieren, aber alle eine gesunde Menge dieser Pflanzenstoffe enthalten.

IDEALE PORTION: unbegrenzt

Tee enthält keine Kohlenhydrate und fast keine Kalorien. **Mehrere Tassen** *täglich* **ohne Zucker** *sind erlaubt. Wenn Sie auf Koffein reagieren, trinken Sie nur 1 Tasse am Morgen.*

viel, aber auch von 1–2 Tassen täglich werden Sie profitieren. Eine andere Studie zeigte, dass das Risiko, an einem Herzinfarkt zu sterben, auch bei moderaterem Teekonsum sinkt.

Küchengeheimnisse

Wenn der Tee sein typisches Aroma eine Zeit lang behalten soll, müssen Sie ihn richtig lagern. Ob im Teebeutel oder lose, Tee nimmt Gerüche und Feuchtigkeit an. Bewahren Sie ihn daher nach Sorten getrennt in luftdicht verschlossenen Gefäßen im Dunkeln auf.

Köstliches mit Wunderwirkung

Tee belebt, beruhigt auch, wärmt und löscht den Durst. Aber dieses Nahrungsmittel mit Wunderwirkung ist noch vielseitiger.

■ **Mahlen Sie Oolong-Tee** in einer Pfeffermühle und mischen Sie ihn mit frisch gemahlenem weißen Pfeffer, um Geflügel- oder Schweinefleisch zu würzen.

■ **Tee schmeckt gut** in Marinaden: Blätter mahlen und hinzufügen.

■ **Für eine asiatische Note:** Teeblätter in Hühnerbrühe oder Fond geben.

Rezepte
Eistee mit Pfirsich 213
Gewürztee 210
Heidelbeer-Melonen-Salat 288

TEE-Glossar

Echter Tee stammt von der Teepflanze *Camellia sinensis*. Im Folgenden stellen wir Ihnen einige Sorten vor. Kräutertees haben nicht die gleiche Wirkung auf den Blutzuckerspiegel.

■ **Weißer Tee:** Er wird geerntet, bevor sich die mit weißen Haaren bedeckten Blattknospen öffnen. Dieser Tee ist am wenigsten weiterverarbeitet und enthält nur knapp die Hälfte des Koffeins von schwarzem Tee (etwa 15 mg pro Tasse).

■ **Grüner Tee:** Die Blätter werden getrocknet, gedämpft oder geröstet, um die Enzyme zu zerstören, damit sie die Antioxidantien nicht verändern und kein schwarzer Tee entsteht.

■ **Oolong-Tee:** Hierfür werden die Blätter länger getrocknet als für grünen Tee, daher können die Enzyme länger arbeiten. Oolong steht also zwischen grünem und schwarzem Tee.

■ **Schwarzer Tee:** Die Blätter werden komplett fermentiert, sodass mehr Inhaltsstoffe oxidieren und eine dunkle Farbe entsteht. Schwarzer Tee ist am koffeinreichsten (etwa 40 mg pro Tasse).

■ **Chai:** Dieser Tee (meist schwarzer Tee) wird mit Gewürzen wie Zimt, Kardamom, Nelken und Pfeffer aromatisiert.

Tomaten

GL sehr niedrig

Für den Blutzuckerspiegel gibt es kaum etwas besseres als Tomaten. Dieses saftige Gemüse ist besonders kalorienarm (100 g haben nur 17 kcal) und enthält wenig Kohlenhydrate (3 g). Außerdem sind Tomaten reich an Vitamin C, das hilft, den Körper vor Schäden durch einen zu hohen Blutzuckerspiegel zu schützen. Auch das Karotinoid Lycopin ist enthalten.

Lycopin kann Diabetes besonders wirksam entgegensteuern. Eine Gruppe von Wissenschaftlern untersuchte 1665 Menschen mit und ohne Diabetes. Sie fanden heraus, dass diejenigen mit einer verminderten Glukosetoleranz einen um 6 % niedrigeren Lycopinspiegel im Blut hatten als gesunde Menschen. Bei Menschen mit neu festgestelltem Diabetes lag er sogar 17 % niedriger.

Gesunder Genuss

Wissenschaftler aus Harvard fanden heraus, dass Männer, die mindestens zweimal wöchentlich Tomaten oder Tomatenprodukte wie Saucen oder Tomatenmark aßen, ein um 24–36 % geringeres Risiko für Prostatakrebs hatten. Studien zufolge könnten Tomaten auch das Risiko für Osteoporose und Asthma senken, die Blutzirkulation verbessern und Entzündungen hemmen.

Küchengeheimnisse

Bewahren Sie Tomaten nicht im Kühlschrank auf, sonst gehen Konsistenz und Geschmack verloren.

IDEALE PORTION: 1 mittelgroße (100 g)

Eine saftige Tomate ist eine leckere Portion, aber weil Tomaten so kalorien- und kohlenhydratarm sind, können Sie auch mehr davon essen.

Köstliches mit Wunderwirkung

Essen Sie Tomaten am besten roh – so haben sie den höchsten Vitamin C-Gehalt (es wird durch Hitze teilweise zerstört). Werden Tomaten mit etwas Öl gekocht, kommen Sie jedoch in den Genuss des gesamten Lycopins, denn Öl verbessert die Lycopinaufnahme. Dosentomaten, Tomatenpüree und Tomatenmark zählen auch zu den guten Tomatenprodukten, aber Ketchup nicht, weil er Zucker enthält. Tomatensaft ist zwar auch reich an Lycopin, enthält aber meist viel Kochsalz.

- **Geben Sie Tomatenstücke** oder Kirschtomaten zu grünem oder Nudelsalat.
- **Legen Sie** Tomatenscheiben aufs Brot.
- **Vorspeise oder Beilage:** Geschälte Tomaten in Olivenöl, Zitronensaft, zerdrücktem Knoblauch, Salz, Pfeffer und Oregano marinieren.
- **Servieren Sie Tomatenscheiben** mit Mozzarella, Balsamessig, Olivenöl und Basilikum als Vorspeise.
- **Tomatenpizza** aus Vollkornfladenbrot: Fladenbrot mit Olivenöl einstreichen und mit Tomaten sowie Zwiebeln belegen. Basilikum und Parmesankäse darüber geben und backen.

Rezepte

Caponata 201
Dhal mit Spinat 272
Gebratene Fischsteaks mit Tomaten-Oliven-Sauce 256
Gefüllte Kirschtomaten mit Käsepesto 202
Griechischer Nudel-Hackfleisch-Auflauf 240
Krabben-Gersten-Topf 260
Linsen-Bohnen-Chili 273
Mediterraner Salat mit Edamame 224
Nudelsalat mit Gartengemüse 223
Penne mit Tomaten-Auberginen-Sauce 262
Putenchili mit Avocado-Salsa 252
Rindfleisch-Eintopf 238
Würziger Blumenkohl mit Erbsen 284

Topinambur

Topinambur sieht zwar aus wie eine Kartoffel und wächst auch unter der Erde, ist aber nicht mit ihr verwandt, sondern mit der Sonnenblume. Und anders als Kartoffeln hat Topinambur – er ist knackiger und schmeckt etwas süßlich – eine positive Wirkung auf den Blutzuckerspiegel. Das liegt an dem hohen Gehalt an Fruktanen (einer besonderen Stärkeart), allen voran Inulin und Oligofruktose. Diese Stärkearten werden langsamer verstoffwechselt als andere Kohlenhydrate. Sie sind sogar extrem schwer verdaulich.

Fruktane werden nicht im Dünndarm von Enzymen aufgespalten, sondern sie wandern in den Dickdarm, wo sie von den Darmbakterien gespalten und größtenteils ausgeschieden werden. Auf diese Weise liefern sie weniger als 40 % der Kalorien anderer Kohlenhydrate.

Zu seiner geringen GL kommt noch ein weiterer Vorteil des Topinamburs: Nahrungsmittel, die Inulin enthalten, tragen vermutlich dazu bei, den Anstieg von Blutzucker und Insulin nach einer Mahlzeit zu verringern. Derzeit wird untersucht, ob größere Mengen Inulin schneller zu einem Sättigungsgefühl führen, was die Kalorienzufuhr weiter senken würde.

Gesunder Genuss

Topinambur könnte auch für den Darm gesund sein. Fruktane zählen zu den Präbiotika, d. h., sie sorgen für eine gesunde Darmflora. Fruktane erhöhen zudem den Anteil an Wasser und Bakterien im Stuhl, was die Darmbewegung fördert und Verstopfung entgegenwirkt.

Auch wenn Sie Ihrem Herz etwas Gutes tun wollen, bietet sich Topinambur an. Dieselben schwerverdaulichen Kohlenhydrate, die den Blutzucker regulieren und bei Verstopfung helfen, regen vermutlich die Leber an, weniger Triglyceride und gesättigte Fettsäuren zu bilden, die bei der Arterienverkalkung eine Rolle spielen.

Küchengeheimnisse

Topinambur wird im Herbst geerntet. Wählen Sie feste Knollen mit einer glatten Oberfläche. Sie sollten weder weich sein, noch welk aussehen oder gar Triebe gebildet haben. Die Knollen müssen nicht unbedingt geschält werden, es reicht, sie gründlich mit einer Gemüsebürste zu säubern. Wenn Sie etwas Essig oder Zitronensaft darüber geben, bleibt die weiße Farbe erhalten.

Doch Vorsicht: Starten Sie mit kleinen Portionen, denn Inulin kann Blähungen verursachen.

Köstliches mit Wunderwirkung

- **Topinambur wie Kartoffeln** zu Püree verarbeiten oder dem Kartoffelpüree zugeben – das verringert die GL.
- **Dünne rohe Scheiben** schmecken gut in grünem Salat, gerieben auch im Krautsalat.
- **Dünne Scheiben** zusammen mit anderem Gemüse in der Pfanne anbraten.
- **In Würfel oder Scheiben** schneiden und dünsten, danach mit Zitronensaft und Olivenöl beträufeln.
- **Als Rohkost** zusammen mit anderem Gemüse und einem leckeren Dip genießen.

Cleverer Ersatz

Statt geriebene Kartoffeln: Für Puffer verwenden.
Statt pürierte Kartoffeln oder Mehl: Suppen mit Topinambur andicken.

Rezept

Topinambur-Puffer 281

IDEALE PORTION: 80 g

Eine Portion Topinambur liefert nur 24 kcal und 3,2 g blutzuckerfreundliche Kohlenhydrate.

Vollkornbrot und -mehl

Einige Brotsorten, insbesondere solche aus Weißmehl, sind einem konstanten Blutzuckerspiegel nicht zuträglich. Aber wenn das Brot aus Vollkornmehl hergestellt ist, dürfen und sollten Sie zugreifen, denn Vollkornprodukte reduzieren das Risiko für Diabetes.

Vollkornprodukte helfen außerdem, die Insulinempfindlichkeit des Körpers zu verbessern (Insulin ist das Hormon, das für einen konstanten Blutzuckerspiegel verantwortlich ist). Eine Studie an 978 Testpersonen erbrachte folgendes Ergebnis: Je mehr Vollkornprodukte, desto höher die Insulinempfindlichkeit und desto besser die Blutzuckerkontrolle.

Es gibt einen weiteren Grund, viel Vollgetreide zu essen: Ihr Herz. Zahlreiche Studien haben bewiesen, dass Menschen, die viel Vollkorn essen, zu 15–30 % seltener an Herzkrankheiten leiden als Menschen, die nur Weißbrot zu sich nehmen (oder Getreide komplett meiden). Grund für die positive Wirkung von Vollkornprodukten ist ihr hoher Gehalt an Antioxidantien, Ballaststoffen und cholesterinspiegelsenkenden Phytosterinen.

Sie wollen abnehmen? Wechseln Sie zu Vollgetreideprodukten. Eine Studie aus Harvard an 74 000 Frauen zeigte, dass diejenigen, die die meisten Vollkornprodukte verzehrten, innerhalb von 12 Jahren zu 49 % seltener übergewichtig wurden als Frauen, die die wenigsten Vollkornprodukte aßen. Warum? Weil das volle Korn satt macht, vor allem aufgrund der vielen Ballaststoffe, denn diese werden nicht verdaut und enthalten daher keine Kalorien. Außerdem stabilisieren sie den Blutzuckerspiegel, und ein stabiler Blutzuckerspiegel ist Voraussetzung für ein konstantes Gewicht.

Aber auch in anderer Hinsicht ist Vollkornmehl gesünder als weißes Mehl, denn es enthält den Keim, in dem viele gesunde Inhaltsstoffe stecken (z. B. Antioxidantien). Weißmehl enthält weder den Keim noch die Kleie, und genau das sind die beiden Teile des Korns, die seinen hohen Gesundheitswert ausmachen. Im Kasten auf der folgenden Seite erfahren Sie, worauf beim Kauf zu achten ist.

Gesunder Genuss

Vollkorngetreide kann vor bestimmten Krebserkrankungen schützen, z. B. vor Brustkrebs und anderen hormoninduzierten Arten wie Gebärmutter- oder Eierstockkrebs. Auch gegen Magen- und Darmkrebs sind sie vermutlich wirksam. Mehreren Studien zufolge können Sie Ihr Krebsrisiko generell um 40 % senken, indem Sie viel Vollkorngetreide essen.

Das Amerikanische Krebsforschungsinstitut analysierte 40 aktuelle Studien, in denen der Zusammenhang zwischen Vollkorngetreide und Krebsrisiko untersucht worden ist, und fasste die Ergebnisse zusammen: Das Krebsrisiko liegt bei Menschen, die viel Vollkorngetreide essen, um 34 % niedriger als bei Menschen, die wenig Vollkornprodukte verzehren.

Welcher Inhaltsstoff für diese Wirkung verantwortlich ist, hängt von der Art der Krebserkrankung ab. Sicherlich aber spielen die Ballaststoffe, die Isoflavonoide (eine Gruppe von Antioxidantien) und Lignane (Phytoöstrogene in der Kleie und im Keim) eine Rolle.

Aufgrund der vielen Ballaststoffe wirkt Vollkorngetreide auch bei Verstopfung und bei Divertikulitis, einer Darmkrankheit, lindernd.

IDEALE PORTION: 1 Scheibe (50 g)

Eine Scheibe Roggenvollkornbrot liefert **98 kcal**. Schneiden Sie das Brot **nicht zu dick**, denn es sättigt besser als andere Brotsorten.

Küchengeheimnisse

Vollkornmehl enthält mehr Fett als weißes Mehl (es sind die guten Fette) und hält sich daher nicht so lange. Kaufen Sie nur kleine Mengen und bewahren Sie es gut verschlossen im Kühlschrank auf.

In den meisten Rezepten können Sie die Hälfte des weißen Mehls durch Vollkornmehl ersetzen. Für feineres Gebäck nehmen Sie feingemahlenes Weizenvollkornmehl. Weizen hat die besten Backeigenschaften aller Getreidearten, weil es den höchsten Klebergehalt aufweist. Mischen Sie Weizenvollkornmehl mit Weizenmehl Type 405 zu gleichen Teilen.

Köstliches mit Wunderwirkung

- **Wählen Sie Vollkornbrot** anstelle von Broten aus Auszugsmehl. Oder greifen Sie zu Pumpernickel, Roggen- oder Sauerteigbrot, die alle drei zu den Nahrungsmitteln mit Wunderwirkung gehören.
- **Verwenden Sie** Vollkornmehl im Pizzateig.
- **Für Croutons** in Suppen oder Salaten: 2 Scheiben Vollkornbrot in Würfel schneiden, in 2 Esslöffeln Olivenöl wenden und auf dem Backblech verteilen. Bei 180 °C (Gas Stufe 2–3) 15–25 Minuten backen, bis sie knusprig sind. Zum Panieren können Sie Semmelbrösel verwenden.
- **Gefülltes Vollkornfladenbrot:** Schmeckt gut mit geraspelten Möhren, Thunfisch oder anderen Füllungen. Für eine schnelle Pizza Fladen durchschneiden, die Hälften mit Tomatensauce, Gemüse sowie Käse belegen und überbacken.

Rezepte

Apfelmuffins 198
Geflügelpastete mit Vollkornkruste 248
Heidelbeer-Quark-Schnitten 291
Hühnerkeulen aus dem Ofen 249
Putenfrikadelle mit Honig-Senf-Sauce 252
Schneller Pizzateig aus Vollkornmehl 268
Vollkorn-Leinsamen-Brot 196

Die Wahrheit über VOLLKORN

Wenn Sie Vollkornbrot kaufen wollen, ist es nicht damit getan, nach einem dunklen Brot zu greifen. Graubrot oder Mehrkornbrot besteht meist aus einer Mischung aus Vollkorn- und weißem Mehl. Oftmals sind färbende Stoffe wie Zuckercouleur oder Melasse zugesetzt, die den Teig dunkler machen und das Brot »vollwertig« aussehen lassen. Das lässt nicht auf den Gehalt an Vollkornmehl schließen. Wenn Sie Ihr Brot im Supermarkt kaufen, dann achten Sie auf die Zutatenliste: Vollkornmehl sollte ganz oben stehen.

Fragen Sie auch beim Bäcker nach, ob das Brot mit Vollkornmehl gebacken ist. Selbst hier haben gesund klingende Brote wie Vital-, Mehrkorn- oder Fitness-Brote meist einen hohen Anteil Auszugsmehl. Echtes Vollkornbrot muss in Deutschland zu 90 % aus dem ganzen Korn, einschließlich den Randschichten und dem Keim, hergestellt sein. Meist wird Roggen- und/oder Weizenvollkornmehl sowie das etwas gröbere Vollkornschrot verwendet. Ein Vollkornbrot erkennen Sie am schwereren Gewicht und an der Kompaktheit.

Vollkornreis

Vollkornreis hat keine so niedrige GL wie andere Getreidesorten, z. B. Gerste oder Hafer. Dennoch erhöht er den Blutzucker nicht so schnell wie die meisten weißen Reissorten. Wenn Sie Reis essen, dann wählen Sie auf jeden Fall Vollkornreis.

Vollkornreis ist reich an Nähr- und Ballaststoffen und hat viele Vorteile, die man bei einem Nahrungsmittel mit Wunderwirkung erwarten kann: Er enthält viermal so viel Ballaststoffe wie weißer Reis und viel mehr Vitamine, Mineralien und essenzielle Nährstoffe. Als Vollkornprodukt gehört er zu den Lebensmitteln, die vor Diabetes und Herz-Kreislauf-Erkrankungen schützen können.

Erinnern Sie sich? Unser Ziel heißt »dreimal täglich Vollkorn«, um das Risiko für das Metabolische Syndrom, für Diabetes, Herz-Kreislauf-Erkrankungen, Schlaganfall und Krebs zu mindern. Eine Portion Vollkornreis besteht aus 50–70 g (ungekocht).

Normaler Vollkornreis gart in etwa 35 Minuten. Auch wenn die Zeit knapp ist: Lassen Sie die Finger von Schnellkochreis. Dieser ist immer vorgekocht und getrocknet und weist daher eine hohe GL auf. Eine niedrigere GL und mehr Nährstoffe als Schnellkochreis hat Reis mit dem Zusatz »parboiled«.

Jeder Reis besteht ursprünglich aus vollem Korn. Erst wenn er poliert wird und die äußere Schicht und der Keim entfernt werden, ist er »weiß«. Die verschiedenen Reissorten variieren in ihrer GL, je nach dem Stärketyp, den sie enthalten (s. Reis-Rangliste). Drei Sorten sollten Sie jedoch meiden: Jasminreis, Arborio (für Risotto) und Klebreis (für Sushi).

IDEALE PORTION: 50–70 g (ungekocht)

Anfangs die Portion genau abmessen und nicht mehr als **eine Portion** *pro Mahlzeit verzehren. Reis ist* **reich an Kohlenhydraten!**

Reis-RANGLISTE

Die verschiedenen Reissorten unterscheiden sich sowohl in ihrer Wirkung auf den Blutzucker als auch in ihrem Geschmack.

REIS	GL
	pro 150 g gekochter Reis
GL mittel	
■ Langkornreis gemischt mit Wildreis	18
■ Parboiled Reis	18
■ Vollkornreis	19
■ Wildreis	20
GL hoch	
■ Basmati, weiß	23
■ Langkornreis, schnellkochend	23
■ Langkornreis, weiß	27
GL sehr hoch	
■ Arborio (Risottoreis)	31
■ Jasminreis	36
■ Klebreis (Sushi-Reis) (Milchreis)	36
■ Rundkornreis (Milchreis)	46

Gesunder Genuss

Neben vielen Ballaststoffen liefert Vollkornreis auch Magnesium (zur Knochenbildung und für den Muskelstoffwechsel), Selen und Mangan (Spurenelemente, die das Immunsystem des Körpers stärken).

Küchengeheimnisse

Vollkornreis enthält wie andere Vollkornsorten auch natürliche Fette, was seine Haltbarkeit verkürzen kann. Trocken und luftdicht aufbewahrt,

(weiter auf Seite 158)

Wunderbares Vollkorn

Vollkornbrot

Vollkorn

Hafer

Vollkornnudeln

Wunderbares GETREIDE

Getreide mit Wunderwirkung hat eine niedrige GL. Das volle Korn ist so gesund, dass es auf jedem Speiseplan stehen sollte.

- Bulgur
- Gerste
- Hafer
- Kleie
- Nudeln
- Pumpernickel
- Quinoa
- Roggenbrot
- Sauerteigbrot
- Vollkornbrot
- Vollkornreis
- Weizenkeime

GLOSSAR

Wer hätte gedacht, dass einfacher Reis so kompliziert sein kann? Die folgende Übersicht erklärt ihnen die verschiedenen Reissorten.

 ■ **Vollkornreis:** Er besitzt noch die Schale und den Keim des vollen Korns. Er hat daher eine längere Garzeit als die anderen Reissorten und enthält mehr Ballaststoffe, gibt nussigen Geschmack und besitzt feste Konsistenz.

■ **»Parboiled« Reis:** Dieser Reis wurde mit Wasserdampf vorbehandelt, dadurch wandern einige Nährstoffe in das Innere des Korns, bevor es poliert wird. Gart so schnell wie weißer Reis, ist aber nährstoffreicher.

■ **Wildreis:** Diese Samen stammen nicht von der Reis-, sondern von einer Wasserpflanze. Sie enthalten viele Ballaststoffe und B-Vitamine. Im Geschmack ist Wildreis erdig und kräftig.

 ■ **Basmati:** Dieser Reis aus dem Himalaja hat ein langes Korn und einen aromatischen Geschmack. Er ist nach dem Kochen trocken und locker. Die GL von braunem Basmatireis ist niedriger als die von weißem.

■ **Langkorn, weiß:** Bei uns die gebräuchlichste und geschmacksneutrale Reissorte. Die äußere Schicht und der Keim wurden entfernt, daher ist der Nähr- und Ballaststoffgehalt niedriger als bei Vollkornreis. Vor allem Eisen, Vitamin B_1, B_3 und B_9 (Folsäure) gehen so verloren.

■ **Langkorn, schnellkochend:** Vorgekocht und getrocknet, daher gart er in 10–15 Minuten. Es gibt weiße und Vollkorn-Varianten.

 ■ **Klebreis:** Die kurzen, rundlichen, weißen Reiskörner kleben aneinander. Auch wenn dieser Reis oft als süß bezeichnet wird, ist er eher geschmacksneutral.

■ **Arborioreis:** Diese weißen, kurzen Körner saugen das Wasser besonders gut auf und werden dann sehr weich. Arborioreis wird gern für Risotto verwendet, weil er den Geschmack des Gemüses annimmt.

■ **Jasminreis:** Dieser langkornige, weiße Reis besitzt ein zartes, blumiges Aroma.

---

hält sich Vollkornreis etwa 6 Monate. Gekochter Reis sollte innerhalb von 2 Tagen verbraucht werden.

Köstliches mit Wunderwirkung

■ **Vollkorn- statt weißer Reis** senkt die GL des Gerichtes und verleiht ihm eine festere Konsistenz und einen nussigen Geschmack.

■ **Kochen Sie etwas mehr Reis,** als Sie benötigen. Im Kühlschrank aufbewahrt lässt er sich schnell in einem Salat verwenden oder in einem Reisgericht aufwärmen.

Rezepte

Pilaw mit Vollkornreis, Zitrone und geröstetem Leinsamen 276

Vollkornreis mit Leinsamen, Limette und Koriander 277

Weizenkeime

GL sehr niedrig

Der Keim ist vom Nährwert her betrachtet das Herz des Weizenkorns. Er steckt nicht nur voller komplexer Kohlenhydrate, sondern ist gleichzeitig reich an Eiweiß, »guten« Fetten, Ballaststoffen, Vitaminen und Mineralien, darunter Zink, Selen und Magnesium, die zum konstanten Blutzuckerspiegel beitragen.

Magnesium kann vermutlich sogar Diabetes entgegenwirken. Wissenschaftler aus Harvard untersuchten die Magnesiumversorgung von 127 000 Frauen und Männern. Nach 18 Jahren (bei den Frauen) bzw. nach 12 Jahren (bei den Männern) zeigte sich, dass diejenigen, die am meisten Magnesium mit der Nahrung aufnahmen, ein um 34 % geringeres Risiko für Diabetes Typ 2 hatten als diejenigen mit der geringsten Magnesiumzufuhr.

Gesunder Genuss

Weizenkeime sind besonders reich an Vitamin E, einem wirkungsvollen Antioxidans, das vor Zellschädigungen durch freie Radikale schützen kann. Diese sehr reaktiven Moleküle spielen eine Rolle bei chronischen Leiden wie Herz-Kreislauf-Erkrankungen, grauem Star, der Alzheimer-Krankheit und bei anderen degenerativen Alterungsprozessen.

Ähnlich wie Magnesium kann vermutlich auch Vitamin E vor Diabetes schützen. Wissenschaftler der Universität von South Carolina untersuchten 5 Jahre lang den Blutspiegel an Vitamin E von fast 900 Menschen ohne Diabetes. Die Personen mit dem höchsten Vitamin E-Spiegel hatten ein um 88 % geringeres Risiko für Diabetes Typ 2 als diejenigen mit dem niedrigsten Vitamin E-Spiegel.

Die ungesättigten Fettsäuren des Keimes sowie die Phytosterine wirken dem »schlechten« LDL-Cholesterin entgegen.

Küchengeheimnisse

Wählen Sie einfache, geröstete Weizenkeime, ohne Zucker. Nach dem Öffnen der Packung sollten Sie die Keime kühl, dunkel, trocken und gut verschlossen aufbewahren, sonst werden sie ranzig.

Köstliches mit Wunderwirkung

Die knackige Konsistenz der Keime und ihr nussiger Geschmack passen zu einer Vielzahl von Gerichten.

- **Weizenkeime verleihen** gedünstetem Gemüse und grünen Blattsalaten einen nussigen Geschmack.
- **Geben Sie Keime** ins Müsli oder den Haferbrei.
- **Im Joghurt:** Weizenkeime und Beeren darunter mischen.
- **Als Panade für Fisch** oder Geflügel: Ersetzen Sie einen Teil des Paniermehls durch eine Mischung aus Weizenkeimen, Parmesan und getrockneter Petersilie.
- **Fügen Sie Weizenkeime** Joghurtgetränken aus fettreduziertem Trinkjoghurt oder Buttermilch und Früchten zu.
- **Geben Sie** in den Hackfleischteig 2 Esslöffel Weizenkeime. Das steuert »gute« Fettsäuren bei.
- **Reichern Sie** Pfannkuchen, Eintöpfe und den Teig für Pizza, Kuchen oder Gebäck mit Weizenkeimen an.

Rezepte

Käsemakkaroni mit Spinat 264
Vollkornpfannkuchen oder -waffeln 192

IDEALE PORTION: 2 Esslöffel (20 g)

Weizenkeime haben eine *sehr niedrige GL*, sind aber sehr kalorienreich (2 Esslöffel liefern 62 kcal). Achten Sie daher auf die *Portionsgröße*.

Weizenkörner

GL mittel

Vollkornprodukte sind ein Dreh- und Angelpunkt in diesem Buch. Und die ursprünglichste Form der Vollkornprodukte ist natürlich das ganze Korn selbst. Wenn Sie sich bereits über Kleie (s. Seite 109 f.) und Weizenkeime (s. Seite 159) informiert haben, wissen Sie bereits einiges über die positive Wirkung dieser beiden Lebensmittel auf den Blutzuckerspiegel und auf Ihre Gesundheit. Weizenkörner vereinen die Vorteile beider Nahrungsmittel in sich.

Menschen, die täglich 3 Portionen Vollkornprodukte wie Weizenkörner zu sich nehmen, entwickeln seltener Diabetes Typ 2. Und das nicht ohne Grund: Einer britischen Studie zufolge steigen der Blutzucker- und Insulinspiegel nach dem Genuss von Weizenkörnern bedeutend geringer an als nach der Zufuhr derselben Menge Kohlenhydrate in Form von Mehl. Eine schwedische Studie an gesunden Testpersonen, die entweder Weißbrot oder grobes Vollkornbrot mit ganzen Weizenkörnern aßen, lieferte ähnliche Ergebnisse.

Im Zuge des Vollwerttrends erobern mehr und mehr Fertigprodukte mit dem »vollen Korn« den Markt. Salate mit gegarten Körnern, Suppen, sogar Joghurts enthalten knackige, wohlschmeckende Körner. Die Körner müssen Sie gut kauen, was Sie daran hindert, das Essen schnell hinunterzuschlingen. Ganze Körner machen daher schneller satt als andere Weizenprodukte mit derselben Menge Kohlenhydrate.

Gesunder Genuss

Groß angelegte Studien haben gezeigt, dass Vollkornprodukte nicht nur das Risiko für Diabetes, sondern auch von Herz-Kreislauf-Krankheiten, Schlaganfall und einigen Krebserkrankungen senken können. Weizenkörner liefern Mineralien, Phytosterine und andere wertvolle Inhaltsstoffe, die verloren gehen, wenn das Korn zu weißem Mehl verarbeitet wird.

Küchengeheimnisse

Ganze Weizenkörner brauchen eine Stunde oder mehr, bis sie gar sind. Kochen Sie daher immer etwas mehr und bewahren Sie die Reste im Kühlschrank auf (max. 2 Tage) oder frieren Sie sie ein (max. 6 Monate). Wenn Sie Weizenkörner fertig gekocht vorrätig haben, lassen sich Suppen, Salate und Reisgerichte damit leicht aufwerten.

Köstliches mit Wunderwirkung

Ganze Weizenkörner passen gut in Rohkost- und Blattsalate. Sie harmonieren mit Nüssen, vielen Früchten und Joghurt. Sie können als Beilage oder als Hauptgericht serviert werden, kalt oder warm. Hier sind weitere Vorschläge.

- **Kombinieren Sie Weizenkörner** mit Avocadowürfeln, Kirschtomaten und Vinaigrette.
- **Weizenkörner mit gegrillten Paprika** mischen, auf einem Salatblatt anrichten. Vinaigrette darüber geben.
- **Als leckere Beilage:** Weizenkörner mit Rosinen, Mandelblättchen, Frühlingszwiebeln und Curry.
- **Zum Frühstück:** Weizenkörner unter das Müsli mischen, Milch oder Soja-Drink sowie etwas Zimt und Honig darübergeben.
- **Geben Sie gegarte Weizenkörner** zum Brot- oder Pfannkuchenteig.
- **Gegarte Weizenkörner** mit gekochten Linsen mischen und nach Geschmack würzen.
- **In italienischen Bohnensuppen** als bissfester Kontrast zu den weichen Bohnen.

Rezept

Salat aus Weizenkörnern, getrockneten Aprikosen und Minze 277

IDEALE PORTION: 60 g gekocht

*Es gibt kein besseres **Vollkornprodukt** auf Ihrem Speiseplan.*

160 | NAHRUNGSMITTEL MIT WUNDERWIRKUNG

Zimt

GL sehr niedrig

Zimt erinnert an Bratäpfel und Zimtsterne. Doch was die wenigsten wissen: Zimt schmeckt nicht nur, sondern ist auch noch gesund. Forscher haben herausgefunden, dass dieses wärmende Gewürz den Blutzuckerspiegel senken kann, da einige der Inhaltsstoffe ähnlich wie Insulin wirken. Dadurch helfen sie, den Zucker aus dem Blut in die Zellen zu befördern, wo er der Energiegewinnung dient. Und das senkt den Blutzuckerspiegel.

Eine Studie an 60 Frauen und Männern zeigte, dass bereits ¼–½ Teelöffel Zimt täglich den Blutzuckerspiegel um 18–29 % senken kann. Auch das LDL-Cholesterin wird bei Diabetikern um 7–27 % verringert.

Zimt enthält das Spurenelement Mangan, das die Blutzuckerausnutzung verbessern soll. Aber man müsste etwa 2 Teelöffel Zimt zu sich nehmen, um den Tagesbedarf an Mangan zu decken. Das ist nicht realisierbar und auch nicht wünschenswert, da Zimt auch das schädliche Cumarin enhält. Als Gewürz in den üblichen Mengen ist Zimt jedoch durchaus empfehlenswert.

Gesunder Genuss

Die Inhaltsstoffe im Zimt tragen dazu bei, dass die Blutplättchen nicht zu einem Blutgerinsel zusammenklumpen und beugen so einem Herzinfarkt vor. Studien zeigen außerdem, dass das Gewürz eine verblüffende Wirkung auf das Gehirn hat. Ein Hauch Zimt kann die Konzentration steigern. Außerdem bringt Zimt den Stoffwechsel auf Touren.

> **IDEALE PORTION: ½ Teelöffel**
>
> *Einige* **Prisen Zimt** *pro Tag fördern die Gesundheit. Wenn Sie Zimt mögen, dann verwenden Sie mehr, aber* **übertreiben** *Sie es nicht. Zimt enthält Cumarin, das in hoher Dosis schädlich ist.*

Köstliches mit Wunderwirkung

Es gibt erstaunlich viele Möglichkeiten, das Essen mit Zimt zu verfeinern.

- **Geben Sie Zimt** ins heiße Apfelmus und streuen Sie ihn über Bratäpfel.
- **Probieren Sie** einen Hauch Zimt auf Vollkorntoast aus.
- **Im Tee oder Kaffee:** Geben Sie ein wenig Zimt zum Kaffeepulver, bevor Sie den Kaffee aufgießen. Auch im Tee ist Zimt lecker. Im Gewürztee (Chai) ist er bereits enthalten.
- **Würzen Sie** Müsliflocken und Vollkornreis mit Zimt.
- **Kuchenteige** mit Schokolade und Nüssen vertragen auch ein bisschen Zimt.
- **Zimt passt gut zu Eis** und zu Naturjoghurt mit etwas Honig.
- **Joghurt mit Apfel-, Birnen- und Pflaumen**stückchen schmeckt noch besser mit einem Hauch Zimt.
- **Geben Sie eine Zimtstange** oder eine Prise Zimt zu Wildgerichten.
- **Kürbis und Süßkartoffeln** sind mit Zimt besonders schmackhaft.

Rezepte

Apfelmuffins 198
Gewürztee 210
Griechischer Nudel-Hackfleisch-Auflauf 240
Haferflockenbrei mit Apfel 192
Heidelbeer-Hafer-Muffins 198
Preiselbeer-Apfel-Streusel 301
Putenhackbällchen in Tomatensauce 254
Quarkspeise mit Früchten 292
Salat aus Weizenkörnern, getrockneten Aprikosen und Minze 277
Schokoladen-Käse-Kuchen mit Himbeeren 298
Schweinelende mit würziger Kruste und Pfirsich-Salsa 243
Umgedrehte Nektarinenmuffins 200
Vollkornpfannkuchen oder -waffeln 192
Würzige Möhren nach marokkanischer Art 286

Zitronen

Obwohl Zitronen sauer sind, sollte Sie das nicht davon abhalten, sie so oft wie möglich zu essen. Denn genau wegen der Säure hilft Zitronensaft, den Blutzuckerspiegel zu senken (vgl. Kapitel 2 in Teil 1). Schon ein bisschen Zitronensaft im Essen kann die GL der gesamten Mahlzeit verringern.

Gesunder Genuss

Bereits 4 Esslöffel Zitronensaft decken fast die Hälfte des Tagesbedarfs an Vitamin C. Antioxidantien wie Vitamin C können verhindern, dass sich Cholesterin in den Arterien ablagert und diese verstopft. Weitere »Gesundheitsbomben« stecken in der Schale: Es sind Monoterpene, die den Duft und das Aroma der Zitrone ausmachen, zu den ätherischen Ölen zählen und wegen ihres breiten gesundheitsfördernden Wirkungsspektrums auch zu den sekundären Pflanzenstoffen gerechnet werden. Das bekannteste ist das Limonen. Die Zitronenschale enthält auch Rutin. Es stärkt die Gefäße, wirkt vermutlich schmerzlindernd und hilft gegen Krampfadern. Die Zitronensäure beugt darüber hinaus der Bildung von Nierensteinen vor.

Küchengeheimnisse

Sie suchen die saftigste Zitrone? Drücken Sie die Frucht leicht zusammen – je weicher sie sich anfühlt, desto dünner ist die Schale und desto mehr Saft enthält sie. Sie erhalten noch mehr Saft, wenn Sie die Früchte vor dem Pressen einige Mal auf dem Tisch fest hin und her rollen.

IDEALE PORTION: 1–2 Teelöffel

Zitronensaft hat vermutlich dieselbe Wirkung wie Essig, daher sollten 1–2 Esslöffel ausreichen, um den **Anstieg des Blutzuckerspiegels** nach der Mahlzeit um **bis zu 30 %** zu verringern.

Köstliches mit Wunderwirkung

- **Verwenden Sie** Zitrone im Salatdressing.
- **Zu Fisch gehören Zitronenscheiben,** am besten gleich mehrere.
- **Geben Sie** etwas Zitronensaft auf Ihr Thunfischbrötchen.
- **Legen Sie Geflügelfleisch** in Zitronensaft ein, bevor Sie es grillen oder anbraten. Wenn Sie eine halbe Zitrone ins Brathähnchen legen, dann bleibt das Fleisch saftiger.
- **Trinken Sie zum Essen** Wasser oder Mineralwasser mit etwas Zitronensaft, dann steigt der Blutzuckerspiegel nach der Mahlzeit weniger an.
- **Für Marinaden:** Zitronensaft, Balsamessig, Olivenöl, frischen Rosmarin und zerdrückten Knoblauch mischen. Das Fleisch darin über Nacht im Kühlschrank marinieren.
- **Zitronensaft und -schale** passen auch zu Gemüse, Nudeln, Suppen, Reis und Eintöpfen. Damit brauchen Sie weniger Salz.

Rezepte

Brokkoli mit Zitronen-Vinaigrette 287
Canapés mit Räucherlachs 205
Cannellinisalat mit Thunfisch 218
Graupenrisotto mit Spargel und Zitrone 272
Graupensalat mit Zuckerschoten und Zitronendressing 216
Griechischer Linsensalat 223
Heidelbeer-Melonen-Salat 288
Heidelbeer-Quark-Schnitten 291
Hühnerkeule auf marokkanische Art, mit Butternutkürbis und kleinen Zwiebeln 247
Mediterrane Erbsencreme 208
Mexikanische Bohnencreme 209
Nudelsalat mit Hähnchenbrust und Erdnuss-Dressing 220
Penne mit Spargel, Ricotta und Zitrone 264
Salat mit gebratener Hähnchenbrust und Orangenfilets 214

Zitrusfrüchte

GL sehr niedrig

Lust auf Süßes? Sie können getrost zu Orangen, Mandarinen oder Grapefruit greifen: Zitrusfrüchte sind immer ideal, um den Blutzuckerspiegel stabil zu halten.

Sie enthalten viel Pektin, einen löslichen Ballaststoff, der den Blutzucker- und Cholesterinspiegel senken kann. Und wie alle Ballaststoffe macht Pektin länger satt! Und wer länger satt ist, isst weniger. Doch wie viele Ballaststoffe enthalten diese beliebten Früchte? Was das betrifft, stehen Orangen ganz oben auf der Liste aller Früchte und Gemüse.

Zitrusfrüchte haben nur wenig Kalorien (1 mittelgroße Orange 60 kcal, ½ Grapefruit 45 kcal, 1 mittelgroße Mandarine 55 kcal). Apropos Kalorien: Die Grapefruit-Diät hilft tatsächlich beim Abnehmen. Wissenschaftler der Scripps-Klinik in San Diego untersuchten 100 Übergewichtige. Eine Gruppe erhielt vor dem Essen eine halbe Grapefruit oder ein Glas Grapefruitsaft, die andere nicht. Nach 12 Wochen hatte jedes Mitglied der Grapefruit-Gruppe im Durchschnitt 1,5–1,6 kg abgenommen, Mitglieder der Kontrollgruppe hingegen nur 225 g. Grapefruit kann die Insulinproduktion nach der Mahlzeit senken, sodass weniger Insulin zur Blutzuckerkontrolle benötigt wird.

Offensichtlich dämpft eine Grapefruit vor dem Essen den Appetit, daher werden weniger Kalorien des Hauptgerichts aufgenommen.

Zitrusfrüchte sind wahre Vitamin-C-Bomben! Die antioxidative Wirkung von Vitamin C hilft, Herz-Kreislauf-Erkankungen und Spätfolgen von Diabetes wie Retina- und Nervenschädigung zu vermeiden. Schon 2–3 Orangen am Tag reichen aus, um den Vitamin-C-Bedarf des Körpers zu decken. Zwei Grapefruit liefern ebenso viel und Mandarinen sind das Vitamin C für unterwegs, da sie sich leicht schälen lassen. Außerdem stärken Zitrusfrüchte besonders in der kalten Jahreszeit das Immunsystem.

Zitrusfrüchte als Saftgetränk sind nur bedingt empfehlenswert: Auch wenn handelsübliche Orangen- oder Grapefruitsäfte gesünder sind als die oft zuckerhaltigen Fruchtsaftgetränke, sollten Sie Saft nur in kleinen Mengen genießen. Ein Saftglas, also etwa 125–180 ml, ist eine gesunde Menge. Der ballaststoffarme Fruchtsaft hat jedoch weitaus mehr Kalorien und weist eine höhere GL auf als die frische Frucht. Die GL einer Orange liegt bei 5, die GL von 125 ml Orangensaft ist mit 12 weit höher – und meistens trinkt man mehr als 125 ml. Das gilt auch für handelsüblichen Orangensaft mit Fruchtfleisch.

IDEALE PORTION: 1 mittelgroße Orange

Beim Verzehr von **Grapefruit** entspricht eine **halbe** Frucht einer Portion.

Zitrusfrüchte (Fortsetzung)

Rohe Säfte hingegen enthalten die Nähr- und Ballaststoffe von frischem Obst. Das Auspressen frischer Früchte ist also die gesündeste Variante.

Achten Sie vor allem beim Kauf von Grapefruitsaft darauf, dass kein Zucker zugesetzt wurde. Wenn das der Fall ist, handelt es sich nicht um reinen Fruchtsaft. Falls er Ihnen zu bitter ist, wählen Sie Saft aus rosa oder roter Grapefruit, er ist von Natur aus süßer.

Gesunder Genuss

Durch regelmäßigen Verzehr von Zitrusfrüchten lässt sich der Cholesterinspiegel senken. Außerdem können die Früchte vor Krebs schützen. Untersuchungen zufolge senken sie das Risiko für bestimmte Krebsarten des Verdauungstrakts, so etwa für Darmkrebs. Rosa und rote Grapefruits enthalten Lycopin, das vermutlich das Risiko für Brust- oder Prostatakrebs verringert.

Küchengeheimnisse

Das Schälen einer Grapefruit geht leichter, wenn Sie ein Grapefruit- oder Zitrusfruchtmesser zur Hilfe nehmen. Mit der gebogenen, gezähnten Klinge und dem Ziselierhaken können Sie das Fruchtfleisch fein säuberlich von den trennenden Häutchen ablösen, nicht nur bei Grapefruit, sondern auch bei Orangen. Ein Grapefruitlöffel ist ebenso praktisch; er hat Sägezähne wie ein Messer.

Der satte Farbton einer Orange bedeutet nicht unbedingt, dass sie reif ist – oft spielt künstlicher Farbstoff mit. Wählen Sie feste Früchte, die für ihre Größe schwer wirken.

Grapefruit und MEDIKAMENTE

Grapefruits beeinflussen oder verstärken die Wirkung von Medikamenten. Daher: Sollten Sie Medikamente einnehmen und gerne Grapefruit essen, sprechen Sie mit Ihrem Arzt. Grapefruit oder Grapefruitsaft kann z. B. die Wirkung von Statinen verstärken. Statine sind Cholesterinsenker, die vielen Diabetikern verschrieben werden. Mit der veränderten Wirkung steigt auch das Risiko für Nebenwirkungen.

Köstliches mit Wunderwirkung

- **Beginnen Sie den Tag** mit einer halben Grapefruit.
- **Orangen- und Grapefruitschnitze** passen zu grünem Salat.
- **Erfrischendes Dessert:** Orangen- und Grapefruitschnitze mit zuckerfreiem Gelee.
- **Gesundes Joghurtgetränk:** Entkernte Orangen, fettarmer Naturjoghurt, gefrorene Erdbeeren und Vanille mischen und pürieren.

Rezepte

Gebratene rosa Grapefruit 288
Graupensalat mit Zuckerschoten und Zitronendressing 216
Orangen-Granatapfel-Salat 292
Salat mit gebratener Hähnchenbrust und Orangenfilets 214

Zitrusfrüchte sind wahre Vitamin-C-Bomben
und enthalten noch andere Wirkstoffe, wie Flavonoide und Antioxidantien, die vor Herzkrankheiten schützen.

Zwiebeln

 Lassen Sie die Zwiebel nicht links liegen, nur weil sie Ihnen Tränen in die Augen treibt. Sie gilt nämlich als die »heimliche Königin der Küche«, weil sie einzigartig schmeckt und gesund ist. Zwiebeln enthalten schwefelhaltige Pflanzenstoffe, die sowohl für den Geruch als auch für ihre gesundheitliche Wirkung verantwortlich sind.

Im Tierversuch konnten Zwiebeln hohen Blutdruck bei Tieren mit Diabetes senken. Eine ägyptische Forschergruppe untersuchte Ratten mit Diabetes, die mit Zwiebelsaft gefüttert wurden. Das Ergebnis: Ihr Blutzuckerspiegel senkte sich um erstaunliche 70 %. Es gibt nur wenige Untersuchungen an Menschen. Eine Studie aus Indien ist zwar 30 Jahre alt, aber sie zeigt dennoch, dass Diabetiker durch 60 g Zwiebeln täglich einen deutlich niedrigeren Blutzuckerspiegel bekommen.

Experten sind überzeugt, dass diese Wirkung auf die schwefelhaltigen Inhaltsstoffe und die Flavonoide zurückzuführen ist. Diese Antioxidantien helfen auch, Spätfolgen von Diabetes und Herzkrankheiten zu vermeiden.

Zwiebeln scheinen auch den Spiegel des HDL, also des guten Cholesterins, anzuheben. Eine Studie untersuchte Menschen, die besonders viele Zwiebeln zusammen mit flavonoidreichen Lebensmitteln aßen. Ihr Risiko für Herzkrankheiten war um 20 % verringert. Die schwefelhaltigen Inhaltsstoffe der Zwiebel wirken ähnlich wie Acetylsalicylsäure der Entstehung von Blutgerinnseln entgegen. Außerdem können sie Bluthochdruck senken.

Des Weiteren gehören Zwiebeln zu den besten Lieferanten für Chrom, ein Spurenelement, dass dem Körper hilft, auf Insulin zu reagieren.

Gesunder Genuss

Die schwefelhaltigen Inhaltsstoffe und Flavonoide der Zwiebel schützen vermutlich vor einigen Krebsarten. Eine chinesische Studie untersuchte Männer, die täglich mindestens 1 Esslöffel gehackte Zwiebeln oder ein verwandtes Gemüse aßen (Knoblauch, Frühlingszwiebeln, Schnittlauch oder Lauch). Ihr Risiko für Prostatakrebs war nur halb so groß wie das von Männern, die täglich weniger als $1/4$ Esslöffel von diesen Gemüsen aßen. Auch vor Lungenkrebs scheinen Flavonoide zu schützen.

Es gibt Hinweise darauf, dass Zwiebeln die Knochenstruktur erhalten und vor Osteoporose schützen. Die anti-entzündliche Wirkung der schwefelhaltigen Bestandteile kann daher Schmerzen und Schwellungen bei Arthritis lindern. Frühlingszwiebeln sind reich an Vitamin C und Beta-Karotin.

Küchengeheimnisse

Je mehr Tränen Zwiebeln verursachen, desto gesünder sind sie. Ihre Augen tränen weniger, wenn Sie die Zwiebeln etwa $1/2$ Stunde ungeschält

---

ZWIEBELN und Antioxidantien

Es gibt viele verschiedene Zwiebelsorten, von den scharfen roten bis hin zu den milden Gemüsezwiebeln – und jede hat ihren eigenen Geschmack. Auch im Hinblick auf Nährstoffe und Antioxidantien unterscheiden sie sich. Um in den Genuss all ihrer gesundheitlichen Vorteile zu kommen, wählen Sie die Zwiebeln mit dem höchsten Gehalt an Antioxidantien.

ZWIEBELSORTE	ANTIOXIDANTIEN
Schalotten	hoch
Rote Zwiebeln	
Küchenzwiebel	
Frühlingszwiebeln	
Spanische Gemüsezwiebeln	niedrig

NAHRUNGSMITTEL MIT WUNDERWIRKUNG | 165

Zwiebeln (Fortsetzung)

ins Gefrierfach legen. Lassen Sie beim Schneiden den Teil mit den Wurzeln intakt, denn hier ist die Konzentration der Stoffe, die in den Augen brennen, am höchsten. Bitte nicht mit den Fingern die Augen reiben!

Bewahren Sie Zwiebeln trocken und kühl, aber nicht im Kühlschrank und nicht zusammen mit Kartoffeln auf. Kartoffeln geben Feuchtigkeit und ein Gas ab, sodass die Zwiebeln schneller verderben.

Köstliches mit Wunderwirkung

Zwiebeln – ebenso wie Knoblauch – passen zu fast allem. Hier einige Vorschläge:

- **Geben Sie Zwiebeln** zu Pfannengerichten und Eintöpfen.
- **Auch roh lecker:** Gehackte Zwiebeln mit Tomaten, Avocado und Chilischoten zu einem blutzuckerfreundlichen Dip verarbeiten. Etwas Limettensaft darüber geben.
- **Zwiebeln kurz anbraten** und zu Mais, Kartoffeln oder Erbsen essen.
- **Frühlingszwiebeln** passen zu Reisgerichten.
- **Geben Sie Ringe** von milden Zwiebeln in den Salat.
- **Gehackte rote Zwiebeln** eignen sich für Hühnchen-, Thunfisch- oder Eiersalat.
- **Frucht-Chutney:** Pfirsiche, Mangos, Birnen, Äpfel oder Aprikosen und viele gehackte Zwiebeln mischen. Das ist eine ideale Beilage, die den Blutzuckerspiegel nicht hochschnellen lässt.
- **Gebratene Zwiebeln** geben Gemüse-, Kartoffel- und Nudelgerichten einen besonderen Geschmack: 1 Zwiebel in dünne Ringe schneiden. 1 Esslöffel Olivenöl bei mittlerer Hitze in einer schweren Pfanne erhitzen. Zwiebeln bei geschlossenem Deckel 10 Minuten anbraten, dabei oft umrühren. Dann Deckel abnehmen und weitere 10 Minuten braten, bis sie goldbraun sind.
- **Für französische Zwiebelsuppe:** Probieren Sie doch Vollkorn-Croutons anstelle von Brot und Käse als Einlage.

Rezepte

Deftige Erbsensuppe mit Croutons 230
Eintopf mit Lammfleisch und Frühlingsgemüse 238
Griechischer Nudel-Hackfleisch-Auflauf 240
Hühnerkeule auf marokkanische Art, mit Butternutkürbis und kleinen Zwiebeln 247
Mexikanischer Eintopf mit Schweinefleisch 238
Putenchili mit Avocado-Salsa 252
Rindfleisch-Eintopf 238
Rindfleischpfanne mit Brokkoli und Paprika 234
Rosenkohl-Paprika-Gemüse mit Kümmel 284
Rote Linsensuppe mit Curry 230
Schweinekoteletts mit Pfannengemüse 242
Spinat mit Pinienkernen und Korinthen 286
Topinambur-Puffer 281
Würziges Curry aus Butternutkürbis 282

> **IDEALE PORTION: 80 g**
>
> Zwiebeln haben **sehr wenig Kalorien**, verwenden Sie sie also, so oft Sie mögen. Gesundheitlich am wirkungsvollsten sind feingehackte **rohe** Zwiebeln.

Zum Frühstück

Wenn Ihr Frühstück aus Plunder- oder Blätterteiggebäck besteht, vielleicht auch aus Toastbrot mit Marmelade, dann ist das nicht der richtige Start in den Tag. Solch ein Frühstück macht all Ihre Bemühungen um einen kontrollierten Blutzuckerspiegel zunichte. Ein kohlenhydratreiches Frühstück lässt unseren Blutzuckerspiegel ansteigen. Und das brauchen wir, um für den Tag gewappnet zu sein. Doch es kommt auf die richtigen Kohlenhydrate an: Es müssen solche sein, die anhaltend sättigen und nur langsam ins Blut übergehen. Hierfür genügen schon kleine Mengen Kohlenhydrate, vor allem wenn sie mit Eiweiß kombiniert werden.

Unsere fünf besten Regeln:

1. **Essen Sie weniger Kohlenhydrate pro Mahlzeit.** Eine Scheibe Vollkornbrot ist besser als zwei Scheiben Weißbrot. Und 30 g Zerealien sind sinnvoller als eine große Schüssel voll.
2. **Wählen Sie Zerealien mit niedriger GL,** beispielsweise Frühstücksflocken aus Vollkorn mit etwa 5 g Ballaststoffen pro Portion (s. Getreide-Rangliste Seite 110). Der Ballaststoffgehalt ist vor allem abhängig vom Kleieanteil. Achten Sie deshalb beim Einkauf besonders auf das Etikett und bevorzugen Sie ungesüßte Müslimischungen mit Kleie.
3. **Meiden Sie Gebäck aus Weißmehl,** vor allem wenn es ungesunde Fette enthält. Dazu zählen Plundergebäck, Blätterteigteilchen, Croissants, Toastbrot und Muffins.
4. **Ersetzen Sie einen Teil der Kohlenhydrate** durch Obst und eiweißreiche Produkte: einfach ein paar gehackte Nüsse über das Müsli streuen und einige Beeren untermischen. Lecker ist eine Grapefruit zusammen mit Vollkorntoast, bestrichen mit Halbfettmargarine, Erdnussbutter oder Quark. Ein Stück Obst nach dem Frühstücksei ist ebenfalls empfehlenswert. Solche Mahlzeiten sättigen anhaltend und wirken sich günstig auf den Blutzucker aus.
5. **Nehmen Sie für Fruchtsäfte kleine Gläser.** Die Säfte sind zwar sehr gesund, sollten aber nur in Maßen genossen werden, weil sie reichlich Kalorien enthalten und den Blutzuckerspiegel rasch erhöhen.

Ein gesundes Frühstück, die wichtigste Mahlzeit des Tages, hält den Blutzucker stabil und den Hunger in Schach. Mit einem richtigen Start in den Tag fühlen Sie sich länger fit und anhaltend satt.

Typisches Frühstück

2 Scheiben Toastbrot mit 2 TL Butter
2 TL Himbeerkonfitüre
Kaffee mit Kaffeesahne (10% Fett, 20 g)) und Zucker

GESAMT GL: **HOCH**
ENERGIEGEHALT: **384 kcal**

Die bessere LÖSUNG

GESUNDE Variante 1

- 2 Scheiben Weizenvollkorntoastbrot
- 2 Rühreier (Größe M), gebraten in wenig Sojaöl
- 2 dünne Scheiben roher Schinken (ohne Fettrand), gebraten
- 1 Tomate, halbiert, gebraten
- 30 g Champignons, gebraten
- Kaffee oder Tee mit fettarmer Milch

Die Fakten

- Weißbrot wird durch Vollkornbrot ersetzt. Das mindert die GL.
- Butter wird durch das Sojaöl der Beilagen ersetzt. Ein zusätzliches Aufstrichfett ist nicht nötig.
- Pilze und Tomaten erhöhen das Volumen der Mahlzeit und sättigen.
- Roher Schinken ist mager, würzig und hilft, Kochsalz zu sparen.
- Die Mahlzeit sättigt gut und aufgrund des hohen Eiweißgehaltes anhaltend.

GESAMT GL: **MITTEL**
ENERGIEGEHALT: **450 kcal**

Noch besser ist, das Weizenvollkorn- durch Roggenbrot zu ersetzen.

Typisches Frühstück

1 Hörnchen aus Plunderteig mit 2 TL Butter und 2 TL Konfitüre
Kakaogetränk (200 ml, Vollmilch und Kakao-Instantpulver)

GESAMT GL: HOCH
ENERGIEGEHALT: 719 kcal

Die bessere LÖSUNG

GESUNDE Variante 2

1 Grahambrötchen, nach Belieben getoastet, und 1 EL Erdnussbutter
1 mittelgroßer Apfel
Kaffee oder Tee ohne Milch und Zucker

Die Fakten

- Statt dem fettreichen Plundergebäck wird ein gesundes Weizenvollkornbrötchen verwendet, das einen hohen Schrot- und Kleieanteil hat und die GL senkt.
- Das Brötchen wird halbiert, eventuell getoastet.
- Erdnussbutter bringt viel Abwechslung auf den Tisch und ist reich an gesunden Fettsäuren und Eiweiß.
- Der Apfel liefert Vitamine, Ballaststoffe und Fruchtsäuren, die sich günstig auf den Blutzuckerspiegel auswirken.
- Milchshakes, Trinkschokolade oder andere milch- und zuckerhaltige Getränke sind wahre Kalorienbomben. Ideal zum Frühstück ist und bleibt Kaffee oder Tee.

GESAMT GL: MITTEL
ENERGIEGEHALT: 300 kcal

Typisches Frühstück

Eine große Schüssel mit Cornflakes (60 g)
250 ml fettarme Milch (1,5 % Fett)
Kaffee oder Tee

GESAMT GL: HOCH
ENERGIEGEHALT: 323 kcal

Die bessere LÖSUNG ➘

GESUNDE Variante 3

30 g Müsli mit 80 g Erdbeeren,
  2 TL Mandelstifte (15 g) und 125 ml fettarme Milch
Kaffee oder Tee ohne Milch und Zucker

Die Fakten
- Die Zerealien mit hoher GL werden gegen solche mit niedriger GL ausgetauscht.
- Die Portion ist kleiner, um die GL des Frühstücks zu senken.
- Das Müsli wird durch frische Früchte und Mandeln ergänzt, die die Portion vergrößern, ohne die GL merklich zu beeinflussen. Erdbeeren gelten aufgrund ihres hohen Vitamingehalts als besonders gesund. Sie liefern auch sekundäre Pflanzenstoffe. Die Mandeln sind reich an wertvollen Fettsäuren. Sie verzögern die Verdauung und den Blutzuckeranstieg.

GESAMT GL: MITTEL
ENERGIEGEHALT: 278 kcal

Noch besser ist Müsli mit Kleieanteil. Besonders wertvoll ist Haferkleie.

Zum **Mittagessen**

Ein gesundes Mittagessen ist wichtig, um fit und leistungsfähig zu bleiben. Nehmen Sie sich Zeit, die warme Mahlzeit in gemütlicher Atmosphäre schön anzurichten. Es ist sehr wichtig, wo und was Sie zu Mittag essen, denn diese Mahlzeit kann den Blutzuckerspiegel für den Rest des Tages maßgeblich beeinflussen. Das gilt auch für das frisch zubereitete Essen außer Haus.

Unsere **fünf besten** Regeln:

1. **Beschränken Sie sich auf eine Portion Kohlenhydrate,** also eine Beilage aus Kartoffeln, Nudeln, Reis oder anderen Getreideprodukten.
2. **Nehmen Sie reichlich Gemüsebeilagen.** Das füllt den Teller ebenso wie den Magen und freut das Auge. Auch Tiefkühlgemüse ist geeignet.
3. **Wählen Sie stets einen gemischten Salat,** der auch etwas Eiweiß enthält. Das kann ein gekochtes Ei sein, Thunfisch, Schinken, Käse oder Tofu. Auch Hülsenfrüchte passen gut in einen gemischten Salat. Dieser sollte mit Essig-Öl-Dressing angemacht sein.
4. **Essen Sie eiweißreich und fettarm.** Fleisch sollte möglichst mager sein. Entfernen Sie Fettränder und essen Sie gebratenes Geflügel ohne Haut. Gute Eiweißquellen sind auch Tofu, Hülsenfrüchte und natürlich Fisch.
5. **Trinken Sie reichlich Mineralwasser zum Essen.** Erfrischungsgetränke wie Cola und Limonade sollten Sie meiden. Ein Glas Wein zum Essen ist erlaubt, falls es Ihnen der Arzt nicht verboten hat. Säfte trinken Sie am besten nur als Schorle, denn sie sind zucker- und kalorienreich. Gewöhnen Sie sich an, zu jedem Essen ein Glas Wasser zu trinken.

Essen Sie nicht hektisch nebenbei. Nehmen Sie sich Zeit für das Mittagessen. Zuhause richten Sie die Speisen am besten in kleineren Schüsseln an, die nicht zu voll sein sollten. Das lässt Sie nur kleinere Mengen auf den Teller laden. Nehmen Sie Kuchenteller statt großer Teller. Reichen Sie unbedingt Gemüse und Salat zum Essen (wie Radieschen, Tomate, Karotte, Gurke).

Typisches Mittagessen

200 g gegrilltes Roastbeef
1 große Folienkartoffel (250 g) mit 10 g Butter
50 g Salatbeilage mit Mayonnaisedressing (15 g)
1 Stück Baguette mit Butter (10 g)
125 ml Rotwein

GESAMT GL: **HOCH**
ENERGIEGEHALT: **802 kcal**

Die bessere LÖSUNG ↘

GESUNDE Variante 1

150 g gegrilltes Roastbeef
1 mittelgroße Folienkartoffel (150 g) mit Halbfettmargarine (5 g) und geriebene Muskatnuss
80 g gegarter Brokkoli
großer gemischter Salat aus Blattsalat, roter und gelber Paprika, Zwiebelwürfeln
1 EL Essig-Öl-Dressing
125 ml Rotwein

Die Fakten

- Die Fleisch- und die Kartoffelmenge werden reduziert, Baguette und Butter gestrichen.
- Die Salatportion darf doppelt so groß sein, außerdem gibt es Brokkoli. Das macht satt und mindert die GL.
- Das Mayonnaisedressing wird durch ein Essig-Öl-Dressing ersetzt. Die Säure fördert die Verdauung und senkt die GL. Öl liefert wertvolle Fettsäuren.
- Für die Folienkartoffel wird Halbfettmargarine verwendet. Das hilft, Fett zu sparen und die GL zu mindern.

GESAMT GL: **MITTEL**
ENERGIEGEHALT: **480 kcal**

Typisches Mittagessen

1 große Portion Spaghetti (275 g gegart) mit 200 ml Tomatensauce, 4 Hackfleischbällchen (100 g, aus gemischtem Hackfleisch), einer Portion Salat (Gurke, Tomate) und Mayonnaisedressing
2 Scheiben Ciabatta
250 ml Cola oder Limonade
GESAMT GL: **HOCH**
ENERGIEGEHALT: **1 000 kcal**

Die bessere LÖSUNG

GESUNDE Variante 2

150 g Vollkornspaghetti (gegart) mit 100 ml Tomatensauce
100 g Hackbällchen aus Rinderhack
1 große Portion Salat (Tomate, Gurke, Oliven, Zwiebeln, Blattsalat) mit Essig-Öl-Dressing
250 ml Diätlimonade

Die Fakten

- Die Spaghettiportion ist kleiner, und es werden Vollkornspaghetti verwendet, die die GL senken und mehr Ballaststoffe liefern. Bei weniger Nudeln braucht man auch weniger Sauce.
- Die Hackbällchen bestehen aus Rinderhack. Das spart Fett und Kalorien.
- Das Brot wird gestrichen. Für die ausreichende Sättigung sorgt die größere Portion Salat, der mehr Vitamine und Ballaststoffe enthält als Weißbrot.
- Mayonnaise wird durch Essig-Öl-Dressing ersetzt, das wertvolle Fettsäuren liefert und aufgrund der Essigsäure die GL mindert.

GESAMT GL: MITTEL
ENERGIEGEHALT: 590 kcal

Typisches Mittagessen

125 g Schweinekotelett
250 g gekochte Bandnudeln mit 1 EL Butter, 1 EL geriebenem Parmesan und etwas gehackter Petersilie
1 Brötchen mit 1 EL Butter
1 Glas Bier (0,25 l)

GESAMT GL: HOCH
ENERGIEGEHALT: 900 kcal

Die bessere LÖSUNG

GESUNDE Variante 3

125 g Schweinekotelett
250 g Bulgur mit Ingwer und Orange *(Rezept s. Seite 275)*
Gedünsteter Spinat mit Ingwer und Sojasauce *(Rezept s. Seite 287)*
1 Glas alkoholarmes Bier (0,25 l)

Die Fakten

- Die Nudeln werden gegen Bulgur getauscht. Diese Weizenart enthält mehr Ballaststoffe, sättigt gut und senkt daher die GL.
- Das Brötchen wird gestrichen. Die Mahlzeit sättigt ausreichend.
- Der Spinat ersetzt das Brötchen auf gesunde und kalorienarme Art. Er liefert viele Mineralien, Vitamine sowie Ballaststoffe und senkt die GL.
- Statt normalem Bier gibt es alkoholarmes, das viel weniger Kalorien enthält.

GESAMT GL: MITTEL
ENERGIEGEHALT: 543 kcal

Noch besser ist, das alkoholarme Bier durch Wasser zu ersetzen.

Typisches Mittagessen

300 g Gemüsepfanne (Fertiggericht aus Rindfleisch und Broccoli)
180 g gegarter Langkornreis
250 ml Cola oder Limonade

GESAMT GL: **HOCH**
ENERGIEGEHALT: **633 kcal**

Die bessere LÖSUNG

GESUNDE Variante 4

100 g ungeschälte Edamame (grüne Sojabohnen aus dem Asia-Laden)
1 Portion Rindfleischpfanne mit Brokkoli und Paprika *(Rezept s. Seite 234)*
100 g gegarter Vollkornreis
schwarzer oder grüner Tee

Die Fakten

- Das Pfannengericht lässt sich schnell zu Hause zubereiten. Dann können Sie die Zutaten und die Mengen selbst bestimmen. Das gilt vor allem für die Art und Menge des Fettes und für das Gemüse.
- Der weiße Reis wird durch Vollkornreis, mit niedrigerer GL, ersetzt. Die geringere Menge senkt die Gesamt-GL, und der Sättigungswert wird durch mehr Gemüse ausgeglichen.
- Als Vorspeise gibt es eine japanische Spezialität: Edamame, junge grüne Sojabohnen, die man gart und aus der Hülse direkt in den Mund drückt. Sie sind gute Ballaststofflieferanten, enthalten viel Eiweiß und stillen den ersten Hunger. Außerdem nimmt der Genuss dieser Vorspeise etwas Zeit in Anspruch, was für das Sättigungsgefühl von Vorteil ist.
- Das Getränk wird durch kalorienfreien Tee ersetzt.

GESAMT GL: **MITTEL**
ENERGIEGEHALT: **371 kcal**

Typisches Mittagessen

1 Portion gebratene Hähnchenbrust mit Haut (200 g)
1 Portion Kartoffelpüree (220 g)
60 ml Bratensauce (Fertigprodukt)
Mineralwasser mit Zitrone

GESAMT GL: **HOCH**
ENERGIEGEHALT: **500 kcal**

Die bessere LÖSUNG

GESUNDE Variante 5

1 Portion gebratenes Hähnchenbrustfilet, enthäutet (125 g)
50 g gedünstete Apfelwürfel mit Walnusskernen
1 Portion Würzige Möhren nach marokkanischer Art *(Rezept s. Seite 286)*
Mineralwasser mit Zitrone

Die Fakten

- Die gebratene Haut sollte man nicht verzehren. Sie ist cholesterinreich und enthält gesättigte Fettsäuren, die den Blutfettspiegel erhöhen und eine Insulinresistenz begünstigen.
- Das Kartoffelpüree wird durch Möhrengemüse ersetzt. Es sättigt gut, liefert wertvolle Vitamine, Ballaststoffe sowie sekundäre Pflanzenstoffe und senkt die GL der Mahlzeit.
- Die Apfel-Nuss-Mischung ist eine ebenso originelle wie gesunde Garnitur. Äpfel liefern Säure und Ballaststoffe, Nüsse wertvolle Fettsäuren. Beide tragen zu einer niedrigen GL der Mahlzeit bei.

GESAMT GL: **MITTEL**
ENERGIEGEHALT: **300 kcal**

Für Zwischendurch

Jeder kennt sie, die Leistungstiefs am Nachmittag. Zwischen 15 und 16 Uhr treten sie auf, weil dann der Blutzuckerspiegel niedrig ist. Die richtigen Snacks stabilisieren jedoch den Blutzuckerspiegel wieder und liefern rasch Energie nach.

Unsere drei besten Regeln:

1. **Nehmen Sie Ihre Zwischenmahlzeiten von zu Hause mit.** Ein paar Möhren, ein Stück Staudensellerie, einige Weintrauben oder Kirschtomaten, einen Becher Joghurt – das alles passt wunderbar in die Brotdose.
2. **Vermeiden Sie Chips,** denn sie sind fettreich. Auch auf süße Backwaren sollten Sie verzichten. Diese enthalten meist viel ungesundes Fett und Zucker.
3. **Gute Snacks sind Nüsse,** Naturjoghurt und Kräuterquark. Sie liefern Eiweiß, haben aber kaum Kohlenhydrate.

2 Zimt-Donuts

GESAMT GL: HOCH
ENERGIEGEHALT: 484 kcal

1 Heidelbeer-Hafer-Muffin
(*Rezept s. Seite 198*)

Die Fakten
- Die Muffins sind gebacken, nicht wie die Donuts frittiert. Sie enthalten weniger ungesunde Fette.
- Haferflocken erhöhen den Ballaststoffgehalt und senken die GL des Gebäcks. Auch getrocknete Früchte steigern den Ballaststoffgehalt.

GESAMT GL: MITTEL
ENERGIEGEHALT: 170 kcal

1 Müsliriegel mit Nüssen und Trockenfrüchten

GESAMT GL: MITTEL
ENERGIEGEHALT: 200 kcal

65 g Trockenobstmischung (getrocknete Aprikosen, Apfelringe, Rosinen, einige Mandeln)

Die Fakten
- Das aus den Mandeln stammende Fett besteht aus gesunden Fettsäuren.
- Der Ballaststoffgehalt der Trockenobstmischung ist höher, der Zuckergehalt niedriger als im Müsliriegel.

GESAMT GL: NIEDRIG
ENERGIEGEHALT: 150 kcal

100 g Kartoffelchips

GESAMT GL: **HOCH**
ENERGIEGEHALT: **539 kcal**

6 Vollkornkräcker
30 g Hartkäse, 45 % F. i. Tr.
1 kleine Birne

Die Fakten

- Die Kartoffelchips werden durch Obst, Vollkornkräcker und etwas Käse ersetzt. Das senkt die GL.
- Essen Sie nur wenig Käse, denn er enthält gesättigte Fettsäuren. Wählen Sie Sorten unter 45 % F. i. Tr.. Sie sind eiweißreich, aber moderat im Kalorien- und Fettgehalt.
- Ein Stück Obst ist kalorienarm, sättigend und in jeder Hinsicht gesund. Es liefert Ballaststoffe und senkt die GL.

GESAMT GL: **MITTEL**
ENERGIEGEHALT: **300 kcal**

1 Erdbeertörtchen

GESAMT GL: **MITTEL**
ENERGIEGEHALT: **175 kcal**

2 Scheiben Haferknäckebrot mit Erdbeerscheiben und ggf. etwas Magerquark

Die Fakten

- Die Tarteletts bestehen aus Mürbteig, der reich an Butter ist und recht viel Zucker enthält. Der Ballaststoffgehalt und der Sättigungswert sind gering.
- Haferknäckebrot hat einen hohen Ballaststoffgehalt. Mit etwas Magerquark und Erdbeerscheiben garniert, wird daraus ein blutzuckerfreundlicher Snack.

GESAMT GL: **NIEDRIG**
ENERGIEGEHALT: **130 kcal**

50 g Geleefrüchte, Gummibärchen

GESAMT GL: **MITTEL**
ENERGIEGEHALT: **175 kcal**

20 g fettfrei geröstete Erdnüsse

Die Fakten

- Nüsse und Kerne liefern hochwertiges Eiweiß und wertvolle Fettsäuren. Sie sind zwar kalorienreich, aber in kleinen Mengen sehr gesund.
- Naschwerk, zu dem Gummibärchen und Geleefrüchte zählen, hat nur »leere Kalorien«, erhöht den Blutzuckerspiegel und schadet auch den Zähnen.

GESAMT GL: **NIEDRIG**
ENERGIEGEHALT: **114 kcal**

Zum Abendessen

In manchen Familien geht es vor dem Abendessen ziemlich chaotisch zu: Man ist müde von der Arbeit, alle haben Hunger, und das Essen soll schnell fertig sein. Wir haben eine gute Nachricht für Sie: Sie können in kurzer Zeit sogar etwas Köstliches mit Wunderwirkung auf den Tisch bringen!

Unsere fünf besten Regeln:

1. **Tauschen Sie Weißbrot immer gegen Vollkornbrot aus.** Roggenvollkornbrot und Pumpernickel haben die niedrigste GL im Brotsortiment. Vollkornmehl zum Backen stellt eine sinnvolle Wahl dar, denn die Backeigenschaften sind recht gut. Es lässt sich auch mit Weißmehl mischen. Am gesündesten ist jedoch Sauerteigbrot, denn die Säure mindert die GL.

2. **Mayonnaise sollte tabu sein!** Besser ist ein Klecks Senf. Denn er ist fett- und kohlenhydratarm und liefert wertvolle Säuren für den Geschmack sowie für die GL.

3. **Frisches Obst zum Nachtisch ist das Beste!** Wenn es nach dem Abendessen noch ein Nachtisch sein soll, dann greifen Sie zu Früchten. Doch diese sollten Sie nicht nur abends, sondern mehrmals am Tag essen, vor allem zwischendurch.

4. **Nehmen Sie sich Zeit zum Essen.** Am Abend nach der Arbeit sollte keine Hektik aufkommen. Langsames Essen sättigt besser, und davon profitiert auch die Figur.

5. **Streichen Sie Cola, Cola-Mix und Limonade komplett!** Ihre GL ist sehr hoch, und weil diese Getränke so süffig sind, trinkt man mehr als dem Blutzuckerspiel gut tut. Nehmen Sie besser Mineralwasser oder Fruchtsaftschorlen, die 1:1 aus Fruchtsaft und Mineralwasser bestehen. Eine große Apfelschorle zum Beispiel (500 ml) fällt kaum ins Gewicht.

Das gemeinsame Abendessen kann ein schöner Tagesabschluss sein. Mit einem nährstoffreichen, vielseitigen, leicht verdaulichen Mahl klingt der Tag gemütlich aus. Sie werden überrascht sein, mit wie wenig Aufwand eine gesunde Ernährung verbunden ist. Schön angerichtet serviert, liefern Gemüse, Käse, Wurst und Obst alles, was für diese Mahlzeit wichtig ist.

Typisches Abendessen

2 Scheiben Weißbrot mit 2 Scheiben gebratener Putenbrust, 2 Scheiben Schmelzkäse und 1 EL Mayonnaise
1 Banane
3–4 Kräcker
500 ml Apfelsaft
GESAMT GL HOCH
ENERGIEGEHALT: 891 kcal

Die bessere LÖSUNG

GESUNDE Variante 1

2 Scheiben Vollkornbrot mit:
  2 Scheiben gebratener Putenbrust
  1 Scheibe Schmelzkäse (45 % F. i. Tr.)
  Salatblättern, Tomatenscheiben,
  1 TL Senf
12 Süßkirschen
30 g Schokomandeln
200 ml Grapefruitschorle

Die Fakten

- Weißbrot mit seiner hohen GL wird gegen Vollkornbrot mit günstigerer GL ausgetauscht, was die Gesamt GL senkt.
- Die Käseportion wird halbiert, die Mayonnaise gestrichen. Das spart Fett und Kalorien.
- Ein bisschen Salat und Senf machen das Brot saftiger. Kirschen oder andere Früchte unterstützen den Sättigungseffekt und stellen ein gesundes Dessert mit vielen Vitaminen und Mineralstoffen dar.
- Banane, Kräcker und Apfelsaft liefern viele Kohlenhydrate. Besser sind Kirschen oder andere Früchte und mit Wasser verdünnte Säfte (Schorlen). Die Kräcker fallen weg.

GESAMT GL: MITTEL
ENERGIEGEHALT: 500 kcal

Typisches Abendessen

1 doppelter Cheeseburger
Pommes frites
500 ml Cola

GESAMT GL: HOCH
ENERGIEGEHALT: 1 175 kcal

Die bessere LÖSUNG

GESUNDE Variante 2

- 1 normaler Hamburger (100 g) mit Salatblättern, Tomatenscheiben und Gurke
- 1 Becher fettarmer Fruchtjoghurt (150 g, 1,5 % Fett)
- Mineralwasser

Die Fakten

- Der normale Hamburger enthält weniger Brot und der Anteil an magerem Fleisch ist höher als beim doppelten Cheeseburger. Es ist kein Käse dabei, dadurch sparen Sie weitere Kalorien.
- Die Pommes frites werden durch Fruchtjoghurt ersetzt. Das ist gesünder und hat weniger Kalorien.
- Cola ist ein Feind des Blutzuckerspiegels. Trinken Sie Mineralwasser als beste Alternative.

GESAMT GL: MITTEL
ENERGIEGEHALT: 400 kcal

Noch besser ist ein kleiner Hamburger, dazu gehört ein Salat mit Essig-Öl-Dressing.

SO IST'S GESÜNDER

Typisches Abendessen

2 Stücke Pizza mit Käse und Tomaten (250 g)
330 ml Cola oder Cola-Mixgetränk

GESAMT GL: **HOCH**
ENERGIEGEHALT: **690 kcal**

Die bessere LÖSUNG

GESUNDE Variante 3

- 1 Stück Vollkorn-Gemüsepizza
- 1 Portion Salat aus Blattsalat, Tomate, Gurke, mit Essig-Öl-Dressing
- 1 mittelgroßer Pfirsich
- 1 Glas Eistee mit Süßstoff gesüßt

Die Fakten

- Kalorien, Fett und Kohlenhydrate sind durch die kleinere Portion Pizza reduziert.
- Die Salatbeilage erhöht den Sättigungswert sowie den Ballaststoff- und Vitamingehalt der Mahlzeit.
- Die Frucht als Nachtisch sättigt ebenfalls und spendet wertvolle Vitamine und Mineralien. Außerdem hält sie die GL niedrig.

GESAMT GL: **MITTEL**
ENERGIEGEHALT: **366 kcal**

Noch besser ist selbstgemachte Pizza. Bereiten Sie den Teig mit Vollkornmehl zu und bestreichen Sie ihn mit Tomatensauce. Mit viel Gemüse, Pilzen und Käse (nicht über 45 % F. i. Tr.) belegen.

Typisches Abendessen

1 großer Weißmehl-Tortillafladen mit 60 g Rinderhackfüllung,
30 g Chester,
2 EL Salsasauce
45 Tortilla-Chips
200 ml Cola oder Cola-Mix
GESAMT GL: HOCH
ENERGIEGEHALT: 800 kcal

Die bessere LÖSUNG

GESUNDE Variante 4

1 Vollkorn-Tortilla mit 40 g gebratenem Hähnchenfleisch,
1 EL Kidneybohnen (aus der Dose),
15 g geriebenem Hartkäse (45 % F. i. Tr.) und reichlich Salatstreifen, Tomatenwürfel und Salsa
100 g Mango
Mineralwasser

Die Fakten

- Der Weißmehl-Tortillafladen wird durch einen Vollkorn-Fladen ersetzt. Dies mindert die GL.
- Die Füllung besteht aus wenig magerem Fleisch, aber reichlich Salat und etwas Gemüse. Das senkt die GL und verhilft aufgrund des hohen Ballaststoffgehaltes zu einer guten Sättigung.
- Die Mango liefert Vitamine und erfrischt. Sie erhöht den Sättigungswert der Mahlzeit und mindert die GL.
- Mineralwasser ist zum Essen ideal, weil es den Magen füllt und die Sättigung ohne jegliche Kalorienaufnahme fördert.

GESAMT GL: MITTEL
ENERGIEGEHALT: 400 kcal

Noch besser ist ein vegetarisches Gericht mit Tofu oder Hummus (orientalisches Kichererbsenpüree) statt Hähnchenfleisch.

Typisches Abendessen

1 Weißmehlbrötchen mit 4 Scheiben Salami,
  1 Scheibe Schmelzkäse
1 EL Mayonnaise
50 g Kartoffelchips
1 Schokoladenkeks
330 ml Cola oder Cola-Mixgetränk

GESAMT GL: HOCH
ENERGIEGEHALT: 980 kcal

Die bessere LÖSUNG

GESUNDE Variante 5

1 Vollkorn-Baguettebrötchen (70 g)
2 dünne Scheiben gebratenes Roastbeef (50 g)
2 Scheiben Edamer (50 g, 30 % F. i. Tr.)
gemischter Salat (Blattsalat, Tomate, Gurke, Radieschen) zum Belegen, angemacht mit Essig-Öl-Dressing (idealerweise mit Oliven- oder Rapsöl)
1 mittelgroßer Apfel (150 g)
Mineralwasser

Die Fakten

- Statt dem Weißmehlbrötchen gibt es Vollkornbrot. Es enthält mehr Ballaststoffe und sättigt besser.
- Die Salami wird gegen mageres Roastbeef getauscht. Es liefert mehr Eiweiß und weniger Fett.
- Der Salat senkt die GL der Gesamtmahlzeit, ist reich an ungesättigten Fettsäuren, säurehaltig und trägt zur besseren Sättigung bei.
- Der Apfel zum Dessert spendet wertvolle Nähr- und Wirkstoffe für die Verdauung und die Immunabwehr.

GESAMT GL: MITTEL
ENERGIEGEHALT: 500 kcal

Noch besser ist ein gemischter Blattsalat mit Roastbeefstreifen und Käsewürfeln.

Zum Dessert

Köstliche Desserts – nicht nur für Naschkatzen ein beliebter Gaumenschmaus! Doch das Zusammenspiel von weißem Mehl, Zucker und gesättigten Fettsäuren in Nachspeisen lässt den Blutzuckerspiegel in die Höhe schnellen wie bei keinem anderen Gericht. Die höhere GL und die Extra-Kalorien der meisten Desserts benötigen wir jedoch nicht. Dennoch müssen Sie nicht völlig auf Nachspeisen verzichten. Wird Ihnen Kuchen angeboten, lehnen Sie nicht gleich ab. Nehmen Sie nur ein kleines oder halbes Stück, ohne Sahne und dazu reichlich Früchte.

Unsere vier besten Regeln:

1. **Obst, Obst und nochmals Obst!** Es ist ebenso süß wie erfrischend, reich an Vitaminen sowie Mineralien – und in seiner unglaublichen Vielfalt für viele leicht zuzubereitende Desserts geeignet (Näheres dazu in den Rezepten in Teil 4).

2. **Beachten Sie die Portionsgröße!** Sie können im Grunde alle Desserts essen, vorausgesetzt die Portionsgröße ist angemessen. Richten Sie das Dessert auf kleinen Tellern oder in Schälchen an, dann wirkt eine kleine Portion Eis gleich größer. Oder setzen Sie kleine Desserts groß in Szene, indem Sie diese auf einem großen Teller mit viel frischen Beeren, Pfirsich- oder Bananenstücken anrichten.

3. **Auch Backwaren eignen sich für das Dessert.** Wählen Sie jedoch Gebäck aus Vollkornmehl. Unsere Rezepte in Teil 4 zeigen, dass Gebäck aus blutzuckerfreundlichem Vollkornmehl oder Haferflocken nicht nur gesund ist, sondern auch gut schmeckt.

4. **Achten Sie auf den Fettgehalt!** Ob nun Eiscreme als Nachspeise oder Frischkäse für den Kuchen – beachten Sie die Fettstufen. In den Fetten verstecken sich gesättigte Fettsäuren, die ungünstig für den Blutzuckerspiegel sind und sich leicht vermeiden lassen.

Betrachten Sie ein Dessert immer als etwas Besonderes und nicht als ein tägliches Muss. Lassen Sie sich daher nur zweimal pro Woche zu einer Nachspeise verführen, denn darin liegt letztlich auch ihr Reiz. Gönnen Sie sich doch an den anderen Tagen stattdessen einen Spaziergang, vornehmlich am Abend.

Typisches Dessert

1 Stück Apfelstrudel
2 Kugeln (120 g) Vanilleeis

GESAMT GL: **HOCH**
ENERGIEGEHALT: **480 kcal**

Die bessere LÖSUNG

GESUNDE Variante 1

1 Bratapfel, gefüllt mit Mandel-Rosinen-Mischung, Zimt und Rum (*Rezept s. Seite 296*)

Die Fakten
- Äpfel sind gesund, auch gegart oder gebraten, und sollten jeden Tag verzehrt werden. Und ein Bratapfel ist schnell zubereitet: Zu den Zutaten gehören Rosinen, Mandelblättchen, etwas brauner Zucker oder Honig, Zimt und ein wenig Rum (nach Belieben).
- Mandeln liefern wertvolle Fettsäuren, Eiweiß, Mineralstoffe und Vitamine. Sie mindern die GL des Desserts.
- Rosinen bringen eine besondere Süße in die Nachspeise. Sie enthalten reichlich Mineral- und Ballaststoffe.

GESAMT GL: MITTEL
ENERGIEGEHALT: 227 kcal

Typisches Dessert

2 Kugeln (120 g) Vanilleeis mit
5 EL Schokoladensauce

GESAMT GL: **HOCH**
ENERGIEGEHALT: **500 kcal**

Die bessere LÖSUNG

GESUNDE Variante 2

1 Kugel (60 g) Vanilleeis mit
80 g Erdbeeren
5 Walnusshälften

Die Fakten

- Eiscreme ist sehr fett- und zuckerreich, vor allem enthält sie gesättigte Fettsäuren, die die Insulinempfindlichkeit beeinträchtigen. Eine kleine Portion ist jedoch vertretbar.
- Die Schoko-Sauce enthält viel Fett und Zucker. Sie hat eine hohe GL und sollte daher gestrichen werden.
- Walnüsse und Erdbeeren ergänzen das Dessert auf gesunde und köstliche Weise. Die Ballaststoffe, die gesunden Fette und das Eiweiß der frischen Beeren verbessern die Insulinempfindlichkeit.

GESAMT GL: MITTEL
ENERGIEGEHALT: 265 kcal

Typisches Dessert

1 Portion Tiramisu (150 g)

Die bessere LÖSUNG

GESAMT GL: **HOCH**
ENERGIEGEHALT: **365 kcal**

GESUNDE Variante 3

3 Kugeln (180 g) Zitronen- und Beeren-Sorbet (*Rezept s. Seite 295*)

Die Fakten
- Sorbets sind kühle Köstlichkeiten fast ohne Fett und daher mit deutlich weniger Kalorien als Eis.
- Ein Sorbet wird aus Früchten und Fruchtsaft hergestellt. Beide liefern Säure und mindern die GL.
- Die Früchte enthalten viel natürlichen Fruchtzucker. Dennoch ist der Zusatz von Haushaltszucker notwendig, um die gewünschte Konsistenz zu erreichen.
- Der Haushaltszucker lässt sich auch durch braunen Zucker oder Honig ersetzen.

GESAMT GL: **MITTEL**
ENERGIEGEHALT: **250 kcal**

Typisches Dessert

1 Portion Pudding (125 g)

GESAMT GL: HOCH
ENERGIEGEHALT: 120 kcal

Die bessere LÖSUNG

GESUNDE Variante 4

150 g Quarkspeise mit Früchten, Zimt und Zitronensaft (*Rezept s. Seite 292*)

Die Fakten

- Quark enthält reichlich Eiweiß und Mineralstoffe. Er sättigt ebenso gut wie anhaltend und hat eine niedrige GL.
- Die Früchte liefern wertvolle Vitamine und Ballaststoffe, sorgen für eine gute Sättigung und mindern aufgrund ihres Säuregehaltes die GL der Mahlzeit.
- Zimt und Zitrone zählen zu den wunderbaren Nahrungsmitteln und mindern die GL des Desserts.

GESAMT GL: MITTEL
ENERGIEGEHALT: 147 kcal

4 Wunderbare
Rezepte und Menüpläne

Frühstück

Haferflockenbrei mit Apfel

4 Portionen

VORBEREITUNG: 5 MINUTEN
ZUBEREITUNG: 10 MINUTEN

Was gibt es Besseres, als mit einem gesunden Getreidefrühstück in den Tag zu starten? Probieren Sie diesen Haferbrei, der sechs Nahrungsmittel mit Wunderwirkung in sich vereint. Sie dürften bis zum Mittag keinen Hunger verspüren, und dennoch ist Ihr Blutzuckerspiegel stabil.

500 ml fettarme **Milch** oder **Soja-Drink**
60 g kernige **Haferflocken**
1 mittelgroßer **Apfel,** geschält, entkernt und gewürfelt
50 g getrocknete Rosinen (oder Cranberries)
½ TL gemahlener **Zimt**
40 g **Leinsamen**, grob geschrotet (s. Tipp Seite 197)
4 EL fettarmer **Naturjoghurt** (50 g, 1,5 % Fett)
4 EL Ahornsirup oder 2 EL brauner Zucker (Rohzucker)

1 **Die Milch** oder den Soja-Drink mit Haferflocken, Apfelstücken, Rosinen und Zimt in einem Topf bei mittlerer Hitze unter ständigem Rühren zum Kochen bringen.

2 **Das Ganze** auf niedrigster Stufe etwa 3–5 Minuten zu einem dicklichen Brei ausquellen lassen. Zwischendurch umrühren.

3 **Den Leinsamen** einrühren. Den Haferbrei auf vier Teller verteilen und jeweils 1 EL Joghurt sowie etwas Ahornsirup (oder Zucker) darüber geben. Heiß servieren! Sollte Haferbrei übrig bleiben, diesen zugedeckt im Kühlschrank aufbewahren und am nächsten Tag im Mikrowellenherd erhitzen und aufbrauchen.

PRO PORTION: 282 kcal; 9 g Eiweiß; 19 g Kohlenhydrate; 3 g Ballaststoffe; 8 g Fett (davon 0,5 g gesättigte Fettsäuren); 8 mg Cholesterin; 0,15 g Salz

Vollkornpfannkuchen oder -waffeln

8 Portionen

VORBEREITUNG: 20 MINUTEN
ZUBEREITUNG: 15–20 MINUTEN

Pfannkuchen und Waffeln sind meist alles andere als gesund, aber diese hier sind empfehlenswert. Ein Teil des weißen Mehls wird durch Vollkornmehl ersetzt, dazu kommen Haferflocken und Weizenkeime, die sowohl günstige Fettsäuren wie auch Ballaststoffe enthalten.

40 g **Haferflocken**
500 g Buttermilch (s. Tipp Seite 199)
80 g **Weizen-Vollkornmehl** (Type 1700)
100 g Weizenmehl (Type 405)
25 g geröstete **Weizenkeime**
2 TL Backpulver
¼ TL Salz
1 TL gemahlener **Zimt**
2 **Eier** (Größe M)
500 g brauner Zucker (Rohzucker)
1 EL Rapsöl
1 TL Vanilleextrakt
400 g gemischte Beeren (**Erdbeeren, Heidelbeeren**)
Rapsöl zum Ausbacken
250 g Ahornsirup

1 **Die Haferflocken** mit der Buttermilch in eine kleine Schüssel geben und 15 Minuten quellen lassen.

2 **Mehle,** Weizenkeime, Backpulver, Salz und Zimt in einer zweiten Schüssel miteinander vermengen.

3 **Eier** mit Zucker, Öl und Vanilleextrakt in einer weiteren Schüssel verquirlen. Die Buttermilch-Hafer-Mischung unterrühren und das Ganze zur Mehlmischung geben. Mit einem Spatel sorgfältig zu einem glatten Teig verrühren.

4 **Für die Pfannkuchen** eine beschichtete Pfanne erhitzen und leicht mit Öl ausstrei-

chen. Aus dem Teig nacheinander 8 große oder 16 kleine Pfannkuchen von beiden Seiten goldgelb ausbacken, zwischendurch die Pfanne immer wieder leicht einölen. Für die großen Pfannkuchen 4 EL Teig nehmen.

Für die Waffeln das Waffeleisen vorheizen, einölen und zu etwa drei Vierteln mit Teig bestreichen. Die Waffeln knusprig und goldbraun ausbacken. Pfannkuchen oder Waffeln auf Küchenpapier entfetten und bis zum Servieren im Ofen (50 °C) warm halten.

5 Die Beeren auf den Pfannkuchen oder Waffeln verteilen und das Ganze mit Ahornsirup beträufeln.

PRO PORTION: 274 kcal; 8 g Eiweiß; 50 g Kohlenhydrate; 2,5 g Ballaststoffe; 4,5 g Fett (davon 1 g gesättigte Fettsäuren); 31 mg Cholesterin; 0,7 g Salz

Vollkornpfannkuchen oder -waffeln
Haferflocken · Weizen-Vollkornmehl · Weizenkeime · Zimt · Eier · Beeren

Omelett mit Spinat und Ziegenkäse

1 Portion

VORBEREITUNG: 10 MINUTEN
ZUBEREITUNG: 2 MINUTEN

Ein Omelett ist ebenso einfach wie schnell zubereitet, und die Möglichkeiten, es auf gesunde Art zu füllen, sind geradezu unbegrenzt. Es passt zum Frühstück genauso gut wie zum Mittag- oder Abendessen. Unser Vorschlag ist nur eine von vielen Möglichkeiten. Lassen Sie sich inspirieren!

200 g junger **Blattspinat**, gewaschen und geputzt
40 g zerbröckelter Ziegen**käse** oder Feta 45 % F. i. Tr.
1 EL **Frühlingszwiebeln**, fein gehackt
1 **Ei** (Größe M)
2 **Eiweiß**
ein Spritzer Tabasco
Salz, schwarzer Pfeffer aus der Mühle
1 TL **Olivenöl**

1 **Den Spinat** in kochendes Wasser geben und 1 Minute sprudelnd kochen lassen. Auf ein Sieb schütten und gut abtropfen lassen. Den Spinat grob hacken und mit dem Käse sowie den Frühlingszwiebeln in einer Schüssel mischen.

Omelett mit Spinat und Ziegenkäse
Spinat · Käse · Frühlingszwiebel · Eier · Olivenöl

2 **Das Ei** mit den Eiweißen in einer mittelgroßen Schüssel verquirlen, mit Tabasco, Salz und Pfeffer würzen. Das Öl in einer beschichteten Pfanne erhitzen, die Eiermasse gleichmäßig darin verteilen und bei mittlerer Hitze stocken lassen. Sobald die Eiermasse zu stocken beginnt, die Pfanne leicht rütteln, damit die Masse nicht anhängt. Die Spinat-Käse-Mischung darauf verteilen und das Ganze etwa 1 Minute fertig braten. Das Omelett ist fertig, wenn es fast erstarrt und die Unterseite goldgelb ist.

3 **Mit einem Spatel** den Rand von beiden Seiten über die Füllung schlagen und das Omelett mit der Oberseite nach unten auf einen Teller gleiten lassen. Sofort servieren.

PRO PORTION: 285 kcal; 26 g Eiweiß; 4 g Kohlenhydrate; 4,5 g Ballaststoffe; 19 g Fett (davon 8 g gesättigte Fettsäuren); 265 mg Cholesterin; 2 g Salz

---

VARIATIONEN
Pilzomelett

Ersetzen Sie Spinat, Käse und Frühlingszwiebeln durch Pilze. Dünsten Sie zuerst 100 g blättrig geschnittene Champignons in 1 TL Olivenöl an. Wenden Sie die Pilze sorgfältig, würzen Sie sie mit etwas Pfeffer sowie Salz und mischen Sie reichlich gehackte Petersilie darunter. Bereiten Sie in einer zweiten Pfanne das Omelett zu, verteilen Sie die Pilzmischung darauf und schlagen Sie den Rand von beiden Seiten über die Füllung.

Omelett mit Brokkoli und Käse

Nehmen Sie statt Spinat und Käse 100 g kleine gegarte Brokkoliröschen und 15 g geraspelten Greyerzer für die Füllung.

Zucchini-Frittata

2 Portionen
VORBEREITUNG: 15 MINUTEN
ZUBEREITUNG: 8–12 MINUTEN

Eier sind wichtige Vertreter der Nahrungsmittel mit Wunderwirkung, denn sie sind reich an wertvollem Eiweiß und bremsen den Blutzuckeranstieg. Allerdings enthalten sie auch Cholesterin, deshalb sollten sie nicht täglich und nur in kleinen Mengen auf den Tisch kommen.

3 TL **Olivenöl**
1 kleine **Zwiebel**, in feine Scheiben geschnitten
1 kleine **Zucchini**, fein gewürfelt
2 **Knoblauchzehen**, fein gehackt
4 **Eier** (Größe M)
ein Spritzer Tabasco
schwarzer Pfeffer aus der Mühle, Salz
50 g **Parmesan**, frisch gerieben
frische Basilikumblättchen, fein gehackt

1 **In einer ofenfesten Pfanne** 2 TL Öl auf mittlerer Stufe erhitzen und die Zwiebel darin glasig dünsten. Die Zucchini und den Knoblauch zufügen und weich dünsten. Das Ganze in einer Schüssel abkühlen lassen. Die Pfanne mit Küchenpapier auswischen.

2 **Die Eier** mit Tabasco, Pfeffer sowie Salz verquirlen und die Masse in einer mittelgroßen Schüssel mit der Zucchinimischung vermengen. Parmesan und Basilikum untermischen.

3 **Ofen** auf 200 °C (Gas Stufe 3–4) vorheizen. Das restliche Öl in der Pfanne auf mittlerer Stufe erhitzen und die Eiermasse hineingeben. Sobald die Unterseite fest wird, die Pfanne etwas rütteln, damit sich die Masse vom Pfannenboden löst.

4 **Die Pfanne** auf die mittlere Schiene des Backofens stellen und die Frittata 2–4 Minuten fertig backen. Auf einen Teller gleiten lassen und in Portionen schneiden.

PRO PORTION: 355 kcal; 26 g Eiweiß; 5 g Kohlenhydrate; 1 g Ballaststoffe; 26 g Fett (9 g gesättigte Fettsäuren); 500 mg Cholesterin; 1,1 g Salz

FRÜHSTÜCK

Vollkorn-Leinsamen-Brot

 1 Brot

VORBEREITUNG: **20 MINUTEN**
AUFGEHZEIT: **1½–1¾ STUNDEN**
BACKZEIT: **20–30 MINUTEN**

Das tägliche Brot – was steckt drin? Wenn Sie das genau wissen wollen, backen Sie Ihr Brot am besten selbst. Dann können Sie die Mischung der Mehle, Körner und Gewürze selber festlegen. Mit Leinsamen, nur ein Beispiel, als nussig schmeckender Zutat, tun Sie nicht nur dem Blutfettspiegel etwas Gutes, sondern auch der Verdauung. Zudem verzögert und senkt Leinsamen den Blutzuckeranstieg. Seit es Brotbackautomaten gibt, ist Brotbacken zu Hause kein Problem mehr. Aber es funktioniert auch im normalen Backofen.

FÜR EIN BROT (450–500 g)
- 160 g **Weizen-Vollkornmehl** (Type 1700)
- 80 g Weizenmehl (Type 405), mehr für die Arbeitsfläche
- 3 EL **Leinsamen**, grob geschrotet (s. Tipp Seite 197)
- 1 ½ TL Trockenbackhefe
- ¾ TL Salz
- 180 g zimmerwarme Buttermilch
- 1 EL Honig oder Zuckerrübensirup
- 1 EL **Olivenöl**

FÜR EIN BROT (etwa 650 g)
- 240 g **Weizen-Vollkornmehl** (Type 1700)
- 120 g Weizenmehl (Type 405), mehr für die Arbeitsfläche
- 4 EL **Leinsamen**, grob geschrotet (s. Tipp Seite 197)
- 2 TL Trockenbackhefe
- 1 TL Salz
- 250 g zimmerwarme Buttermilch
- 2 TL Honig oder Zuckerrübensirup
- 1 EL **Olivenöl**

FÜR DIE OBERFLÄCHE
(nur bei Zubereitung im Backofen)
- **Olivenöl** zum Bestreichen
- 1 **Ei**weiß, verquirlt mit etwas Wasser
- 1 EL **Leinsamen** zum Bestreuen

Teigzubereitung und Backen im Brotautomaten

Alle trockenen Zutaten entsprechend der Gebrauchsanweisung des Herstellers in den Backautomaten geben und miteinander vermengen. Dann die flüssigen Zutaten (Buttermilch, Honig oder Sirup, Öl) zufügen, das entsprechende Programm wählen (Standard oder Vollkorn) und starten. Wenn der Teig fertig ist, prüfen Sie die Konsistenz: Sie sollte weich sein, auf Fingerdruck nachgeben, aber nicht kleben. Falls nötig, noch 1 EL Mehl oder 1 TL Wasser zufügen. Das fertig gebackene Brot herausnehmen und auf einem Kuchengitter abkühlen lassen.

Teigzubereitung in der Küchenmaschine, Backofenmethode

1. **Die Mehle** in die Rührschüssel der Küchenmaschine geben, mischen, dann geschroteten Leinsamen, Trockenhefe sowie Salz untermengen. In einem Mixbecher die Buttermilch mit dem Honig oder Sirup und dem Öl verquirlen. Die Maschine starten und nach und nach die Flüssigkeit zur Mehlmischung geben. So lange kneten, bis ein weicher, elastischer Teig entsteht, der sich von der Schüsselwand löst. Die Konsistenz sollte weich, aber nicht klebrig sein. Falls nötig, noch 1 EL Mehl oder 1 TL Wasser zugeben und 1 Minute unterkneten. Den Teig herausnehmen, mit bemehlten Händen zu einer Kugel formen, in eine leicht geölte Schüssel legen und zugedeckt an einem warmen Ort 1½–1¾ Stunden gehen lassen, bis er das doppelte Volumen erreicht hat.

2. **Den Teig** auf einer bemehlten Arbeitsfläche erneut durchkneten und zu einem runden oder ovalen Teigling formen (oder halbieren und zwei ausformen). Den Teigling auf ein gefettetes Backblech legen, mit Öl bestreichen und mit Frischhaltefolie bedecken. Eine weitere Stunde gehen lassen, bis sich das Volumen verdoppelt hat.

3. **Inzwischen** eine kleine Metallschüssel in den Backofen stellen und den Ofen auf 225 °C (Gas Stufe 5) vorheizen.

4 **Den aufgegangenen Teig** mit verquirltem Eiweiß bestreichen und mit Leinsamen bestreuen. 250 ml Wasser in die heiße Schüssel geben, um Dampf im Backofen zu erzeugen. Den Teig mit einem scharfen Messer oben mehrmals ½ cm tief schräg einschneiden, dann etwa 20–30 Minuten backen. Das Brot auf ein Kuchengitter legen und abkühlen lassen. Eine Portion entspricht einer Scheibe Brot.

PRO PORTION: 152 kcal; 6 g Eiweiß; 22 g Kohlenhydrate; 3 g Ballaststoffe; 5 g Fett (davon 0,5 g gesättigte Fettsäuren); 0 mg Cholesterin; 0,5 g Salz

Tipp: **Schroten Sie Leinsamenkörner** *in einer Gewürz- oder Kaffeemühle oder im Mixer. So kann der Körper aus den Samen das meiste der wertvollen Substanzen schöpfen, ohne dass die verdauungsfördernde Wirkung verloren geht.*

Vollkorn-Leinsamen-Brot
Vollkornmehl · Leinsamen · Olivenöl · Ei

Apfelmuffins

VORBEREITUNG: 20 MINUTEN
BACKZEIT: 20 MINUTEN

Apfelmus macht dieses Gebäck zart. Backen Sie einen ganzen Schwung Muffins. In Frischhaltefolie bleiben diese eine Woche saftig.

Öl für die Muffinform
2 **Eier** (Größe M)
100 g brauner Zucker (Rohzucker)
250 g ungezuckertes **Apfel**mus
180 g Buttermilch (s. Tipp Seite 199)
60 g **Weizenkleie**
3 EL Rapsöl
1 TL Vanilleextrakt
125 g **Weizen-Vollkornmehl** (Type 1700)
115 g Weizenmehl (Type 405)
2 TL Backpulver
¼ TL Salz
2 TL gemahlener **Zimt**
¼ TL geriebene Muskatnuss
1 mittelgroßer **Apfel**, geschält, entkernt und gewürfelt
40 g gehackte **Walnüsse**

1 Ofen auf 200 °C (Gas Stufe 3–4) vorheizen. Eine Muffinform (mit 12 Mulden) leicht einölen.

2 Die Eier in eine Schüssel geben, verquirlen und den Zucker einrühren, bis eine cremige Masse entstanden ist. Apfelmus, Buttermilch, Kleie, Öl und Vanilleextrakt unterrühren.

3 Die Mehle mit Backpulver, Salz, Zimt und Muskat in eine andere Schüssel geben und alles miteinander vermengen. Die Eiermischung zugeben und vorsichtig mit einem Spatel untermischen, bis ein gleichmäßiger Teig entstanden ist. Die Apfelstücke unterziehen. Den Teig in die Muffinform geben und die gehackten Walnüsse darüber streuen.

4 18–22 Minuten backen, bis die Oberseite der Muffins leicht aufgesprungen und gebräunt ist. In der Form auf einem Kuchengitter 5 Minuten abkühlen lassen. Dann die Muffins auf das Kuchengitter stürzen und auskühlen lassen. Eine Portion entspricht einem Muffin.

PRO PORTION: 185 kcal, 5 g Eiweiß, 28 g Kohlenhydrate, 3,5 g Ballaststoffe, 7 g Fett (davon 1 g gesättigte Fettsäuren), 40 mg Cholesterin, 0,4 g Salz

Tipp: **Muffins kann man einfrieren.** *Zum Auftauen in den Mikrowellenherd stellen und auf der Auftaustufe etwa 2 Minuten anwärmen. Im vorgeheizten Backofen (100 °C/Gas Stufe 1) dauert das Auftauen etwa 15 Minuten.*

Heidelbeer-Hafer-Muffins

VORBEREITUNG: 25 MINUTEN
BACKZEIT: 20 MINUTEN

Haferflocken, die reich an löslichen Ballaststoffen sind, kombiniert mit Heidelbeeren, die antioxidative Stoffe enthalten, ergeben wunderbare Muffins, vor allem, wenn sie auch noch Zimt enthalten. Ahornsirup unterstützt die Süßkraft der Beeren auf gesunde Weise, ohne ihr Aroma zu überdecken.

Öl für die Muffinform
115 g **Weizen-Vollkornmehl** (Type 1700)
115 g Weizenmehl (Type 405)
2 TL Backpulver
¼ TL Salz
1 TL gemahlener **Zimt**
90 g zarte **Haferflocken**
1 **Ei** (Größe M)
2 **Ei**weiß
125 g Ahornsirup
180 g Buttermilch (s. Tipp Seite 197)
3 EL Rapsöl
2 TL Orangenschale, gerieben
1 EL Orangensaft
1 TL Vanilleextrakt
225 g frische **Heidelbeeren**, gewaschen und abgetropft

1 Ofen auf 200 °C (Gas Stufe 3–4) vorheizen. Eine Muffinform mit 12 Mulden leicht einölen oder Muffin-Papiermanschetten in die Mulden stecken.

2 **Die Mehle** mit Backpulver, Salz und Zimt in einer großen Schüssel gut vermengen. 2 EL Haferflocken zurückbehalten, die restlichen untermischen.

3 **In einer mittelgroßen Schüssel** das Ei mit Eiweißen und Ahornsirup verquirlen. Buttermilch, Öl, Orangenschale und -saft sowie Vanilleextrakt zugeben und alles zu einer gleichmäßigen Masse verrühren. Diese zur Mehlmischung geben und das Ganze mit einem Spatel zu einem Teig verrühren. Die Heidelbeeren unterheben. Den Teig bis zum Rand in die Muffinförmchen füllen und die restlichen Haferflocken darauf streuen.

4 **Die Muffins** 18–22 Minuten backen, bis die Oberseite leicht gebräunt und aufgesprungen ist. Die Muffins aus der Form nehmen, abkühlen lassen und die Papiermanschetten entfernen. Eine Portion entspricht einem Muffin.

PRO PORTION: 170 kcal, 5 g Eiweiß; 21 g Kohlenhydrate; 1,8 g Ballaststoffe; 4 g Fett (davon 0,7 g gesättigte Fettsäuren); 20 mg Cholesterin; 0,4 g Salz

Tipp: *Wenn Sie keine Buttermilch im Haus haben, vermischen Sie stattdessen 75 g fettarmen Naturjoghurt mit 50 g fettarmer Milch und 5 EL Wasser.*

Heidelbeer-Hafer-Muffins
Vollkornmehl · Zimt · Haferflocken · Eier · Heidelbeeren

Umgedrehte Nektarinenmuffins

VORBEREITUNG: 25 MINUTEN
BACKZEIT: 20 MINUTEN

Üblich ist es nicht, dass Muffins umgedreht, also mit der Unterseite nach oben auf den Tisch kommen. Aber was beim Kuchen geht, funktioniert beim Muffin auch. Die Unterseite besteht aus karamellisierten Früchten, die den Muffin nach dem Backen und Stürzen krönen – eine originelle Idee, die zur Nachahmung empfohlen wird!

FÜR DIE OBERSEITE
2 EL brauner Zucker (Rohzucker)
30 g gehackte **Walnüsse**
3 mittelgroße Nektarinen (ca. 350 g Fruchtfleisch), in 5 mm dünne Spalten geschnitten

FÜR DEN TEIG
Öl für die Muffinform
120 g **Weizen-Vollkornmehl** (Type 1700)
150 g Weizenmehl (Type 405)
2 TL Backpulver
¼ TL Salz
1 ½ TL gemahlener **Zimt**
½ TL geriebene Muskatnuss
2 **Eier** (Größe M)
100 g brauner Zucker (Rohzucker)
250 g Buttermilch (s. Tipp Seite 199)
3 EL Rapsöl
1 TL Vanilleextrakt

1 Ofen auf 200 °C (Gas Stufe 3 – 4) vorheizen und eine Muffinform (12 Mulden) leicht einölen.

2 Für die Oberseite in jede Muffinmulde etwas braunen Zucker streuen, darauf einige gehackte Walnüsse verteilen. Über den Walnüssen 3–4 Nektarinenspalten überlappend anordnen. Die restlichen Nektarinenspalten klein schneiden und beiseite legen.

3 Für den Teig Mehle, Backpulver, Salz, Zimt und Muskat in einer Schüssel gut mischen.

4 In einer anderen Schüssel die Eier mit dem Zucker schaumig schlagen. Buttermilch, Öl und Vanilleextrakt zufügen und alles miteinander verquirlen. Die Masse zur Mehlmischung geben und das Ganze mit einem Rührlöffel vorsichtig zu einem glatten Teig vermengen. Die klein geschnittenen Nektarinen unterheben. Den Teig bis zum Rand in die Muffinförmchen füllen (die Früchte schrumpfen während des Backens aufgrund des Wasserverlusts).

5 Die Muffins 18–22 Minuten backen, bis die Oberseite leicht gebräunt und aufgesprungen ist. Aus dem Ofen nehmen, auf ein Kuchengitter stürzen und auskühlen lassen. Eine Portion entspricht einem Muffin.

PRO PORTION: 193 kcal; 5 g Eiweiß; 31 g Kohlenhydrate; 1,7 g Ballaststoffe; 6 g Fett (davon 1 g gesättigte Fettsäuren), 40 mg Cholesterin; 0,4 g Salz

VARIATION
Die Nektarinen durch Pflaumen oder Aprikosen (350 g) ersetzen.

Snacks & Getränke

Caponata

12 Portionen

VORBEREITUNG: **25 MINUTEN**
GARZEIT: **30–35 MINUTEN**

Caponata ist ein vielseitiges Gericht für einen geselligen Abend. Sie lässt sich nicht nur vorkochen, sondern schmeckt sogar am nächsten Tag noch besser. Reichen Sie das praktische Gemüsegericht mit Vollkorncräckern oder Vollkornbrot. Doch auch als Aufstrich auf ein Brot oder Brötchen, zum Verlängern einer Tomatensoße oder als Auftrag auf den Pizzateig ist Caponata geeignet. Reichlich Gemüse, Gewürze und gesundes Öl wirken einer Insulinresistenz entgegen. Damit ist Caponata ein gesunder Einstieg in ein Wohlfühlmenü.

3 EL **Olivenöl**
450 g **Auberginen**, in etwa 1 cm große Würfel geschnitten
1 kleine **Zwiebel**, gehackt
4 Stangen Staudensellerie, fein gewürfelt
4 **Knoblauch**zehen, fein gehackt
1 kräftige Prise getrocknete Chilischoten, gehackt
400 g geschälte **Tomaten** aus der Dose (samt Flüssigkeit)
4 EL geschälte und getrocknete **Tomaten** aus dem Glas (nicht in Öl eingelegt), fein gehackt
3 EL Rotwein**essig**
8 grüne **Oliven**, gehackt
2 EL eingelegte Kapern, abgetropft
1 EL Zucker
3 EL Korinthen
35 g Pinien**kerne**, geröstet (s. Tipp Seite 262)
3 EL frische Petersilie, fein gehackt

1. **1 EL ÖL** in einer großen beschichteten Pfanne erhitzen. Die Hälfte der Auberginenwürfel hineingeben und unter mehrmaligem Wenden bei mittlerer Hitze etwa 4–6 Minuten dünsten, bis sie leicht gebräunt sind. Aus der Pfanne nehmen, erneut etwas Öl in die Pfanne geben und den Rest der Auberginenwürfel ebenfalls andünsten. Herausnehmen und beiseite stellen.

2. **Das restliche Öl** in die Pfanne geben und erhitzen. Die Zwiebel und den Staudensellerie darin unter mehrfachem Wenden 3–5 Minuten andünsten. Knoblauch und gehackte Chilischoten zufügen und kurz mitdünsten. Die geschälten Tomaten, die getrockneten Tomaten, Essig, Oliven, Kapern, Zucker und gebratene Auberginenwürfel dazugeben und das Ganze zum Kochen bringen. Zugedeckt bei mittlerer Hitze etwa 15 Minuten köcheln lassen, bis die Mischung eine kompottartige Konsistenz hat. Gelegentlich durchrühren.

3. **Die Korinthen** zugeben und etwa 1 Minute mitkochen. Die Pfanne vom Herd nehmen und die Pinienkerne sowie die Petersilie unterrühren. Die Caponata völlig abkühlen lassen. Eine Portion entspricht gut 2 EL.

PRO PORTION: 94 kcal; 1,5 g Eiweiß; 7 g Kohlenhydrate; 1,4 g Ballaststoffe; 6,5 g Fett (davon 0,5 g gesättigte Fettsäuren); 0 mg Cholesterin; 0,3 g Salz

Marinierte Oliven

8 Portionen

VORBEREITUNG: **5 MINUTEN**
GARZEIT: **2 MINUTEN**

Reich an »guten« Fettsäuren ist diese leckere Knabberei, die den Blutzuckerspiegel günstig beeinflusst. Reichen Sie die schmackhaften Oliven als Vorspeise zum Abendessen.

2 TL **Olivenöl**
2 **Knoblauch**zehen, geschält
4 Streifen unbehandelte Orangenschale (etwa 1 x 5 cm)
1 ½ TL Fenchelsamen
350 g Kalamata-**Oliven**, abgetropft
2 EL Orangensaft

1 **Das Öl** in einer Pfanne bei geringer Hitze erwärmen. Knoblauch, Orangenschale und Fenchelsamen zufügen. Alles unter Rühren erhitzen und etwa 1 Minute braten, bis es aromatisch duftet. Die Oliven zufügen und unter Rühren mitgaren. Wenn sie vollständig erhitzt sind, die Pfanne vom Herd nehmen.

2 **Den Orangensaft** untermischen. Das Ganze in eine Schüssel füllen und etwa 1 Stunde abkühlen lassen. Bei Zimmertemperatur servieren. Eine Portion entspricht 2 EL. Reste in einer Frischhaltebox im Kühlschrank aufbewahren.

PRO PORTION: 70 kcal; 0,6 g Eiweiß; 0,3 g Kohlenhydrate; 1 g Ballaststoffe; 7 g Fett (davon 1 g gesättigte Fettsäuren); 0 mg Cholesterin; 1 g Salz

Gefüllte Kirschtomaten mit Käsepesto

16 Portionen

ZUBEREITUNG: **35 MINUTEN**
GARZEIT: **KEINE**

Dieser feine Augen- und Gaumenschmaus ist rasch zubereitet. Das cremige Pesto lässt sich gut vorbereiten und im Kühlschrank 2 Tage aufbewahren. Die Tomaten werden erst kurz vor dem Servieren gefüllt.

135 g frische Basilikumblätter, gewaschen und trocken getupft
2 **Knoblauch**zehen, geschält und fein gehackt
Salz, schwarzer Pfeffer aus der Mühle
60 g Pinien**kerne**, geröstet (s. Tipp Seite 262)
1 EL kaltgepresstes **Olivenöl** »extra vergine«
250 g Weich**käse** (45 % F. i. Tr.), gewürfelt
700 g Kirsch**tomaten** (16 Stück), gewaschen und trocken getupft

1 **Basilikum** mit Knoblauch, Salz und Pfeffer in den Mixer geben. 2 EL Pinienkerne zurückbehalten, den Rest zum Basilikum zufügen. Das Ganze durchmixen, bis die Pinienkerne gehackt sind. Auf mittlerer Stufe das Öl nach und nach zugeben. Käse zufügen und so lange mixen, bis eine gleichmäßige Paste entstanden ist.

2 **Kurz vor dem Servieren** die Tomaten an der Oberseite mit einem scharfen Messer über Kreuz einschneiden und mithilfe eines Teelöffels oder Kugelformers vorsichtig aushöhlen.

3 **Das Pesto** in einen Spritzbeutel oder eine Tortenspritze füllen und mit großgezackter Tülle in die Tomaten spritzen. Die Tomaten auf eine Platte setzen und mit den restlichen Pinienkernen garnieren. Eine Portion entspricht etwa 3 gefüllten Tomaten.

PRO PORTION: 64 kcal; 2 g Eiweiß; 2 g Kohlenhydrate; 0,6 g Ballaststoffe; 5 g Fett (davon 1,5 g gesättigte Fettsäuren); 8 mg Cholesterin; 0,14 g Salz

Gefüllte Kirschtomaten mit Käsepesto
Knoblauch · Kerne · Olivenöl · Käse · Tomaten

Canapés mit Räucherlachs
Roggenbrot • Limette • Tee • Olivenöl
Lachs • Zwiebeln

Canapés mit Räucherlachs

12 Portionen

VORBEREITUNG: 15 MINUTEN
BACKZEIT: 7 MINUTEN

Dieser perfekte Partysnack mit Räucherlachs ist reich an Eiweiß und Omega-3-Fettsäuren. Mit Limetten-Vinaigrette vermengt und auf Roggenbrot mit niedriger GL gereicht, ist er ein rundum delikater Happen.

24 kleine Scheiben **Roggenbrot**
2 EL **Limetten**saft
2 EL starker schwarzer **Tee** oder Wodka
2 EL kaltgepresstes **Olivenöl** »extra vergine«
2 TL Dijon-Senf
schwarzer Pfeffer aus der Mühle
250 g Räucher**lachs** in sehr feinen Streifen
60 g rote **Zwiebel**, in sehr feinen Streifen
3 EL frischer Dill, fein gehackt und einige Zweige zum Garnieren
2 EL eingelegte Kapern, abgetropft und grob gehackt

1 Ofen auf 160 °C (Gas Stufe 1–2) vorheizen und ein Backblech mit Backpapier auslegen. Die Brotscheiben nebeneinander auf das Blech legen und etwa 7 Minuten toasten.

2 Den Limettensaft zusammen mit Tee oder Wodka, Öl, Senf und Pfeffer in einer Schüssel mischen. Lachs- und Zwiebelstreifen, Dill und Kapern zugeben und alles locker vermengen.

3 Die Lachsmischung gleichmäßig auf die getoasteten Brote verteilen und mit einem Dillzweig garnieren. Eine Portion entspricht etwa 2 Canapés.

PRO PORTION: 160 kcal; 9 g Eiweiß; 24 g Kohlenhydrate; 2,5 g Ballaststoffe; 4 g Fett (davon 0,5 gesättigte Fettsäuren); 0 mg Cholesterin; 0,9 g Salz

Würzige Mandeln

8 Portionen

VORBEREITUNG: 5 MINUTEN
BACKZEIT: 25–30 MINUTEN

Diese gerösteten und gewürzten Mandeln sind eine unwiderstehliche Knabberei. Aufgrund des hochwertigen Eiweißes und der günstigen Fette sind sie blutzuckerfreundlich.

1 TL **Olivenöl**
¾ TL gemahlener Kreuzkümmel
1 kräftige Prise Cayennepfeffer
¼ TL Salz
150 g ungeschälte ganze **Mandeln**

1 Ofen auf 180 °C (Gas Stufe 2–3) vorheizen und ein Backblech mit Backpapier auslegen. Das Öl mit den Gewürzen und dem Salz in einer Schüssel mit Deckel mischen. Die Mandeln zugeben, den Deckel auflegen und alles kräftig durchschütteln.

2 Die Mandeln auf dem Blech verteilen und 25–30 Minuten rösten. Abkühlen lassen und in eine Schüssel füllen. Luftdicht verschlossen, bleiben sie eine Woche frisch. Eine Portion entspricht etwa 2 EL gerösteter Mandeln.

PRO PORTION: 118 kcal; 4 g Eiweiß; 1 g Kohlenhydrate; 1,5 g Ballaststoffe; 11 g Fett (davon 1 g gesättigte Fettsäuren); 0 mg Cholesterin, 0,2 g Salz

Warmer Artischocken-Bohnen-Dip

12 Portionen

VORBEREITUNG: **10 MINUTEN**
BACKZEIT: **20–25 MINUTEN**

Bohnen verwandeln diesen klassischen Artischocken-Dip in eine fettarme und ballaststoffreiche Variante. Auf knusprigen Pitta-Ecken (s. Seite 210) oder mit Vollkornkräckern gereicht, wird er zu einer verführerisch leckeren Vorspeise.

Öl für die Form
400 g Cannellini-**Bohnen** aus der Dose, abgetropft
400 g Artischockenherzen aus der Dose, abgetropft
3 **Knoblauch**zehen, fein gehackt
1 EL Salatmayonnaise (40 % Öl) oder Salatcreme
1 Prise Cayennepfeffer
schwarzer Pfeffer aus der Mühle
100 g **Parmesan**, frisch gerieben
4 EL frische Petersilie, fein gehackt
1 TL Zitronenschale, gerieben

1 Ofen auf 200 °C (Gas Stufe 3–4) vorheizen. Eine hitzefeste Form (500–750 ml Inhalt) mit Öl ausstreichen.

2 Bohnen, Artischockenherzen, Knoblauch, Mayonnaise oder Salatcreme, Cayenne- und schwarzen Pfeffer in die Küchenmaschine oder den Mixer geben und fein pürieren. Ausschalten, die Mischung vom Rand mit einem Spatel in die Mitte schaben und nochmals kurz durchmixen. Die Masse in eine Schüssel füllen.

3 Vom Parmesan 2 EL zurückbehalten. Den Rest mit der Petersilie und Zitronenschale unter die Artischockenmischung rühren. Das Ganze in die Form füllen, glatt streichen und mit dem restlichen Käse bestreuen.

4 Den Dip ohne Deckel 20–25 Minuten im Ofen backen. Warm servieren. Eine Portion entspricht 4 EL.

PRO PORTION: 115 kcal; 9 g Eiweiß; 9,5 g Kohlenhydrate; 3 g Ballaststoffe; 4,5 g Fett (davon 2,5 g gesättigte Fettsäuren); 12 mg Cholesterin; 0,3 g Salz

Orientalischer Erdnuss-Dip

8 Portionen

VORBEREITUNG: **10 MINUTEN**
GARZEIT: **KEINE**

Der Seidentofu, hergestellt aus Sojabohnen, streckt in diesem Rezept nicht nur die Erdnussbutter, sondern verleiht ihr auch eine weiche Konsistenz. Der kalorienarme Dip wird zu rohen Gemüsehäppchen serviert oder als Aufstrich auf Vollkornbrote verwendet, die mit geraspelten Möhren, Gurkenscheiben und Salatblättern belegt sind.

130 g weiche ungesüßte **Erdnussbutter**
75 g Seiden**tofu**
3 EL brauner Zucker (Rohzucker)
2 EL salzreduzierte Sojasauce
2 EL **Limetten**saft
½–¾ TL getrocknete Chilischoten, grob zerstoßen
2 **Knoblauch**zehen, zerdrückt

Alle Zutaten in den Mixer geben und zu einer gleichmäßigen Creme pürieren. Ausschalten, die Creme mit einem Spatel vom Rand in die Mitte schaben und alles nochmals kurz durchmixen. Der Dip hält sich zugedeckt im Kühlschrank bis zu 2 Tagen. Eine Portion entspricht 2 EL.

PRO PORTION: 130 kcal; 5 g Eiweiß; 9 g Kohlenhydrate; 1 g Ballaststoffe; 9 g Fett (davon 2 g gesättigte Fettsäuren); 0 mg Cholesterin; 0,6 g Salz

Warmer Artischocken-Bohnen-Dip
Bohnen • Knoblauch • Käse

Mediterrane Erbsencreme

16 Portionen

VORBEREITUNG: **10 MINUTEN**
GARZEIT: **50 MINUTEN**

Diese griechische Vorspeise zeigt, wie schmackhaft und gesund die traditionelle mediterrane Küche sein kann. Die Basis sind gelbe Erbsen, die sich durch ihren hohen Gehalt an langsam verfügbaren, komplexen Kohlenhydraten auszeichnen. Gewürzt mit Kurkuma, Knoblauch, Zitronensaft und Olivenöl sind sie unwiderstehlich. Genießen Sie die Erbsencreme mit Vollkorn-Pitta oder Vollkorncräckern, Oliven und gewürfeltem Feta als Vorspeise oder als Brotaufstrich.

150 g getrocknete **gelbe Spalterbsen**, eingeweicht und abgetropft
6 **Knoblauch**zehen, durchgedrückt
1 gute Prise getrockneter Chilischoten, grob zerstoßen
3 EL **Zitronen**saft
3 EL kaltgepresstes **Olivenöl** »extra vergine«
1 gehäufter TL gemahlener Kreuzkümmel
¾ TL Salz
2 EL rote **Zwiebel**, fein zerkleinert
2 EL frischer Dill, gehackt

1 **Die Erbsen** mit 550 ml Wasser, Knoblauch und Chilischoten in eine Kasserolle geben und zum Kochen bringen. Die Hitze reduzieren und alles zugedeckt unter gelegentlichem Rühren 40–50 Minuten leise köcheln lassen, bis die Erbsen weich sind und die Flüssigkeit fast eingekocht ist. (Falls nötig, noch etwas Wasser zugeben und das Ganze weiter köcheln lassen.) Sollte die Masse noch zu flüssig sein, dann ohne Deckel unter Rühren einige Minuten weitergaren, bis sie eingedickt ist. Den Topf vom Herd nehmen.

2 **Die Erbsenmasse** etwas abkühlen lassen. Zitronensaft, 2 EL Olivenöl, Kreuzkümmel und Salz zugeben. Das Ganze mit dem Pürierstab im Topf oder im Mixer fein pürieren. Die Masse in eine Schüssel füllen und glatt streichen.

3 **Das restliche Öl** darauf träufeln und die Zwiebel sowie den Dill darauf verteilen. Die Erbsencreme lässt sich zugedeckt im Kühlschrank bis zu 4 Tagen aufbewahren. Eine Portion entspricht 2 EL.

PRO PORTION: 50 kcal; 2 g Eiweiß; 6 g Kohlenhydrate; 0,6 g Ballaststoffe; 2,3 g Fett (davon 0,3 g gesättigte Fettsäuren); 0 mg Cholesterin; 0,2 g Salz

Italienisches Bohnenpüree

12 Portionen

ZUBEREITUNG: **10 MINUTEN**
GARZEIT: **KEINE**

Ebenso schnell wie einfach zubereitet ist dieser gleichermaßen gesunde wie schmackhafte Brotaufstrich.

400 g Cannellini-**Bohnen** aus der Dose, abgetropft und abgespült
2 EL kaltgepresstes **Olivenöl** »extra vergine«
2 EL **Zitronen**saft
1 **Knoblauch**zehe, fein gehackt
1 Prise Cayennepfeffer
1 Prise Salz
schwarzer Pfeffer aus der Mühle
1 ½ TL frischer Rosmarin, fein gehackt

Bohnen, Olivenöl, Zitronensaft, Knoblauch, Cayennepfeffer, Salz und schwarzen Pfeffer in den Mixer geben und fein pürieren. Ausschalten, das Püree vom Rand mit einem Spatel in die Mitte schaben und nochmals kurz durchmixen. Das Ganze in einer Schüssel mit Rosmarin vermengen. Eine Portion entspricht 2 EL.

PRO PORTION: 50 kcal; 2 g Eiweiß; 4,5 g Kohlenhydrate; 1,5 g Ballaststoffe; 0 mg Cholesterin; 0,08 g Salz

Indische Kichererbsencreme

12 Portionen

VORBEREITUNG: **10 MINUTEN**
GARZEIT: **1 MINUTE**

Diese Kichererbsencreme umgibt ein Hauch von Chili, der durch den kühlen Joghurt abgemildert wird. Servieren Sie die Creme mit Pitta-Ecken oder Tortilla-Chips (s. Seite 210).

2 EL Rapsöl
2 frische grüne Chilischoten, entkernt und fein gehackt
2 Knoblauchzehen, fein gehackt
1 EL frische Ingwerwurzel, fein gekackt
2 TL gemahlener Kreuzkümmel
1 TL gemahlener Koriandersamen
400 g Kichererbsen aus der Dose, abgetropft
85 g fettarmer Joghurt (1,5 % Fett)
2 EL Limettensaft
1–2 Prisen Salz
schwarzer Pfeffer aus der Mühle
2 EL frische Korianderblätter oder Petersilie, gehackt

1 **Das Öl** in einer beschichteten Pfanne auf mittlerer Stufe erhitzen. Chilischoten, Knoblauch und Ingwer unter Rühren etwa 30 Sekunden im Öl anbraten, bis alles würzig duftet. Kreuzkümmel und Koriandersamen untermischen. Die würzige Mischung in den Mixer geben.

2 **Kichererbsen,** Joghurt, Limettensaft, Salz sowie Pfeffer zugeben und das Ganze fein pürieren. Ausschalten, die Masse mit einem Spatel vom Rand in die Mitte schaben und alles nochmals kurz durchmixen. Die Kichererbsencreme in eine Schüssel füllen und frischen Koriander (oder Petersilie) untermengen. Eine Portion entspricht etwa 2 EL.

PRO PORTION: 51 kcal; 2,3 g Eiweiß; 5 g Kohlenhydrate; 1 g Ballaststoffe; 2,5 g Fett (davon 0,3 g gesättigte Fettsäuren); 0 mg Cholesterin; 0,3 g Salz

Mexikanische Bohnencreme

12 Portionen

ZUBEREITUNG: **10 MINUTEN**
GARZEIT: **KEINE**

Bohnen aus der Dose sind praktisch in der Zubereitung und eine gute Basis für einen gesunden, sättigenden Brotaufstrich oder Snack. Dazu passen Tortilla-Chips (s. Seite 210) oder rohe Gemüsehäppchen. Als Brotaufstrich, vor allem auf Roggen- oder Vollkornbrot, belegt mit geraspelten Möhren, Avocadoschnitzen, Tomatenscheiben und Salatblättern, erfreut diese Bohnencreme den Gaumen.

400 g Kidneybohnen aus der Dose, abgetropft und abgespült
2 EL Limettensaft
1 EL kaltgepresstes Olivenöl »extra vergine«
1 Knoblauchzehe, fein gehackt
1 TL gemahlener Kreuzkümmel
¼ TL Tabasco
1 Prise Salz
schwarzer Pfeffer aus der Mühle
2 EL frische Korianderblätter oder Petersilie, fein gehackt

1 **Die Bohnen** mit Limettensaft, Olivenöl, Knoblauch, Kreuzkümmel, Tabasco, Salz und Pfeffer in den Mixer geben. Alles zu einer gleichmäßigen Masse pürieren. Ausschalten, die Masse mit einem Spatel vom Rand in die Mitte schaben und alles nochmals kurz durchmixen.

2 **Das Püree** in eine mittelgroße Schüssel geben und frischen Koriander (oder Petersilie) unterrühren. Die Bohnencreme hält sich zugedeckt etwa 4 Tage im Kühlschrank. Eine Portion entspricht 2 EL.

PRO PORTION: 40 kcal; 2 g Eiweiß; 4 g Kohlenhydrate; 1 g Ballaststoffe; 1,7 g Fett (davon 0 mg gesättigte Fettsäuren); 0 mg Cholesterin; 0,4 g Salz

SNACKS & GETRÄNKE

Tortilla-Chips

VORBEREITUNG: 2 MINUTEN
BACKZEIT: 10–15 MINUTEN

Diese Tortilla-Chips sind eine leckere Alternative zu den gekauften Tortilla-Chips, die weitaus mehr Fett und Salz enthalten.

1 Packung Mais-Tortillas (300 g, 8–12 Stück)
etwas Salz

Ofen auf 200 °C (Gas Stufe 3–4) vorheizen und ein Backblech mit Backpapier belegen. Die aufeinander gelegten Tortillas in Viertel schneiden. In einer Lage auf das Blech geben und leicht salzen. 10–15 Minuten backen, bis sie goldgelb und knusprig sind. Eine Portion entspricht 6 Chips.

PRO PORTION: 98 kcal; 2,7 g Eiweiß; 22 g Kohlenhydrate; 1 g Ballaststoffe; 0,4 g Fett (davon 0 mg gesättigte Fettsäuren); 0 mg Cholesterin; 0,4 g Salz

Knusprige Pitta-Ecken

VORBEREITUNG: 3 MINUTEN
BACKZEIT: 8–10 MINUTEN

Pitta-Ecken aus Vollkorngetreide passen hervorragend zu den Dips und Aufstrichen auf den Seiten 206–209.

4 **Vollkorn-Pitta**-Fladen
Olivenöl zum Bestreichen

Ofen auf 220 °C (Gas Stufe 4–5) vorheizen. Die Pitta-Fladen vierteln. Die Viertel quer durchschneiden, mit der Schnittfläche nach oben auf ein mit Backpapier belegtes Blech legen und leicht mit Olivenöl bestreichen. 8–10 Minuten backen. Eine Portion entspricht 4 Ecken.

PRO PORTION: 96 kcal; 3,5 g Eiweiß; 12,5 g Kohlenhydrate; 1,5 g Ballaststoffe; 7,5 g Fett (davon 1,5 g gesättigte Fettsäuren); 10 mg Cholesterin; 0,2 g Salz

Gewürztee (Chai)

ZUBEREITUNG: 12 MINUTEN
GARZEIT: KEINE

Dieser indische Tee wird auch Chai genannt. Er wird aus Gewürzen zubereitet und mit Milch und Honig abgerundet. Stellen Sie doch Ihre eigene Chai-Mischung her und genießen Sie die Vorteile: weniger Kalorien und weniger Kosten.

¼ TL gemahlener **Zimt**
¼ TL gemahlene Gewürznelken
¼ TL gemahlener Ingwer
150 ml fettarme **Milch** oder **Soja-Drink** mit Vanille
3 Beutel schwarzer **Tee**
Honig (nach Belieben)

1 Zimt, Nelken, Ingwer und 375 ml Wasser in einen kleinen Topf geben und zum Kochen bringen. Die Hitze reduzieren und die Flüssigkeit zugedeckt 5 Minuten ziehen lassen. Milch oder Soja-Drink zufügen. Bei geringer Hitze kurz köcheln lassen.

2 Die Teebeutel zugeben und das Ganze zugedeckt 3–4 Minuten ziehen lassen. Die Teebeutel herausnehmen, ausdrücken und den Tee in zwei Becher füllen. Nach Geschmack mit Honig süßen.

PRO PORTION: 50 kcal; 2,5 g Eiweiß; 7 g Kohlenhydrate; 0 g Ballaststoffe; 1,3 g Fett (davon 0,8 g gesättigte Fettsäuren); 4 mg Cholesterin; 0,08 g Salz

Hafer-Erdnuss-Riegel

24 Stück

VORBEREITUNG: **25 MINUTEN**
BACKZEIT: **20–25 MINUTEN**

Wenn Sie Ihre Müsliriegel selber backen, wissen Sie genau, was in ihnen steckt. Die hier vorgestellten Riegel enthalten Vollkornhaferflocken sowie Vollkornmehl und die gesunden Fettsäuren von Rapsöl und Erdnussbutter. Das verringert die gesättigten Fettsäuren und erhöht den Eiweißgehalt.

Öl für das Blech
60 g **Weizen-Vollkornmehl** (Type 1700)
1 TL gemahlener **Zimt**
½ TL Backpulver
1 kräftige Prise Salz
130 g weiche, ungesüßte **Erdnussbutter** (s. Zutatenhinweis rechts)
100 g brauner Zucker (Rohzucker)
115 g flüssiger Honig
1 **Ei** (Größe M)
2 **Eiweiß** (s. Tipp rechts)
2 EL Rapsöl
2 TL Vanilleextrakt
160 g **Haferflocken**
140 g Rosinen (oder getrocknete Preiselbeeren)
60 g gehackte **Walnuss**kerne oder **Mandeln**
85 g Schokoladentröpfchen oder gehackte dunkle Schokolade

1 Den Ofen auf 180 °C (Gas Stufe 2–3) vorheizen und ein Backblech leicht mit Öl einfetten.

2 Mehl, Zimt, Backpulver und Salz in einer mittelgroßen Schüssel mischen.

3 In einer großen Schüssel Erdnussbutter mit Zucker und Honig cremig rühren. Das Ei und die Eiweiße schaumig schlagen und unter die Buttermischung heben. Das Öl und den Vanilleextrakt untermengen. Die Mehlmischung mit einem Spatel gleichmäßig unterziehen. Das Ganze mit Haferflocken, Rosinen (oder Preiselbeeren), Walnüssen (oder Mandeln) und Schokolade vermengen.

4 Die Masse mit einem Spatel gleichmäßig auf das Blech streichen, dabei den Spatel gelegentlich in Wasser tauchen.

5 Den Teig 20–25 Minuten backen, bis die Oberfläche leicht gebräunt und fest ist. Das Gebäck auf dem Blech völlig erkalten lassen, dann in 24 Riegel schneiden. Eine Portion entspricht einem Riegel.

PRO PORTION: 161 kcal; 3,5 g Eiweiß; 12,5 g Kohlenhydrate; 1,5 g Ballaststoffe; 7,5 g Fett (davon 1,5 g gesättigte Fettsäuren); 10 mg Cholesterin; 0,2 g Salz

Zutatenhinweis: Wer gegen Erdnüsse allergisch ist, muss auch Erdnussbutter meiden. Als Ersatz bietet sich gute Pflanzenmargarine an. Mischen Sie Mandelmus oder geschrotete Kürbiskerne darunter. Auch geröstete, geschrotete Sonnenblumenkerne liefern gesunde Fette und Eiweiß.

Tipp: Statt der beiden Eiweiße können Sie auch 1 EL Magermilchpulver verwenden. Dann müssen Sie aber noch 6 EL Wasser in den Teig mischen.

SNACKS & GETRÄNKE

Beeren-Joghurt-Getränk mit Leinsamen

2 Portionen

ZUBEREITUNG: 5 MINUTEN
GARZEIT: KEINE

Mit einem Beeren-Joghurt-Getränk starten Sie sanft und gesund in den Tag, vor allem wenn dieses Nahrungsmittel mit Wunderwirkung enthält. Leinsamen ist ungewöhnlich in einem Getränk, aber er passt hervorragend dazu und ist eine vorzügliche Ballaststoffquelle.

- 2 EL **Leinsamen**
- 125 ml Orangensaft
- 125 g fettarmer **Joghurt** »Vanille« (1,5 % Fett)
- 250 g gemischte **Beeren** oder **Heidelbeeren** (ersatzweise TK-Ware)
- 1 kleine Banane, in Scheiben

Den Leinsamen im Mixer fein schroten, dann den Orangensaft, den Joghurt, die Beeren sowie die Bananenscheiben zugeben und alles kräftig zu einer cremigen Masse pürieren. In zwei Gläser füllen und sofort servieren.

PRO PORTION: 200 kcal; 9 g Eiweiß; 27 g Kohlenhydrate; 4 g Ballaststoffe; 6,5 g Fett (davon 0,7 g gesättigte Fettsäuren); 0 mg Cholesterin; 0,1 g Salz

Beeren-Joghurt-Getränk mit Leinsamen
Leinsamen • Joghurt • Beerenfrüchte

Eistee mit Pfirsich

8 Portionen

ZUBEREITUNG: 7 MINUTEN
KÜHLZEIT: 3 STUNDEN

Selbstgemachter Eistee ist eine belebende Alternative zu den gängigen Erfrischungsgetränken. Eistee mit Pfirsich ist ein köstlich-kühles Getränk auf der Basis von schwarzem oder grünem Tee, aromatisiert mit Pfirsichsaft und frischem Pfirsich.

7 Beutel schwarzer oder grüner **Tee**
500 ml Pfirsichsaft (ersatzweise Pfirsichnektar)
2 mittelgroße **Pfirsiche**, entsteint und fein gewürfelt
Eiswürfel
frische Minze (nach Belieben)

1 **Die Teebeutel** ins 1,5 l kochendheißes Wasser geben und 5 Minuten ziehen lassen. Die Teebeutel herausnehmen und den Tee zusammen mit dem Pfirsichsaft und den Pfirsichstückchen in ein hohes Gefäß geben. Abkühlen lassen und für mindestens 3 Stunden oder über Nacht in den Kühlschrank stellen.

2 **Eiswürfel** in Gläser geben, den Tee darüber gießen und mit frischen Minzeblättchen garnieren.

PRO PORTION: 30 kcal; 0,5 g Eiweiß; 7 g Kohlenhydrate; 0,5 g Ballaststoffe; 0 g Fett (0 g gesättigte Fettsäuren); 0 mg Cholesterin; Salz (in Spuren)

VARIATION
Beeren-Eistee
Nehmen Sie statt Pfirsichsaft und frischem Pfirsich schwarzen Johannisbeernektar und frische Beeren (Erdbeeren, Himbeeren, Heidelbeeren).

Geeister Kaffeedrink

1 Portion

ZUBEREITUNG: 5 MINUTEN
GARZEIT: KEINE

Mixgetränke mit Kaffee sehen zwar harmlos aus, sind aber oft sehr kalorienreich, vor allem bei großen Portionen. Doch es ist ganz leicht, sich selbst ein erfrischendes Kaffeegetränk zu mixen, das deutlich weniger Kalorien hat, fit macht und erfrischt.

2 TL Instant-**Kaffee**pulver
1 TL feiner Zucker (nach Belieben)
2 Eiswürfel
85 ml kalte fettarme **Milch** oder **Soja-Drink** »Vanille«
1 Prise gemahlener **Zimt**

1 **Das Kaffeepulver** mit Zucker, Eiswürfeln und 60 ml kaltem Wasser in einen Shaker oder ein hohes Rührgefäß mit Deckel geben und alles etwa 30 Sekunden kräftig durchschütteln, bis die Mischung leicht frostig ist.

2 **Das Ganze** in ein großes Glas geben, die Milch oder den Soja-Drink untermischen und etwas Zimt darüber stäuben. Mit dickem Trinkhalm servieren.

PRO PORTION: 60 kcal; 3 g Eiweiß; 9 g Kohlenhydrate; 0 g Ballaststoffe; 1,5 g Fett (davon 1 g gesättigte Fettsäuren); 5 mg Cholesterin; Salz (in Spuren)

Salate, Sandwiches & Suppen

Salat mit gebratener Hähnchenbrust und Orangenfilets

VORBEREITUNG: 25 MINUTEN
ZEIT ZUM MARINIEREN: 1 STUNDE
GARZEIT: 10–15 MINUTEN

Dünne Scheiben gegrillter Hähnchenbrust, Orangenfilets und geröstete Pistazien verwandeln einen einfachen Blattsalat in ein sommerlich-frisches Essvergnügen, das voller Nahrungsmittel mit Wunderwirkung steckt. Bevor Sie das rohe Geflügelfleisch (auch anderes Fleisch und Fisch ist geeignet) in die Marinade legen, stellen Sie etwas Marinade zum Bestreichen während des Grillens zur Seite.

85 ml Orangensaft
2 EL Zitronensaft
3 EL kaltgepresstes Olivenöl »extra vergine«
1 EL Dijon-Senf
2 Knoblauchzehen, fein gehackt
Salz, schwarzer Pfeffer aus der Mühle
450 g Hähnchenbrustfilet, enthäutet
Öl für den Grill
30 g Pistazien, Mandelsplitter oder gehackte Mandeln
140 g gemischter Blattsalat (möglichst Salatherzen), gewaschen und geputzt
1 kleine rote Zwiebel, in feinen Ringen
2 mittelgroße Orangen, in Filets geteilt

1. **Orangen-** und Zitronensaft, Öl, Senf, Knoblauch, Salz und Pfeffer in einer kleinen Schüssel gut miteinander verrühren. 5 EL der Marinade für das Dressing und 3 EL zum Bestreichen beiseite stellen.

2. **Das Fleisch in die Marinade** legen und mehrmals wenden. Zugedeckt im Kühlschrank etwa 1 Stunde durchziehen lassen.

3. **Den Grill auf Mittelhitze** vorheizen. Den Rost mit einem ölgetränkten Küchenpapier einölen. Das Fleisch aus der Marinade nehmen, abtropfen lassen und die Marinade wegschütten. Das Hähnchenfleisch von jeder Seite 4–6 Minuten grillen, bis es gar ist. Währenddessen mit der beiseite gestellten Marinade bestreichen. Dann auf eine Platte legen und 5 Minuten ruhen lassen.

4. **Inzwischen die Pistazien** oder Mandeln in einer beschichteten Pfanne bei mittlerer Hitze etwa 2–3 Minuten unter ständigem Rühren goldgelb anrösten. In ein Schälchen geben und abkühlen lassen.

5. **Salatblätter** und Zwiebelringe in einer großen Schüssel mischen. Die restliche Marinade untermengen. Den Salat auf vier Tellern anrichten. Das Geflügelfleisch quer zur Faser in dünne Scheiben schneiden und gleichmäßig auf den Salatportionen verteilen. Die Orangenfilets darauf anordnen und das Ganze mit Pistazien oder Mandeln bestreuen.

PRO PORTION: 311 kcal; 27 g Eiweiß; 0 g Kohlenhydrate; 2 g Ballaststoffe; 18 g Fett (davon 3 g gesättigte Fettsäuren); 96 mg Cholesterin; 0,7 g Salz

Salat mit gebratener Hähnchenbrust und Orangenfilets

Zitrone • Olivenöl • Knoblauch • Hähnchen • Nüsse • Zwiebel • Orange

Graupensalat mit Zuckerschoten und Zitronendressing

VORBEREITUNG: 30 MINUTEN
GARZEIT: 40–45 MINUTEN

Wie dieser bunte Salat zeigt, ist die blutzuckerfreundliche Gerste nicht ausschließlich für Suppen geeignet. Zuckerschoten beeinflussen den Blutzuckerspiegel ebenfalls günstig und senken aufgrund ihres hohen Ballaststoffgehalts den Cholesterinspiegel. Und der Zitronensaft bremst mit seiner Säure die Blutzuckerantwort.

FÜR DAS DRESSING

2 TL Zitronenschale, gerieben
4 EL **Zitronen**saft, frisch gepresst
4 EL **Schalotten**, fein gehackt
1 **Knoblauch**zehe, fein gehackt
Salz, schwarzer Pfeffer aus der Mühle
85 ml kaltgepresstes **Olivenöl** »extra vergine«

FÜR DEN SALAT

200 g Perl**graupen** (Gerstengraupen), abgespült
Salz
170 g **Zuckerschoten** (Zuckererbsen, Kaiserschoten)
1 mittelgroße rote Paprikaschote, entkernt und in Streifen
3 mittelgroße **Möhren**, geraspelt
4 EL frische Petersilie, gehackt
4 EL frischer Schnittlauch, in Röllchen

1 **Für das Dressing** Zitronenschale, Zitronensaft, Schalotten, Knoblauch, Salz und Pfeffer in einer mittelgroßen Schüssel verrühren. Dann das Öl untermischen.

2 **Für den Salat** die Graupen mit 600 ml Wasser und Salz in einen Topf geben, zum Kochen bringen und zugedeckt bei mittlerer Hitze 40–45 Minuten köcheln lassen, bis sie weich sind und das meiste Wasser aufgenommen haben. In eine große Schüssel geben und abkühlen lassen. Zwischendurch mit einer Gabel auflockern, damit die Körner nicht zusammenkleben.

3 **Währenddessen** von den Zuckerschoten die Enden knapp abschneiden und die Fäden abziehen. Halbieren oder schräg durchschneiden. In leicht gesalzenem Wasser garen oder in wenig Wasser zugedeckt 2 Minuten dünsten, bis die Schoten weich sind. Abgießen, kalt abschrecken und abtropfen lassen.

4 **Zuckerschoten,** rote Paprikaschote, Möhren, Petersilie und Schnittlauch zu den Graupen geben und alles gut vermengen. Das Dressing untermischen. Den Salat erst kurz vor dem Servieren anmachen, zum Servieren am nächsten Tag die Salatmischung und das Dressing getrennt in den Kühlschrank stellen.

PRO PORTION: 180 kcal; 3 g Eiweiß; 27 g Kohlenhydrate; 2 g Ballaststoffe; 7,5 g Fett (davon 1 g gesättigte Fettsäuren); 0 mg Cholesterin; 0,5 g Salz

Graupensalat mit schwarzen Bohnen

VORBEREITUNG: 25 MINUTEN
GARZEIT: 40–45 MINUTEN

Unter den Nahrungsmitteln mit Wunderwirkung sind Gerste, Bohnen, Essig und Zitrusfrüchte führend, deshalb ist dieser Salat ein absoluter Spitzenreiter. Er eignet sich hervorragend fürs Picknick oder Grillfest und passt prima zu gegrilltem Geflügel, Schweinefleisch und Fisch.

150 g Perl**graupen** (Gerstengraupen)
500 ml Hühner- oder Gemüsebrühe, kochsalzfrei
4 EL Apfel**essig**
4 EL Orangensaft
4 EL kaltgepresstes **Olivenöl** »extra vergine«
1 ½ gehäufte TL Kreuzkümmel, gemahlen
1 TL getrockneter Oregano
1 **Knoblauch**zehe, fein gehackt
Salz, schwarzer Pfeffer aus der Mühle
400 g schwarze **Bohnen** aus der Dose, abgetropft und abgespült
1 große rote oder gelbe Paprikaschote, entkernt und gewürfelt

1 Bund **Frühlingszwiebeln**, gehackt
3 EL Korianderblättchen, grob gehackt
Limettenspalten

1 **Die Graupen** mit der Brühe in einen Topf geben und zum Kochen bringen. Bei mittlerer Hitze zugedeckt 40–45 Minuten garen, bis die Graupen weich sind und die Flüssigkeit nahezu vollständig aufgenommen haben. Dann in eine Schüssel geben, abkühlen lassen und mehrmals mit einer Gabel auflockern.

2 **Währenddessen Essig,** Orangensaft, Öl, Kreuzkümmel, Oregano, Knoblauch, Salz und Pfeffer zu einem Dressing verrühren.

3 **Schwarze Bohnen,** Paprikawürfel, Frühlingszwiebeln und Koriander unter die Graupen mischen. Das Dressing sorgfältig untermengen. Den Salat mit Limettenspalten anrichten. Er bleibt zugedeckt im Kühlschrank 1 Tag frisch.

PRO PORTION: 250 kcal; 10 g Eiweiß; 33 g Kohlenhydrate; 3 g Ballaststoffe; 10 g Fett (davon 1,5 g gesättigte Fettsäuren); 0 mg Cholesterin; 0,9 g Salz

Graupensalat mit schwarzen Bohnen
Perlgraupen • Essig • Olivenöl • Knoblauch • Bohnen • Frühlingszwiebeln • Limetten

SALATE, SANDWICHES & SUPPEN

Cannellinisalat mit Thunfisch

4 Portionen

ZUBEREITUNG: **25 MINUTEN**
GARZEIT: **KEINE**

Thunfisch und Bohnen sind eine gesunde, nahrhafte Kombination, deshalb sollten Sie immer einige Dosen vorrätig haben. Wenn man Blattsalat, Zwiebeln und Kirschtomaten zugibt, steht im Handumdrehen ein köstlicher, blutzuckerfreundlicher Salat auf dem Tisch. Abgeschmeckt mit einem aparten Dressing aus Zitrone, Knoblauch und Olivenöl, wird daraus das perfekte Essen für einen heißen Sommertag.

FÜR DAS DRESSING

3 EL Zitronensaft
1 Knoblauchzehe, fein gehackt
Salz
1 Prise getrocknete Chilischoten, grob zerstoßen
4 EL kaltgepresstes Olivenöl »extra vergine«
schwarzer Pfeffer aus der Mühle

FÜR DEN SALAT

400 g Cannellini-Bohnen aus der Dose, abgetropft und abgespült
200 g Thunfisch aus der Dose, naturell, abgetropft und zerpflückt
½ rote Zwiebel, in feinen Streifen
2 TL frischer Rosmarin, fein gehackt
1 ½ TL Zitronenschale, abgerieben
6 Hand voll Rucola, gewaschen und geputzt
175 g Kirschtomaten, geviertelt

1 Für das Dressing Zitronensaft, Knoblauch, Salz und Chilischoten in einer kleinen Schüssel gut vermengen. Das Öl und den Pfeffer unterrühren.

2 Für den Salat Cannellini-Bohnen, Thunfisch, Zwiebel, Rosmarin und Zitronenschale in eine mittelgroße Schüssel geben, 4 EL Dressing zugeben und das Ganze locker miteinander vermengen.

3 Die Rucolablätter in eine große Schüssel geben, das restliche Dressing untermengen und den Salat auf 4 Tellern anrichten. Darauf den Thunfischsalat verteilen und mit Kirschtomaten garnieren.

PRO PORTION: 300 kcal; 20 g Eiweiß; 17 g Kohlenhydrate; 5 g Ballaststoffe; 17 g Fett (davon 2,5 g gesättigte Fettsäuren); 25 mg Cholesterin; 0,6 g Salz

Tipp: Bohnen in Dosen können viel Salz enthalten. Der Salzgehalt von Dosenbohnen lässt sich jedoch verringern, indem Sie diese abtropfen lassen und in einem Sieb unter kaltem Wasser nachspülen. Unsere Nährwertangaben beruhen auf abgetropften und gespülten Bohnen.

Thunfisch enthält keine gesättigten Fettsäuren und stabilisiert den Blutzuckerspiegel.

Bohnen sind aufgrund ihres hohen Gehalts an löslichen Ballaststoffen gut für den Blutzuckerspiegel.

Tomaten liefern, roh verzehrt, reichlich Vitamin C.

Knoblauch passt gut ins Dressing; er bremst die Insulinproduktion.

Zitronen liefern Säure und senken die GL.

Zwiebeln haben antioxidative Wirkungen.

Olivenöl verlängert die Verweildauer der Speisen im Magen und verhindert Blutzuckerspitzen.

Cannellinisalat mit Thunfisch

Nudelsalat mit Hähnchenbrust und Erdnuss-Dressing

VORBEREITUNG: 35 MINUTEN
GARZEIT: 8–10 MINUTEN

Außergewöhnlich und lecker – dieser Salat ist für Ihre nächste Party genau der Richtige. Die Vollkornspaghetti harmonieren wunderbar mit der Erdnuss-Sauce. Der weiche Seidentofu streckt die Erdnussbutter, was die Kalorien in Schach hält, und sorgt für eine cremige Konsistenz. Es gibt auch eine vegetarische Variante: Nehmen Sie anstatt der Hähnchenbrust gebratenen, gut gewürzten Tofu. Den Salat erst kurz vor dem Servieren anmachen, zum Servieren am nächsten Tag die Salatmischung und das Dressing getrennt in den Kühlschrank stellen.

FÜR DAS DRESSING
130 g weiche ungesüßte **Erdnussbutter**
85 g Seiden**tofu**
4 EL Sojasauce
3 EL **Limetten**saft
3 **Knoblauch**zehen, fein gehackt
2 EL brauner Zucker (Rohzucker)
knapp 1 TL getrocknete Chilischoten, fein zerstoßen

FÜR DEN SALAT
340 g **Vollkornspaghetti**
Salz zum Kochen
2 TL Sesamöl
350 g gebratene **Hähnchen**brust ohne Haut, in feinen Streifen
3 mittelgroße **Möhren**, grob geraspelt
1 kleine Paprikaschote, entkernt und fein gewürfelt
1 mittelgroße Gurke, grob geraspelt
frische Korianderblättchen, grob gehackt
50 g **Frühlingszwiebeln**, gehackt
3 EL **Erdnuss**kerne, geschält, ungesalzen und ohne Fett geröstet
Limettenspalten

1 **Die Nudeln** nach Packungsanleitung in 3,5 l Salzwasser 8–10 Minuten bissfest garen.

2 **Währenddessen das Dressing** zubereiten: Die Zutaten in den Mixer geben und alles zu einer cremigen Masse pürieren. In ein Schälchen füllen und beiseite stellen.

3 **Die Nudeln** abgießen, kalt abschrecken und gut abtropfen lassen. In eine Schüssel geben und mit Sesamöl vermengen.

4 **Hähnchenfleisch,** Möhren und roten Paprika untermischen. Dann mit dem Erdnussdressing anmachen. Gurke, Korianderblättchen, Frühlingszwiebeln und Erdnüsse untermengen. Den Salat mit Limettenspalten garniert servieren.

PRO PORTION: 385 kcal; 22 g Eiweiß; 42 g Kohlenhydrate; 6 g Ballaststoffe; 16 g Fett (davon 4 g gesättigte Fettsäuren); 37 mg Cholesterin; 1,3 g Salz

Gemischter Krautsalat

ZUBEREITUNG: 20 MINUTEN
GARZEIT: KEINE

Der beste Krautsalat wird aus rohem Weißkraut zubereitet. Das Weißkraut putzen, waschen, achteln und die Blätter in feine Streifen schneiden. Das Ganze in eine Schüssel geben und mit Salz bestreut kräftig mit den Händen durcharbeiten, bis Saft austritt. Die salzige Flüssigkeit wegschütten. Unser Krautsalat wird mit einem Dressing aus fettarmem Joghurt und Olivenöl angemacht. Außerdem ist er bunt, denn auch Rotkraut gehört hinein. Die farbgebenden Anthocyane ergänzen die antioxidativen Wirkungen der Inhaltsstoffe des Kohls.

85 g fettarmer **Joghurt** (1,5 % Fett)
4 TL Djion-Senf
4 TL Apfel**essig**
1 ½ TL feiner Zucker
4 TL kaltgepresstes **Olivenöl** »extra vergine«
Salz, schwarzer Pfeffer aus der Mühle
½ mittelgroßer Kopf Weiß**kraut**, fein gehobelt
¼ mittelgroßer Kopf Rot**kraut**, fein gehobelt
½ TL **Kümmel**
2 mittelgroße **Möhren**, grob geraspelt

1. **Joghurt mit Senf,** Apfelessig, Zucker, Öl, Salz und Pfeffer cremig rühren.
2. **Weiß- und Rotkraut** mit Kümmel und Salz in einer Schüssel vermischen. Die Möhren untermengen und das Ganze mit dem Dressing anmachen.

PRO PORTION: 71 kcal; 3 g Eiweiß; 9 g Kohlenhydrate; 3 g Ballaststoffe; 3 g Fett (davon 0,4 g gesättigte Fettsäuren); 0 mg Cholesterin; 0,4 g Salz

Gemischter Krautsalat
Joghurt • Essig • Olivenöl • Kümmel • Kraut • Möhren

Nudelsalat mit Gartengemüse
Nudeln • Joghurt • Olivenöl • Knoblauch • Essig • Tomaten • Möhren • Frühlingszwiebeln • Oliven

Nudelsalat mit Gartengemüse

6 Portionen

VORBEREITUNG: **30 MINUTEN**
GARZEIT: **8–10 MINUTEN**

Nudelsalate sind ideal für ein Essen im Freien oder als Beilage zu Grillgerichten. Diese Variante wird mit Vollkornnudeln zubereitet und enthält viel buntes Gemüse. Für den letzten Pfiff sorgt ein leichtes Dressing aus Salatcreme und Joghurt. Wenn der Salat gehaltvoller sein soll, geben Sie Thunfisch aus der Dose, Kichererbsen oder gewürfeltes Hähnchenfleisch dazu.

170 g **Vollkornnudeln** (Spiralen, Hörnchen)
85 g Salatmayonnaise (40 % Öl) oder Salatcreme
85 g fettarmer **Joghurt** (1,5 % Fett)
2 EL kaltgepresstes **Olivenöl** »extra vergine«
1 EL Rotwein**essig** oder **Zitronen**saft
1 **Knoblauch**zehe, fein gehackt
Salz, schwarzer Pfeffer aus der Mühle
175 g Kirsch**tomaten** oder Pflaumen**tomaten,** halbiert
1 kleine gelbe oder rote Paprikaschote, entkernt und in Streifen
3 mittelgroße **Möhren**, geraspelt
4 **Frühlingszwiebeln**, gehackt
70 g Kalamata-**Oliven**, gehackt
5 EL frisches Basilikum, fein gehackt

1 **Etwa 1,7 l Wasser** mit etwas Salz aufkochen und die Nudeln darin 8–10 Minuten oder nach Packungsanleitung bissfest garen. Abgießen, kalt abschrecken und abtropfen lassen.

2 **Für die Sauce** Mayonnaise oder Salatcreme, Joghurt, Öl, Essig oder Zitronensaft, Knoblauch, Salz und Pfeffer in einer Schüssel verrühren. Die Nudeln untermengen. Tomaten, Paprika, Möhren, Frühlingszwiebeln, Oliven und Basilikum zugeben und gut untermengen. Im Kühlschrank bleibt der Salat zugedeckt 1 Tag frisch.

PRO PORTION: 222 kcal; 6 g Eiweiß; 27 g Kohlenhydrate; 4,5 g Ballaststoffe; 11 g Fett (davon 2 g gesättigte Fettsäuren); 3 mg Cholesterin; 0,9 g Salz

Griechischer Linsensalat

6 Portionen

VORBEREITUNG: **20 MINUTEN**
GARZEIT: **20–25 MINUTEN**

Dank ihres hohen Gehalts an pflanzlichem Eiweiß, löslichen Ballaststoffen und Folsäure haben Linsen einen festen Platz unter den Nahrungsmitteln mit Wunderwirkung. Nicht nur in der kalten Jahreszeit sind Linsen eine besondere Zutat, auch diesen sommerlichen Salat verfeinern sie delikat. Getrocknete Linsen können auch durch 1 Dose (800 ml) gegarte Linsen ersetzt werden.

200 g getrocknete **Tellerlinsen**, abgespült
1 TL Salz
3 EL **Zitronen**saft
2 EL kaltgepresstes **Olivenöl** »extra vergine«
1 **Knoblauch**zehe, fein gehackt
schwarzer Pfeffer aus der Mühle
1 Bund **Frühlingszwiebeln**, gehackt
350 g gebratene rote Paprikaschoten aus dem Glas, abgetropft und gewürfelt
60 g Schafs**käse**, zerbröckelt
5 EL frischer Dill, fein gehackt
6 Hand voll Rucola oder Brunnenkresse, gewaschen und abgetropft

1 **Die Linsen** in einen großen Topf geben und mit Wasser bedeckt zum Kochen bringen. Bei mittlerer Hitze zugedeckt 20–25 Minuten köcheln lassen, bis sie weich sind, aber noch ihre Form haben. Abgießen, ½ TL Salz untermischen und abkühlen lassen.

2 **Für die Sauce** Zitronensaft, Öl, Knoblauch, restliches Salz und Pfeffer in einer großen Schüssel verrühren. Die warmen Linsen zugeben und alles gut vermengen. Frühlingszwiebeln, Paprika, Schafskäse und Dill untermischen. Den Salat auf einem Bett aus Rucola oder Brunnenkresse anrichten und servieren.

PRO PORTION: 210 kcal; 11 g Eiweiß; 28 g Kohlenhydrate; 4 g Ballaststoffe; 7 g Fett (davon 2 g gesättigte Fettsäuren); 7 mg Cholesterin; 1 g Salz

Spinat-Avocado-Salat mit Mohndressing

ZUBEREITUNG: 30 MINUTEN
GARZEIT: KEINE

Saftige, herbe Grapefruits bilden einen köstlichen Kontrast zur cremig-weichen Avocado und zum knackigen Blattspinat. Servieren Sie den Salat als Vorspeise, oder mischen Sie für ein sommerliches Hauptgericht Krabben darunter.

2 rosa **Grapefruits**
1 EL Weißwein**essig**
1 große **Schalotte**, fein gehackt
2 TL Mohn**samen** (Blaumohn)
1 TL flüssiger Honig
1 TL Dijon-Senf
3 EL kaltgepresstes **Olivenöl** »extra vergine«
Salz, Pfeffer aus der Mühle
170 g junger Blatt**spinat**, gewaschen und trocken geschleudert
1 Bund Radieschen, in Scheiben
2 **Avocados**, Fruchtfleisch in Scheiben

1 Ein Sieb auf eine mittelgroße Schüssel setzen. Die Grapefruits quer halbieren und mit einem scharfen Messer das Fruchtfleisch vom Rand schneiden und die Filets aus den Häuten lösen. Dabei den Saft in der Schüssel auffangen. Aus dem Fruchtfleisch in den Schalen möglichst viel Saft auspressen. Die Fruchtfilets im Sieb abtropfen lassen.

2 Vom Grapefruitsaft 4 EL abnehmen (Rest anderweitig verwenden) und in einen Schüttelbecher geben. Essig, Schalotte, Mohn, Honig, Senf, Öl, Salz sowie Pfeffer zufügen und alles kräftig durchschütteln.

3 Spinat und Radieschen in eine große Schüssel geben und die Hälfte des Dressings untermischen. Den Salat auf vier Tellern anrichten, mit Avocadoscheiben sowie Grapefruitfilets belegen und mit dem restlichen Dressing beträufeln.

PRO PORTION: 212 kcal; 3,5 g Eiweiß; 9 g Kohlenhydrate; 4 g Ballaststoffe; 19 g Fett (davon 3,5 gesättigte Fettsäuren); 8 mg Cholesterin; 0,6 g Salz

Mediterraner Salat mit Edamame

VORBEREITUNG: 25 MINUTEN
GARZEIT: 4 MINUTEN

Diese Variante des klassisch griechischen Salats zeichnet sich besonders durch die Würzkräuter und die eiweißreichen Edamame aus – das sind junge grüne Sojabohnen, die es als TK-Ware (auch in der Schote) in vielen Supermärkten oder im Bioladen gibt.

150 g **Edamame**-Bohnen (TK-Ware, enthülst)
85 ml kaltgepresstes **Olivenöl** »extra vergine«
3 EL **Zitronen**saft
2 **Knoblauch**zehen, fein gehackt
Salz, schwarzer Pfeffer aus der Mühle
¼ TL feiner Zucker
½ kleiner Römischer Salat (Romana-Salat), zerpflückt
350 g Kirsch**tomaten**, halbiert, oder 2 mittelgroße Tomaten, geputzt und in Spalten
150 g Salatgurke, in Scheiben
65 g **Frühlingszwiebeln**, gehackt
70 g Kalamata-**Oliven**, halbiert
25 g frische Minze, gehackt
25 g glatte Petersilie, grob zerpflückt
135 g Schafs**käse**, zerbröckelt

1 Die Edamame in reichlich leicht gesalzenem Wasser zugedeckt bei mittlerer Hitze 3–4 Minuten garen. Abgießen, kalt abschrecken und abkühlen lassen.

2 Für das Dressing Öl, Zitronensaft, Knoblauch, Salz, Pfeffer und Zucker in einen Schüttelbecher geben und kräftig durchschütteln.

3 Bis auf den Käse alle Salatzutaten mit der Edamame in einer großen Schüssel mischen. Das Dressing darüber geben und alles gut vermengen. Den Salat auf Teller verteilen und mit Schafskäse bestreuen.

PRO PORTION: 151 kcal; 6 g Eiweiß; 4 g Kohlenhydrate; 2 g Ballaststoffe; 13 g Fett (davon 4 g gesättigte Fettsäuren); 12 mg Cholesterin; 1 g Salz

Mediterraner Salat mit Edamame
Edamame • Olivenöl • Zitrone • Knoblauch • Tomaten • Frühlingszwiebeln • Oliven • Käse

Pumpernickel mit Lachs und Wasabi-Creme

4 Portionen

ZUBEREITUNG: **20 MINUTEN**
GARZEIT: **KEINE**

Abwechslung tut gut – lassen Sie sich auch von anderen Ländern inspirieren. Pumpernickel zählt zu den Nahrungsmitteln mit Wunderwirkung, und Lachs aus der Dose gibt es in jedem Supermarkt. Er trägt zur Versorgung mit wertvollen Omega-3-Fettsäuren, Kalzium und Eiweiß bei.

- 6 EL Salatmayonnaise (40 % Öl) oder Salatcreme
- 2 EL Weißwein- oder Reis**essig**
- 1 EL frischer Ingwer, gerieben
- 1 ½ TL Wasabi-Pulver (s. Zutatenhinweis)
- 1 TL Mirin (s. Zutatenhinweis)
- 200 g **Lachs** aus der Dose, abgetropft und zerpflückt
- 2 EL **Frühlingszwiebeln**, gehackt
- 1 EL Sesam**samen**, geröstet (s. Tipp)
- 8 Scheiben **Pumpernickel**
- 1 Stück Salatgurke (ca. 10 cm), in dünnen Scheiben
- 100 g Brunnenkresse, gewaschen und trocken geschleudert

Pumpernickel mit Lachs und Wasabi-Creme
Essig • Lachs • Frühlingszwiebeln • Sesam • Pumpernickel

1. **3 EL Mayonnaise** oder Salatcreme mit Essig, Ingwer, Wasabi-Pulver und Mirin in einer Schüssel mischen. Lachs, Frühlingszwiebeln und Sesamsamen zugeben und alles gut miteinander vermengen.

2. **Die Pumpernickelscheiben** mit der restlichen Mayonnaise bestreichen. Die Lachsmischung auf vier Brote verteilen, darauf Gurkenscheiben, Brunnenkresse und jeweils eine zweite Scheibe Pumpernickel legen. Die belegten Brote halbieren und servieren.

PRO PORTION: 284 kcal; 18 g Eiweiß; 25 g Kohlenhydrate; 3 g Ballaststoffe; 13 g Fett (davon 2 g gesättigte Fettsäuren); 19 mg Cholesterin; 1,8 g Salz

Tipp: Rösten Sie den Sesamsamen in einer beschichteten Pfanne bei mittlerer Hitze unter ständigem Rühren 2–3 Minuten an, bis er goldgelb ist und duftet.

Zutatenhinweise:
- *Wasabi, auch als Japanischer Meerrettich bezeichnet, wird aus der Stärke einer speziellen Kohlart gewonnen und ist bei uns in Pulverform oder als Paste im Asia-Regal gut sortierter Supermärkte erhältlich.*
- *Mirin ist ein süßer Reiswein. Er enthält nur wenig Alkohol. Sie finden ihn im Asia-Regal in gut sortierten Supermärkten.*

Sandwich mit gebratenen Auberginen und Paprika-Walnuss-Sauce

4 Portionen

VORBEREITUNG: **20 MINUTEN**
GARZEIT: **8–12 MINUTEN**

Mit diesem gleichermaßen raffiniert wie lecker belegten Brot nutzen Sie die niedrige GL von Sauerteigbrot. Es eignet sich ideal zum Mittag- oder Abendessen und lässt sich auch als Zwischenmahlzeit mitnehmen.

FÜR DIE PAPRIKA-WALNUSS-SAUCE
30 g Walnusskerne
1 EL Semmelbrösel
1 Knoblauchzehe, fein gehackt
1 TL gemahlener Kreuzkümmel
1 gute Prise getrocknete Chilischoten, grob zerstoßen
Salz
200 g geröstete rote Paprikaschoten aus dem Glas, abgetropft und abgespült
1 EL Zitronensaft

FÜR DIE SANDWICHES
etwas Rapsöl für den Grill und zum Bestreichen
2 mittelgroße Baby-Auberginen, in 1 cm dicken Längsscheiben
Salz, schwarzer Pfeffer aus der Mühle
8 kleine Scheiben Sauerteigbrot, getostet (nach Belieben)
125 g Ziegenweichkäse, in Scheiben
50 g Rucola, gewaschen und trocken geschleudert

1. **Für die Sauce** Walnusskerne, Semmelbrösel, Knoblauch, Kreuzkümmel, Chilischoten und Salz in den Mixer geben und durchmixen, bis die Walnusskerne zerkleinert sind. Paprikaschote und Zitronensaft zugeben und erneut mixen, bis eine gleichmäßig cremige Masse entstanden ist.

2. **Den Grill vorheizen.** Den Rost leicht einölen. Die Auberginenscheiben beidseitig dünn mit Öl bestreichen und mit Salz sowie Pfeffer würzen. Von jeder Seite 4–6 Minuten grillen, bis sie weich und leicht gebräunt sind.

3. **Etwa 1½ EL der Sauce** auf jede Brotscheibe streichen. Auf vier Brotscheiben jeweils eine Auberginenscheibe sowie eine Scheibe Käse legen und darauf die Rucolablätter verteilen. Mit den anderen Brotscheiben abdecken und die belegten Brote halbieren. In Frischhaltefolie verpackt bleiben die Brote im Kühlschrank bis zu 2 Tage frisch.

PRO PORTION: 351 kcal; 14 g Eiweiß; 35 g Kohlenhydrate; 5 g Ballaststoffe; 18 g Fett (davon 6 g gesättigte Fettsäuren); 29 mg Cholesterin; 1,7 g Salz

SALATE, SANDWICHES & SUPPEN

Roggensandwich mit Thunfisch und Möhren

Möhren • Zitrone • Olivenöl • Frühlingszwiebeln • Thunfisch • Roggenbrot

Roggensandwich mit Thunfisch und Möhren

2 Portionen

ZUBEREITUNG: **15 MINUTEN**
GARZEIT: **KEINE**

Gesund und schmackhaft: mit einem frisch-würzig abgeschmeckten Möhren-Thunfischsalat mit Zitronendressing belegtes Roggenbrot. Das hält den Blutzuckerspiegel in Schach.

1 mittelgroße **Möhre**, geraspelt
2 TL **Zitronen**saft
2 TL kaltgepresstes **Olivenöl** »extra vergine«
1 EL Frühlings**zwiebel**, gehackt
1 EL frischer Dill oder Petersilie, fein gehackt
Salz
100 g **Thunfisch** aus der Dose, naturell, abgetropft und zerpflückt
30 g Staudensellerie, fein gehackt
2 EL Salatmayonnaise (40 % Öl) oder Salatcreme
4 Scheiben **Roggenbrot** oder **Pumpernickel**
4 Salatblätter, gewaschen und trocken geschleudert

1 **Für das Dressing** Möhren, Zitronensaft, Olivenöl, Frühlingszwiebeln, Dill oder Petersilie und Salz in einer kleinen Schüssel miteinander verrühren.

2 **Thunfisch** und Staudensellerie in eine andere Schüssel geben, 1 EL Salatmayonnaise oder Salatcreme zufügen und alles vermengen. Die restliche Mayonnaise oder Creme auf die Brote streichen. Zwei Brotscheiben mit der Thunfisch-Sellerie-Mischung bestreichen und das Möhren-Zitronen-Dressing sowie Salatblätter darauf geben. Jeweils mit einer zweiten Brotscheibe abdecken. Die belegten Brote halbieren. In Frischhaltefolie verpackt bleiben die Brote im Kühlschrank bis zu 2 Tage frisch.

PRO PORTION: 215 kcal; 18 g Eiweiß; 27 g Kohlenhydrate; 4 g Ballaststoffe; 4,5 g Fett (davon 0,7 g gesättigte Fettsäuren); 0 mg Cholesterin; 1,4 g Salz

Graupensuppe mit Bohnen

8 Portionen

VORBEREITUNG: **30 MINUTEN**
GARZEIT: **40 MINUTEN**

Nahrhaft und kalorienarm zugleich – die Gerstengraupen und Bohnen machen es möglich. Beide halten die GL der Suppe niedrig.

2 l Hühner- oder Gemüsebrühe, kochsalzfrei
6 **Knoblauch**zehen, gehackt
2 Stängel frischer Rosmarin
1 Prise getrocknete Chilischoten, grob zerstoßen
400 g Kidney**bohnen** aus der Dose, abgetropft
2 TL **Olivenöl**
1 mittelgroße **Zwiebel**, gehackt
3 mittelgroße **Möhren**, gewürfelt
1 Stängel Staudensellerie, gewürfelt
400 g geschälte **Tomaten** aus der Dose
200 g Perl**graupen**
400 g junger Blatt**spinat**, gewaschen und geputzt
schwarzer Pfeffer aus der Mühle
50 g **Parmesan**, frisch gerieben

1 **Die Brühe** in einem großen Topf zum Kochen bringen. Knoblauch, Rosmarin und Chilischoten zufügen. Das Ganze etwa 15 Minuten köcheln lassen, um den Geschmack zu intensivieren. Die Brühe durch ein Sieb in einen anderen Topf abgießen und die Gewürze entfernen.

2 **Die Hälfte der Kidneybohnen** in einer Schüssel zerdrücken und beiseite stellen. In einem großen Topf das Öl auf mittlerer Stufe erhitzen. Zwiebel, Möhren und Sellerie zugeben und unter Rühren 3–4 Minuten dünsten. Brühe, Tomaten, Graupen, pürierte und ganze Bohnen untermischen. Das Ganze zum Kochen bringen. Bei mittlerer Hitze zugedeckt etwa 35 Minuten köcheln lassen, bis die Graupen fast gar sind.

3 **Spinat zufügen** und Suppe 3–5 Minuten kochen, bis Spinat und Graupen gar sind. Mit Pfeffer würzen und mit Parmesan servieren.

PRO PORTION: 200 kcal; 9 g Eiweiß; 34 g Kohlenhydrate; 5 g Ballaststoffe; 4 g Fett (davon 1,5 g gesättigte Fettsäuren); 6 mg Cholesterin; 0,7 g Salz

SALATE, SANDWICHES & SUPPEN

Deftige Erbsensuppe mit Croutons

4 Portionen

VORBEREITUNG: **15 MINUTEN**
GARZEIT: **1 STUNDE**

Die gute alte Erbsensuppe hat ihren Platz auf dem Speiseplan zurückerobert. Getrocknete Erbsen sind reich an Eiweiß und Ballaststoffen, sättigen anhaltend und bringen Sie daher gut durch den Nachmittag. Die Roggenbrot-Croutons geben der Suppe die besondere Note, sind einfach herzustellen und eine gesunde Alternative zu fertigen Croutons aus Weißbrot.

4 TL **Olivenöl**
60 g Hinterkochschinken ohne Fettrand, gewürfelt
1 mittelgroße **Zwiebel**, gehackt
3 mittelgroße **Möhren**, gewürfelt
1,25 l Hühnerbrühe, kochsalzfrei
200 g getrocknete grüne **Erbsen**, verlesen und abgespült
1 TL Bohnenkraut oder Thymian, getrocknet und gerebelt
1 gute Prise Cayennepfeffer
1 Lorbeerblatt
2 Scheiben **Roggenbrot**, in kleinen Würfeln

1 In einem großen Topf 2 TL Öl erhitzen und Schinken, Zwiebel und Möhren bei mittlerer Hitze darin anbraten. Unter Rühren 3–5 Minuten dünsten, bis das Gemüse weich ist und leicht Farbe angenommen hat. Brühe, Erbsen, Kräuter, Cayennepfeffer sowie Lorbeerblatt zugeben und das Ganze aufkochen. Bei mittlerer Hitze etwa 1 Stunde bedeckt köcheln lassen, bis die Erbsen breiig sind und die Suppe dicklich ist.

2 Währenddessen das restliche Öl in einer beschichteten Pfanne erhitzen und die Brotwürfel darin rundherum knusprig braten. Dabei gelegentlich wenden.

3 Aus der fertigen Suppe das Lorbeerblatt entfernen. Die Suppe auf Suppentassen verteilen und mit Brotwürfeln bestreut servieren. Die Suppe hält sich zugedeckt im Kühlschrank etwa 2 Tage.

PRO PORTION: 350 kcal; 27 g Eiweiß; 45 g Kohlenhydrate; 6 g Ballaststoffe; 10 g Fett (davon 2 g gesättigte Fettsäuren); 8 mg Cholesterin; 0,5 g Salz

Rote Linsensuppe mit Curry

8 Portionen

VORBEREITUNG: **15 MINUTEN**
GARZEIT: **25 MINUTEN**

Recht hartnäckig hält sich der Glaube, dass Linsen nur mit langer Einweichzeit und aufwändig zuzubereiten sind. Dem ist jedoch keineswegs so! Linsen, vor allem die roten, lassen sich sehr schnell zubereiten. Ohne Einweichzeit sind sie in 20 Minuten gar, braune brauchen nur 10 Minuten länger.

2 TL Rapsöl
2 **Zwiebeln**, gehackt
4 **Knoblauch**zehen, fein gehackt
4–5 TL mildes Currypulver
285 g rote **Linsen**, verlesen und abgespült
1,5 l Hühner- oder Gemüsebrühe, kochsalzfrei
2 EL **Tomaten**püree aus der Dose
¼ TL gemahlener **Zimt**
2 EL **Zitronen**saft
Salz, schwarzer Pfeffer aus der Mühle
125 g fettarmer **Joghurt** (1,5 % Fett)
4 EL Frühlings**zwiebeln** (nur grüne Teile), gehackt

1 Das Öl in einem großen Topf erhitzen und die Zwiebeln darin bei mittlerer Hitze unter Rühren glasig dünsten. Knoblauch sowie Curry zufügen und 30 Sekunden mitdünsten.

2 Die Linsen unter Rühren zufügen. Brühe, 180 ml Wasser, Tomatenpüree und Zimt zugeben. Das Ganze zum Kochen bringen und zugedeckt bei mittlerer Hitze etwa 20 Minuten köcheln lassen, bis die Linsen sehr weich sind.

3 Die Suppe vorsichtig (die Flüssigkeit ist sehr heiß) in den Mixer geben und pürieren. Die pürierte Suppe zurück in den Topf geben und nochmals erhitzen.

4 Die Linsensuppe mit Zitronensaft, Salz und Pfeffer würzen. In Suppentassen verteilen, mit einem Klecks Joghurt sowie Frühlingszwiebeln garnieren und servieren. Die Suppe hält sich zugedeckt im Kühlschrank etwa 2 Tage.

PRO PORTION: 142 kcal; 11 g Eiweiß; 23 g Kohlenhydrate; 2,3 g Ballaststoffe; 1 g Fett (davon 0,2 g gesättigte Fettsäuren); 0 mg Cholesterin; 0,2 g Salz

Rote Linsensuppe mit Curry
Zwiebeln • Knoblauch • Linsen • Tomate • Zimt • Zitrone • Joghurt • Frühlingszwiebeln

SALATE, SANDWICHES & SUPPEN

Hühnersuppe nach afrikanischer Art

8 Portionen

VORBEREITUNG: 20 MINUTEN
GARZEIT: 25 MINUTEN

Erdnussbutter und Toast kennen wir alle. Doch Erdnussbutter ist weitaus mehr als nur ein Brotaufstrich. Das Geheimnis dieser Suppe mit Erdnussbutter (das Rezept stammt aus Afrika) ist der Gewürzreichtum, der hohe Gesundheits- und Sättigungswert und die einfache Zubereitung.

2 TL Rapsöl
1 mittelgroße **Zwiebel**, gehackt
3 **Knoblauch**zehen, fein gehackt
1 TL mildes Currypulver
750 ml Hühnerbrühe, kochsalzfrei
400 g geschälte, gehackte **Tomaten** aus der Dose (samt Flüssigkeit)
1 kleine **Süßkartoffel**, geschält und gewürfelt
450 g **Hähnchen**brustfilet, enthäutet und gewürfelt
85 g weiche, ungesüßte **Erdnussbutter**
20 g frische Korianderblätter, gehackt
2 EL **Limetten**saft
ein Spritzer Tabasco

1. **Das Öl** in einem großen Topf erhitzen und die Zwiebel unter Rühren darin 2–3 Minuten glasig dünsten. Knoblauch und Curry zufügen und unter Rühren etwa 20 Sekunden mitdünsten.

2. **Brühe,** Tomaten und Süßkartoffel zufügen und alles unter Rühren zum Kochen bringen. Dann das Ganze zugedeckt bei mittlerer Hitze 10 Minuten kochen lassen.

3. **Das Hähnchenfleisch** zugeben und alles zugedeckt weitere 10 Minuten kochen, bis die Süßkartoffel weich und das Fleisch durchgegart ist.

4. **Die Erdnussbutter** einrühren und schmelzen lassen. Koriander, Limettensaft sowie Tabasco zufügen, die Suppe abschmecken und heiß servieren. Die Suppe hält sich zugedeckt im Kühlschrank etwa 2 Tage.

PRO PORTION: 165 kcal; 17 g Eiweiß; 9 g Kohlenhydrate; 1,7 g Ballaststoffe; 7 g Fett (davon 1,7 g gesättigte Fettsäuren); 39 mg Cholesterin; 0,3 g Salz

Zutatenhinweis: Ungesüßte Erdnussbutter (achten Sie beim Kauf auf das Etikett) ist aus Erdnüssen, Palmöl und Kochsalz hergestellt. Der Geschmack ungesüßter Erdnussbutter ist intensiver als der von gesüßter.

Orientalischer Nudeleintopf

8 Portionen

VORBEREITUNG: 15 MINUTEN
GARZEIT: 30 MINUTEN

Ingwer und Knoblauch verleihen diesem Eintopf eine orientalische Note. Außerdem enthält er weitere Zutaten für ein Wohlfühlgericht: neben gesunden Vollkornnudeln auch Kraut, Möhren, Tofu und Essig. Für Nicht-Vegetarier können Sie den Tofu auch durch gegartes Geflügelfleisch ersetzen.

1,25 l Hühner- oder Gemüsebrühe, kochsalzfrei
3 Scheiben (5 mm dick) frische Ingwerwurzel
2 Knoblauchzehen, zerdrückt
¼ TL getrocknete Chilischoten, zerstoßen
2 TL Rapsöl
125 g frische Shiitake-Pilze, gesäubert, geputzt, in Scheiben geschnitten
½ mittelgroßer Kopf Chinakohl, in Streifen
225 g Tofu, abgetropft, in 2,5 cm großen Würfeln
3 mittelgroße Möhren, geraspelt
2 TL salzreduzierte Sojasauce
2 TL Reisessig
1 TL Sesamöl
125 g kleine Vollkornnudeln (Linguine oder Spaghetti)
2 Frühlingszwiebeln, gehackt

1 **Für die Nudeln** etwa 1,5 l leicht gesalzenes Wasser zum Kochen bringen.

2 **Währenddessen die Brühe** in einem zweiten Topf erhitzen. Ingwer, Knoblauch und Chilischoten zufügen und bei mittlerer Hitze bei halb geschlossenem Deckel etwa 15 Minuten köcheln lassen. Die Brühe durch ein Sieb in einen anderen Topf gießen und die Gewürze entfernen.

3 **Das Öl** in einer beschichteten Pfanne erhitzen, die Pilze darin unter Rühren 3–5 Minuten anbraten, bis sie zart sind. Den Chinakohl zufügen und unter Rühren bei mittlerer Hitze 2–3 Minuten mitdünsten.

4 **Pilze und Chinakohl** zur Brühe geben. Mit halb geschlossenem Deckel bei mittlerer Hitze etwa 5 Minuten köcheln lassen, bis der Kohl weich ist. Tofu sowie Möhren zugeben und mitgaren. Sojasauce, Essig und Sesamöl unterrühren.

5 **Inzwischen die Nudeln** ins Kochwasser geben und nach Packungsanleitung bissfest garen. Abgießen und gut abtropfen lassen. Die Nudeln auf Suppentassen verteilen, die heiße Suppe darauf geben und das Ganze mit gehackten Frühlingszwiebeln bestreut servieren.

PRO PORTION: 110 kcal; 6 g Eiweiß; 15 g Kohlenhydrate; 3 g Ballaststoffe; 3,5 g Fett (davon 0,5 g gesättigte Fettsäuren); 0 mg Cholesterin; 0,5 g Salz

Zutatenhinweis: *Tofu oder Sojakäse* *ist ein eiweißreiches Produkt aus Sojabohnen. Die wichtigsten Spielarten sind schnittfester Tofu und weicher Tofu, auch Seiden-Tofu genannt. Beide sind eingeschweißt in Folie erhältlich. Schnittfester Tofu hat die Konsistenz von Feta, es gibt ihn auch geräuchert. Seiden-Tofu ist weicher und erinnert eher an ausgepressten Quark.*

Rind, Lamm & Schwein

Rindfleischpfanne mit Brokkoli und Paprika

4 Portionen

VORBEREITUNG: 30 MINUTEN
GARZEIT: 8–10 MINUTEN

Pfannengerichte mit Fleisch und Gemüse gehören zu den Standardgerichten. Dieses hier ist jedoch etwas ganz Besonderes: Orangenschale und Ingwer verleihen dem Gericht ein außergewöhnliches Aroma. Für hervorragende Nährwerte bei wenig Kalorien sorgen reichlich Gemüse sowie mageres Fleisch als Eiweißquelle. Statt frischem Brokkoli können Sie auch TK-Ware nehmen. Auch gemischtes TK-Pfannengemüse ist geeignet.

125 ml Orangensaft
2 EL salzreduzierte Sojasauce
1 EL Austernsauce
1 EL Reis**essig**
1 ½ TL Thai-Chili-Sauce oder eine andere Chili-Sauce
1 ½ TL Speisestärke
3 TL Pflanzenöl
340 g Rump**steak**, ohne Fettrand, in dünnen Streifen (5 mm dick, 5 cm lang)
1 EL frische Ingwerwurzel, sehr fein gehackt
2 TL Orangenschale, gerieben (s. Tipp)
3 **Knoblauch**zehen, fein gehackt
1 mittelgroße **Zwiebel**, in Scheiben
450 g **Brokkoli**röschen, in 2,5 cm großen Röschen
1 rote oder gelbe Paprikaschote, entkernt und in feinen Streifen (5 cm lang)

1 Orangensaft, Sojasauce, Austernsauce, Essig, Chilisauce und Speisestärke in einer kleinen Schüssel mischen.

2 In einem großen Wok oder einer großen beschichteten Pfanne 1 TL Öl auf mittlerer Stufe erhitzen, die Hälfte des Fleisches zugeben und etwa 1 Minute auf der Unterseite braun anbraten. Dann wenden und 30 Sekunden auf der anderen Seite braun braten. Auf einen Teller geben. Erneut 1 TL Öl in die Pfanne geben und das restliche Fleisch ebenso anbraten.

3 Den restlichen TL Öl in den Wok oder die Pfanne geben und die Hälfte der Orangensaft-Gewürzmischung mit Ingwer, Orangenschale und Knoblauch kurz andünsten. Die Zwiebel zugeben und unter Rühren 1 Minute mitdünsten. Brokkoli und Paprika zugeben und beides etwa 30 Sekunden unter Rühren mitdünsten. Etwa 4 EL Wasser zufügen. Das Ganze zugedeckt 1–2 Minuten dünsten, bis das Gemüse gar und bissfest ist.

4 Das Gemüse an den Wok- oder Pfannenrand schieben und die restliche Gewürzsauce in die Mitte geben. Unter Rühren 1 Minute kochen, bis sie sämig ist. Das Gemüse unter die Sauce mischen und die Fleischstreifen untermengen. Sofort servieren.

PRO PORTION: 200 kcal; 24 g Eiweiß; 11 g Kohlenhydrate; 3,3 g Ballaststoffe; 7 g Fett (davon 2 g gesättigte Fettsäuren); 50 mg Cholesterin; 1 g Salz

Tipp: Ein Zestenreißer ist das ideale Küchengerät, um hauchdünne, lange Streifen von Zitrusfrüchten abzuschaben. Sollten Sie keinen Zestenreißer zur Hand haben, können Sie auch einen Sparschäler nehmen. Die Zitrusschalenstreifen anschließend sehr fein hacken. Die Schale lässt sich auch auf der feinen Reibefläche der Gemüsereibe raspeln. Verwenden Sie nur Früchte mit unbehandelter Schale.

Zwiebeln liefern das Spurenelement Chrom, das den Blutzuckerspiegel stabilisiert.

Brokkoli ist ein überaus gesundes Gemüse, das diese Mahlzeit streckt.

Rindfleisch stellt eine hochwertige Eiweißquelle dar, wenn es mager ist.

Essig mit seiner Säure und Schärfe mindert die GL.

Knoblauch ist herz- und blutzuckerfreundlich.

Rindfleischpfanne mit Brokkoli und Paprika

Rumpsteak mit Balsamico-Sauce
Essig • Knoblauch • Steak • Schalotten • Olivenöl

Rumpsteak mit Balsamico-Sauce

6 Portionen

VORBEREITUNG: **20 MINUTEN**
ZEIT ZUM MARINIEREN: **2–8 STUNDEN**
GARZEIT: **12–14 MINUTEN**

Rumpsteak, eines der magersten Fleischstücke beim Rind, ist eine gute Wahl, wenn Sie Fleisch essen wollen. Eingelegt in einer würzigen Marinade bekommt das Rumpsteak einen ganz besonderen Geschmack. Das Stück wird im Ganzen mariniert und gebraten, so bleibt es saftig. Die Marinade lässt sich für die aromatische Sauce verwenden. Das Fleisch sollte man in einer schweren gusseisernen Pfanne, in einem Bräter oder auf dem Grill garen und erst vor dem Servieren aufschneiden.

85 ml Orangensaft oder Portwein
4 EL Balsamico-Essig
1 TL Worcestersauce
1 EL frischer Thymian, gehackt,
    oder 1 TL getrockneter Thymian
2 Knoblauchzehen, fein gehackt
schwarzer Pfeffer aus der Mühle
½ TL Salz
700 g Rumpsteak, ohne Fettrand
2 EL Schalotten, fein gehackt
1 TL Olivenöl
etwa 10 g Butter

1 Für die Marinade Orangensaft oder Portwein, Essig, Worcestersauce, Thymian, Knoblauch, Pfeffer und Salz in einer kleinen Schüssel verrühren. Das Fleisch in eine Glas- oder Keramikschüssel legen, die Marinade darüber gießen und das Fleisch darin wenden. Zugedeckt im Kühlschrank 2 bis zu 8 Stunden durchziehen lassen, gelegentlich wenden.

2 Das Fleisch aus der Marinade nehmen und diese in einen kleinen Topf geben. Die Schalotten zufügen und den Topf beiseite stellen. Eine gusseiserne Pfanne erhitzen und mit Öl ausstreichen. Das Fleisch darin bei mittlerer Hitze 6–7 Minuten von jeder Seite anbraten, bis es »medium« ist (abhängig von der Dicke des Stücks). Wenn es »well done« (gut durch) sein soll, einige Minuten länger braten. Auf ein Arbeitsbrett mit Saftrinne legen und 5 Minuten ruhen lassen.

3 Währenddessen die Marinade aufkochen und bei mittlerer Hitze 3–5 Minuten auf etwa 5 EL einkochen lassen. Vom Herd nehmen und die Butter einrühren.

4 Das Fleisch quer zur Faser in dünne Scheiben schneiden. Ausgetretenen Fleischsaft zur Sauce geben und das Fleisch mit Sauce servieren. Reste lassen sich zugedeckt bis zu 2 Tagen im Kühlschrank aufbewahren.

PRO PORTION: 183 kcal; 26 g Eiweiß; 4,5 g Kohlenhydrate; 0 g Ballaststoffe; 7 g Fett (davon 3 g gesättigte Fettsäuren); 7 mg Cholesterin; 0,6 g Salz

Rindfleisch-Eintopf

8 Portionen

VORBEREITUNG: 30 MINUTEN
GARZEIT: 15 MINUTEN BEI VOLLER, DANN 4–4½ STUNDEN BEI MITTLERER HITZE

Der Trick bei der Zubereitung dieses Fleischeintopfs besteht darin, viel Gemüse und wenig Fett zuzugeben und das Gericht langsam und schonend zu garen. Dieser Eintopf schmeckt am nächsten Tag aufgewärmt noch besser.

700 g mageres **Rindfleisch**, ausgelöst und in 4 cm großen Würfeln
¼ TL Salz
½ TL schwarzer Pfeffer aus der Mühle
3 TL **Olivenöl**
1 mittelgroße **Zwiebel**, gehackt
4 **Knoblauch**zehen, fein gehackt
2 EL Weizenmehl (Type 405)
250 ml trockener Rotwein
400 g **Tomaten**stücke aus der Dose (samt Flüssigkeit)
180 ml Hühnerbrühe, kochsalzfrei
1 TL Worcestersauce
1 ½ TL getrockneter Thymian
2 Lorbeerblätter
300 g kleine **Möhren**, geschält
2 weiße Steckrüben, geschält und grob zerkleinert
170 g kleine **Schalotten**, geschält und blanchiert
4 EL frische Petersilie, gehackt

1 Das Fleisch mit Küchenpapier abtupfen und mit Salz und Pfeffer würzen. In einer beschichteten Pfanne 2 TL Öl auf mittlerer Stufe erhitzen und die Hälfte des Fleisches 3–5 Minuten kräftig anbraten, dabei gelegentlich wenden. Auf einen Teller geben. Das restliche Fleisch anbraten und ebenfalls auf den Teller legen.

2 Den restlichen TL Öl in die Pfanne geben, die Zwiebel zufügen und unter häufigem Rühren 1–2 Minuten anbraten, bis sie weich und goldgelb ist. Den Knoblauch zugeben, das Mehl einrühren und alles kurz anschwitzen. Mit Wein ablöschen und unter Rühren zum Kochen bringen. Den Bratensatz loskochen. Die Tomatenstücke samt Flüssigkeit zufügen und mit einem Kartoffelstampfer zerdrücken. Brühe, Worcestersauce, Thymian und Lorbeerblätter zufügen. Das Ganze zum Kochen bringen.

3 Das Fleisch in einen beschichteten Schmortopf legen (4 l Inhalt) und die Hälfte der Tomatensauce darauf geben. Möhren, Steckrüben und Schalotten darauf schichten und die restlichen Sauce darüber gießen. Bei geschlossenem Deckel den Eintopf auf mittlerer Stufe 4–4½ Stunden garen, bis das Fleisch und das Gemüse sehr zart sind.

4 Die Lorbeerblätter herausnehmen und den Eintopf auf vorgewärmte Teller verteilen. Mit Petersilie bestreut servieren.

PRO PORTION: 194 kcal; 21 g Eiweiß; 11 g Kohlenhydrate; 2,3 g Ballaststoffe; 5 g Fett (davon 1,7 g gesättigte Fettsäuren); 52 mg Cholesterin; 0,4 g Salz

---

VARIATIONEN

Eintopf mit Lammfleisch und Frühlingsgemüse

In Schritt 1 statt Rindfleisch ausgelöste Lammkeule verwenden. In Schritt 2 statt Rotwein trockenen Weißwein und statt Thymian 2 EL frischen gehackten Rosmarin nehmen. In Schritt 3 die Steckrüben weglassen. In Schritt 4 die Lorbeerblätter entfernen und 225 g Erbsen (TK-Ware) nach Packungsanleitung garen und zum Eintopf geben.

Mexikanischer Eintopf mit Schweinefleisch

In Schritt 1 statt Rindfleisch mageres Schweinefleisch in Würfeln nehmen. In Schritt 2 Thymian und Lorbeerblätter durch 1½ TL gemahlenen Kreuzkümmel und ¾ TL getrockneten Oregano ersetzen und etwas zerstoßene getrocknete Chilischoten zugeben. In Schritt 3 statt der Möhren und Steckrüben eine gewürfelte Süßkartoffel zugeben.

Pikanter Hackbraten mit Gemüse

8 Portionen

VORBEREITUNG: **20 MINUTEN**
BACKZEIT: **1 STUNDE 5 MINUTEN – 1 STUNDE 20 MINUTEN**

Aus dem traditionellen Hackbraten macht dieses Rezept ein echtes Wohlfühlgericht. Das Hackfleisch wird mit geraspelten Möhren und Zucchini gestreckt, was den Gehalt an Fett reduziert und den Gemüseanteil erhöht. Haferflocken binden den Hackbraten und machen ihn zart. Wenn es schnell gehen muss, formen Sie Frikadellen aus dem Hackfleischteig. Den Teig dann entweder in 8 eingeölte Muffinformen füllen und im Backofen 30 Minuten backen oder die Frikadellen in einer beschichteten Pfanne mit etwas Öl von beiden Seiten braten.

450 g mageres **Rinderhackfleisch**
60 g **Haferflocken**
1 mittelgroße **Zwiebel**, gehackt
3 mittelgroße **Möhren**, geraspelt
1 mittelgroße **Zucchini**, geraspelt
1 **Ei** (Größe M), leicht verrührt
2 **Ei**weiße (Größe M), leicht verrührt
2 EL Tomatenketchup
1 EL Worcestersauce
2 TL Dijon-Senf
1 TL getrockneten Thymian
¾ TL Salz
½ TL schwarzer Pfeffer aus der Mühle

1 **Ofen** auf 180 °C (Gas Stufe 2–3) vorheizen. Eine Kastenform (20–23 × 10–12 cm) mit Backpapier auslegen und dieses an den Längsseiten 2,5 cm überstehen lassen.

2 **Das Hackfleisch** mit Haferflocken, Zwiebel, Möhren, Zucchini, Ei und Eiweißen in eine große Schüssel geben und alles grob vermengen. 1 EL Ketchup, Worcestersauce, Senf, Thymian, Salz und Pfeffer zufügen und die Masse zu einem glatten Teig verkneten. Den Hackfleischteig in die Form geben, gleichmäßig in die Ecken drücken und glatt streichen. Den restlichen Ketchup auf die Oberfläche streichen.

3 **Die Form** auf einen Bratrost stellen und den Hackbraten etwa 1 Stunde backen. Dann eine Garprobe machen: Mit einem Holzstäbchen in die Mitte des Bratens stechen. Bleibt Fleischteig am Holz haften, den Braten noch 5–20 Minuten fertig backen. Den Hackbraten herausnehmen und mit Alufolie bedeckt 5 Minuten ruhen lassen. Mithilfe des überstehenden Backpapiers aus der Form heben und auf eine Platte setzen. In Scheiben schneiden und servieren. Hackbratenscheiben können in einer Frischebox 2 Tage im Kühlschrank aufbewahrt werden.

PRO PORTION: 170 kcal; 16 g Eiweiß; 11 g Kohlenhydrate; 1,7 g Ballaststoffe; 7 g Fett (2,5 g gesättigte Fettsäuren); 61 mg Cholesterin; 0,9 g Salz

Griechischer Nudel-Hackfleisch-Auflauf

8 Portionen

VORBEREITUNG: 50 MINUTEN
BACKZEIT: 40–50 MINUTEN

Dieser herzhafte Nudelauflauf ist nicht nur weit über Griechenland hinaus als Pastitsio bekannt, sondern auch mit der italienischen Lasagne verwandt. Ebenso wie die Lasagne besteht er aus mehreren Schichten Makkaroni, Käse und Hackfleischsauce. Das Gericht lässt sich gut vorbereiten (bis Schritt 6) und daher am nächsten Tag schnell fertigstellen (Schritt 7 und 8). Bis dahin stellen Sie die Käse-Makkaroni und die Hackfleischsauce in den Kühlschrank. Wenn Sie die Saucen schon am Vortag zubereiten, können Sie sich viel Zeit sparen.

FÜR DIE HACKFLEISCHSAUCE

3 TL **Olivenöl**
340 g mageres **Rinderhackfleisch**
1 große **Zwiebel**, gehackt
3 **Knoblauch**zehen, fein gehackt
1 ½ TL getrockneter Oregano
1 TL gemahlener Zimt
½ TL Zucker
¼ TL Salz
125 ml trockener Weißwein oder Hühnerbrühe, kochsalzfrei
400 g **Tomaten**stücke aus der Dose (samt Flüssigkeit)
65 g **Tomaten**püree
4 EL frische Petersilie, fein gehackt
schwarzer Pfeffer aus der Mühle

FÜR DIE KÄSE-MAKKARONI

600 ml fettarme **Milch** (1,5 % Fett)
50 g Weizenmehl (Type 405)
1 **Ei** (Größe M)
2 **Ei**weiße (Größe M)
225 g fettarmer Frisch**käse**
85 g Greyerzer, geraspelt
¼ TL gemahlene Muskatnuss
¼ TL Salz
schwarzer Pfeffer aus der Mühle
250 g **Vollkorn-Makkaroni** (s. Zutatenhinweis)
15 g **Parmesan**, frisch gerieben

1 **Ofen** auf 200 °C (Gas Stufe 3–4) vorheizen. Eine hitzefeste Form (23 × 35 cm) mit Öl ausstreichen und etwa 2,5 l Wasser in einem Topf zum Kochen bringen.

2 **Für die Hackfleischsauce** das Hackfleisch in eine beschichtete Pfanne geben, mit einem Holzlöffel zerkleinern und bei mittlerer Hitze 3–4 Minuten krümelig anbraten, bis es braun ist.

3 **2 TL Öl** in einem großen beschichteten Schmortopf erhitzen. Die Zwiebel zugeben und bei mittlerer Hitze unter ständigem Rühren 3–4 Minuten glasig dünsten. Knoblauch, Oregano, Zimt, Zucker sowie Salz zufügen und unter Rühren kurz mit andünsten. Mit Wein oder Brühe ablöschen, durchrühren und aufkochen.

4 **Die Tomaten** samt Flüssigkeit zugeben und mit dem Kartoffelstampfer zerdrücken. Das Tomatenpüree sowie das Hackfleisch zufügen und alles gut verrühren. Bei halb geschlossenem Deckel die Sauce bei mittlerer Hitze etwa 20 Minuten köcheln lassen. Dann Petersilie und Pfeffer unterrühren.

5 **Während die Sauce köchelt,** die Käse-Makkaroni zubereiten: 125 ml Milch mit dem Mehl in einer kleinen Schüssel glatt verrühren. Die restliche Milch in einem kleinen Topf erhitzen, die Mehlmischung unter ständigem Rühren zugeben und 3–4 Minuten köcheln lassen, bis die Masse dicklich wird. Vom Herd nehmen. Ei und Eiweiße verquirlen und die Mischung nach und nach in die heiße Sauce rühren. Frischkäse, Greyerzer, Muskatnuss, Salz und Pfeffer unterrühren und die Käsesauce beiseite stellen.

6 **Die Makkaroni** ins kochende Wasser geben und etwa 4½ Minuten garen. Abgießen, kalt abschrecken und abtropfen lassen. (Die Nudeln sind nur vorgegart und werden im Backofen fertig gegart.) Die Makkaroni in eine große Schüssel geben und sorgfältig mit der Käsesauce vermengen.

7 **Die Hälfte der Käse-Makkaroni** in die Form geben, darauf die Hackfleischsauce verteilen, die restlichen Käse-Makkaroni darüber geben und alles mit Parmesan bestreuen.

240 | WUNDERBARE REZEPTE UND MENÜPLÄNE

8 **Die Form** in den Ofen schieben und den Auflauf 40–50 Minuten backen, bis die Oberfläche leicht gebräunt ist. Aus dem Ofen nehmen, 5 Minuten ruhen lassen und dann servieren. Auflaufreste können in einer Frischebox 2 Tage im Kühlschrank aufbewahrt werden.

PRO PORTION: 350 kcal; 27 g Eiweiß; 34 g Kohlenhydrate; 3,6 g Ballaststoffe; 12,5 g Fett (davon 6 g gesättigte Fettsäuren); 72 mg Cholesterin; 1,1 g Salz

Zutatenhinweis: Obwohl Makkaroni die typischen Nudeln für diesen Auflauf sind, kann man sie durch andere Nudeln (möglichst Vollkornnudeln) wie Penne oder Rigatoni ersetzen.

Lammkoteletts mit Senfkruste

VORBEREITUNG: **15 MINUTEN**
ZEIT ZUM MARINIEREN: **2 STUNDEN**
GARZEIT: **10 MINUTEN**

Einer pikanten Marinade aus grobkörnigem Senf, Rosmarin und Knoblauch verdanken die Lammkoteletts ihren aromatischen Geschmack und ihre würzige Kruste, die sich beim Grillen bildet. Sie können die Marinade auch für einen Lammbraten (z. B. Lammkeule, Lammrücken) verwenden. Stocken Sie hierfür die Menge jedoch auf.

3 EL grobkörniger Senf
2 EL frischer Rosmarin, gehackt
2 EL Rotwein**essig**
1 EL kaltgepresstes **Olivenöl** »extra vergine«
½ TL Worcestersauce
4 **Knoblauch**zehen, gehackt
¼ TL Salz
schwarzer Pfeffer aus der Mühle
8 **Lammkoteletts** (á 85 g), ohne Fettrand
Öl für den Grill

1 **In einer flachen Glas- oder Keramikform** Senf, Rosmarin, Essig, Öl, Worcestersauce, Knoblauch, Salz und Pfeffer gut verrühren. Die Lammkoteletts darin wenden, nebeneinander legen und zugedeckt im Kühlschrank etwa 2 Stunden durchziehen lassen.

2 **Den Elektrogrill** aufheizen oder den Holzkohlengrill anzünden. Sobald die Holzkohle gleichmäßig durchgeglüht ist, kann das Grillen beginnen.

3 **Den Grillrost** mit Öl einstreichen. Die Lammkoteletts auf den Grill legen und auf jeder Seite 4–5 Minuten »medium-rare« braten. Sollen sie »medium« werden, die Garzeit etwas verlängern. Sofort servieren.

PRO PORTION: 340 kcal; 42 g Eiweiß; 1 g Kohlenhydrate; 0 g Ballaststoffe; 19 g Fett (davon 7 g gesättigte Fettsäuren); 134 mg Cholesterin; 1,4 g Salz

RIND, LAMM & SCHWEIN | 241

Schweinekotelett mit Pfannengemüse

4 Portionen

VORBEREITUNG: 20 MINUTEN
GARZEIT: 20 MINUTEN

Eine kalorienarme Gemüsemischung aus Weißkraut und Möhren, dazu magere Schweinekoteletts – eine ideale Zusammenstellung für ein herzhaftes Wohlfühlgericht! Vor allem, wenn alles in derselben Pfanne gebraten wird. Am besten verwenden Sie ausgelöstes Kotelett – also mageren Schweinerücken – in 1 cm dicken Scheiben. Das liefert nicht nur angemessene Portionen, sondern entsprechend wertvolles Eiweiß von magerem Fleisch. Sollten Sie eine Küchenmaschine besitzen, nutzen Sie diese zum Zerkleinern des Gemüses.

1 TL getrockneten Thymian
¼ TL Salz
¼ TL schwarzer Pfeffer aus der Mühle
4 dünne **Schweine**koteletts (450 g ausgelöst, ohne Fettrand)
3 TL Rapsöl
1 mittelgroße **Zwiebel**, in Scheiben
½ mittelgroßer Kopf **Weißkraut**, in Streifen
2 mittelgroße **Möhren**, in Scheiben
350 ml Hühnerbrühe, kochsalzfrei
2 TL grobkörniger Senf
1 TL Apfel**essig**

Schweinekotelett mit Pfannengemüse
Schweinefleisch · Zwiebel · Weißkraut · Möhren · Essig

1. **In einer kleinen Schüssel** Thymian, Salz und Pfeffer mischen und das Fleisch damit einreiben. In einer großen beschichteten Pfanne 2 TL Öl auf mittlerer Stufe erhitzen. Die Steaks darin 2–3 Minuten von jeder Seite braten, bis sie gebräunt und gar sind. Auf eine Platte geben, mit Alufolie abdecken und warm halten.
2. **Das restliche Öl** in die Pfanne geben und die Zwiebel bei mittlerer Hitze unter häufigem Wenden glasig dünsten. Das Kraut sowie die Möhren zugeben und unter Rühren 2 Minuten mitdünsten, bis das Kraut zusammengefallen ist. Die Brühe sowie 180 ml Wasser zugeben und alles zum Kochen bringen. Zugedeckt 10–15 Minuten köcheln lassen, bis das Gemüse weich ist. Senf und Essig untermischen und das Gemüse mit Pfeffer abschmecken.
3. **Die Steaks** auf vorgewärmte Teller geben und mit dem Pfannengemüse anrichten. Sofort servieren.

PRO PORTION: 200 kcal; 26 g Eiweiß; 7 g Kohlenhydrate; 2,5 g Ballaststoffe; 8 g Fett (davon 2 g gesättigte Fettsäuren); 71 mg Cholesterin; 0,6 g Salz

Schweinelende mit würziger Kruste und Pfirsich-Salsa

4 Portionen

VORBEREITUNG: 35 MINUTEN
GARZEIT: 20–25 MINUTEN

Köstliche, vollreife Pfirsiche sind nicht nur für das Dessert geeignet, wie diese zarte Schweinelende mit fruchtiger Pfirsich-Salsa zeigt. Wenn Sie das Fleisch im Ofen zubereiten möchten, dann braten Sie es zunächst rundherum 2–4 Minuten mit etwas Öl in einer Pfanne oder einem Bräter an. Ofen auf 200 °C (Gas Stufe 3–4) vorheizen und den Bräter hineinschieben. Das Fleisch 15–20 Minuten braten.

FÜR DIE SALSA
1 großer **Pfirsich**, geschält, entsteint und gewürfelt (s. Tipp Seite 244)
½ kleine rote Paprikaschote, entkernt und gewürfelt
2 **Frühlingszwiebeln**, gehackt
1 frische grüne Chilischote, entkernt und fein gehackt
2 EL **Zitronen**saft
1 EL frische Korianderblätter, gehackt
etwas Salz

FÜR DAS FLEISCH
2 TL Rapsöl
2 TL gemahlener Kreuzkümmel
1 TL brauner Zucker (Rohzucker)
1 TL Paprikapulver
½ TL gemahlener **Zimt**
½ TL gemahlener Ingwer
½ TL Salz
¼ TL schwarzer Pfeffer aus der Mühle
450 g **Schweine**lende (Filet), ohne Fettrand

1. **Den Grill** auf Mittelhitze aufheizen und den Grillrost mit Öl einstreichen.
2. **Für die Salsa** Pfirsich, Paprika, Frühlingszwiebeln, Chilischote, Zitronensaft, Koriander und Salz in eine Schüssel geben und vermengen. Mit dem Pürierstab pürieren und beiseite stellen.
3. **Für das Fleisch** zunächst Kreuzkümmel, braunen Zucker, Paprikapulver, Zimt, Ingwer, Salz und Pfeffer in einer kleinen Schale mischen. 1 TL Öl zugeben und gut untermischen. Das Fleisch mit der Gewürzmischung einreiben.
4. **Das Fleisch** 20–25 Minuten grillen, dabei wenden. Dann auf ein Schneidebrett geben und 5 Minuten ruhen lassen. In 1 cm dicke Scheiben schneiden und mit der Salsa servieren.

PRO PORTION: 165 kcal; 25 g Eiweiß; 5 g Kohlenhydrate; 0,8 g Ballaststoffe; 5 g Fett (davon 2 g gesättigte Fettsäuren); 71 mg Cholesterin; 1 g Salz

Tipp: Wenn Sie Chilischoten verarbeiten, sollten Sie Handschuhe tragen. Capsaicin, eine ölige Substanz im Chili, reizt empfindliche Haut, Augen und Lippen.

RIND, LAMM & SCHWEIN | 243

Geflügel

Hähnchenbrustfilets mit Pfirsich und Ingwer

4 Portionen

VORBEREITUNG: 25 MINUTEN
GARZEIT: 10–12 MINUTEN

Bereichern Sie Ihre Ernährung mit Früchten. Das ist köstlich und gesund. Dieses Gericht wird mit einer Sauce aus vollreifem Pfirsich und Ingwer schmackhaft abgerundet. Der Essig verleiht der Sauce den interessant süß-sauren Geschmack und mindert den Blutzuckeranstieg. Statt dem Pfirsich können Sie auch eine Nektarine oder zwei Pflaumen (mit Schale) verwenden.

1 Bund **Frühlingszwiebeln**, geputzt
450 g **Hähnchen**brustfilet, enthäutet
4 TL Salz
schwarzer Pfeffer aus der Mühle
2 TL Rapsöl
3 TL Apfel**essig**
2 EL Zucker
125 ml Pfirsich- oder Apfelsaft
2 EL frische Ingwerwurzel, geraspelt
300 ml Hühnerbrühe, kochsalzarm
1 großer **Pfirsich** (s. Tipp), geschält, entsteint und in 1 cm breiten Spalten
2 TL Speisestärke

1 Die weißen Teile der Frühlingszwiebeln hacken. Von den grünen Teilen einige Halme für die Garnitur beiseite legen, den Rest hacken.

2 Dicke Hähnchenbrustfilets quer durchschneiden, sodass sich 4 Fleischportionen ergeben. Das Fleisch zwischen zwei Bogen Frischhaltefolie legen und mit einer Teigrolle oder einem breiten Messer zu etwa 1 cm dicken Scheiben glatt drücken. Mit Salz und Pfeffer würzen.

3 Das Öl in einer beschichteten Pfanne auf mittlerer Stufe erhitzen, die Fleischscheiben zugeben und von beiden Seiten etwa 3–3½ Minuten anbraten, bis sie ganz durchgebraten sind. Das Fleisch auf eine Platte legen.

4 Essig und Zucker in die Pfanne geben und den Zucker unter Rühren auflösen. Den Sirup 30–60 Sekunden köcheln und Farbe nehmen lassen, dabei die Pfanne etwas schwenken. Die gehackten Frühlingszwiebeln zufügen, Saft und Ingwer unterrühren. Zum Kochen bringen und den Bratensatz unter Rühren loskochen. Etwa 1 Minute kochen.

5 Die Brühe und die Pfirsichspalten zugeben und alles aufkochen. Etwa 2–4 Minuten köcheln lassen, dabei die Pfirsichspalten gelegentlich wenden. Speisestärke mit 2 TL Wasser anrühren und zur Brühe geben. Unter Rühren 30 Sekunden kochen lassen, bis sie gebunden ist.

6 Das Fleisch samt ausgetretenem Bratensaft zugeben und das Ganze bei schwacher Hitze erhitzen. Sofort servieren und mit den grünen Lauchzwiebelhalmen garnieren.

PRO PORTION: 200 kcal; 28 g Eiweiß; 16 g Kohlenhydrate; 0,8 g Ballaststoffe; 3 g Fett (davon 0,5 g gesättigte Fettsäuren); 79 mg Cholesterin; 0,4 g Salz

Tipps:

■ *Um einen Pfirsich zu schälen, die Schale leicht einritzen, dann die Frucht etwa 20–30 Sekunden mit einem Schaumlöffel in kochendes Wasser halten. Den Pfirsich kalt abschrecken und die Haut mit einem glatten Messer abziehen.*

■ *Wenn Sie das Fleisch flach klopfen, wird es schnell und gleichmäßig gar.*

Hähnchenbrustfilets mit Pfirsich und Ingwer

Frühlingszwiebeln • Hähnchenfleisch • Essig • Pfirsich

Hähnchengeschnetzeltes in Apfelsauce

VORBEREITUNG: 20 MINUTEN
GARZEIT: 15 MINUTEN

Das Besondere an diesem Hähnchengeschnetzelten ist die Sauce. Diese schmeckt zwar vollmundig, enthält aber aufgrund der Äpfel und des Sauerrahms erfreulich wenig Fett und Kalorien.

450 g **Hähnchen**brustfilet, enthäutet und in 1 cm breiten Streifen
Salz, schwarzer Pfeffer aus der Mühle
3 TL **Olivenöl**
1 **Apfel**, geschält, entkernt und in Spalten
1 große **Schalotte**, fein gehackt
¾ TL getrockneter Thymian
125 ml Apfelsaft
300 ml Hühnerbrühe, kochsalzfrei
1 ½ TL Speisestärke
4 EL Sauerrahm (10 % Fett)
2 TL grobkörniger Senf
1 EL frische Petersilie, fein gehackt, oder Schnittlauchröllchen

1 Die Hähnchenstreifen mit Salz und Pfeffer würzen. In einer beschichteten Pfanne 2 TL Öl auf mittlerer Stufe erhitzen und das Fleisch 5–6 Minuten unter gelegentlichem Wenden braun anbraten. Auf eine Platte geben, mit Alufolie abdecken und beiseite stellen.

2 Den restlichen TL Öl in der Pfanne erhitzen. Apfel, Schalotte und Thymian zugeben und unter Rühren 2–3 Minuten dünsten, bis die Apfelspalten leicht gebräunt sind. Den Apfelsaft zufügen und den Bratensatz unter Rühren loskochen. Etwa 1 ½ Minuten köcheln lassen. Die Brühe einrühren und die Sauce 3 Minuten unter gelegentlichem Rühren einkochen lassen.

3 Die Speisestärke mit 2 TL Wasser in einer Schüssel glatt rühren, in die Sauce geben und diese unter Rühren damit binden. Die Hitze reduzieren und Sauerrahm sowie Senf einrühren.

4 Die Hähnchenstreifen samt ausgetretenem Fleischsaft zur Sauce geben, alles nochmals erhitzen, aber nicht kochen lassen. Mit Petersilie oder Schnittlauch bestreut servieren.

PRO PORTION: 211 kcal; 28 g Eiweiß; 16 g Kohlenhydrate; 0,6 g Ballaststoffe; 4,5 g Fett (davon 2 g gesättigte Fettsäuren); 79 mg Cholesterin; 0,5 g Salz

Hähnchen-Cordon bleu

VORBEREITUNG: 25 MINUTEN
GARZEIT: 25 MINUTEN

Knusprig panierte Hähnchenschnitzel, gefüllt mit Käse, sind ein beliebtes Familiengericht. Diese Version hält Fett und Kalorien jedoch in Grenzen, weil das Fleisch nicht frittiert, sondern in einer Pfanne braun gebraten und im Ofen weitergegart wird. So entsteht die beliebte Kruste – ohne viel Fett. Wird das Gericht am Vortag vorbereitet, führen Sie nur die ersten drei Schritte aus und stellen Sie das Fleisch bis zum nächsten Tag in den Kühlschrank.

3 TL **Olivenöl**
30 g Greyerzer, fein gerieben
2 EL gekochter Schinken, fein gewürfelt
1 EL Mayonnaise (40 % Öl)
1 EL Dijon-Senf
schwarzer Pfeffer aus der Mühle
4 **Hähnchen**brustfilets (insgesamt 500–700 g), enthäutet
50 g Semmelbrösel
1 **Ei**weiß (Größe M)

1 Ofen auf 200 ° C (Gas Stufe 3–4) vorheizen und ein Backblech leicht mit Öl einfetten. Käse, Schinken, Mayonnaise, Senf und Pfeffer in einer kleinen Schüssel verrühren und beiseite stellen.

2 Mit einer scharfen Messerklinge in die Längsseite der Hähnchenbrustfilets eine Tasche hineinschneiden. Die Filets aufklappen und jeweils 1 EL Käse-Schinken-Mischung in die

Mitte geben. Zusammenklappen und die Öffnung mit Rouladennadeln oder Zahnstochern zusammenstecken.

3 Die Semmelbrösel in einen tiefen Teller geben. Das Eiweiß in einem zweiten tiefen Teller mit einer Gabel verquirlen. Die gefüllten Fleischscheiben zuerst in Eiweiß und dann in den Semmelbröseln wenden.

4 In einer beschichteten Pfanne 2 TL Öl auf mittlerer Stufe erhitzen und das Fleisch etwa 2 Minuten auf der Unterseite braun anbraten. Die Fleischstücke nun mit der gebratenen Seite nach oben auf das Blech legen.

5 Das Backblech in den Ofen schieben und das Fleisch etwa 20 Minuten braten, bis das Fleisch gar ist. Heiß servieren.

PRO PORTION: 233 kcal; 32 g Eiweiß; 10 g Kohlenhydrate; 0,5 g Ballaststoffe; 7 g Fett (davon 2 g gesättigte Fettsäuren); 91 mg Cholesterin; 1 g Salz

Hühnerkeule auf marokkanische Art, mit Butternutkürbis und kleinen Zwiebeln

VORBEREITUNG: 25 MINUTEN
GARZEIT: 40–45 MINUTEN

Probieren Sie doch einmal dieses delikate Pfannengericht! Entbeinte Hähnchenkeulen ohne Haut sind einfach zuzubereiten, ideal zum Braten und ebenso schnell gar wie das Gemüse. Eine Kruste aus erlesenen Gewürzen hält das Fleisch innen zart und saftig.

5 TL **Olivenöl**
450 g Butternutkürbis geschält, entkernt und in 2 cm großen Würfeln
250 g kleine **Zwiebeln**, geschält und blanchiert
½ TL Salz
schwarzer Pfeffer aus der Mühle
2 TL flüssiger Honig
5 TL **Zitronen**saft
2 TL Paprikapulver
½ TL gemahlener Kreuzkümmel
450 g entbeinte **Hühner**keulen, ohne Haut und Fettränder
12 frische Korianderzweige und einige grob gehackte Korianderblätter zum Garnieren
250 ml Hühnerbrühe, kochsalzfrei

1 Ofen auf 230 °C (Gas Stufe 5) vorheizen und einen großen Bräter mit Öl einfetten.

2 Kürbis, Zwiebeln, 2 TL Öl, ¼ TL Salz und etwas Pfeffer in einer Schüssel gut vermengen und beiseite stellen.

3 Die restlichen 2 TL Öl mit Honig, 2 TL Zitronensaft, Paprika, Kreuzkümmel, ¼ TL Salz und etwas Pfeffer in einer kleinen Schüssel verrühren und das Fleisch damit einreiben.

4 Die Korianderzweige im Bräter verteilen, das Fleisch darauf legen und die Kürbis-Zwiebel-Mischung daneben verteilen. Im Ofen 40–45 Minuten garen, bis das Fleisch durch und das Gemüse zart ist. Das Gemüse gelegentlich wenden. Fleisch und Gemüse (ohne Korianderzweige) auf eine Platte oder einen Teller geben.

5 Die Brühe in den Bräter gießen, den restlichen Zitronensaft zufügen und bei starker Hitze aufkochen. Den Bratensatz loskochen, 1 Minute köcheln lassen und durch ein Sieb in eine Schüssel abseihen. Die Sauce über Fleisch und Gemüse geben. Das Gericht mit gehacktem Koriander bestreuen und servieren.

PRO PORTION: 216 kcal; 29 g Eiweiß; 16 g Kohlenhydrate; 2,7 g Ballaststoffe; 4,5 g Fett (davon 0,8 g gesättigte Fettsäuren); 79 mg Cholesterin; 0,7 g Salz

Geflügelpastete mit Vollkornkruste

VORBEREITUNG: 1 STUNDE
BACKZEIT: 30–40 MINUTEN

Geflügelpasteten schmecken zwar gut, sind leider aber auch gehaltvoll. Mit dem hier vorgestellten Rezept umgehen Sie diese Kalorienfalle, denn als Grundlage dient fettarmer Quark-Öl-Teig mit Vollkornmehl. Die Füllung besteht aus viel Gemüse, gegartem Geflügelfleisch und einer fettarmen Sauce. Das Gericht ist ideal, wenn Sie Geflügelreste verarbeiten möchten.

FÜR DIE FÜLLUNG
3 TL Rapsöl
250 g Champignons, in Scheiben
150 g **Möhren**, in Scheiben
4 EL Weizenmehl (Type 405)
550 ml kalte Geflügelbrühe, kochsalzfrei
4 EL Sauerrahm (10 % Fett)
1 1/2 TL Zitronenschale, gerieben
Salz, schwarzer Pfeffer aus der Mühle
325 g gegarte **Hähnchen**brust, enthäutet und klein geschnitten
180 g **Erbsen** (TK-Ware), kalt abgespült und aufgetaut

FÜR DEN TEIG
125 g **Weizen-Vollkornmehl** (Type 1700), mehr für die Arbeitsfläche
1 TL Puderzucker
1 Päckchen Backpulver
Salz
60 g fettarmer Frisch**käse**
15 g Butter in Flöckchen
1 EL Rapsöl
etwa 85 g Buttermilch
1 TL fettarme **Milch** (1,5 % Fett) zum Bestreichen

1. **Ofen** auf 200 °C (Gas Stufe 3–4) vorheizen und eine Pasteten- oder ähnliche Form (20 cm Durchmesser) mit 2 TL Öl einfetten.

2. **Für die Füllung** das Öl in einer beschichteten Pfanne auf mittlerer Stufe erhitzen. Die Pilze unter Rühren darin 5–7 Minuten goldgelb anbraten. Inzwischen die Möhren knapp mit Wasser bedeckt 3–5 Minuten dünsten. Kalt abschrecken und mit den Pilzen beiseite stellen.

3. **Das Mehl** mit 125 ml kalter Geflügelbrühe in einer kleinen Schüssel glatt verrühren. Die restliche Brühe in einem Topf erhitzen und die Mehlmischung bei mittlerer Hitze einrühren. Anschließend unter Rühren zum Kochen bringen und binden. Bei mittlerer Hitze 1 Minute köcheln lassen. Den Topf vom Herd nehmen, Sauerrahm, Zitronenschale, Salz und Pfeffer untermischen.

4. **Hähnchenfleisch,** Pilze, Möhren und Erbsen untermengen und die Mischung in die Pastetenform geben. (Die Füllung lässt sich schon am Vortag zubereiten. Die Sauce abkühlen lassen, dann Fleisch sowie Gemüse zugeben und alles zugedeckt in den Kühlschrank stellen.)

5. **Für den Teig** Mehl, Puderzucker, Backpulver und Salz in einer großen Schüssel mischen. Den Frischkäse sowie die Butter nach und nach zugeben und mit den Händen unter die Mehlmischung mengen, bis ein krümeliger Teig entsteht. Das Öl zugeben und mit einer Gabel untermischen. So viel Buttermilch unterrühren, bis der Teig weich und gut knetbar ist. Auf einer leicht bemehlten Arbeitsfläche kurz durchkneten, bis er geschmeidig ist.

6. **Den Teig** zu einem Rechteck (23 × 18 cm) etwa 1 cm dick ausrollen, der Länge nach durchschneiden und jeden Teigstreifen in 5 Dreiecke schneiden. Die Dreiecke über der Füllung anordnen und mit Milch bestreichen.

7. **Die Pastete** im Ofen etwa 30–40 Minuten goldgelb backen. Heiß servieren.

PRO PORTION: 381 kcal; 27 g Eiweiß; 35 g Kohlenhydrate; 6 g Ballaststoffe; 15 g Fett (davon 6 g gesättigte Fettsäuren); 75 mg Cholesterin; 0,9 g Salz

Tipps:

- ***Mit dreieckigen Teigstücken*** *können Sie eine eckige Form besser auslegen als mit kreisförmigen Teigplätzchen. Sie haben weniger Teigreste.*

- ***Wenn Sie für eine größere Gesellschaft*** *kochen wollen, verdoppeln Sie das Rezept und backen Sie in einer großen Form (23 × 33 cm).*

VARIATION
Putenpastete mit Vollkornkruste

Verwenden Sie anstelle von Hähnchenbrust (Schritt 4) Putenbrust. Sollte Sie Puten-Bratensaft übrig haben, rühren Sie ihn in Schritt 3 unter die Sauce.

Hühnerkeulen aus dem Ofen

VORBEREITUNG: 20 MINUTEN
ZEIT ZUM MARINIEREN: 30 MINUTEN
BACKZEIT: 40–50 MINUTEN

Dieses einfache Hähnchenrezept mit gesunden Zutaten wie Sesam und Senf (der Säure enthält) ist ein ideales Familienessen. Durch die Marinade aus Buttermilch bleibt das Fleisch saftig und zart. Die leichte Hülle aus Vollkornmehl, Sesam und Gewürzen ist ein gesunder Ersatz für die fettreiche Haut und verwandelt sich während des Bratens in eine appetitliche Kruste.

1,25–1,5 kg **Hühner**keulen, enthäutet und ohne Fettränder
125 g Buttermilch
1 EL Dijon-**Senf**
2 **Knoblauch**zehen, fein gehackt
1 TL Tabasco
Öl für den Grillrost
60 g **Weizen-Vollkornmehl** (Type 1700)
2 EL Sesam**samen**
1 ½ TL Backpulver
1 ½ TL Paprikapulver
1 TL getrockneten Thymian
Salz, schwarzer Pfeffer aus der Mühle

1 Die Hühnerkeulen am Gelenk zerteilen. In einer flachen Schüssel Buttermilch mit Senf, Knoblauch und Tabasco verrühren und die Hühnerkeulen darin wenden. Zugedeckt im Kühlschrank 30 Minuten bis 8 Stunden durchziehen lassen.

2 Ofen auf 220 °C (Gas Stufe 4–5) vorheizen. Ein Backblech mit Backpapier auslegen, den Rost mit Öl einstreichen und auf das Blech legen.

3 Mehl, Sesamsamen, Backpulver, Paprikapulver, Thymian, Salz und Pfeffer in einer kleinen Schüssel mischen und in einen Plastikbeutel geben. Die Hähnchenteile nacheinander zugeben, den Beutel verschließen und alles kräftig durchschütteln, bis das Fleisch von der Gewürzmischung umhüllt ist. Überschüssige Mehlmischung abschütteln und die Hühnerkeulen auf den Rost legen.

4 Die Hühnerkeulen etwa 40–50 Minuten braten, bis sie goldbraun und knusprig sind. Eine Portion entspricht einer kompletten Keule.

PRO PORTION: 370 kcal; 43 g Eiweiß; 12 g Kohlenhydrate; 1,9 g Ballaststoffe; 17 g Fett (davon 4 g gesättigte Fettsäuren); 200 mg Cholesterin; 1,1 g Salz

Mit Süßkartoffelpüree überbackene Putenpastete

6 Portionen

VORBEREITUNG: 45 MINUTEN
BACKZEIT: 35–40 MINUTEN

Dies ist eine gesunde Variante des traditionellen Pastetenklassikers. Die Pastete enthält mageres Putenhackfleisch anstelle von Rinderhack und einen Deckel aus Süßkartoffeln statt Kartoffelpüree. Das schmeckt der ganzen Familie. Wenn Sie das Gericht am Vortag vorbereiten wollen, führen Sie nur die ersten fünf Schritte aus und stellen die Pastete zugedeckt in den Kühlschrank.

FÜR DIE FÜLLUNG
3 TL Olivenöl oder Rapsöl
600 g mageres Putenhackfleisch (s. Zutatenhinweis)
1 mittelgroße Zwiebel, gehackt
3 mittelgroße Möhren, gewürfelt
2 Knoblauchzehen, fein gehackt
1 TL getrockneter Thymian
50 g Weizenmehl (Type 405)
550 ml Geflügelbrühe, kochsalzfrei
150 g Erbsen (TK-Ware), kalt abgespült und aufgetaut
1 TL Worcestersauce
schwarzer Pfeffer aus der Mühle

FÜR DEN BELAG
2 mittelgroße Süßkartoffeln, geschält und in Spalten
125 ml fettarme Milch (1,5 % Fett)
½ TL Zitronenschale, gerieben
¾ TL Salz
schwarzer Pfeffer aus der Mühle

1. **Ofen** auf 200 °C (Gas Stufe 3–4) vorheizen. Eine große hitzefeste Form (28 × 18 cm oder 23 × 33 cm) mit Öl ausstreichen.

2. **Für die Füllung** das Putenhackfleisch in eine beschichtete Pfanne geben, mit einem Holzlöffel zerkleinern und bei mittlerer Hitze 4–5 Minuten krümelig anbraten, bis es gar ist. Auf einen Teller geben.

3. **2 TL Öl** in die Pfanne geben. Zwiebel und Möhren bei mittlerer Hitze etwa 2–4 Minuten anbraten, bis die Zwiebel weich ist. Knoblauch und Thymian zugeben und unter Rühren 30 Sekunden mitdünsten. Das Mehl darüber stäuben und unter Rühren anschwitzen. Nach und nach die Brühe einrühren und alles zum Kochen bringen.

4. **Das Fleisch** zurück in die Pfanne geben, die Hitze etwas reduzieren und bei halb geschlossenem Deckel unter gelegentlichem Rühren etwa 10 Minuten köcheln lassen, bis die Möhren gar sind. Erbsen und Worcestersauce einrühren. Mit Pfeffer würzen. Die Füllung in die vorbereitete Form schichten.

5. **Für den Belag** die Süßkartoffeln in einen großen Topf geben, mit leicht gesalzenem Wasser bedecken und zum Kochen bringen. Die Hitze reduzieren und die Süßkartoffeln zugedeckt 10–15 Minuten garen, bis sie weich sind. Die Süßkartoffeln abgießen. Mit dem Kartoffelstampfer zerdrücken, dabei nach und nach die Milch unterrühren. Mit Zitronenschale, Salz und Pfeffer würzen. Das Püree mit einem Löffel über die Hack-Gemüse-Mischung verteilen und glattstreichen.

6. **Die Form** in den Ofen schieben und die Pastete etwa 35–40 Minuten backen. Sofort servieren.

PRO PORTION: 262 kcal; 28 g Eiweiß; 32 g Kohlenhydrate; 4,9 g Ballaststoffe; 2,8 g Fett (davon 0,7 g gesättigte Fettsäuren); 57 mg Cholesterin; 0,8 g Salz

Zutatenhinweis: Wenn Sie Putenhackfleisch kaufen, beachten Sie die Zutatenliste auf der Verpackung. Oft werden Brust und Keule samt Haut verarbeitet, dann enthält das Hackfleisch mehr Kalorien und Fett als solches aus reiner Putenbrust.

Nudelauflauf mit Putenfleisch und Spinat

8 Portionen

VORBEREITUNG: 40 MINUTEN
BACKZEIT: 35–40 MINUTEN

Fleischreste lassen sich zu schmackhaften Aufläufen verarbeiten. Dieser hier besteht aus Nudeln, Putenfleisch, Gemüse und einer würzigen Sauce. Aufläufe sind auch deshalb sehr beliebt, da sie sich gut vorbereiten lassen. Dieser Nudelauflauf kann komplett vorbereitet und abgedeckt 2 Tage im Kühlschrank aufbewahrt oder für etwa 2 Monate eingefroren werden.

2 EL **Olivenöl** plus 2 TL
1 mittelgroße **Zwiebel**, gehackt
75 g Weizenmehl (Type 405)
1 l Geflügelbrühe, kochsalzfrei
125 g Sauerrahm (10 % Fett)
2 TL Zitronenschale, gerieben
1 EL **Zitronen**saft
¼ TL Salz
schwarzer Pfeffer aus der Mühle
250 g **Vollkornnudeln** wie Spirelli oder Fusilli
4 mittelgroße **Möhren**, in Scheiben
300 g junger **Blattspinat**, gewaschen und geputzt
340 g **Puten-** oder Hähnchenfleisch, enthäutet, gegart und in Streifen
50 g **Parmesan**, gerieben
30 g Semmelbrösel

1 **Etwa 2,5 l leicht gesalzenes Wasser** in einem großen Topf zum Kochen bringen. Den Backofen auf 200 °C (Gas Stufe 3–4) vorheizen und eine große hitzefeste Form (23 ✕ 33 cm) leicht mit Öl ausstreichen.

2 **2 EL Öl** in einer großen beschichteten Pfanne auf mittlerer Stufe erhitzen. Die Zwiebel zugeben und unter Rühren 2–3 Minuten glasig dünsten, dann das Mehl darüber stäuben und unter Rühren anschwitzen. Vom Herd nehmen, die Brühe zugießen und glatt rühren.

3 **Die Pfanne** wieder auf den Herd setzen und die Sauce bei mittlerer Hitze unter ständigem Rühren zum Kochen bringen. Die Hitze reduzieren und die Sauce etwa 5 Minuten unter Rühren eindicken lassen. Die Pfanne vom Herd nehmen und Sauerrahm, Zitronenschale, Zitronensaft, Salz und Pfeffer einrühren. Die Sauce warm stellen.

4 **Nudeln** und Möhren ins kochende Wasser geben und etwa 5 Minuten garen. Den Spinat zugeben und unter Rühren 30–60 Sekunden mitgaren. Nudeln und Gemüse auf ein Sieb schütten, kalt abschrecken und gut abtropfen lassen. (Die Nudeln werden beim Backen im Ofen fertig gegart).

5 **Nudeln** und Gemüse in eine große Schüssel geben, die warme Sauce sowie das Geflügelfleisch zufügen und alles gut vermengen. In die vorbereitete Form füllen und mit Parmesan bestreuen. Die Semmelbrösel mit 1 TL Öl mischen und diese über den Auflauf streuen.

6 **Den Auflauf** 35–40 Minuten backen, bis die Oberfläche leicht gebräunt ist. Sofort heiß servieren.

PRO PORTION: 322 kcal; 24 g Eiweiß; 37 g Kohlenhydrate; 5 g Ballaststoffe; 10 g Fett (davon 4 g gesättigte Fettsäuren); 41 mg Cholesterin; 0,6 g Salz

Putenchili mit Avocado-Salsa

8 Portionen

VORBEREITUNG: **35 MINUTEN**
GARZEIT: **1 STUNDE 10 MINUTEN**

Bohnen sollten aufgrund ihrer blutzuckerfreundlichen Wirkung und ihres hohen Ballaststoffgehalts jede Woche auf Ihrem Speiseplan stehen. Dieses herzhafte Chili bietet sich hierfür an. Das traditionelle Rindfleisch wird durch Putenfleisch ersetzt und mit der Avocado-Salsa zu einem schmackhaften Gericht. Stellen Sie Frühlingszwiebeln, Zitronenspalten, Tabasco, Joghurt und geraspelten Käse bereit – damit sich das Chili ganz nach Geschmack abrunden lässt.

FÜR DAS CHILI

340 g mageres **Puten**hackfleisch (s. Zutatenhinweis Seite 250)
4 EL mildes Chilipulver
1 TL gemahlener Kreuzkümmel
1 ½ TL getrockneter Oregano
2 TL Rapsöl
1 große **Zwiebel**, gehackt
4 **Knoblauch**zehen, fein gehackt
200 g Jalapeño-Chilischoten, abgetropft
800 g **Tomaten**stücke aus der Dose (samt Flüssigkeit)
400 ml Hühnerbrühe, kochsalzfrei
600 g schwarze **Bohnen** aus der Dose, abgetropft und abgespült
600 g Kidney**bohnen** aus der Dose, abgetropft und abgespült

FÜR DIE AVOCADO-SALSA

2 mittelgroße **Avocados**, geschält, entsteint und gewürfelt
1 große Pflaumen**tomate**, entkernt und gewürfelt
4 EL weiße oder rote **Zwiebel**, fein gehackt
1 kleine frische Jalapeño-Chilischote oder grüne Chilischote, entkernt und fein gehackt
2 EL frische Korianderblätter, gehackt
2 EL **Zitronen**saft
¼ TL Salz

1 Für das Chili Putenhackfleisch, Chilipulver, Kreuzkümmel und Oregano in eine große beschichtete Pfanne geben. Gut vermengen, mit einem Holzlöffel zerkleinern und bei mittlerer Hitze 4–5 Minuten anbraten. Beiseite stellen.

2 Das Öl in einem großen Topf auf mittlerer Stufe erhitzen, die Zwiebel zugeben und unter Rühren 3–5 Minuten glasig dünsten. Knoblauch und Jalapeño-Chilischoten zufügen und 1–2 Minuten mitdünsten. Tomaten, Brühe und das angebratene Hackfleisch zugeben und das Ganze zum Kochen bringen. Bei mittlerer Hitze zugedeckt etwa 45 Minuten unter gelegentlichem Rühren köcheln lassen.

3 Schwarze Bohnen und Kidneybohnen zufügen und aufkochen. Bei schwacher Hitze zugedeckt 15–20 Minuten köcheln lassen, bis die Sauce eingedickt ist.

4 Währenddessen die Salsa zubereiten: Avocado, Tomate, Zwiebel, Jalapeño-Chilischote (oder grüne Chilischote), Koriander, Zitronensaft und Salz in einem Mixer oder mit dem Pürierstab auf mittlerer Stufe pürieren.

5 Das Chili auf Teller verteilen und auf jede Portion 2 EL Salsa geben. Reste des Chilis lassen sich zugedeckt bis zu 2 Tagen im Kühlschrank aufbewahren oder 3 Monate einfrieren. Die Salsa erst kurz vor dem Servieren zubereiten.

PRO PORTION: 250 kcal; 19 g Eiweiß; 24 g Kohlenhydrate; 9 g Ballaststoffe; 9 g Fett (davon 2 g gesättigte Fettsäuren); 24 mg Cholesterin; 1,2 g Salz

Putenfrikadelle mit Honig-Senf-Sauce

4 Portionen

VORBEREITUNG: **20 MINUTEN**
GARZEIT: **10–12 MINUTEN**

Wenn Sie das nächste Mal einen Hamburger essen wollen, empfiehlt sich dieser gesunde Putenhamburger. Die Salatcreme macht ihn saftig. Honig und Senf verleihen ihm einen besonderen Geschmack.

4 EL grobkörniger Senf
2 EL flüssiger Honig
1 ½ EL Worcestersauce
450 g mageres **Puten**hackfleisch (aus Putenbrust)
Öl für den Grill
1 EL Salatmayonnaise (40 %) oder Salatcreme
1 **Knoblauch**zehe, fein gehackt
½ TL Salz
schwarzer Pfeffer aus der Mühle
4 weiche **Vollkornbrötchen**, quer durchgeschnitten

1 **Senf,** Honig und Worcestersauce in einer mittelgroßen Schüssel verrühren. Von der Mischung 2 EL abnehmen und beiseite stellen. Hackfleisch, Salatcreme, Knoblauch, Salz und Pfeffer zur Senfmischung geben. Alles gut durchmischen, zu einem Teig verkneten und daraus 4 Frikadellen (Burger) von 1 cm Dicke formen.

2 **Den Grill** auf Mittelhitze vorheizen und den Grillrost mit einem in Öl getränkten Küchenpapier leicht abreiben.

3 **Die Frikadellen** darauf legen und 4 Minuten grillen. Dann wenden und mit der beiseite gestellten Sauce bestreichen. Weitere 4 Minuten braten. Wieder wenden und den Rest der Sauce darauf streichen. Noch 2–4 Minuten weitergrillen, bis das Fleisch durchgebraten ist.

4 **Bevor die Frikadellen** fertig sind, die Brötchenhälften 30–60 Sekunden toasten. Jedes Brötchen mit einer Frikadelle belegen und nach Belieben mit Salat garnieren (siehe unten).

PRO PORTION (ohne Garnitur): 300 kcal; 34 g Eiweiß; 33 g Kohlenhydrate; 3 g Ballaststoffe; 5 g Fett (davon 0,8 g gesättigte Fettsäuren); 65 mg Cholesterin; 2 g Salz

Beilagen nach Geschmack: Salatstreifen, Tomatenscheiben, hauchdünne rote oder weiße Zwiebelscheiben, Gurkenscheiben, etwas Ketchup, Salatmayonnaise oder Salatcreme und Senf.

Putenchili mit Avocado-Salsa
Putenfleisch • Zwiebel • Knoblauch • Tomaten • Bohnen • Avocado • Zitrone

Putenhackbällchen in Tomatensauce

VORBEREITUNG: 40 MINUTEN
GARZEIT: 40–50 MINUTEN

Mit magerem Putenfleisch zubereitet, enthalten diese zarten Hackbällchen viel Eiweiß und wenig Fett. Der Zimt in den Hackbällchen verleiht der Tomatensauce eine besondere Note. Spaghetti oder andere Nudeln sind nicht nur eine ideale Beilage, sondern bei Familienmitgliedern und Gästen auch sehr beliebt. Verwenden Sie Vollkornnudeln und rechnen Sie 60 g Rohgewicht für 1 Portion (ergibt etwa 150 g gegarte Nudeln). Um 100 g Nudeln zu kochen, brauchen Sie 1 l Wasser. Wenn Sie nur für 1 oder 2 Personen kochen, dann frieren Sie die Sauce in Portionen ein.

FÜR DIE SAUCE
2 TL **Olivenöl**
4 **Knoblauch**zehen, in dünnen Scheiben
½ TL getrockneter Oregano
1 gute Prise getrocknete Chilischoten, grob zerstoßen
1200 g **Tomaten**stücke aus der Dose (samt Flüssigkeit)
425 g passierte Tomaten aus der Dose

FÜR DIE HACKBÄLLCHEN
450 g mageres **Puten**hackfleisch (s. Zutatenhinweis auf Seite 250)
2 Scheiben Vollkornbrot in Bröseln (s. Tipp)
1 mittelgroße **Zwiebel**, fein gehackt
1 **Ei** (Größe M), leicht geschlagen
35 g **Parmesan**, gerieben
¾ TL Salz
¼ TL schwarzer Pfeffer aus der Mühle
½ TL gemahlener **Zimt**
2 TL **Olivenöl**
2 EL frische Petersilie, fein gehackt

1 Für die Sauce das Öl in einem großen Topf auf mittlerer Stufe erhitzen. Knoblauch, Oregano und Chilischoten zugeben und 1–2 Minuten unter Rühren weich dünsten, aber nicht bräunen. Tomatenstücke zufügen und mit dem Kartoffelstampfer zerdrücken. Passierte Tomaten einrühren. Die Sauce zum Kochen bringen und bei milder Hitze 10 Minuten zugedeckt kochen lassen.

2 Für die Fleischbällchen das Hackfleisch mit Brotbröseln, Zwiebel, Ei, Käse, Salz, Pfeffer sowie Zimt zu einem Teig verkneten und daraus 1 cm kleine Bällchen formen.

3 In einer beschichteten Pfanne 1 TL Öl auf mittlerer Stufe erhitzen. Die Hälfte der Hackbällchen zugeben und rundherum anbraten, dabei die Pfanne gelegentlich rütteln. Die Bällchen auf eine Platte gleiten lassen. Das restliche Öl in die Pfanne geben und die übrigen Fleischbällchen ebenso braten.

4 Die Hackbällchen zur Tomatensauce geben, das Ganze zum Kochen bringen und etwa 20 Minuten zugedeckt köcheln lassen. Ohne Deckel weitere 20 Minuten köcheln lassen, dabei gelegentlich durchrühren. Die Hackbällchen müssen durchgegart sein, und die Sauce muss sämig bis dicklich sein. Vor dem Servieren mit Petersilie bestreuen. Das Gericht lässt sich zugedeckt bis zu 2 Tagen im Kühlschrank aufbewahren und bis zu 3 Monaten einfrieren. Vorher unbedingt auf Zimmertemperatur abkühlen lassen und in geeignete Kühl- oder Gefriergefäße füllen.

PRO PORTION: 165 kcal; 19 g Eiweiß; 12 g Kohlenhydrate; 2 g Ballaststoffe; 4,5 g Fett (davon 1,5 g gesättigte Fettsäuren); 66 mg Cholesterin; 0,8 g Salz

Tipp: Frische Brösel lassen sich aus trockenen Brotscheiben herstellen. Schneiden Sie das Brot in kleine Stücke und geben Sie diese in den Mixer oder den Allesschneider. Die Brösel müssen in einer Frischebox aufbewahrt werden.

Fisch & Meeresfrüchte

Scholle nach Florentiner Art

4 Portionen

VORBEREITUNG: 30 MINUTEN
GARZEIT: 30–35 MINUTEN

Unter »Florentiner Art« versteht man stets ein Gericht mit Spinat. Und dieses Gemüse ist der ideale Begleiter von zartem, weißem Fisch wie Scholle. Die Käsesauce verleiht dem Gericht nicht nur einen besonderen Geschmack, sondern sie steuert auch Kalzium, Vitamin D und eine zusätzliche Portion Eiweiß bei.

2 TL **Olivenöl**
1 TL Zitronenschale, gerieben
400 ml fettarme **Milch** (1,5 % Fett)
3 EL Weizenmehl (Type 405)
50 g **Parmesan**, frisch gerieben
¼ TL Salz
schwarzer Pfeffer aus der Mühle
1 Prise Cayennepfeffer
500 g **Blattspinat** (TK-Ware)
4 **Schollen**filets (á ca. 115 g) oder **Rotzunge** oder **Seezunge**
2 TL **Zitronen**saft
2 EL Semmelbrösel

1 **Ofen** auf 220 °C (Gas Stufe 4–5) vorheizen und eine Auflaufform (20 × 30 cm, 2 l Inhalt) mit Öl ausstreichen. Die geriebene Zitronenschale in der Form verteilen.

2 **Von der Milch** 4 EL abnehmen und mit dem Mehl in einer kleinen Schüssel glatt rühren. Die restliche Milch auf mittlerer Stufe erhitzen und die Mehlmischung einrühren. Das Ganze zum Kochen bringen und unter ständigem Rühren 2–3 Minuten weiterkochen. Vom Herd nehmen und die Hälfte des Parmesans sowie Salz, Pfeffer und Cayennepfeffer einrühren.

3 **Den Spinat** nach Packungsanleitung zubereiten. Auf ein Sieb geben, kalt abschrecken und abtropfen lassen. Die Flüssigkeit ausdrücken.

4 **Den Spinat** in der Form verteilen. Die Fischfilets leicht überlappend auf das Spinatbett legen und mit Zitronensaft beträufeln. Die Sauce gleichmäßig darauf verteilen und mit dem restlichen Käse bestreuen. Die Semmelbrösel mit 1 TL Öl vermischen und diese über die Fischfilets streuen.

5 **Den Auflauf** im Ofen 30–35 Minuten backen, bis die Fischfilets durchgegart sind und zerfallen.

PRO PORTION: 284 kcal; 31 g Eiweiß; 22 g Kohlenhydrate; 3 g Ballaststoffe; 8,8 g Fett (davon 4 g gesättigte Fettsäuren); 67 mg Cholesterin; 1,5 g Salz

Gebratene Fischsteaks mit Tomaten-Oliven-Sauce

4 Portionen

VORBEREITUNG: **25 MINUTEN**
ZEIT ZUM MARINIEREN: **10–20 MINUTEN**
GARZEIT: **10–15 MINUTEN**

Feste Fischfilets wie vom Heilbutt oder Schwertfisch eignen sich bestens für das Garen in zwei Schritten: Zuerst werden die Steaks auf einer Seite an- und dann im Backofen durchgebraten (beim Braten nur in der Pfanne ist mehr Fett nötig, außerdem wird die Kruste zäh). Die würzige Tomatensauce passt hervorragend zum Fisch.

1 EL **Zitronen**saft
5 TL **Olivenöl**
Salz, schwarzer Pfeffer aus der Mühle
4 **Heilbutt**steaks (á 125 g; 2,5 cm dick) oder
    4 **Schwertfisch**steaks (á 170 g; 2,5 cm dick)
½ mittelgroße **Zwiebel**, gehackt
1 **Knoblauch**zehe, fein gehackt
½ TL gemahlener Kreuzkümmel
½ TL getrocknete Chilischoten, zerstoßen
400 g **Tomaten**stücke aus der Dose
    (samt Flüssigkeit)
1 EL grüne **Oliven**, gehackt
2 TL Kapern, abgetropft und abgespült
halbierte **Limetten**scheiben zum Garnieren

Gebratene Fischsteaks mit Tomaten-Oliven-Sauce
Zitrone • Olivenöl • Heilbutt • Zwiebel • Knoblauch • Tomaten • Oliven • Limetten

1 **Ofen** auf 220 °C (Gas Stufe 4–5) vorheizen und ein Backblech mit etwas Öl einstreichen.

2 **Zitronensaft** mit 1 TL Olivenöl, Salz und Pfeffer in einem tiefen Teller verrühren. Die Fischfilets darin wenden und zugedeckt 10–20 Minuten im Kühlschrank durchziehen lassen.

3 **Währenddessen 2 TL Olivenöl** in einer beschichteten Pfanne auf mittlerer Stufe erhitzen und die Zwiebel unter Rühren 3–4 Minuten glasig dünsten. Knoblauch, Kreuzkümmel sowie Chilischoten zugeben und unter Rühren etwa 30 Sekunden mitdünsten. Die Tomaten sowie 85 ml Wasser zugeben und die Sauce zum Kochen bringen. Bei mittlerer Hitze unter gelegentlichem Rühren etwa 10 Minuten köcheln lassen, bis die Sauce dicklich ist.

4 **Inzwischen** den Fisch zubereiten: Das restliche Öl in einer großen beschichteten Pfanne auf mittlerer Stufe erhitzen. Die Fischsteaks zugeben und etwa 2–3 Minuten von einer Seite braun anbraten. Dann mit der gebratenen Seite nach oben auf das Blech legen. Im Ofen 8–12 Minuten braten, bis der Fisch durchgegart ist.

5 **In die Tomatensauce** die Oliven sowie Kapern einrühren und die Sauce mit schwarzem Pfeffer würzen. Die Fischsteaks mit der Sauce anrichten und mit Limettenscheiben garniert servieren.

PRO PORTION: 182 kcal; 28 g Eiweiß; 4 g Kohlenhydrate; 1 g Ballaststoffe; 6 g Fett (davon 1 g gesättigte Fettsäuren); 44 mg Cholesterin; 0,8 g Salz

Tipp: Die Tomaten-Oliven-Sauce (Schritt 3 und 5) passt auch vorzüglich zu gebratenem Hähnchenfleisch.

Lachsfilet auf Linsen

4 Portionen

VORBEREITUNG: 10 MINUTEN
GARZEIT: 12–15 MINUTEN

Dieser französische Bistro-Klassiker lässt sich einfach zubereiten und enthält gleich zwei Nahrungsmittel mit Wunderwirkung: Linsen und Lachs. Die gut abgetropften Linsen stammen aus der Dose.

3 TL **Olivenöl**
1200 g **Linsen**suppe aus der Dose
4 **Lachs**filets (á 110 g)
schwarzer Pfeffer aus der Mühle
3 EL grobkörniger Senf oder Dijon-Senf
1 Bund Frühlings**zwiebeln**, gehackt
½ TL getrockneter Thymian
1 EL **Zitronen**saft
Zitronenspalten zum Garnieren

1 **Ofen** auf 230 °C (Gas Stufe 5) vorheizen. Einen Bratrost mit Alufolie belegen und diese leicht mit Öl bestreichen.

2 **Die Linsensuppe** auf ein Sieb geben und gut abtropfen lassen.

3 **Die Lachsfilets** mit der Hautseite nach unten auf den Bratrost legen, mit Pfeffer würzen und mit Senf bestreichen. Etwa 12–15 Minuten im Ofen braten, bis sie durchgegart sind.

4 **Währenddessen** 2 TL Öl in einem mittelgroßen Topf auf mittlerer Stufe erhitzen. Die Frühlingszwiebeln unter Rühren 1–2 Minuten glasig dünsten. Abgetropfte Linsen und Thymian zugeben und erhitzen. Zitronensaft unterrühren. Die Linsen auf 4 Teller verteilen und jeweils ein Lachsfilet darauf anrichten. Mit Zitronenspalten garniert servieren.

PRO PORTION: 300 kcal; 30 g Eiweiß; 13 g Kohlenhydrate; 4 g Ballaststoffe; 14 g Fett (davon 2 g gesättigte Fettsäuren); 56 mg Cholesterin; 2,9 g Salz

Tipp: Tiefgefrorene Lachsfilets erst antauen lassen, dann braten. Die Garzeit verlängert sich dann auf 25 Minuten. Bei 200 °C braten.

Lachs mit Zitronen-Dill-Sauce

VORBEREITUNG: 20 MINUTEN
GARZEIT: 15–20 MINUTEN

4 Portionen

Lachs ist eine der besten Quellen für Omega-3-Fettsäuren, die sich auf die Insulinempfindlichkeit positiv auswirken und damit auch die Blutzuckerwerte verbessern können. Die Zubereitung von Lachs ist einfach, der Fisch bleibt saftig und die cremige Sauce ist eine leichtere Version der »schweren« Hollandaise. Gewürzt wird das Gericht mit Dill und Zitrone.

FÜR DEN LACHS
Öl für die Form
4 Scheiben Lachsfilet (á 110 g, etwa 3 cm dick)
2 EL trockener Weißwein oder Wasser
2 EL Schalotten, fein gehackt
¼ TL Salz
schwarzer Pfeffer aus der Mühle
Zitronenspalten zum Garnieren

FÜR DIE SAUCE
1 Becher Sauerrahm (200 g, 10 % Fett)
½ Bund frischer Dill, gehackt
1 TL Zitronenschale, gerieben
1 EL Zitronensaft
2 TL Dijon-Senf
weißer Pfeffer aus der Mühle

1 **Ofen** auf 220 °C (Gas Stufe 4–5) vorheizen und eine Auflaufform leicht mit Öl ausstreichen. Die Lachsfilets mit der Hautseite nach unten nebeneinander in die Form legen und mit Wein (oder Wasser) beträufeln. Die Schalotten darauf verteilen und alles mit Salz und Pfeffer würzen. Mit Alufolie abdecken und im Backofen 15–20 Minuten braten, bis die Fischfilets durchgegart sind.

2 **Währenddessen** für die Sauce den Sauerrahm in eine kleine Schüssel geben, Dill, Zitronenschale und -saft sowie Senf und Pfeffer unterrühren.

3 **Die Lachsfilets** mit den Schalotten auf 4 vorgewärmte Teller verteilen. Etwas Bratflüssigkeit in die Sauce rühren. Die Sauce über die Lachsfilets geben und das Ganze mit Zitronenscheiben garniert servieren.

PRO PORTION: 260 kcal; 24 g Eiweiß; 3 g Kohlenhydrate; 0 g Ballaststoffe; 17 g Fett (davon 3 g gesättigte Fettsäuren); 60 mg Cholesterin; 0,9 g Salz

Warmer Lachssalat mit Oliventoast

VORBEREITUNG: 25 MINUTEN
GARZEIT: 5 MINUTEN

4 Portionen

Die rosafarbenen Lachsstückchen passen hervorragend in einen zarten grünen Salat – das ergibt eine leichte Mahlzeit, ideal für einen warmen Sommerabend. Das Dressing aus Olivenöl und Zitronensaft verleiht dem Salat eine besondere Note und liefert ein wenig Säure, die den Blutzuckerspiegel positiv beeinflusst. Knuspriger Toast mit Olivenaufstrich ist eine ebenso originelle wie gesunde Beilage zu diesem Salat. Getoastetes Roggen- oder Vollkornbrot machen ihn zu einem Wohlfühlgericht.

150 g gemischter Blattsalat, geputzt, gewaschen und abgetropft
3 EL kaltgepresstes Olivenöl »extra vergine«
5 EL Zitronensaft
½ TL Dijon-Senf
1 Knoblauchzehe, fein gehackt
Salz, schwarzer Pfeffer aus der Mühle
4 Scheiben Roggenvollkorn- oder Vollkornbrot
450 g Lachsfilet, enthäutet, in 3 cm großen Stücken
1 kleine rote Zwiebel, fein gehackt
4 TL Kapern, abgetropft und abgespült
2 EL Tapenade (fertiger Aufstrich aus schwarzen Oliven) oder fein gehackte Kalamata-Oliven

1 **Die Salatblätter** in eine Schüssel geben. In einem Schälchen 2 EL Öl, 1 EL Zitronensaft, Senf, Knoblauch, etwas Salz und Pfeffer gut miteinander verrühren. Salat und Zitronendressing beiseite stellen. Die Brotscheiben toasten.

2 Die Lachsstücke mit Salz und Pfeffer würzen. Das restliche Öl in einer großen beschichteten Pfanne auf mittlerer Stufe erhitzen. Die Lachsfilets etwa 3–4 Minuten braten, zwischendurch wenden. Den restlichen Zitronensaft, die Zwiebel sowie die Kapern zufügen und 1 Minute mitgaren. Die Pfanne zwischendurch etwas rütteln, damit nichts ansetzt. Die Fischfilets müssen durchgegart sein.

3 Das Zitronendressing über den Salat geben und alles gut vermengen. Den Salat auf 4 Tellern verteilen. Darauf jeweils ein Lachsfilet, Zwiebelstücke, Kapern und Bratenflüssigkeit geben. Die getoasteten Brotscheiben halbieren, mit der Olivencreme bestreichen oder mit den Oliven belegen und jede Portion mit 2 Brothälften anrichten.

PRO PORTION: 340 kcal; 26 g Eiweiß; 14 g Kohlenhydrate; 2 g Ballaststoffe; 21 g Fett (davon 3 g gesättigte Fettsäuren); 56 mg Cholesterin; 1,6 g Salz

---

VARIATION

Warmer Thunfischsalat mit Oliventoast

Ersetzen Sie in Schritt 2 den Lachs durch frischen Thunfisch.

Krabben- und Muscheleintopf

VORBEREITUNG: 25 MINUTEN
GARZEIT: 15 MINUTEN

Die Fischküche hat weit mehr zu bieten als gegrillten oder gebratenen Fisch. Wie dieser einfache und geschmackvolle Eintopf zeigt, bleiben Fische und Meeresfrüchte beim sanften Garziehen saftig und ergeben eine aromatische Basis für die Sauce. Spitzenköche garen Fisch und Meeresfrüchte mit Wein – ein Tipp, den Sie auch bei sich zu Hause umsetzen können. Nicht nur der Blutzuckerspiegel, sondern auch der Geschmack profitieren von der milden Säure des Weines. Eine kleine Menge Butter rundet den Eintopf genussvoll ab.

2 TL **Olivenöl**
1 große Stange **Lauch**, nur weiße und hellgrüne Teile, in dünnen Scheiben
125 ml trockener Weißwein
180 ml Hühnerbrühe, kochsalzfrei
250 g rohe Königs- oder Tiger**krabben**, geschält und ohne Darm
250 g Jakobs**muscheln**, quer halbiert
20 g Butter, in Flöckchen
2 TL Zitronenschale, gerieben
Salz, schwarzer Pfeffer aus der Mühle
1 Prise Cayennepfeffer
2 EL frischer Estragon, grob gehackt, oder frische Schnittlauchröllchen

1 Das Öl in einer großen, tiefen Pfanne auf mittlerer Stufe erhitzen. Den Lauch zugeben und 4–6 Minuten rundherum andünsten, aber nicht bräunen. Gegebenenfalls 1 EL Wasser zufügen, damit er nicht anbrennt. Mit Wein ablöschen. Die Brühe zugeben und zum Kochen bringen. Das Krabben- und Muschelfleisch zufügen und alles bei mittlerer Hitze 4–5 Minuten köcheln lassen. Das Krabbenfleisch muss rosa und die Muscheln müssen durchgegart sein.

2 Die Krabben und die Muscheln mit einem Schaumlöffel aus der Brühe nehmen und in eine vorgewärmte Schüssel geben. Die restliche Brühe in der Pfanne aufkochen und bei mittlerer Hitze 2–3 Minuten einkochen lassen. Vom Herd nehmen. Die Butterflöckchen nach und nach einrühren. Zitronenschale, Salz, schwarzen Pfeffer und Cayennepfeffer untermischen. Die Sauce über die Meeresfrüchte gießen und das Gericht mit Estragon oder Schnittlauch bestreuen.

PRO PORTION: 183 kcal; 26 g Eiweiß; 3,5 g Kohlenhydrate; 1,1 g Ballaststoffe; 7 g Fett (davon 3 g gesättigte Fettsäuren); 161 mg Cholesterin; 0,9 g Salz

Krabben-Gersten-Topf

6 Portionen

VORBEREITUNG: 20 MINUTEN
BACKZEIT: 30–35 MINUTEN

Dieses einfache Gericht mit herzfreundlichen Meeresfrüchten erinnert an eine griechische Variante, die mit Tomaten, Schafskäse und reiskornförmigen Nudeln aus Gerstenmehl (Orzo) zubereitet wird. Die Nudeln werden bissfest gegart. Artischockenherzen aus der Dose sind eine gute Ballaststoffquelle – ein guter Grund, immer eine Dose im Vorrat zu haben.

3 TL **Olivenöl**
2 **Knoblauch**zehen, fein gehackt
½ TL getrockneter Oregano
1 Prise getrocknete Chilischoten, zerstoßen
400 g **Tomaten**stücke aus der Dose
   (samt Flüssigkeit)
400 ml Hühnerbrühe, kochsalzfrei
170 g Orzo-**Nudeln** (s. Zutatenhinweis)
400 g Artischockenherzen aus der Dose, abgetropft
   und geviertelt
1 TL Zitronenschale, gerieben
schwarzer Pfeffer aus der Mühle
450 g geschälte Königs- oder Tiger**krabben**, gegart
   (s. Tipp)
85 g Schafs**käse**, zerbröckelt
2 EL frische Petersilie, fein gehackt

1 **Ofen** auf 220 °C (Gas Stufe 4–5) vorheizen und eine hitzefeste Form (20 × 30 cm, 2 l Inhalt) leicht mit Öl einstreichen.

2 **2 TL Olivenöl** in einer großen beschichteten Pfanne auf mittlerer Stufe erhitzen. Knoblauch, Oregano und Chilischoten darin unter Rühren etwa 30–60 Sekunden andünsten, aber nicht bräunen lassen. Die Tomaten samt Flüssigkeit zugeben und mit dem Kartoffelstampfer zerdrücken. Die Brühe zufügen und alles zum Kochen bringen. Orzo-Nudeln, Artischockenherzen, Zitronenschale sowie Pfeffer unter Rühren zugeben und die Mischung in die Form füllen. Mit Alufolie bedecken.

3 **Die Orzo-Gemüse-Mischung** im Ofen etwa 15 Minuten backen. Aus dem Ofen nehmen, die Folie entfernen und die Krabben untermengen. Mit Schafskäse und Petersilie bestreuen und ohne Deckel noch weitere 5–10 Minuten fertig backen, bis die Nudeln bissfest sind und der Käse leicht schmilzt. Heiß servieren.

PRO PORTION: 231 kcal; 23 g Eiweiß; 27 g Kohlenhydrate; 2,7 g Ballaststoffe; 4,9 g Fett.(davon 2,2 g gesättigte Fettsäuren); 156 mg Cholesterin; 2 g Salz

Tipp: **Rohe Krabben** werden in leicht gesalzenem Wasser etwa 2–3 Minuten gegart, bis das Fleisch rosafarben ist. Dann abgießen. Sie können auch gegarte TK-Ware nehmen. Diese muss jedoch erst auftauen.

Zutatenhinweis: **Die Orzo-Nudeln** (Gerstennudeln) bringen reichlich Ballaststoffe in dieses Gericht. Die Nudeln sind nicht überall, jedoch häufig in Naturkostläden erhältlich. Als Ersatz bieten sich kleine Vollkornnudeln oder Vollkornreis an.

Krabben-Gersten-Topf
Olivenöl • Knoblauch • Tomaten • Nudeln • Krabben • Käse

FISCH & MEERESFRÜCHTE | 261

Nudeln & Pizza

Penne mit Tomaten-Auberginen-Sauce

6 Portionen

VORBEREITUNG: 20 MINUTEN
GARZEIT: 25 MINUTEN

Vollkornnudeln erfreuen sich seit einigen Jahren zunehmender Beliebtheit, und gut sortierte Supermärkte haben unterschiedliche Sorten im Angebot. Der nussige Geschmack von Vollkornnudeln harmoniert vorzüglich mit dieser fruchtig-aromatischen Tomatensauce. Die gebratenen Auberginenwürfel verleihen der Gemüsesauce eine besondere Note.

4 TL **Olivenöl**
1 große **Aubergine** (250 g), in 2 cm großen Würfeln
1 mittelgroße **Zwiebel**, gehackt
4 **Knoblauch**zehen, fein gehackt
1 gute Prise getrocknete Chilischoten, zerstoßen
800 g **Tomaten**stücke aus der Dose (samt Flüssigkeit)
3 EL frische Petersilie oder Basilikum, fein gehackt
Salz, schwarzer Pfeffer aus der Mühle
340 g **Vollkornnudeln** (z. B. Penne, Rigatoni, s. Tipp)
75 g Schafs**käse**, zerbröckelt
50 g Pinien**kerne**, geröstet (s. Tipp)

1 Etwa 3,5 l leicht gesalzenes Wasser in einem großen Topf zum Kochen bringen.

2 **2 TL Öl** in einer großen beschichteten Pfanne auf mittlerer Stufe erhitzen. Die Auberginenwürfel zugeben und 5–7 Minuten von allen Seiten anbraten, bis sie zart und leicht gebräunt sind. Auf einen Teller geben.

3 **Die Hitze reduzieren,** die restlichen 2 TL Öl in die Pfanne geben und die Zwiebel unter gelegentlichem Rühren in 2–3 Minuten glasig dünsten. Knoblauch und Chilischoten zugeben und 2–3 Minuten mitdünsten, bis sie weich sind. Die Tomaten samt Flüssigkeit zufügen und mit dem Kartoffelstampfer zerdrücken.

4 **Die Sauce** zum Kochen bringen, dann die Auberginenwürfel unterrühren. Bei mittlerer Hitze 15–20 Minuten unter gelegentlichem Rühren köcheln lassen, bis die Sauce dicklich wird. (Falls sie zu dick wird, etwas Wasser zugeben.) 2 EL Petersilie oder Basilikum unterrühren und die Sauce mit Salz und Pfeffer abschmecken.

5 **Währenddessen die Nudeln** im Topf mit kochendem Wasser nach Packungsanleitung bissfest kochen. Abgießen und unter die Sauce mischen. Alles gut vermengen und auf vorgewärmte Teller verteilen. Mit Schafskäse, Pinienkernen und der restlichen Petersilie oder dem Basilikum bestreuen.

PRO PORTION: 337 kcal; 12 g Eiweiß; 50 g Kohlenhydrate; 3,9 g Ballaststoffe; 11,5 g Fett (davon 2,5 g gesättigte Fettsäuren), 9 mg Cholesterin; 0,8 g Salz

Tipps:
■ *Die Pinienkerne rösten Sie in einer kleinen beschichteten Pfanne bei mittlerer Hitze etwa 1–3 Minuten unter ständigem Wenden goldbraun und duftend.*
■ *Prüfen Sie gegen Ende der Garzeit die Nudeln auf die Bissfestigkeit. Sie müssen gar, aber al dente (bissfest) sein. Zu weiche Nudeln sind verkocht, sie schmecken nicht und haben eine höhere GL.*

Tomaten Ihr Gehalt an Lycopin soll vor Diabetes schützen.

Aubergine Das kompakte Gemüse im Nudelgericht sättigt und senkt die GL.

Pinienkerne Sie sind reich an »guten« Fetten und mindern die GL des Gerichts.

Käse Schafskäse liefert Kalzium und trägt zur Verbesserung der Insulinempfindlichkeit bei.

Zwiebeln Sie sind zur Senkung des hohen Blutzuckerspiegels unverzichtbar.

Nudeln Vollkornnudeln liefern fast 3-mal so viele Ballaststoffe wie normale Nudeln.

Knoblauch Er stärkt die Herzgesundheit und senkt den Cholesterinspiegel.

Olivenöl Auch als flüssiges Gold bezeichnet, steigert es den Wert jeder Mahlzeit.

Penne mit Tomaten-Auberginen-Sauce

Penne mit Spargel, Ricotta und Zitrone

4 Portionen

VORBEREITUNG: **15 MINUTEN**
GARZEIT: **8–10 MINUTEN**

Ein Nudelgericht mit Gemüse aufzuwerten ist ebenso leicht wie Nudeln zusammen mit Gemüse zu kochen. Die meisten Gemüsesorten haben eine geringere Garzeit als Nudeln, deshalb gibt man Gemüse erst später zu den garenden Nudeln zu oder kocht beides getrennt. Dieses einfache Gericht wird mit Spargel, Zitronensaft, Kräutern und einer Ricotta-Sauce zubereitet – ein perfektes und leichtes Abendessen.

125 g **Ricotta**
50 g **Parmesan**, frisch gerieben
2 EL frische Petersilie, gehackt
2 TL Zitronenschale, gerieben
2 EL **Zitronen**saft
½ TL Salz
weißer Pfeffer aus der Mühle
250 g **Vollkornnudeln** (z. B. Penne)
450 g Spargel, geputzt, geschält und in 4 cm langen Stücken

1 Für die Nudeln 2,5 l leicht gesalzenes Wasser in einem großen Topf zum Kochen bringen.

2 In einer kleinen Schüssel Ricotta, die Hälfte des Parmesans, Petersilie, Zitronenschale und -saft sowie Salz und Pfeffer cremig rühren.

3 Die Penne ins kochende Wasser geben und halbgar kochen (4 Minuten oder die Hälfte der auf der Packung angegebenen Kochzeit). Die Spargelstücke zugeben und alles weitere 4–6 Minuten garen, bis die Nudeln bissfest und die Spargelstücke zart sind. Gemüse und Nudeln abgießen, dabei 5 EL Kochwasser abnehmen und in eine große Schüssel geben.

4 Die Ricottacreme mit dem Kochwasser in der Schüssel verrühren. Die Nudel-Spargel-Mischung zugeben, alles gut miteinander vermengen und mit dem restlichen Parmesan bestreuen.

PRO PORTION: 326 kcal; 19 g Eiweiß; 44 g Kohlenhydrate; 7 g Ballaststoffe; 9 g Fett (davon 5 g gesättigte Fettsäuren); 27 mg Cholesterin, 1 g Salz

> **VARIATION**
> ## Penne mit Spinat, Ricotta und Zitrone
>
> Die Nudeln ohne Gemüse 8–12 Minuten bissfest garen. Inzwischen 300 g TK-Spinat nach Packungsanleitung zubereiten. In Schritt 4 die Nudeln mit Spinat und Ricottasauce vermengen.

Käsemakkaroni mit Spinat

6 Portionen

VORBEREITUNG: **15 MINUTEN**
GARZEIT: **45–55 MINUTEN**

Ein knuspriger Makkaroniauflauf schmeckt wunderbar. Die Vollkornnudeln mit leichter Käsesauce, einer Schicht Spinat und einer Kruste aus Weizenkeimen beeinflussen den Blutzuckerspiegel positiv. Das Gericht lässt sich auch zweimal kochen, wenn Sie die Hälfte der zubereiteten Menge vor dem Backen in den Kühlschrank geben, wo sie sich bis zu 2 Tage aufbewahren lässt. Eingefroren hält sie sich bis zu 3 Monate (im Kühlschrank vor dem Backen auftauen lassen).

Öl für die Form
400 ml fettarme **Milch** (1,5 % Fett)
3 EL Weizenmehl (Type 405)
175 g mittelalter **Gouda**, gerieben
250 g fettarmer Frisch**käse** oder Quark
1 kräftige Prise gemahlene Muskatnuss
½ TL Salz
schwarzer Pfeffer aus der Mühle
300 g **Blattspinat** (TK-Ware)
250 g **Vollkornmakkaroni**
4 EL **Weizenkeime**, geröstet

1. **Ofen** auf 200 °C (Gas Stufe 3–4) aufheizen. Eine Auflaufform (2 l Inhalt) leicht mit Öl ausstreichen. In einem großen Topf etwa 2,5 l leicht gesalzenes Wasser zum Kochen bringen.

2. **Von der Milch 4 EL** abnehmen und mit dem Mehl in einer kleinen Schüssel klumpenfrei verrühren. Die restliche Milch auf mittlerer Stufe erhitzen, die Mehlmischung einrühren und alles unter Rühren 2–3 Minuten aufkochen, bis die Sauce dicklich wird. Vom Herd nehmen und Käse, Muskatnuss, Salz sowie Pfeffer einrühren.

3. **Den Spinat** nach Packungsanleitung zubereiten. Abgießen, kalt abschrecken und ausdrücken.

4. **Die Makkaroni** ins kochende Salzwasser geben und 4–5 Minuten kochen, abgießen, kalt abschrecken und gut abtropfen lassen. (Die Nudeln werden beim Backen im Ofen fertig gegart). Die Nudeln in eine große Schüssel geben und die Käsesauce untermengen.

5. **Die Hälfte der Käsemakkaroni** in die Auflaufform geben, den Spinat darauf verteilen und restliche Käsemakkaroni darüber schichten. Mit gerösteten Weizenkeimen bestreuen. Im Ofen 35–45 Minuten backen, bis die Oberfläche goldbraun und knusprig ist.

PRO PORTION: 365 kcal; 23 g Eiweiß; 40 g Kohlenhydrate; 5 g Ballaststoffe; 12,8 g Fett (davon 7,5 g gesättigte Fettsäuren); 33 mg Cholesterin; 1,5 g Salz

VARIATION
Käsemakkaroni »Tex-Mex«

Lassen Sie in Schritt 2 die Muskatnuss weg und geben Sie stattdessen 125 g abgetropfte und gehackte Jalapeño-Chilischoten aus dem Glas sowie 2 EL frischen gehackten Koriander und 1 Prise Cayennepfeffer zur Käsesauce.
In Schritt 3 ersetzen Sie den Spinat durch 2 Paprikaschoten, die in 1 TL Öl etwa 3 Minuten gedünstet wurden. Das Gemüse wird in Schritt 5 auf die Makkaroni geschichtet.

Käsemakkaroni mit Spinat
Milch • Käse • Spinat • Nudeln • Weizenkeime

Vollkornnudeln mit Tomatensauce, Bohnen und Mangold

VORBEREITUNG: 25 MINUTEN
GARZEIT: 20–25 MINUTEN

Etwas mageres Hackfleisch kann eine schnell zubereitete, herzhafte Nudelsauce im Geschmack durchaus bereichern. Der Ballaststoffgehalt dieses Gerichts wird durch die Cannellini-Bohnen und den Mangold erhöht, der zusammen mit den Nudeln gegart wird.

125 g **Puten**hackfleisch
1 TL **Olivenöl**
1 kleine **Zwiebel**, gehackt
3 Knoblauchzehen, fein gehackt
400 g **Tomaten**stücke aus der Dose (samt Flüssigkeit)
250 g passierte Tomaten aus der Dose
400 g Cannellini-Bohnen aus der Dose, abgetropft und abgespült
schwarzer Pfeffer aus der Mühle
350 g **Vollkornnudeln** (z. B. Penne, Fusili, Rigatoni)
450 g **Mangold**, gewaschen, geputzt und quer in Streifen geschnitten (s. Zutatenhinweis)
6 EL **Parmesan**, gerieben

1 In einem großen Topf etwa 3,5 l leicht gesalzenes Wasser zum Kochen bringen. Währenddessen das Hackfleisch in einer beschichteten Pfanne mit einem Holzlöffel zerkleinern und 3–4 Minuten krümelig bei mittlerer Hitze anbraten, bis es braun ist. Auf einen mit Küchenpapier ausgelegten Teller geben und entfetten.

2 Für die Tomatensauce das Öl in die Pfanne geben und die Zwiebel 1–2 Minuten glasig dünsten. Den Knoblauch zugeben und unter Rühren 10–20 Sekunden mitdünsten. Die Tomatenstücke zufügen und mit einem Kochlöffel oder dem Kartoffelstampfer zerdrücken. Passierte Tomaten, Bohnen, 4 EL Wasser sowie Hackfleisch untermischen. Alles zum Kochen bringen und offen bei mittlerer Hitze 10–15 Minuten unter gelegentlichem Rühren köcheln lassen, bis die Sauce dicklich ist. Mit Pfeffer würzen.

3 Währenddessen die Nudeln ins kochende Wasser geben und halbgar kochen (5 Minuten oder die Hälfte der auf der Packung angegebenen Kochzeit). Den Mangold zugeben und unter Rühren 3–5 Minuten mitkochen, bis die Nudeln bissfest und der Mangold zusammengefallen ist. Abgießen, gut abtropfen lassen und in eine große vorgewärmte Schüssel geben. Die Tomatensauce zufügen, alles vermengen und mit Parmesan bestreut servieren.

PRO PORTION: 385 kcal; 23 g Eiweiß; 40 g Kohlenhydrate; 5 g Ballaststoffe; 12,8 g Fett (davon 7,5 g gesättigte Fettsäuren); 33 mg Cholesterin; 1,5 g Salz

Zutatenhinweis: **Der Mangold** *ist zwar mit der Roten Rübe verwandt, gleicht jedoch eher dem Spinat und schmeckt auch ähnlich. Die Rippen lassen sich herausschneiden und fein hacken, das Grüne quer in Streifen schneiden und wie Spinat zubereiten. Oder erst die Rippen andünsten, dann das Grüne zugeben und alles 6–8 Minuten fertig garen.*

Tipp: **Reste von Nudeln,** *Fleisch, Wurst und Gemüse lassen sich sehr gut in einem Nudelauflauf als Wohlfühlgericht zubereiten. Eine Auflaufform leicht einfetten, 2 EL Wasser hineingeben, dann die Reste in der Form verteilen. Ein bisschen Parmesan und Semmelbrösel für eine Kruste darüber streuen. Bei 220 °C (Gas Stufe 4 – 5) etwa 25 Minuten backen, bis der Auflauf goldgelb und knusprig ist.*

Spinat-Hackfleisch-Lasagne

6 Portionen

VORBEREITUNG: 30 MINUTEN
GARZEIT: 1 STUNDE

Lasagne ist ein ideales Gericht, um Gäste zu bewirten, weil sie sich schnell und gut vorbereiten lässt. Unser Rezept wird mit sehr magerem Hackfleisch und viel Spinat zubereitet. Ab Schritt 4 können Sie die Lasagne im Kühlschrank etwa 2 Tage aufbewahren, dann bei Bedarf backen. Eingefroren hält sie sich bis zu 3 Monate (im Kühlschrank vor dem Backen auftauen lassen).

Öl für die Form
125 g mageres **Puten**hackfleisch
750 g fertige **Tomaten**sauce (z. B. Napoletana)
1 TL getrockneter Oregano
¼ TL getrocknete Chilischoten, zerstoßen
500 g gehackter **Spinat** (TK-Ware)
1 **Ei** (Größe M)
425 g **Ricotta**
50 g **Parmesan**, gerieben
1 gute Prise Muskatnuss, gerieben
schwarzer Pfeffer aus der Mühle
12 Blätter Lasagne (ohne Vorgaren, s. Tipp)
150 g fettreduzierter **Mozzarella**, geraspelt

1 **Ofen** auf 200 °C (Gas Stufe 3–4) vorheizen und eine Auflaufform (23 × 33 cm) mit etwas Öl ausstreichen.

2 **Das Putenhackfleisch** in einer beschichteten Pfanne mit einem Holzlöffel zerkleinern und 2–4 Minuten bei mittlerer Hitze krümelig anbraten, bis es braun ist. In eine mittelgroße Schüssel geben und Tomatensauce, Oregano sowie Chilischoten untermischen.

3 **Den Spinat** nach Packungsanleitung zubereiten. Abgießen, kalt abschrecken und ausdrücken. Das Ei in eine mittelgroße Schüssel geben, den Ricotta zufügen und alles mit einem Schneebesen glatt rühren. Spinat, Hälfte des Parmesans, Muskatnuss und Pfeffer unterrühren.

4 **Drei Lasagne-Blätter** in eine Schüssel geben, mit warmem Wasser bedecken und einweichen. Etwa 180 ml Tomaten-Hackfleisch-Sauce in die Auflaufform geben und mit 3 rohen Lasagneblättern leicht überlappend belegen. Ein Drittel der Spinatmasse darauf verteilen und mit einem Viertel des Mozzarellas bestreuen. Darüber etwa 125 ml Tomatensauce geben. Die zweite Schicht rohe Lasagne-Blätter darauf legen, Spinat, Sauce und Mozzarella schichtweise einfüllen und das Ganze noch einmal wiederholen, wobei etwas Mozzarella übrig bleibt. Nun die eingeweichten Lasagne-Blätter darauf legen und die restliche Sauce darauf verteilen.

5 **Die Lasagne** mit Alufolie bedecken und im Ofen etwa 35 Minuten backen. Herausnehmen, die Folie entfernen und den restlichen Parmesan sowie den Mozzarella darauf streuen. Dann unbedeckt weitere 15 Minuten backen, bis die Oberfläche goldbraun und knusprig ist. Aus dem Ofen nehmen, 5 Minuten ruhen lassen und servieren.

PRO PORTION: 426 kcal; 29 g Eiweiß; 40 g Kohlenhydrate; 3 g Ballaststoffe; 18 g Fett (davon 8 g gesättigte Fettsäuren); 83 mg Cholesterin; 2,3 g Salz

*Tipp: **Zwei Arten von Lasagne-Blättern** sind im Handel erhältlich. Während man die einen vorkochen muss, sind die anderen zur sofortigen Weiterverarbeitung geeignet, was praktisch ist und Zeit spart. Achten Sie deshalb beim Einkauf auf die Packungsanleitung. Die Lasagne-Blätter garen während des Backens im Ofen und benötigen daher eine gewisse Menge Flüssigkeit. Wird die Saucenmenge für die letzte Schicht knapp, sollten die Lasagne-Blätter erst in Wasser eingeweicht, dann aufgelegt und danach mit der restlichen Sauce und dem Käse bedeckt werden. So trocknen sie nicht aus und werden bissfest.*

Schneller Pizzateig aus Vollkornmehl

1 Pizza

VORBEREITUNG: **10 MINUTEN**
ZEIT ZUM GEHEN: **10–20 MINUTEN**

In einer Küchenmaschine oder im Brotbackautomaten lässt sich dieser Pizzateig in wenigen Minuten zubereiten. Verwenden Sie Wasser mit Zimmertemperatur und geben Sie die Zutaten nach Anweisung des Herstellers in das Gerät. Das Rezept ergibt 340 g Teig und reicht für eine Pizza mit 30 cm Durchmesser.

85 g **Weizen-Vollkornmehl** (Type 1700)
85 g Weizenmehl (Type 405), mehr für die Arbeitsfläche
2 TL Trockenbackhefe (s. Zutatenhinweis)
¾ TL Salz
¼ TL feiner Zucker
125–150 ml heißes Wasser (50–55 °C)
2 TL **Olivenöl**

1 Das Vollkornmehl mit Mehl, Trockenhefe, Salz und Zucker in die Schüssel der Küchenmaschine geben und alles vermengen. Das heiße Wasser mit dem Öl in einem Messbecher verrühren und durch den Einfüllstutzen nach und nach unter ständigem Rühren zugeben. Weiterrühren, bis ein Teig entstanden ist. Dann mit der Knetfunktion den Teig etwa 1 Minute kneten. Der Teig sollte ziemlich weich sein. Wenn er zu trocken ist, noch 1–2 EL Wasser zufügen. Sollte er zu weich sein, 1–2 EL Mehl unterarbeiten.

2 Den Teig auf eine leicht bemehlte Arbeitsfläche geben und zugedeckt 10–20 Minuten gehen lassen. Dann mit den Händen nochmals durchkneten, zu einer Kugel formen und ausrollen.

*Zutatenhinweis: **Trockenbackhefe** wird mit den trockenen Zutaten vermengt, das ist weniger aufwändig, als einen Vorteig mit normaler Hefe anzusetzen.*

Pizza mit Pilzen und Kräutern

4 Portionen

VORBEREITUNG: **30 MINUTEN**
BACKZEIT: **10–14 MINUTEN**

Pizza kann einen festen Platz auf Ihrem Speiseplan einnehmen, vor allem wenn der knusprig-dünne Boden aus Vollkornmehl mit viel Gemüse und nur wenig Käse belegt ist. Diese Pizza lässt sich mit dem Grundrezept (siehe links) in kurzer Zeit herstellen. Der Pizzaservice wird auf diese Weise überflüssig – und außerdem haben Sie eine gesunde Vollkornpizza und können den Belag selbst zusammenstellen. Wie wäre es mit Pilzen, Tomaten und Kräutern? Oder Brokkoli und Oliven? Pizza und Krabben? Lassen Sie sich inspirieren.

340 g Pizzateig (Schneller Pizzateig aus **Vollkorn**mehl siehe links) oder 340 g fertiger Pizzateig (möglichst aus Vollkornmehl)
2 EL **Olivenöl**
Mehl für das Blech
250 g Champignons oder Egerlinge, gewaschen, geputzt und blättrig geschnitten
2 **Knoblauch**zehen, fein gehackt
2 EL frische Petersilie, gehackt
Salz, Pfeffer aus der Mühle
150 g fertige **Tomaten**sauce (z. B. Napoletana) oder Pizzasauce
2 EL frischer Majoran oder Oregano, fein gehackt
1 gute Prise getrocknete Chilischoten, zerstoßen
125 g fettreduzierter **Mozzarella**, geraspelt
1 kleine rote **Zwiebel**, in schmalen Spalten
25 g **Parmesan**, frisch gerieben

Zubereitung auf Seite 270

Pizza mit Pilzen und Kräutern
Vollkornmehl • Olivenöl • Knoblauch • Käse • Zwiebel • Tomate

1. **Den Pizzateig,** wie auf Seite 268 beschrieben, zubereiten und gehen lassen.

2. **Ofen** auf höchster Stufe vorheizen. Ein Back- oder Pizzablech leicht mit Öl bestreichen und mit Mehl bestäuben.

3. **2 TL Olivenöl** in einer beschichteten Pfanne auf mittlerer Stufe erhitzen und die Pilze 3–4 Minuten unter gelegentlichem Rühren anbraten, bis sie leicht gebräunt sind. Den Knoblauch zugeben und kurz mitdünsten. Die Pfanne vom Herd nehmen und die Petersilie unter die Pilze mischen. Mit Salz und Pfeffer würzen und abkühlen lassen.

4. **In einer kleinen Schüssel** die Tomatensauce mit Majoran oder Oregano und zerstoßenen Chilischoten verrühren.

5. **Den Pizzateig** durchkneten, zu einer Kugel formen und auf leicht bemehlter Arbeitsfläche zu einem Fladen von 33 cm Durchmesser ausrollen. Den Teigfladen auf das Back- oder Pizzablech legen. Mit den Fingern einen kleinen Rand formen und mit dem restlichen Öl bestreichen. Die Sauce auf dem Teigboden verteilen und mit dem Mozzarella bestreuen. Die Pilze sowie die Zwiebelspalten darauf geben und alles mit Parmesan bestreuen.

6. **Das Back- oder Pizzablech** in den Ofen geben, 10–14 Minuten backen, bis die Pizza goldbraun und knusprig ist. Heiß servieren.

PRO PORTION: 300 kcal; 15 g Eiweiß; 37 g Kohlenhydrate; 4 g Ballaststoffe; 11 g Fett (davon 2 g gesättigte Fettsäuren), 26 mg Cholesterin; 1,5 g Fett

---

VARIATIONEN

Vollkornpizza mit Brokkoli und Oliven

In Schritt 3 ersetzen Sie die Pilze durch 225 g Brokkoliröschen, die in 2 cm große Stücke geschnitten und 2–3 Minuten bissfest gegart wurden. Die Tomatensauce (Schritt 4) wird mit 1 TL getrocknetem Oregano und 1 guten Prise zerstoßener, getrockneter Chilischoten gewürzt. In Schritt 5 geben Sie zuerst die Brokkoliröschen, dann 85 g gewürfelte rote Zwiebel und 35 g grob gehackte Oliven auf die Pizza. Etwas Olivenöl darüber träufeln und die Pizza wie beschrieben backen.

Vollkornpizza mit Pilzen und Krabben

In Schritt 3 die Petersilie und 150 g geschälte und gegarte Shrimps unter die Pilze mischen. 50 g Anchovis abgießen und hacken, zur Pilzmischung geben und 1 TL Kapern untermengen. Nur mit Pfeffer würzen (die Anchovis sind salzig). In Schritt 5 geben Sie die Pilz-Krabben-Mischung auf die Pizza und verteilen darauf 250 g halbierte Kirschtomaten. Mit etwas Olivenöl beträufeln und wie in Schritt 6 beschrieben backen.

Gerichte ohne Fleisch

Gebratenes Frühlingsgemüse mit Tofu

VORBEREITUNG: 25 MINUTEN
ZEIT ZUM MARINIEREN: 10 MINUTEN
GARZEIT: 10 MINUTEN

4 Portionen

Dieses bunte Pfannengericht zelebriert den Frühling mit Spargel, roter Zwiebel und Möhren. Der Tofu macht es zu einem eiweißhaltigen Gemüsegericht, das dank der pikanten Würzkombination auch Fleischliebhabern schmeckt. Sie können statt Spargel auch Zuckerschoten und statt Möhren rote Paprikaschoten verwenden. Tofu lässt sich durch feine Streifen von Hähnchenbrustfilet ersetzen. Das Fleisch muss in Schritt 2 völlig durchgegart werden.

400–450 g **Tofu**, abgetropft
125 ml Orangensaft
2 EL salzreduzierte Sojasauce
1 EL Austernsauce
1 EL Sherry »medium« oder Reiswein
1 ½ TL Thai Chilisauce oder eine andere scharfe Chilisauce
1 TL Zucker
1 ½ TL Speisestärke
3 TL Öl
1 EL frische Ingwerwurzel, geraspelt
2 TL Orangenschale, gerieben
3 **Knoblauch**zehen, fein gehackt
1 kleine rote **Zwiebel,** in dünnen Scheiben
450 g Spargel, gewaschen, geputzt, geschält und in 2,5 cm langen Stücken
125 g kleine **Möhren**, der Länge nach geviertelt

1. **Den Tofu** in 2 cm große Würfel schneiden. Orangensaft mit Sojasauce, Austernsauce, Sherry oder Reiswein, Chilisauce und Zucker in einer Schüssel verrühren und den Tofu darin etwa 10 Minuten marinieren und dabei mehrmals wenden. Währenddessen das Gemüse vorbereiten.

2. **Den Tofu abgießen,** die Marinade auffangen und die Speisestärke klumpenfrei unterrühren. Für die Sauce beiseite stellen. In einem beschichteten Wok oder in einer Pfanne 2 TL Öl auf hoher Stufe erhitzen. Den Tofu zugeben und 3–5 Minuten unter Rühren von allen Seiten braun und knusprig braten. Dann auf einen Teller geben.

3. **Den restlichen TL Öl** in den Wok oder die Pfanne geben. Ingwer, Orangenschale und Knoblauch zugeben und 10–20 Sekunden unter Rühren andünsten. Die Zwiebel zugeben und 1 Minute mitdünsten. Den Spargel und die Möhren zufügen und 30 Sekunden unter Rühren anbraten. 4 EL Wasser untermischen und das Gemüse zugedeckt etwa 2 Minuten garen, biss es zart, aber noch bissfest ist.

4. **Das Gemüse** an den Rand des Woks oder der Pfanne schieben und die beiseite gestellte Sauce in die Mitte geben. Unter Rühren etwa 1 Minute kochen lassen, bis sie glänzt und dicklich ist. Das Gemüse in die Sauce schieben, den Tofu zugeben und alles gut vermengen. Sofort servieren.

PRO PORTION: 200 kcal; 15 g Eiweiß; 16 g Kohlenhydrate; 3 g Ballaststoffe; 9 g Fett (davon 1 g gesättigte Fettsäuren); 0 mg Cholesterin; 1,3 g Salz

Dhal mit Spinat

VORBEREITUNG: 20 MINUTEN
GARZEIT: 45–50 MINUTEN

Dhal ist einer der verwirrenden Begriffe, die sowohl eine Zutat als auch ein Gericht bezeichnen können. Das Gericht Dhal besteht aus getrockneten Hülsenfrüchten, vor allem Linsen und Splittererbsen, die pflanzliches Eiweiß und Ballaststoffe enthalten. Eine der vielen Zubereitungsmöglichkeiten von Dhal stellen wir Ihnen hier vor – einen herzhaften Eintopf, der drei wunderbare Gewürze enthält, nämlich Bockshornklee, Kurkuma und Knoblauch.

DHAL

200 g gelbe **Splittererbsen** oder Chana Dhal
 (s. Zutatenhinweis), verlesen und abgespült
½ TL gemahlener **Kurkuma**
1 EL Rapsöl
1 TL **Kreuzkümmel**, ganze Samen
1 mittelgroße **Zwiebel**, gehackt
1 EL frische Ingwerwurzel, geraspelt,
 oder ½ TL gemahlenen Ingwer
3 **Knoblauch**zehen, fein gehackt
1 TL gemahlener **Bockshornklee**
¼ TL Cayennepfeffer
400 g **Tomaten**stücke aus der Dose
 (samt Flüssigkeit)
300 g gehackter **Blattspinat** (TK-Ware)
Salz

RAITA

225 g fettarmer **Joghurt** (1,5 % Fett)
4 TL **Zitronen**saft
1 TL gemahlener Kreuzkümmel
Salz

1 Für den Dhal Splittererbsen oder Chana Dhal in einen großen Topf geben, 750 ml Wasser und Kurkuma zufügen und alles zum Kochen bringen. Die Hitze reduzieren und bei halb geschlossenem Deckel die Erbsen 45–50 Minuten garen, bis sie weich sind.

2 Währenddessen das Öl in einer großen beschichteten Pfanne auf mittlerer Stufe erhitzen. Die Kreuzkümmelsamen unter Rühren etwa 10–20 Sekunden anrösten. Die Zwiebel zugeben und unter Rühren glasig dünsten. Ingwer, Knoblauch, Bockshornklee sowie Cayennepfeffer untermengen und 20–30 Sekunden unter Rühren mitdünsten. Die Tomaten zufügen, alles gut vermengen und 5–10 Minuten ohne Deckel köcheln lassen, bis die meiste Flüssigkeit verdampft ist und die Sauce dicklich ist.

3 Den Spinat nach Packungsanleitung zubereiten. Abgießen und gut ausdrücken.

4 Gegarte Splittererbsen samt Flüssigkeit und Spinat unter die Tomatensauce mischen. Etwa 2–3 Minuten köcheln lassen, bis sich die Aromen vermischen. Mit Salz abschmecken.

5 Für die Raita alle Zutaten in einer kleinen Schüssel verrühren. Die Raita zum Dhal servieren. Reste lassen sich zugedeckt 2 Tage im Kühlschrank aufbewahren. Dann sanft in einem Topf oder im Mikrowellenherd erwärmen, gegebenenfalls etwas Wasser unterrühren.

PRO PORTION: 176 kcal; 11 g Eiweiß; 26 g Kohlenhydrate; 4 g Ballaststoffe; 3,5 g Fett (davon 0,7 g gesättigte Fettsäuren); 0 mg Cholesterin; 0,8 g Salz

Zutatenhinweis: Chana Dhal, eine kleine braune Verwandte der Kichererbse, ist in der Regel gespalten und ähnelt der gelben Splittererbse. Sie ist in gut sortierten Supermärkten oder im Asienladen erhältlich.

Graupenrisotto mit Spargel und Zitrone

VORBEREITUNG: 20 MINUTEN
GARZEIT: 35 MINUTEN

Ein weiches Risotto wird üblicherweise mit einer besonderen Art Rundkornreis zubereitet, die jedoch im unteren Bereich der Kohlenhydratpyramide (s. Seite 43) angesiedelt und daher für ein Wohlfühlgericht nicht geeignet ist. Wir haben eine blutzuckerfreundliche Variante kreiert und den Reis durch Graupen ersetzt. Das Ergebnis ist ebenso köstlich.

320 ml Gemüsebrühe, kochsalzarm
450 g Spargel, geputzt, geschält und in 2,5 cm langen Stücken
1 EL **Olivenöl**
50 g Frühlings**zwiebeln**, gehackt
200 g Perl**graupen**
50 g **Parmesan**, gerieben
4 EL frische Petersilie, fein gehackt oder Schnittlauchröllchen
2 TL Zitronenschale, gerieben
1 EL **Zitronen**saft
Salz, weißer Pfeffer aus der Mühle

1. **Brühe und 180 ml Wasser** in einen Topf geben und zum Kochen bringen. Den Spargel zugeben und 2–4 Minuten garen, bis er zart ist. Mit einem Schaumlöffel herausnehmen, auf einen Teller geben und beiseite stellen. Die Hitze reduzieren, die Brühe aber am Kochen halten.

2. **Das Öl** in einer großen schweren Pfanne auf mittlerer Stufe erhitzen und die Frühlingszwiebeln etwa 1 Minute unter Rühren andünsten. Die Graupen zugeben und 30 Sekunden unter Rühren mitdünsten. Eine Schöpfkelle heißer Brühe zugießen, ablöschen und alles unter Rühren gut 1 Minute aufkochen, bis die meiste Flüssigkeit verdampft ist.

3. **Etwa 30 Minuten** unter Rühren weiter köcheln lassen. Sobald die Flüssigkeit verdampft ist, immer etwas heiße Brühe nachgießen, bis die Graupen zart sind und das Risotto eine weiche Konsistenz hat.

4. **Den Spargel** zugeben und etwa 1 Minute mitgaren lassen. Das Risotto vom Herd nehmen. Parmesan, Petersilie oder Schnittlauch, Zitronenschale und -saft untermischen und das Gericht mit Salz und Pfeffer abschmecken. Heiß servieren.

PRO PORTION: 170 kcal; 9 g Eiweiß; 17 g Kohlenhydrate; 2 g Ballaststoffe; 7,5 g Fett (davon 3 g gesättigte Fettsäuren), 12 mg Cholesterin, 0,5 g Salz

Linsen-Bohnen-Chili

8 Portionen

VORBEREITUNG: 20 MINUTEN
GARZEIT: 50 MINUTEN

Eine vegetarische Version des mexikanischen Klassikers ist diese Kombination aus Linsen und Bohnen, die reich an Eiweiß und löslichen Ballaststoffen ist und das Chili zu einem blutzuckerfreundlichen Gericht macht. Sie können das Chili mit gewürfelter Avocado, geriebenem Parmesan, gehacktem Koriander, Frühlingszwiebeln und griechischem Joghurt garnieren.

2 TL **Olivenöl**
1 mittelgroße **Zwiebel**, gehackt
3 mittelgroße **Möhren**, gewürfelt
3 **Knoblauch**zehen, fein gehackt
5 TL mildes Chilipulver
5 TL gemahlener Kreuzkümmel
1 TL getrockneter Oregano
1 l Gemüsebrühe, kochsalzfrei
150 g Teller**linsen**, verlesen und abgespült
800 g **Tomaten**stücke aus der Dose (samt Flüssigkeit)
800 g Kidney**bohnen** aus der Dose, abgetropft und abgespült
schwarzer Pfeffer aus der Mühle

1. **Das Öl** in einem großen Topf auf mittlerer Stufe erhitzen. Die Zwiebel und die Möhren zugeben und unter Rühren 3–5 Minuten andünsten. Knoblauch, Chilipulver, Kreuzkümmel und Oregano zufügen und 30–60 Sekunden unter Rühren mitdünsten. Brühe und Linsen zufügen. Das Chili zum Kochen bringen, dann die Hitze reduzieren und zugedeckt bei mittlerer Hitze 25 Minuten garen.

2. **Tomaten,** Kidneybohnen und Pfeffer zugeben. Erneut zum Kochen bringen und zugedeckt weitere 15–20 Minuten köcheln lassen, bis die Linsen weich sind. Heiß servieren. Reste des Chilis lassen sich zugedeckt 2 Tage im Kühlschrank aufbewahren.

PRO PORTION: 180 kcal; 12 g Eiweiß; 30 g Kohlenhydrate; 8,4 g Ballaststoffe; 1,8 g Fett (davon 0,3 g gesättigte Fettsäuren); 0 mg Cholesterin; 0,9 g Salz

GERICHTE OHNE FLEISCH

Burritos mit schwarzen Bohnen und Süßkartoffeln

8 Portionen

VORBEREITUNG: 25 MINUTEN
GARZEIT: 20 MINUTEN

Bohnen und Süßkartoffeln passen in dieser herzhaften vegetarischen Mahlzeit hervorragend zusammen. Kochen Sie für eine oder zwei Personen, dann nehmen Sie nach Schritt 3 nur so viel Füllung wie Sie benötigen. Der Rest lässt sich im Kühlschrank zugedeckt 2 Tage aufbewahren. Für eine schnelle Mahlzeit brauchen Sie dann nur noch Füllung und Wraps im Mikrowellenherd zu erhitzen (s. Tipp).

2 TL Rapsöl
1 mittelgroße **Zwiebel**, gehackt
2 **Knoblauch**zehen, fein gehackt
4 TL gemahlener Kreuzkümmel
½ TL getrockneter Oregano
1 gute Prise getrocknete Chilischoten, zerstoßen
180 ml Gemüsebrühe, kochsalzfrei
1 mittelgroße **Süßkartoffel**, geschält und gewürfelt
400 g **Tomaten**stücke aus der Dose
   (samt Flüssigkeit)
425 g schwarze **Bohnen** aus der Dose,
   abgetropft und abgespült
120 g Maiskörner (TK-Ware)
1 EL **Zitronen**saft, frisch gepresst
4 EL frische Korianderblätter, gehackt
schwarzer Pfeffer aus der Mühle
8 Vollkorn-Wraps oder Weizentortillas
   (20 cm Durchmesser)
120 g Hartkäse, gerieben (z. B. Emmentaler, Bergkäse, Cheddar)
125 g griechischer Joghurt (3,5 % Fett)

1 **Ofen** auf 160 °C (Gas Stufe 1–2) vorheizen.

2 **Das Öl** in einer großen beschichteten Pfanne auf mittlerer Stufe erhitzen. Die Zwiebel zugeben und unter Rühren etwa 2–3 Minuten glasig dünsten. Knoblauch, Kreuzkümmel, Oregano und Chilischoten zufügen und alles unter Rühren etwa 10–20 Sekunden mitdünsten. Die Brühe zugießen und die Süßkartoffel zugeben. Zugedeckt etwa 5 Minuten kochen lassen.

3 **Tomaten,** Bohnen und Maiskörner zugeben und alles zum Kochen bringen. Zugedeckt 5–10 Minuten garen, bis die Süßkartoffel weich ist. Etwa ein Viertel der Gemüsemischung abnehmen, in eine Schüssel füllen und mit dem Kartoffelstampfer zerdrücken. Zurück zum Gemüse geben und mit Zitronensaft, Koriander und Pfeffer würzen.

4 **Währenddessen** die Wraps oder Tortillas jeweils in ein Stück Backpapier einrollen und 10–15 Minuten im Backofen erhitzen.

5 **Zum Füllen** die Wraps ausbreiten und jeweils ein Achtel der Füllung in die Mitte geben. Den geriebenen Käse gleichmäßig darüber streuen. Die Fladen jeweils von unten ein Stück über die Füllung falten, die Seiten einschlagen und das Ganze aufrollen. Dazu den Joghurt zum Dippen servieren.

PRO PORTION: 345 kcal; 14 g Eiweiß; 56 g Kohlenhydrate; 5,7 g Ballaststoffe; 8 g Fett (davon 4 g gesättigte Fettsäuren); 15 mg Cholesterin; 1,2 g Salz

Tipp: **Um die Wraps oder Tortillas** *im Mikrowellenherd zu erhitzen, legen Sie die Fladen einzeln zwischen zwei Blätter Küchenpapier und erhitzen Sie sie 10–12 Sekunden auf höchster Stufe.*

Beilagen

Bulgur mit Ingwer und Orange

4 Portionen

VORBEREITUNG: 15 MINUTEN
GARZEIT: 25 MINUTEN

Statt Reis- und Kartoffelbeilagen (beide mit hoher GL) sollten Sie Bulgur zu Geflügel, Rind- und Schweinefleisch reichen. Dabei handelt es sich um grobe Weizengrütze. Sie hat die gleiche Garzeit wie Reis und aufgrund ihrer löslichen Ballaststoffe und der wertvollen Bestandteile des vollen Korns eine positive Wirkung auf den Blutzuckerspiegel.

2 unbehandelte **Orangen**
2 TL Rapsöl
2 EL frische Ingwerwurzel, sehr fein gehackt
2 **Knoblauch**zehen, gehackt
150 g **Bulgur**, abgespült
2 TL brauner Zucker (Rohzucker)
¼ TL Salz
70 g **Frühlingszwiebeln**, gehackt
1 EL kochsalzreduzierte Sojasauce
40 g **Mandel**stifte oder -blättchen, geröstet (s. Tipp)

1. **Von den Orangen** 1 EL Schale abreiben und die Früchte auspressen. Den Saft mit Wasser auf 375 ml auffüllen.

2. **Das Öl** in einem großen Topf auf mittlerer Stufe erhitzen. Ingwer und Knoblauch darin unter Rühren etwa 30 Sekunden anbraten. Bulgur zugeben und gut untermengen. Orangenwasser, Zucker und Salz zufügen und alles zum Kochen bringen. Die Hitze reduzieren und den Bulgur zugedeckt 15–20 Minuten köcheln lassen, bis er weich ist und die meiste Flüssigkeit aufgenommen hat.

3. **Frühlingszwiebeln,** Orangenschale und Sojasauce zugeben und mit einer Gabel locker untermischen. Die Mandeln darüber streuen und die Beilage heiß servieren. Reste lassen sich zugedeckt 2 Tage im Kühlschrank aufbewahren und rasch im Mikrowellenherd erhitzen.

PRO PORTION: 255 kcal; 7 g Eiweiß; 41 g Kohlenhydrate; 2,3 g Ballaststoffe; 8 g Fett (davon 0,7 g gesättigte Fettsäuren); 0 mg Cholesterin; 0,7 g Salz

Tipp: Rösten Sie die Mandeln in einer kleinen beschichteten Pfanne bei mittlerer Hitze unter ständigem Rühren 2–3 Minuten an, bis sie goldgelb sind und nussig riechen. Auf einem Teller abkühlen lassen.

VARIATION
Bulgur mit Möhrensaft und Sesam

Verwenden Sie statt des Orangenwassers 375 ml mit Wasser verdünnten Möhrensaft und anstelle der Mandeln gerösteten Sesam.

Pilaw mit Graupen und Pilzen

VORBEREITUNG: 15 MINUTEN
GARZEIT: 30 MINUTEN

Inspiriert vom Graupeneintopf mit Pilzen, ist dieses Getreidegericht eine ideale Beilage zu Rind- und Schweinefleisch, Lamm und Geflügel. Ein Spritzer Essig rundet den Geschmack ab und senkt die GL der gesamten Mahlzeit.

4 TL **Olivenöl**
1 mittelgroße **Zwiebel**, gehackt
200 g Perl**graupen**
500 ml Hühnerbrühe, kochsalzfrei
250 g frische Pilze, gesäubert, geputzt und blättrig geschnitten
1 mittelgroße rote Paprikaschote, geputzt und gewürfelt
1 **Knoblauch**zehe, fein gehackt
4 EL frischer Dill, gehackt
1 EL Balsamico-**Essig** oder **Zitronen**saft
schwarzer Pfeffer aus der Mühle

1 **2 TL Öl** in einem Topf auf mittlerer Stufe erhitzen und die Zwiebel unter Rühren 2–3 Minuten glasig dünsten. Die Graupen zugeben und unter Rühren 1 Minute anbraten. Die Brühe zufügen und zum Kochen bringen. Die Hitze reduzieren und die Graupen zugedeckt etwa 30 Minuten köcheln lassen, bis sie weich sind und die Flüssigkeit aufgenommen haben.

2 **Währenddessen** das restliche Öl in einer beschichteten Pfanne erhitzen. Pilze, Paprika sowie Knoblauch zufügen und unter Rühren 3–5 Minuten dünsten. Die Pilzmischung mit dem Dill unter die Graupen mischen, mit Essig oder Zitronensaft und Pfeffer würzen. Alles gut vermengen, dann heiß servieren. Der Pilaw lässt sich zugedeckt 2 Tage im Kühlschrank aufbewahren und rasch im Mikrowellenherd erhitzen.

PRO PORTION: 160 kcal; 4 g Eiweiß; 32 g Kohlenhydrate; 1,1 g Ballaststoffe; 3 g Fett (davon 0,5 g gesättigte Fettsäuren); 0 mg Cholesterin; 1 g Salz

Pilaw mit Vollkornreis, Zitrone und geröstetem Leinsamen

VORBEREITUNG: 10 MINUTEN
GARZEIT: 50–60 MINUTEN

Leinsamen schmeckt nicht nur nussig, sondern liefert dem einfachen Reisgericht lösliche Ballaststoffe, die den Blutzuckerspiegel niedrig halten. Muss es schnell gehen, lässt sich der Vollkornreis durch weißen Reis ersetzen (jedoch 4 EL Wasser weniger nehmen und nur 20 Minuten garen). Der frische Geschmack von Zitrone und Petersilie macht diesen Pilaw zu einer vorzüglichen Beilage für Fisch und Geflügel. Mit Gemüsebrühe zubereitet, passt er auch hervorragend zu Gemüsegerichten.

2 TL **Olivenöl**
1 mittelgroße **Zwiebel**, gehackt
185 g Vollkornreis
400 ml Hühner- oder Gemüsebrühe, kochsalzfrei
40 g **Leinsamen**
2 TL Zitronenschale, gerieben
1 EL **Zitronen**saft
4 EL frische Petersilie, gehackt
schwarzer Pfeffer aus der Mühle

1 **Das Öl** in einem großen Topf auf mittlerer Stufe erhitzen und die Zwiebel unter Rühren 2–3 Minuten glasig dünsten. Den Reis zugeben und 30 Sekunden unter Rühren mitdünsten. Die Brühe und 180 ml Wasser zufügen und zum Kochen bringen. Die Hitze reduzieren und den Reis auf schwächster Stufe zugedeckt 45–55 Minuten ausquellen lassen, bis er weich ist und die Flüssigkeit aufgenommen hat.

2 **Währenddessen** den Leinsamen in einer kleinen, beschichteten Pfanne auf mittlerer Stufe unter Rühren 2–3 Minuten anrösten, bis die Samen beginnen aufzuspringen. In eine kleine Schüssel geben und abkühlen lassen. Den Leinsamen in einer Gewürzmühle oder einem Mixer grob mahlen oder schroten.

3 **Sobald der Reis** fertig ist, Leinsamenschrot, Zitronenschale und -saft, Petersilie und Pfeffer zugeben. Mit einer Gabel locker unterrühren und heiß servieren. Reste lassen sich zugedeckt etwa 2 Tage im Kühlschrank aufbewahren.

PRO PORTION: 160 kcal; 4 g Eiweiß; 26 g Kohlenhydrate; 2 g Ballaststoffe; 4,5 g Fett (davon 0,5 g gesättigte Fettsäuren); 0 mg Cholesterin; 1 g Salz

VARIATION
Vollkornreis mit Leinsamen, Limette und Koriander

Statt 2 TL Zitronenschale verwenden Sie 1 TL Limettenschale und anstelle von Zitronensaft frisch gepressten Limettensaft. Die Petersilie wird durch frisch gehackten Koriander ersetzt.

Salat aus Weizenkörnern, getrockneten Aprikosen und Minze

6 Portionen

VORBEREITUNG: 25 MINUTEN
GARZEIT: 1 STUNDE 30 MINUTEN – 1 STUNDE 45 MINUTEN

Für die Zubereitung von Weizenkörnern müssen Sie etwas Zeit einplanen, wofür Sie mit einem köstlichen Salat belohnt werden, der dazu noch blutzuckerfreundlich ist. Würziges Zitronendressing, getrocknete Früchte und Nüsse ergänzen die knackigen, nussig schmeckenden Körner, die eine großartige Beilage zu Lamm oder Geflügel ergeben. Ganze, getrocknete Weizenkörner finden Sie in gut sortierten Supermärkten und Naturkostläden.

145 g getrocknete **Weizenkörner**, abgespült (s. Tipp)
60 g getrocknete Aprikosen, gewürfelt
4 EL kaltgepresstes **Olivenöl** »extra vergine«
3 EL Orangensaft
2 EL **Zitronen**saft
½ TL flüssiger Honig
½ TL gemahlener **Zimt**
1 **Knoblauch**zehe, fein gehackt
½ TL Salz
schwarzer Pfeffer aus der Mühle
50 g **Frühlingszwiebeln**, gehackt
15 g frische Minze, gehackt
40 g **Mandelstifte** oder -blättchen oder gehackte Pistazien, geröstet (s. Tipp Seite 275)

1 **Weizenkörner** in einen großen Topf geben, mit reichlich Wasser bedecken und zum Kochen bringen. Die Hitze reduzieren und bei halb geschlossenem Deckel bei mittlerer Hitze 1½–1¾ Stunden garen, bis die Körner weich sind. Abgießen, kalt abschrecken und abtropfen lassen.

2 **Währenddessen** die Aprikosen in eine kleine Schüssel geben, mit kochend heißem Wasser bedecken und 5–10 Minuten einweichen. Abgießen und beiseite stellen.

3 **Öl,** Orangen- und Zitronensaft, Honig, Zimt, Knoblauch, Salz sowie Pfeffer in einer mittelgroßen Schüssel gut verrühren.

4 **Die Körner** mit den eingeweichten Aprikosen, den Frühlingszwiebeln und der Minze in eine große Schüssel geben. Das Dressing zufügen und gründlich untermengen. Vor dem Servieren die Mandeln oder Pistazien über den Salat streuen. Reste lassen sich zugedeckt 2 Tage im Kühlschrank aufbewahren.

PRO PORTION: 215 kcal; 4 g Eiweiß; 25 g Kohlenhydrate; 1,3 g Ballaststoffe; 12 g Fett (davon 1,5 g gesättigte Fettsäuren), 0 mg Cholesterin, 0,3 g Salz

Tipp: Wenn Sie die Weizenkörner über Nacht oder 8 Stunden in Wasser einweichen, reduziert sich die Garzeit auf 1 Stunde. Das Wasser wegschütten und die Körner in frischem Wasser garen.

Püree aus Süßkartoffeln mit frischem Ingwer und Orange

6 Portionen

VORBEREITUNG: 20 MINUTEN
GARZEIT: 12–15 MINUTEN

Kartoffelpüree schickt den Blutzuckerspiegel auf eine Achterbahnfahrt – es sei denn, das Püree wird aus Süßkartoffeln, einem Nahrungsmittel mit Wunderwirkung, zubereitet. In diesem Gericht setzen Ingwer und Zitrone köstliche Akzente. Der Orangensaft wird gekocht, um die natürliche Süße zu konzentrieren. Ein wenig Butter verfeinert den Geschmack. Das Püree ist für ein Festessen ebenso wie für tägliche Mahlzeiten geeignet. Servieren Sie es mit gebratenem oder gegrilltem Hähnchen, Pute oder Schweinefilet.

700 g **Süßkartoffeln**, geschält und in 4–5 cm großen Stücken
300 ml Orangensaft, frisch gepresst (aus etwa 4 Orangen)
1 EL frische Ingwerwurzel, geraspelt
1 **Knoblauch**zehe, fein gehackt
etwas Butter (10 g)
¼ TL Salz
schwarzer Pfeffer aus der Mühle

1 **Die Süßkartoffeln** in einen großen Topf geben, mit reichlich Wasser bedecken und zum Kochen bringen. Die Hitze reduzieren und die Süßkartoffeln zugedeckt bei mittlerer Hitze etwa 10–12 Minuten garen, bis sie weich sind.

2 **Währenddessen** Orangensaft, Ingwer und Knoblauch in einem kleinen Topf aufkochen. Die Hitze reduzieren und alles bei mittlerer Hitze 5–8 Minuten köcheln lassen, bis die Flüssigkeit auf 180 ml reduziert ist. Den Topf vom Herd nehmen und die Butter einrühren. Warm stellen.

3 **Die gegarten Süßkartoffeln** abgießen, gut abtropfen lassen und zurück in den Topf geben. Mit dem Kartoffelstampfer oder dem elektrischen Handrührgerät pürieren.

4 **Nach und nach** die Orangenmischung zugeben und mit einem Holzlöffel oder dem Handrührgerät einrühren. Das Püree mit Salz und Pfeffer würzen. Heiß servieren. Reste lassen sich zugedeckt 2 Tage im Kühlschrank aufbewahren und rasch im Mikrowellenherd erwärmen.

PRO PORTION: 130 kcal; 2 g Eiweiß; 29 g Kohlenhydrate; 3 g Ballaststoffe; 1,7 g Fett (davon 1 g gesättigte Fettsäuren), 3 mg Cholesterin, 0,3 g Salz

Quinoa mit Chilischoten und Koriander

6 Portionen

VORBEREITUNG: 15 MINUTEN
GARZEIT: 30 MINUTEN

Quinoa stammt aus Südamerika und wird auch Inkaweizen genannt. Sein Eiweißanteil liegt höher als der von anderem Getreide. Quinoa ist in gut sortierten Supermärkten, Bio- und Naturkostläden erhältlich. Die Garzeit entspricht der von Reis. Mit südamerikanischen Gewürzen abgeschmeckt, passt er vorzüglich zu Meeresfrüchten, Geflügel- und Schweinefleisch. Man bereitet Quinoa wie Hirse zu.

175 g **Quinoa**
2 TL Rapsöl
1 mittelgroße **Zwiebel**, gehackt
1 frische grüne Chilischote, entkernt und fein gehackt
2 **Knoblauch**zehen, fein gehackt
400 ml Hühner- oder Gemüsebrühe, kochsalzfrei
45 g frische Korianderblätter, grob gehackt
50 g **Frühlingszwiebeln**, gehackt
35 g **Kürbiskerne**, geröstet (s. Tipp)
2 EL **Limetten**saft
¼ TL Salz

1 **Quinoa** in einer großen beschichteten Pfanne bei mittlerer Hitze unter ständigem Rühren 3–5 Minuten anrösten, bis die Körner knackig sind und aromatisch duften. Auf ein Sieb

geben und unter kaltem Wasser gründlich abspülen. Gut abtropfen lassen, dabei das Sieb rütteln.

2 Das Öl in einem großen Topf auf mittlerer Stufe erhitzen und die Zwiebel unter Rühren 2–3 Minuten glasig dünsten. Chilischote und Knoblauch zugeben und 30 Sekunden mitdünsten.

3 Brühe und Quinoa zufügen und unter Rühren zum Kochen bringen. Die Hitze reduzieren und das Ganze zugedeckt 20–25 Minuten köcheln lassen, bis der Quinoa weich ist und die Flüssigkeit fast völlig aufgenommen hat.

4 Koriander, Frühlingszwiebeln, Kürbiskerne, Limettensaft und etwas Salz zugeben und mit einer Gabel locker und gleichmäßig untermengen. Heiß servieren.

PRO PORTION: 140 kcal; 6 g Eiweiß; 19 g Kohlenhydrate; 0,7 g Ballaststoffe; 5 g Fett (davon 0,7 g gesättigte Fettsäuren); 0 mg Cholesterin; 0,8 g Salz

Tipp: **Rösten Sie die Kürbiskerne** in einer kleinen beschichteten Pfanne 3–5 Minuten unter Rühren an.

Quinoa mit Chilischoten und Koriander
Quinoa • Zwiebel • Knoblauch • Frühlingszwiebeln • Kürbiskerne • Limette

Süßkartoffeln aus dem Ofen
Süßkartoffeln • Olivenöl

Topinambur-Puffer

4 Portionen

VORBEREITUNG: 20 MINUTEN
BACKZEIT: 25 MINUTEN

Wer hätte das gedacht – knusprige Kartoffelpuffer lassen sich gänzlich ohne Kartoffeln zubereiten. Topinambur, ein Knollengemüse mit niedriger GL, leicht süßlichem Geschmack und einer kartoffelähnlichen Stärke macht es möglich, denn es ist für die Zubereitung von Puffern perfekt geeignet.

Öl für das Backblech
450 g **Topinambur**
1 mittelgroße **Zwiebel**, halbiert
1 **Ei** (Größe M)
3 EL Weizenmehl (Type 405)
½ TL Salz
schwarzer Pfeffer aus der Mühle
4 TL Öl
125 g fettarmer Natur**joghurt** (1,5 % Fett)

1. **Ofen** auf 220 °C (Gas Stufe 4 – 5) vorheizen und ein Backblech mit Öl ausstreichen.
2. **Topinambur** schälen und mit den Zwiebelhälften auf der Gemüsereibe oder in der Küchenmaschine raspeln.
3. **Das Ei** in einer großen Schüssel verquirlen. Die Topinamburmischung, Mehl, Salz und Pfeffer zugeben und alles mit einer Gabel gut vermengen.
4. **In einer beschichteten Pfanne** 2 TL Öl erhitzen, die Hitze reduzieren und pro Puffer einen gehäuften Esslöffel Pufferteig in die Pfanne geben. Mit dem Messerrücken glatt streichen und von jeder Seite 1½–2½ Minuten braten. Die fertigen Puffer auf das Backblech legen. Den restlichen Teig in gleicher Weise verarbeiten, insgesamt 12 Puffer herausbacken. Zwischendurch die Pfanne mit 1 TL Öl ausstreichen.
5. **Das Blech** in den Ofen schieben und die Puffer 10 Minuten backen, bis sie knusprig und heiß sind. Mit einem Klecks Joghurt garniert servieren. Eine Portion entspricht 3 Puffern.

PRO PORTION: 160 kcal; 6,5 g Eiweiß; 25 g Kohlenhydrate; 4,5 g Ballaststoffe; 5 g Fett (davon 1 g gesättigte Fettsäuren); 60 mg Cholesterin; 0,6 g Salz

Tipp: Geschälte und geraspelte Topinambur werden schnell braun, deshalb müssen sie zügig verarbeitet werden.

Zutatenhinweis: Topinambur haben oft eine bizarre Form. Wählen sie gleichmäßig geformte Knollen, die möglichst fest sind.

Süßkartoffeln aus dem Ofen

4 Portionen

VORBEREITUNG: 10 MINUTEN
BACKZEIT: 25–30 MINUTEN

Frittierte und in Öl gebackene Kartoffelstücke zählen zu den 10 schlechtesten Nahrungsmitteln für den Blutzuckerspiegel. Diese Süßkartoffelecken haben jedoch eine deutlich niedrigere GL und mehr Nährstoffe als normale Ofenkartoffeln und sind im Geschmack vortrefflich.

3 TL **Olivenöl**
2 **Süßkartoffeln** (350–450 g), geschält
½ TL Paprikapulver
½ TL Salz
schwarzer Pfeffer aus der Mühle

1. **Ofen** auf 230 °C (Gas Stufe 5) vorheizen und ein Backblech mit etwas Öl ausstreichen.
2. **Süßkartoffeln** der Länge nach halbieren, dann längs in 1 cm dicke Spalten schneiden. Auf das Blech legen, mit 2 TL Öl bestreichen und mit Paprika, Salz und Pfeffer würzen.
3. **Süßkartoffelecken** 25–30 Minuten backen, bis sie goldbraun und weich sind. Zwischendurch mehrmals wenden.

PRO PORTION: 87 kcal; 1 g Eiweiß; 18 g Kohlenhydrate; 2 g Ballaststoffe; 1,8 g Fett (davon 0,3 g gesättigte Fettsäuren), 0 mg Cholesterin; 0,3 g Salz

BEILAGEN | 281

Würziges Curry aus Butternutkürbis

VORBEREITUNG: 10 MINUTEN
GARZEIT: 30–35 MINUTEN

Vielseitig verwendbar ist der Butternutkürbis, der sich keineswegs nur süß, sondern auch pikant zubereiten lässt. Bockshornklee und Kurkuma, zwei Gewürze mit Wunderwirkung, verleihen diesem Gericht eine exotische Note. Beide sind auch in Currypulver, einer Gewürzmischung, enthalten.

1 TL Öl
2 mittelgroße **Zwiebeln**, gehackt
2 TL **Bockshornkleesamen**, gemahlen (s. Zutatenhinweis)
½ TL **Kurkuma**
1 Prise Cayennepfeffer
550 g Butternutkürbis, Fruchtfleisch in 4 cm großen Würfeln
½ TL Salz
2 TL **Zitronen**saft

1 Das Öl in einem großen Topf auf mittlerer Stufe erhitzen und die Zwiebeln darin unter Rühren 2–3 Minuten glasig dünsten. Bockshornklee, Kurkuma und Cayennepfeffer zugeben und unter Rühren einige Sekunden mitdünsten.

2 Kürbiswürfel, 250 ml Wasser und Salz zufügen und alles gut vermengen. Zum Kochen bringen, dann zugedeckt bei mittlerer Hitze 25–30 Minuten garen, bis die Kürbisstücke sehr weich sind. Gegebenenfalls noch etwas Wasser zugeben.

3 Die Kürbisstücke mit einer Gabel oder dem Kartoffelstampfer grob zerkleinern und den Zitronensaft unterrühren. Heiß servieren. Reste lassen sich zugedeckt im Kühlschrank 2 Tage aufbewahren und rasch im Mikrowellenherd erhitzen.

PRO PORTION: 92 kcal; 2 g Eiweiß; 15 g Kohlenhydrate; 2,9 g Ballaststoffe; 3 g Fett (davon 0,5 g gesättigte Fettsäuren); 0 mg Cholesterin; 0,5 g Salz

*Zutatenhinweis: **Frisch gemahlene Bockshornkleesamen** haben das beste Aroma. Kaufen Sie deshalb möglichst die ganzen Samenkörner und mahlen Sie diese in der Gewürzmühle oder in der elektrischen Kaffeemühle.*

Blumenkohl-Spinat-Auflauf

VORBEREITUNG: 20 MINUTEN
GARZEIT: 50 MINUTEN

Dieser knusprige Gemüseauflauf überzeugt nicht nur Gemüsemuffel, sondern ist auch ein hervorragendes Gericht für ein Essen mit Gästen. Er lässt sich gut vorbereiten und muss dann nur noch rechtzeitig vor dem Servieren in den Backofen gestellt werden. Anstelle von frischem Gemüse können Sie auch TK-Ware verwenden. Bereiten Sie hierfür 450 g tiefgefrorenen Blumenkohl und 300 g tiefgefrorenen Spinat nach Packungsanleitung zu.

2 TL **Olivenöl**
3 EL Semmelbrösel
¼ TL Paprikapulver
1 Kopf **Blumenkohl** (ca. 1,25 kg), geputzt und in 4 cm Röschen geteilt
400 g frischer **Blattspinat**, geputzt und gewaschen
400 ml fettarme **Milch** (1,5 % Fett)
3 EL Weizenmehl (Type 405)
160 g Hart**käse** (Emmentaler, Bergkäse) oder mittelalter Gouda, geraspelt
1 ½ TL mittelscharfer Senf
½ TL Salz
schwarzer Pfeffer aus der Mühle

1 Ofen auf 220 °C (Gas Stufe 4–5) vorheizen und eine Auflaufform (30 × 20 cm, etwa 2,5 l Inhalt) mit Öl ausstreichen.

2 Semmelbrösel mit 1 TL Olivenöl und Paprikapulver in einer kleinen Schale mischen.

282 | WUNDERBARE REZEPTE UND MENÜPLÄNE

3 Die Blumenkohlröschen in einem großen Topf mit kochendem, leicht gesalzenem Wasser etwa 6 Minuten garen, bis sie bissfest sind. Den Spinat zugeben und 1 Minute mitgaren, bis der Spinat zusammengefallen ist. Das Gemüse auf ein Sieb schütten, kalt abschrecken und gut abtropfen lassen. Blumenkohl und Spinat in der Auflaufform verteilen.

4 Von der Milch 4 EL abnehmen und mit dem Mehl klumpenfrei verrühren. Die restliche Milch in einem Topf zum Kochen bringen, vom Herd nehmen und die Mehlmischung einrühren.

5 Unter Rühren erneut aufkochen und 2–3 Minuten kochen lassen, bis die Masse dicklich wird. Vom Herd nehmen. Käse, Senf, Salz und Pfeffer einrühren und die Sauce über das Gemüse verteilen. Mit der Semmelbröselmischung bestreuen.

6 Den Auflauf im Ofen 30–35 Minuten backen, bis die Kruste goldbraun ist. Heiß servieren.

PRO PORTION: 277 kcal; 20 g Eiweiß; 20 g Kohlenhydrate; 5,5 g Ballaststoffe; 13 g Fett (davon 7 g gesättigte Fettsäuren); 30 mg Cholesterin; 1,3 g Salz

Blumenkohl-Spinat-Auflauf
Olivenöl • Blumenkohl • Spinat • Milch • Käse

Würziger Blumenkohl mit Erbsen

VORBEREITUNG: 25 MINUTEN
GARZEIT: 15 MINUTEN

Kurkuma verleiht diesem indisch anmutenden Gemüsegericht seine goldgelbe Farbe und steht im Ruf, den Blutzuckerspiegel zu senken. Die aromatische Gewürzmischung in diesem Rezept verwandelt einen einfachen Blumenkohl und ganz normale Erbsen in eine ungewöhnliche Beilage, die hervorragend zu Hähnchen oder Dhal (Linseneintopf) passt. Wird das Gericht am Vortag zubereitet, vermischen sich die Gewürznoten noch intensiver miteinander.

1 EL Rapsöl
1 TL Kreuzkümmel, ganze Samen
2 mittelgroße Zwiebeln, gehackt
2 grüne Chilischoten, entkernt und fein gehackt
4 Knoblauchzehen, fein gehackt
1 EL frische Ingwerwurzel, geraspelt
1 TL gemahlener Koriander
1 TL gemahlener Kreuzkümmel
½ TL Kurkuma
1 Blumenkohl, geputzt und in Röschen geteilt
¾ TL Salz
1 große Fleischtomate, gewürfelt
150 g Erbsen (TK-Ware), kalt abgespült und aufgetaut
20 g frische Korianderblätter, gehackt
Limettenspalten zum Garnieren

1 Das Öl in einem großen Topf auf mittlerer Stufe erhitzen und den Kreuzkümmel unter Rühren 10–20 Sekunden anbraten. Zwiebeln, Chilischoten, Knoblauch und Ingwer zugeben und 2–3 Minuten unter häufigem Rühren dünsten, bis die Zwiebeln glasig sind. Gemahlenen Koriander, Kreuzkümmel und Kurkuma untermischen und 10–20 Sekunden mitdünsten. 250 ml Wasser zufügen und dann die Blumenkohlröschen und das Salz zugeben. Alles vorsichtig vermengen. Zugedeckt etwa 8 Minuten garen, bis der Blumenkohl bissfest ist.

2 Tomatenwürfel und Erbsen zugeben. Zugedeckt weitere 2–3 Minuten kochen, bis der Blumenkohl weich ist und die Erbsen durchgegart sind. Mit gehacktem Koriander bestreuen, heiß anrichten und mit Limettenspalten garnieren. Reste lassen sich zugedeckt im Kühlschrank 2 Tage aufbewahren.

PRO PORTION: 140 kcal; 7 g Eiweiß; 10 g Kohlenhydrate; 3 g Ballaststoffe; 8 g Fett (davon 3 g gesättigte Fettsäuren); 13 mg Cholesterin; 0,9 g Salz

Rosenkohl-Paprika-Gemüse mit Kümmel

VORBEREITUNG: 15 MINUTEN
GARZEIT: 12 MINUTEN

Rosenkohl, ein traditionelles Wintergemüse, wird den Rest des Jahres kaum beachtet. Heutzutage das ganze Jahr erhältlich, sollte das köstliche, blutzuckerfreundliche Gemüse jedoch häufiger auf dem Speiseplan stehen. Gedünstet mit roter Paprika wird Rosenkohl zu einer schmackhaften Beilage, die hervorragend zu magerem Fleisch und Geflügel passt.

300 g Rosenkohl, geputzt
2 TL Rapsöl
1 mittelgroße Zwiebel, in Scheiben
1 mittelgroße rote Paprikaschote, entkernt und in 5 cm langen Streifen
1 ½ TL Kümmel
125 ml Gemüse- oder Hühnerbrühe, kochsalzfrei
3 EL Apfelessig
¼ TL Salz
schwarzer Pfeffer aus der Mühle

1 Rosenkohlröschen mit einem scharfen Messer der Länge nach vierteln.

2 Das Öl in einer großen beschichteten Pfanne auf mittlerer Stufe erhitzen. Zwiebel und Paprika darin unter häufigen Umrühren 3–4 Minuten andünsten. Den Kümmel zugeben und 30 Sekunden unter Rühren mitdünsten.

3 **Den Rosenkohl** zufügen und unter gelegentlichem Rühren etwa 2 Minuten andünsten. Die Brühe zugießen und das Gemüse zugedeckt weitere 2–3 Minuten garen, bis der Rosenkohl durchgegart, aber bissfest ist. Mit Apfelessig, Salz und Pfeffer abschmecken. Heiß servieren.

PRO PORTION: 66 kcal; 3,3 g Eiweiß; 7,5 g Kohlenhydrate; 4 g Ballaststoffe; 2,7 g Fett (davon 0,5 g gesättigte Fettsäuren); 0 mg Cholesterin; 0,3 g Salz

Rosenkohl-Paprika-Gemüse mit Kümmel
Rosenkohl • Zwiebel • Kümmelsamen • Essig

Spinat mit Pinienkernen und Korinthen

VORBEREITUNG: 10 MINUTEN
GARZEIT: 10 MINUTEN

Auch wenn die Zeit zu knapp war, um frisches Gemüse einzukaufen, können Sie Spinat als schmackhafte Beilage servieren, denn tiefgefroren passt er perfekt in dieses aus der spanischen Küche entlehnte Rezept. Verwenden Sie am besten gehackten Blattspinat in Beuteln anstelle eines Spinatblocks. Er lässt sich leichter dünsten.

50 g Korinthen oder grob gehackte Rosinen
2 TL kaltgepresstes Olivenöl »extra vergine«
35 g Pinienkerne
1 mittelgroße Zwiebel, fein gehackt
1 Knoblauchzehe, fein gehackt
500 g Blattspinat, gehackt (TK-Ware)
1 EL Balsamico-Essig
½ TL Salz
schwarzer Pfeffer aus der Mühle

1 **Korinthen** oder Rosinen in eine kleine Schüssel geben, mit kochend heißem Wasser bedecken und 5–10 Minuten quellen lassen. Abgießen und das Einweichwasser auffangen.

2 **Das Öl** in einer großen beschichteten Pfanne auf mittlerer Stufe erhitzen und die Pinienkerne unter Rühren 1–2 Minuten anrösten, bis sie goldbraun sind. In eine kleine Schüssel geben.

3 **Zwiebel** und Knoblauch in die Pfanne geben. Unter Rühren 2–3 Minuten andünsten, bis sie hellgelb sind. Den gefrorenen Spinat sowie 2 EL Einweichwasser zugeben und unter Rühren 3–5 Minuten garen, bis der Spinat komplett aufgetaut und erhitzt ist. Korinthen oder Rosinen und die Pinienkerne untermischen. Das Gericht mit Essig, Salz und Pfeffer abschmecken und servieren.

PRO PORTION: 152 kcal; 5 g Eiweiß; 13 g Kohlenhydrate; 3,4 g Ballaststoffe; 8,6 g Fett (davon 0,7 g gesättigte Fettsäuren); 0 mg Cholesterin; 0,9 g Salz

Würzige Möhren nach marokkanischer Art

VORBEREITUNG: 10 MINUTEN
GARZEIT: 8 MINUTEN

Kaum zu glauben, dass sich die eher unscheinbaren Möhren in ein ebenso raffiniertes wie kalorienarmes Gericht verwandeln lassen. Die hier verwendete marokkanische Gewürzmischung, mit einem feinen Hauch Zimt, macht es möglich. Anstelle von Butter wird natürlich Olivenöl verwendet.

700 g Möhren, geschält und in Stiften von 6 cm Länge und 1 cm Breite geschnitten
1 EL kaltgepresstes Olivenöl »extra vergine«
1 Knoblauchzehe, fein gehackt
¾ TL Paprikapulver
¼ TL gemahlener Kreuzkümmel
1 gute Prise gemahlener Zimt
1 Prise Cayennepfeffer
3 EL Zitronensaft
2 EL frische Petersilie oder Korianderblätter, gehackt
¼ TL Salz

1 **Die Möhren** in wenig Wasser 4–6 Minuten dünsten, bis sie gerade weich sind, aber noch Biss haben. Vom Herd nehmen und warm halten.

2 **Das Öl** in einer großen beschichteten Pfanne auf mittlerer Stufe erhitzen. Knoblauch, Paprika, Kreuzkümmel, Zimt und Cayennepfeffer zugeben und bei milder Hitze unter Rühren 1–2 Minuten anbraten. Möhren, Zitronensaft, Petersilie oder Koriander und Salz zufügen und alles gut miteinander vermengen. Heiß servieren.

PRO PORTION: 86 kcal; 1 g Eiweiß; 14 g Kohlenhydrate; 4 g Ballaststoffe; 3,5 g Fett (davon 0,5 g gesättigte Fettsäuren); 0 mg Cholesterin, 0,4 g Salz

Gedünsteter Spinat mit Ingwer und Sojasauce

VORBEREITUNG: 10 MINUTEN
GARZEIT: 5–8 MINUTEN

Einfache Spinatrezepte kann man nicht genug haben! Diese orientalisch anmutende Beilage wird mit aromatischem Sesamöl zubereitet, das wenig gesättigte Fettsäuren enthält.

300 g frischer **Blattspinat**, gewaschen und geputzt
1 EL kochsalzreduzierte Sojasauce
2 TL Reis**essig**
1 TL Sesamöl
¼ TL brauner Zucker (Rohzucker)
2 TL Rapsöl
1 **Knoblauch**zehe, fein gehackt
1 ½ TL frische Ingwerwurzel, fein gehackt
1 Prise getrocknete Chilischoten, zerstoßen
1 EL Sesam**samen**, geröstet (s. Tipp Seite 227)

1 **Den nassen Spinat** in einem großen Topf auf mittlerer Stufe 3–5 Minuten dünsten, bis er zusammenfällt. Abgießen, kalt abschrecken und ausdrücken.

2 **Sojasauce,** Essig, Sesamöl und Zucker in einer kleinen Schüssel verrühren. Das Öl in einer großen beschichteten Pfanne auf mittlerer Stufe erhitzen. Knoblauch, Ingwer und Chilischoten darin 10 Sekunden unter Rühren anbraten, aber nicht bräunen. Den Spinat zufügen und bei mittlerer Hitze unter häufigem Wenden 2–3 Minuten andünsten. Die Sojasaucen-Mischung zugeben und gut untermischen. Mit Sesamsamen bestreuen und servieren.

PRO PORTION: 129 kcal; 6 g Eiweiß; 5 g Kohlenhydrate; 4 g Ballaststoffe; 10 g Fett (davon 1,5 g gesättigte Fettsäuren); 0 mg Cholesterin; 1,32 g Salz

Brokkoli mit Zitronen-Vinaigrette

VORBEREITUNG: 10 MINUTEN
GARZEIT: 5–8 MINUTEN

Eine gute Portion Brokkoli auf dem Teller – das freut das Auge, die Figur und den Blutzuckerspiegel. Anstelle einer gehaltvollen Butter- oder Käsesauce empfiehlt sich diese Sauce aus Zitronensaft und aromatischem Olivenöl. Der gedünstete Brokkoli wird sanft darin gewendet. Statt frischen Brokkoli können Sie TK-Ware nehmen. Das Gemüse nach Packungsanleitung garen.

1 TL Zitronenschale, gerieben
2 EL **Zitronen**saft
1 EL kaltgepresstes **Olivenöl** »extra vergine«
2 **Knoblauch**zehen, fein gehackt
¼ TL Salz
schwarzer Pfeffer aus der Mühle
1 gute Prise getrocknete Chilischoten, gehackt
700 g **Brokkoli**

1 **Zitronenschale,** Zitronensaft, Öl, Knoblauch, Salz, Pfeffer und Chilischoten in einer großen Schüssel gut mischen. Beiseite stellen

2 **Den Brokkoli** zerteilen und die Röschen in 2,5 cm große Stücke schneiden. Die Stiele schälen und in 1 cm dicke Scheiben oder in Stifte schneiden. Das Gemüse kalt abspülen. In einem Dampfeinsatz über reichlich kochendem Wasser 5–8 Minuten garen, bis es weich, aber noch bissfest ist.

3 **Den Brokkoli** kurz abtropfen lassen und heiß in die Schüssel mit dem Dressing geben. Vorsichtig wenden und sofort servieren.

PRO PORTION: 82 kcal; 8 g Eiweiß; 3 g Kohlenhydrate; 4,5 g Ballaststoffe; 4 g Fett (davon 0,7 g gesättigte Fettsäuren); 0 mg Cholesterin; 0,3 g Salz

Desserts

Heidelbeer-Melonen-Salat

ZUBEREITUNG: **10 MINUTEN**
GARZEIT: **KEINE**

Heidelbeeren und orangefleischige Melonen ergänzen sich in ihrer positiven Wirkung auf den Blutzuckerspiegel. Der säuerliche Geschmack der Limette und der süße grüne Tee geben diesem leichten Dessert ein dezentes und erfrischendes Aroma. Der Fruchtsalat schmeckt auch zum Frühstück.

2 Beutel Grüner **Tee**
2 EL Zucker
1 TL Limettenschale, gerieben
2 EL **Limetten**saft
1 Cantaloupe- oder Charantais-**Melone**, Fruchtfleisch in 4 cm großen Würfeln
300 g **Heidelbeeren**, abgespült und trocken getupft

1 **Die Teebeutel** in 150 ml kochendem Wasser 3–4 Minuten ziehen lassen, herausnehmen und ausdrücken. Den Zucker in den Tee rühren. Limettenschale und -saft untermischen. Den Tee auf Zimmertemperatur abkühlen lassen.

2 **Die Melonenwürfel** mit den Heidelbeeren in einer großen Schüssel vermengen. Den Tee darüber gießen, die Früchte locker wenden. Der Fruchtsalat hält sich zugedeckt im Kühlschrank bis zu 2 Tagen.

PRO PORTION: 51 kcal; 0,8 g Eiweiß; 7,5 g Kohlenhydrate; 0,8 g Ballaststoffe; 0 g Fett (0 g gesättigte Fettsäuren); 0 mg Cholesterin; Salz (in Spuren)

Gebratene rosa Grapefruit

ZUBEREITUNG: **5 MINUTEN**
GARZEIT: **5–7 MINUTEN**

Eine gekühlte frische Grapefruit zum Frühstück – das weckt die Lebensgeister. Mit Zimthonig karamellisiert und gebraten ist sie ein einfaches und zugleich köstliches Winterdessert.

1 rosa **Grapefruit**
2 TL flüssiger Honig
1 Prise gemahlener **Zimt**

1 **Den Grill** vorheizen. Ein Backblech mit Backpapier auslegen (herabtropfendes Karamell lässt sich sehr schwer vom Blech entfernen). Die Grapefruit quer durchschneiden und die Hälften an den Polseiten etwas abflachen, damit sie eine Standfläche bekommen. Dann das Fruchtfleisch entlang der Schale und die Filets zwischen den Häuten einschneiden. Dafür eignet sich ein zweischneidiges Messer oder ein Grapefruitmesser. Auf die Schnittfläche jeder Grapefruithälfte 1 TL Honig träufeln und etwas Zimt darüber streuen.

2 **Die Grapefruithälften** auf das Blech setzen und etwa 5–7 Minuten grillen, bis die Schnittflächen leicht gebräunt sind. Dann jede Hälfte in eine Schale geben und servieren. Die Filets mit einem Löffel herausheben.

PRO PORTION: 38 kcal; 0,7 g Eiweiß; 9 g Kohlenhydrate; 1 g Ballaststoffe; 0 g Fett (davon 0 g gesättigte Fettsäuren); 0 mg Cholesterin; Salz (in Spuren)

Beerenkaltschale mit Nektarinen und Pflaumen

ZUBEREITUNG: 20 MINUTEN
KÜHLZEIT: 1 STUNDE

Kaltschalen aus Früchten schmecken am besten im Sommer. Aromatisch, kalorienarm und gesund – Steinfrüchte und frische Beeren der Saison ergeben eine köstliche Obstkaltschale. Lassen Sie sich vom kühlen Genuss verwöhnen.

4 EL Orangensaft
1 EL Zitronensaft
3 EL feiner Zucker
2 mittelgroße Nektarinen, entsteint, in 2,5 × 1 cm großen Stücken
3 mittelgroße Pflaumen, entsteint, in 2,5 × 1 cm großen Stücken
150 g Heidelbeeren, abgespült
150 g Brombeeren, abgespült
2 Eiswürfel, zerstoßen (s. Tipp)
125 g Magermilchjoghurt »Vanille«
frische Minze zum Garnieren

1 **Orangensaft,** Zitronensaft und Zucker in einer großen Schüssel gut verrühren. Nektarinen, Pflaumen und Beeren untermengen. Etwa die Hälfte der Mischung in den Mixer geben und pürieren. Die Eiswürfel kurz untermixen. Das Fruchtmus zu den restlichen Früchten geben und alles gut vermengen. Im Kühlschrank mindestens 1 Stunde durchkühlen lassen.

2 **Vor dem Servieren** nochmals gut durchrühren. In Dessertschalen füllen und jede Portion mit einen Klecks cremig gerührtem Vanillejoghurt und frischen Minzeblättchen anrichten.

PRO PORTION: 70 kcal; 2,5 g Eiweiß; 12 g Kohlenhydrate; 1,4 g Ballaststoffe; 0 g Fett (davon 0 g gesättigte Fettsäuren); 0 mg Cholesterin; 0 g Salz

Tipp: Eiswürfel in einen Gefrierbeutel füllen, diesen auf ein Handtuch legen und mehrmals mit dem Fleischklopfer von Hand zerkleinern.

Schnelles Erdbeer-Joghurt-Eis

ZUBEREITUNG: 5 MINUTEN
GEFRIERZEIT: 30 MINUTEN

Nicht alle Desserts lassen sich so rasch zubereiten wie das Erdbeer-Joghurt-Eis. Dieses Eis, ohne Eismaschine und mit Joghurt hergestellt, ist besser und gesünder als jedes Fertig-Eis. Nehmen Sie tiefgefrorene Früchte, und mixen Sie diese in der Küchenmaschine. Vermengt mit cremig gerührtem Joghurt, entsteht in wenigen Minuten ein fruchtiges, kalorienarmes Eis.

450 g Erdbeeren (TK-Ware)
100 g feiner Zucker
150 g Naturjoghurt (3,5 % Fett)
1 EL Zitronensaft

1 **Gefrorene Erdbeeren** mit dem Zucker in der Küchenmaschine oder dem Mixer zerkleinern. Den Joghurt mit dem Zitronensaft glatt rühren. Auf schwächster Mixstufe den Joghurt nach und nach unter die Erdbeeren mischen, bis alles cremig ist. Ausschalten, die Mischung vom Rand in die Mitte schaben und nochmals kurz durchmixen.

2 **Die Masse** in eine Schüssel füllen und sofort in das Gefriergerät stellen. Etwa 30 Minuten frosten, dann servieren.

PRO PORTION: 100 kcal; 1,4 g Eiweiß; 21,8 g Kohlenhydrate; 1,2 g Ballaststoffe; 1,3 g Fett (davon 0,5 g gesättigte Fettsäuren); 3,3 mg Cholesterin; 0 g Salz

VARIATION
Beeren-, Pfirsich- und Aprikoseneis

Statt Erdbeeren können Sie auch andere tiefgefrorene Früchte verwenden: Himbeeren, Brombeeren, Heidelbeeren, Johannisbeeren oder Pfirsiche und Aprikosen.

Heidelbeer-Quark-Schnitten
Vollkornmehl • Ei • Quark • Heidelbeeren

Heidelbeer-Quark-Schnitten

24 Stück

VORBEREITUNG: **25 MINUTEN**
BACKZEIT: **55–60 MINUTEN**

Wer gern Käsekuchen isst, wird diesen Kuchen lieben. Die kleinen Schnitten sind nicht nur ein leckeres Dessert, sondern sie passen auch hervorragend zu Kaffee oder Tee. Der Teig, der weniger Butter als üblich enthält wird mit Vollkornmehl zubereitet, mit Heidelbeeren bestreut und mit Quarkmasse bedeckt.

FÜR DEN TEIG
Öl für das Blech
175 g **Weizen-Vollkornmehl** (Type 1700)
½ Päckchen Backpulver
1 Msp. Salz
30 g weiche Butter
2 EL Rapsöl
100 g feiner Zucker
1 **Ei** (Größe M), leicht verquirlt
1 TL Vanilleextrakt, flüssig

FÜR DIE FÜLLUNG
350 g Mager**quark**
100 g feiner Zucker
1 EL Speisestärke
2 **Eier** (Größe M)
4 TL Zitronenschale, gerieben
1 ½ TL Vanilleextrakt, flüssig
450 g **Heidelbeeren**, frisch oder gefroren und angetaut

1 **Ofen** auf 180 °C vorheizen (Gas Stufe 2–3) und ein Backblech mit Öl ausstreichen.

2 **Für den Teig** Mehl, Backpulver und Salz in einer mittelgroßen Schüssel mischen. In einer weiteren Schüssel Butter, Öl und Zucker mit dem elektrischen Handrührgerät schaumig schlagen. Das Ei und den Vanilleextrakt unterrühren. Die Mehlmischung mit einem Teigschaber sorgfältig unter die Schaummasse ziehen. Den Teig mit einem Backmesser oder einer Palette gleichmäßig auf das Blech streichen.

3 **Im Ofen** etwa 20 Minuten backen, bis der Teig aufgegangen und an den Rändern goldbraun ist.

4 **Für die Füllung** Quark, Zucker und Speisestärke in eine Schüssel geben und mit dem elektrischen Handrührgerät gut verquirlen. Eier, Zitronenschale und Vanilleextrakt unterrühren, bis eine glatte Creme entstanden ist. Den Kuchen aus dem Ofen nehmen und die Heidelbeeren darauf verteilen. Die Quarkmischung darüber streichen.

5 **Den Kuchen** weitere 35–40 Minuten backen. Auf einem Blech oder einem Kuchengitter völlig auskühlen lassen. Dann mit einem langen scharfen Messer in 24 Stücke schneiden. Eine Portion entspricht 1 Stück Kuchen. Der Kuchen lässt sich bis zu 4 Tagen zugedeckt im Kühlschrank aufbewahren oder bis zu 1 Monat einfrieren.

PRO PORTION: 117 kcal; 2,7 g Eiweiß; 16 g Kohlenhydrate; 0,5 g Ballaststoffe; 4 g Fett (davon 2 g gesättigte Fettsäuren), 52 mg Cholesterin; 0,2 g Salz

Quarkspeise mit Früchten

4 Portionen

ZUBEREITUNG: **15 MINUTEN**
GARZEIT: **KEINE**

Fruchtige Quarkdesserts zählen zu den beliebtesten und zugleich einfachsten Desserts. Sie sind schnell zubereitet, vielseitig und gesund. Probieren Sie diese sommerliche Quarkspeise mit frischen Früchten, die Sie ganz nach Belieben variieren können.

400 g frische Früchte (z. B. **Heidelbeeren, Himbeeren, Erdbeeren, Süßkirschen**), geputzt
250 g Mager**quark**
150 g Natur**joghurt** (3,5 % Fett)
1 EL **Zitronen**saft
1 EL flüssiger **Honig** (25 g)
1 Prise gemahlener **Zimt**
2 Tropfen Vanilleextrakt
Zitronenmelisse oder frische Minze zum Garnieren

1 **Große Früchte** wie Erdbeeren oder Süßkirschen halbieren, gegebenfalls entsteinen und mit den anderen Früchten in eine Schüssel geben. Beiseite stellen.

2 **Den Quark** mit Joghurt und Zitronensaft in eine zweite Schüssel geben. Mit dem Schneebesen cremig rühren. Honig, Zimt und Vanilleextrakt untermischen.

3 **Die Früchte** mit einer Gabel untermengen und die Speise in Dessertschalen verteilen. Mit Zitronenmelisse oder Minze garnieren.

PRO PORTION: 147 kcal; 9,8 g Eiweiß; 22,3 g Kohlenhydrate; 1,3 g Ballaststoffe; 9,8 g Fett (davon 2 g gesättigte Fettsäuren), 5,5 mg Cholesterin, 0 g Salz

---

VARIATION
Quarkspeise mit Winterobst

Im Winter bereiten Sie die Quarkspeise mit Mandarine, Orange und Banane zu. Verwenden Sie frisches und vollreifes Obst der Saison. Das hat den höchsten Vitamingehalt.

Tipp: **Eine größere Menge** *Quarkspeise für eine Party lässt sich in einer Salatschüssel oder in einer dekorativen Auflaufform servieren. Mit Minze garniert auf das Dessertbuffet stellen.*

Orangen-Granatapfel-Salat

6 Portionen

ZUBEREITUNG: **15 MINUTEN**
GARZEIT: **KEINE**

Frisches Obst der Saison ist am besten für ein Wohlfühldessert geeignet. Daher rundet dieses einfache Kompott aus Orangen und Granatapfel ein Winteressen hervorragend ab. Das Dessert wird mit etwas Orangenlikör verfeinert. Die Granatapfelkernchen, bekannt für ihren Gehalt an Anitoxidantien und Ballaststoffen, verleihen dem Fruchtsalat eine feinsäuerlich, knusprige Note.

2 EL Orangenlikör (Grand Marnier oder Cointreau) oder Orangensaft
1 EL feiner Zucker
3 mittelgroße Navel-**Orangen**
½ Granatapfel

1 **Den Orangenlikör** oder -saft mit dem Zucker in einer Schüssel vermischen. Die Orangen sorgfältig schälen, dabei die weiße Haut entfernen. Die Früchte vierteln, dann in Stücke schneiden. Die Orangenstücke in die Schüssel geben und mit der Flüssigkeit vermengen.

2 **Von der Granatapfelhälfte** die Kerne (nur sie werden verwendet) mit einem Löffel herauslösen und in eine kleine Schüssel geben. Die Häutchen entfernen. Die Kerne über die Orangenstücke streuen. Der Fruchtsalat lässt sich zugedeckt bis zu 2 Tagen im Kühlschrank aufbewahren.

PRO PORTION: 93 kcal; 1,6 g Eiweiß; 18 g Kohlenhydrate; 3 g Ballaststoffe; 0 g Fett (0 g gesättigte Fettsäuren); 0 mg Cholesterin; 0 g Salz

Quarkspeise mit Früchten
Frische Beeren • Quark • Joghurt • Zitrone • Honig • Zimt

Beeren- und Zitronensorbet
Frische Beeren • Honig • Zitrone • Ei

Beerensorbet

VORBEREITUNG: 30 MINUTEN
GEFRIERZEIT: 4 STUNDEN

Ein Sorbet ist eine halbgefrorene Speise aus Fruchtsaft, Fruchtpüree und Zucker. Die Masse wird während des Gefrierens mehrfach umgerührt, damit die Nachspeise geschmeidig und schaumig wird. Im Gegensatz zur Eiscreme zeichnet sich Sorbet durch seinen hohen Fruchtgehalt aus. Die Zubereitung ist ganz einfach und gelingt auch ohne Eismaschine. Der natürliche Fruchtzucker belastet den Blutzuckerspiegel nicht, die Säure und die Ballaststoffe mindern die GL. Außerdem ist Sorbet nahezu frei von Fett.

700 g frische **Beeren** (z. B. Erdbeeren, Himbeeren, Brombeeren, Johannisbeeren), gewaschen und geputzt
2 EL **Zitronen**saft
200 g brauner Zucker (Rohzucker) oder flüssiger **Honig**
2 **Ei**weiß (Größe M)

1 **Die Beeren** mit 250 ml Wasser in einem Topf zum Kochen bringen. Etwa 3 Minuten köcheln lassen und dann durch ein feines Sieb in eine Metallschüssel streichen. Fruchtmus zurück in den Topf geben und erwärmen.

2 **Zitronensaft,** Zucker oder Honig einrühren, bis der Zucker völlig aufgelöst ist. Vom Herd nehmen und abkühlen lassen.

3 **Das Fruchtmus** erneut in die Metallschüssel geben und 2 Stunden im Gefriergerät frosten. Die Eiweiße steif schlagen und mit dem Schneebesen gleichmäßig unter das Sorbet ziehen. Weitere 2 Stunden frosten, dabei alle 30 Minuten mit dem Schneebesen durchrühren.

4 **Das Sorbet** mit einem Eisportionierer zu Kugeln formen und auf Dessertschälchen verteilen. Nach Belieben garnieren und sofort servieren.

PRO PORTION: 153 kcal; 2,3 g Eiweiß; 33,6 g Kohlenhydrate; 1,9 g Ballaststoffe; 0,6 g Fett (davon 0 g gesättigte Fettsäuren); 0 mg Cholesterin, 0 mg Salz

Zitronensorbet

VORBEREITUNG: 30 MINUTEN
GEFRIERZEIT: 4 STUNDEN

Zitronensorbet ist der Klassiker unter den Sorbets. Es enthält noch mehr Zitronensaft als Zitroneneis. Das Besondere daran ist jedoch der Weißwein oder Sekt. Um eine weiße Farbe zu erzielen, sollten Sie Rapshonig oder einen anderen hellen Blütenhonig verwenden. Zitronensorbet lässt sich auch mit anderen Sorbets oder Eissorten kombinieren.

250 ml **Zitronen**saft
1 EL Zitronenschale, gerieben
200 g **Raps**honig oder anderer heller Blütenhonig
150 ml trockener Weißwein oder Sekt
2 **Ei**weiß (Größe M)

1 **Zitronensaft** mit Zitronenschale, 150 ml Wasser und Honig in einen Topf geben und unter Rühren leicht erwärmen, bis der Honig geschmolzen ist. Vom Herd nehmen und völlig erkalten lassen.

2 **Die Flüssigkeit** in eine Metallschüssel füllen. Den Wein oder Sekt unterrühren und das Sorbet 2 Stunden im Gefriergerät frosten.

3 **Die Eiweiße** steif schlagen und mit einem Schneebesen unter das Sorbet ziehen. Weitere 2 Stunden frosten, dabei alle 30 Minuten mit dem Schneebesen durchrühren. Mit einem Eisportionierer Kugeln aus der Masse formen und in Dessertschalen verteilen.

PRO PORTION: 142 kcal; 1,5 g Eiweiß; 28,7 g Kohlenhydrate; 0 g Ballaststoffe; 0,1 g Fett (davon 0 mg gesättigte Fettsäuren), 0 mg Cholesterin; 0 g Salz

Tipps:
- *Die Sorbets mit Beeren der Saison und etwas Zitronenmelisse garnieren.*
- *Zitronensorbet in Sekt- oder flache Dessertschalen füllen und mit einer Zitronenscheibe am Rand und Zitronenmelisse garniert servieren.*

Bratapfel

4 Portionen

VORBEREITUNG: 15 MINUTEN
BACKZEIT: 20–25 MINUTEN

Der Bratapfel – ein Klassiker unter den Obstdesserts, vor allem in der kalten Jahreszeit. Er lässt sich einfach und schnell zubereiten und ist, je nach Zutaten, sehr preisgünstig. Für Bratäpfel eignen sich säuerliche Äpfel am besten. Der Bratapfel kennt viele Varianten und kann viele Begleiter haben. Wir servieren ihn außen schlicht und innen reichhaltig. Mandeln, Rosinen, Honig und Zimt sind nicht nur gesund, sondern verbinden sich mit dem Apfel zu einem köstlichen Genuss.

4 mittelgroße feste **Äpfel** (z. B. Boskop, á 200 g)
2 EL **Zitronen**saft
4 TL Rosinen
4 TL **Mandel**blättchen (s. Tipp)
2 TL **Honig**
¼ TL gemahlener **Zimt**
2 cl brauner Rum
20 g Butter, in Flöckchen

1 **Ofen** auf 180 °C (Gas Stufe 2–3) vorheizen und ein Backblech mit Backpapier auslegen. Äpfel gut abwaschen, abtrocknen und mit einem Apfelausstecher sorgfältig das Kerngehäuse und den Stiel entfernen. Das Innere mit Zitronensaft ausstreichen.

2 **Rosinen,** Mandeln, Honig, Zimt und Rum in einer kleinen Schüssel vermischen und die Masse in die Äpfel füllen. Die Butter in Flöckchen darauf verteilen.

3 **Die Äpfel** auf das Blech setzen und je nach Größe 20–25 Minuten braten, bis die Haut etwas schrumpelig wird. Heiß servieren.

PRO PORTION: 227 kcal; 2,0 g Eiweiß; 29,3 g Kohlenhydrate, 5,3 g Ballaststoffe; 9,8 g Fett (davon 2,5 g gesättigte Fettsäuren), 12 mg Cholesterin, 0 g Salz

Tipp: Statt Mandelblättchen können Sie auch Walnusskerne nehmen. Und statt Honig passt Johannisbeergelee.

Gebratene Pflaumen mit Orangensirup

4 Portionen

VORBEREITUNG: 15 MINUTEN
BACKZEIT: 30–40 MINUTEN

Im Backofen entfalten Pflaumen ihre natürliche Süße – was dem Pflaumenkuchen ebenso wie diesem köstlichen Dessert das intensive Aroma verleiht. Mit Orangensirup und einem Klecks Vanillejoghurt serviert, wird die ballaststoffreiche Steinfrucht zum Genuss.

Öl für die Form
1 TL Orangenschale, gerieben, oder frische Ingwerwurzel, geraspelt
Saft von 1 **Orange**
3 EL brauner Zucker (Rohzucker)
etwas Butter (10 g)
450–600 g große **Pflaumen** halbiert und entsteint
2 EL **Mandel**stifte oder -blättchen
125 g Magermilch**joghurt** »Vanille«

1 **Ofen** auf 200 °C (Gas Stufe 3–4) vorheizen und eine hitzefeste Form leicht mit Öl ausstreichen.

2 **Die Orangenschale** oder den geraspelten Ingwer mit dem Orangensaft und braunen Zucker in einen kleinen Topf geben und zum Kochen bringen. Vom Herd nehmen und die Butter unterrühren.

3 **Die Pflaumenhälften** mit der Schnittseite nach oben in die Form legen und mit etwas Orangensirup beträufeln. Mit Alufolie bedecken und 20–25 Minuten backen.

4 **Die Form** aus dem Ofen nehmen, den restlichen Sirup über die Pflaumen träufeln und die Mandeln darüber streuen. Ohne Folie weitere 10–15 Minuten backen. Die Pflaumen heiß oder gekühlt servieren. Einen Klecks cremig gerührten Vanillejoghurt dazu servieren.

PRO PORTION: 170 kcal; 4 g Eiweiß; 25 g Kohlenhydrate; 2,5 g Ballaststoffe; 7 g Fett (davon 2 g gesättigte Fettsäuren); 6 mg Cholesterin; 0,1 g Salz

Gebratene Pflaumen mit Orangensirup
Orange • Pflaumen • Mandeln • Joghurt

Schokoladen-Käse-Kuchen mit Himbeeren

12 Portionen

VORBEREITUNG: **40 MINUTEN**
BACKZEIT: **60–70 MINUTEN**

Dieser Käsekuchen verbindet den herben Geschmack dunkler Schokolade mit dem Aroma fruchtig-süßer Himbeeren zu einer delikaten Nachspeise. Kaum zu glauben, dass diese relativ wenig Kalorien enthält. Doch der Seiden-Tofu, ein Sojaprodukt mit quarkähnlicher Konsistenz, macht es möglich. Er wird für die Füllung des Kuchens benötigt. Tofu ist reich an pflanzlichem Eiweiß und wirkt sich günstig auf die GL des Käsekuchens aus.

FÜR DEN TEIG
Öl für die Form
125 g Schokoladenkekse (s. Zutatenhinweis)
40 g Walnusskernhälften
4 TL brauner Zucker (Rohzucker)
1 gute Prise Zimt, gemahlen
3 EL Rapsöl

FÜR DIE FÜLLUNG
125 g dunkle Schokolade, 70 % Kakaoanteil (s. Zutatenhinweis)
350 g Seiden-Tofu
250 g fettarmer Frischkäse
150 g brauner Zucker (Rohzucker)
100 g feiner Zucker
60 g Kakaopulver
2 EL Speisestärke
2 TL Vanilleextrakt
3 Eier (Größe M), leicht verquirlt
180 g frische Himbeeren

ZUM GARNIEREN
250 g frische Himbeeren
30 g Schokospäne (s. Tipp)
Puderzucker zum Bestreuen
Himbeersauce (s. Rezept Seite 299)

1 **Ofen** auf 160 °C (Gas Stufe 1–2) vorheizen und eine Springform (24 cm Durchmesser) mit Öl ausstreichen. Extrastarke Alufolie in doppelter Lage um die Form legen, damit im Wasserbad keine Feuchtigkeit in die Form eindringt.

2 **Für den Teig** Kekse, Walnusskerne, braunen Zucker und Zimt in die Küchenmaschine oder den Mixer geben und zu feinen Krümeln zerkleinern. Das Öl zufügen und erneut mixen, bis die Masse klumpig ist. Den Teig aus dem Mixgefäß nehmen und in die Springform füllen. Mit dem Handballen oder mit einem Glas auf dem Boden der Form flach drücken und einen 1 cm hohen Rand formen. Etwa 10–15 Minuten backen, bis der Teig fest ist. Aus dem Ofen nehmen und abkühlen lassen. Die Schüssel der Küchenmaschine oder das Mixerglas ausspülen und abtrocknen.

3 **Für die Füllung** die Schokolade zerbröckeln, in eine hitzefeste Schüssel geben und im heißen Wasserbad schmelzen. Dabei immer wieder umrühren. Die flüssige Schokolade beiseite stellen.

4 **Den Tofu** in der Küchenmaschine oder im Mixer pürieren. Ausschalten, den Tofu vom Rand in die Mitte schaben und nochmals durchmixen. Frischkäse, braunen und feinen Zucker, Kakaopulver, geschmolzene Schokolade, Speisestärke und Vanilleextrakt zugeben und alles cremig rühren. Die Eier zufügen und alles gründlich durchmixen.

5 **Einen Topf** mit Wasser für das Wasserbad erhitzen. Die Himbeeren waschen, trocken tupfen und auf dem Kuchenboden verteilen. Die Käse-Schoko-Masse darüber geben und glatt streichen. Die Form in die Mitte der Fettpfanne des Backofens stellen und so viel heißes Wasser in die Fettpfanne gießen, bis die Springform 1 cm hoch im Wasser steht.

6 **Den Kuchen** 50–55 Minuten backen, bis der Rand, aber noch nicht das Innere, fest ist, wenn man die Form bewegt. Den Kuchen 1 Stunde im Ofen abkühlen lassen. Hierfür die Ofentür mit einem Holzlöffel einen Spaltbreit offen halten.

7 **Die Form** aus dem Wasserbad nehmen und ohne Alufolie auf ein Kuchengitter setzen. Völlig auskühlen lassen, mit Frischhaltefolie abdecken und mindestens 4 Stunden in den Kühlschrank stellen. Der Kuchen lässt sich gekühlt bis zu 4 Tage aufbewahren.

8 **Für die Garnitur** die Himbeeren waschen, abtropfen lassen und trocken tupfen. Mit einem kleinen scharfen Messer den Kuchen am Rand aus der Form lösen. Die Form öffnen und den Kuchen auf eine Platte setzen. Die Himbeeren darauf verteilen. Schokoladenspäne und Puderzucker darüber streuen. Dazu die Himbeersauce (s. Rezept rechts) servieren.

PRO PORTION: 408 kcal; 10 g Eiweiß; 53 g Kohlenhydrate; 3 g Ballaststoffe; 18 g Fett (davon 7,5 g gesättigte Fettsäuren); 61 mg Cholesterin, 0,2 g Salz

Tipp: **Für die Schokospäne** *etwas dunkle Schokolade bei milder Hitze im Mikrowellenherd erwärmen und zergehen lassen. Mit dem Käsehobel oder dem Sparschäler dünne Späne von der Schokolade abschaben. Bis zum Servieren kalt stellen.*

Zutatenhinweise:

■ ***Verwenden Sie*** *für dieses Rezept nur Kekse aus Schokoladenteig. Kekse mit Schokoglasur oder -schokofüllung sind nicht geeignet. Schoko-Lebkuchen (die schon etwas trocken sind) oder italienische Biskuits mit Kakao lassen sich auch gut verarbeiten.*

■ ***Am besten eignet*** *sich für dieses Rezept dunkle Schokolade mit mindestens 70 % Kakaogehalt. Je höher der Gehalt an Kakao, desto mehr Antioxidantien sind enthalten.*

Himbeersauce

4 Portionen

ZUBEREITUNG: 5 MINUTEN
GARZEIT: KEINE

Diese feine Fruchtsauce ist der ideale Begleiter für viele Desserts und lässt sich ganz einfach herstellen. Pürieren Sie frische oder tiefgefrorene Himbeeren – Letztere lassen sich sogar noch einfacher verarbeiten – und süßen Sie das Püree leicht. Himbeersauce verfeinert Kuchen, Joghurteis, Pfannkuchen und viele andere Nachspeisen. Achten Sie jedoch auf die Portionsgröße, denn die Sauce enthält auch Zucker.

300 g **Himbeeren** (TK-Ware, ungesüßt, aufgetaut)
40 g Puderzucker
1 EL Orangensaft

Himbeeren, Zucker und Orangensaft in den Mixer geben und fein pürieren. Das Mus mit einem Löffel durch ein feines Sieb in eine Schüssel streichen. Das Fruchtmus gut kühlen. Eine Portion entspricht 2 EL Fruchtmus.

PRO PORTION: 20 kcal; 0,5 g Eiweiß; 5 g Kohlenhydrate; 0,6 g Ballaststoffe; 0 g Fett (davon 0 g gesättigte Fettsäuren); 0 mg Cholesterin, 0 g Salz

VARIATION
Frische Beerensauce

Statt Himbeeren können Sie auch eine Beerenmischung für Ihre Sauce verwenden: Erdbeeren mit Himbeeren, Himbeeren mit Brombeeren, Brombeeren mit Heidelbeeren oder schwarzen Johannisbeeren. Vollreife, süße Beeren können die Zugabe von Zucker reduzieren. Statt Orangensaft können Sie auch Zitronensaft verwenden.

Clafoutis mit Kirschen

8 Portionen

VORBEREITUNG: **25 MINUTEN**
BACKZEIT: **35–40 MINUTEN**

Kirschen sind gesund, haben eine niedrige GL und verwandeln diese Nachspeise in einen Gaumenschmaus. In diesem Rezept aus Frankreich werden Kirschen von Pfannkuchenteig umhüllt und im Ofen gebacken. Mit einem Entkerner sparen Sie Zeit beim Entsteinen der Kirschen. Tiefgefrorene Kirschen und Kirschen aus dem Glas sind bereits entsteint.

Öl für die Form
125 g Zucker
75 g Weizenmehl (Type 405)
2 **Eier** (Größe M)
2 **Ei**weiß (Größe M, s. Tipp Seite 211)
250 ml fettarme **Milch** (1,5 % Fett)
15 g Butter, geschmolzen
1 TL Vanilleextrakt, flüssig
450 g frische Süß**kirschen**, entsteint, oder TK-Kirschen, angetaut
Puderzucker zum Garnieren

1 **Ofen** auf 200 °C (Gas Stufe 3–4) vorheizen und eine Auflaufform mit Öl ausstreichen. Mit 1 EL Zucker gleichmäßig ausstreuen.

2 **100 g** des restlichen Zuckers, Mehl, Eier, Eiweiße, Milch, Butter und Vanilleextrakt in eine Schüssel geben und mit dem elektrischen Handrührgerät zu einem glatten Teig verquirlen.

3 **Die Kirschen** in der Form verteilen und den Teig darüber geben. Mit dem restlichen Zucker bestreuen. Den Kirschkuchen 35–40 Minuten backen, bis er leicht gebräunt und etwas aufgebläht ist. Aus dem Ofen nehmen, kurz abkühlen lassen (der Kuchen sinkt ein), dann mit Puderzucker bestreuen und warm servieren. Reste schmecken auch gekühlt.

PRO PORTION: 181 kcal; 5 g Eiweiß; 34 g Kohlenhydrate; 0,8 g Ballaststoffe; 4 g Fett (davon 2 g gesättigte Fettsäuren); 55 mg Cholesterin; 0,15 g Salz

---

VARIATION
Birnen-Beeren-Kuchen

In Schritt 2 geben Sie 2 TL geriebene Zitronenschale zum Teig. In Schritt 3 verteilen Sie statt Kirschen 2 geschälte, in Spalten geschnittene Birnen und 120 g frische Himbeeren in der Form. Sie können auch TK-Beeren (angetaut) verwenden.

Beeren-Mandel-Kuchen

6 Portionen

VORBEREITUNG: **30 MINUTEN**
BACKZEIT: **30–40 MINUTEN**

Für dieses außergewöhnliche Dessert werden Beeren in einem zarten Mandelteig gebacken. Der Seiden-Tofu in der Zubereitung mag zunächst ungewöhnlich wirken, ersetzt jedoch auf gesunde Art die Butter.

Öl für die Form
40 g **Mandel**stifte oder -blättchen
70 g Zucker
1 EL Weizenmehl (Type 405)
1 Prise Salz
1 **Ei** (Größe M)
1 **Ei**weiß (Größe M)
125 g Seiden**tofu**
15 g weiche Butter
½ Fläschchen Backaroma »Bittermandel«
375 g gemischte frische **Beeren** (z. B. Himbeeren, Brombeeren, Heidelbeeren) oder TK-Beeren, angetaut
Puderzucker zum Garnieren

1 **Ofen** auf 190 °C (Gas Stufe 3) vorheizen und eine Auflaufform mit Öl ausstreichen.

2 **Die Mandeln** auf ein Blech geben und im Ofen 4–6 Minuten goldgelb rösten. Dann abkühlen lassen.

3 **Mandeln** im Mixer zerkleinern und mit Zucker, Mehl und Salz durchmixen. Ei, Eiweiß, Tofu, Butter und das Backaroma zufügen und alles zu einem glatten Teig verquirlen.

4 **Die Beeren** in der Form verteilen und den Teig gleichmäßig darauf streichen. Den Kuchen etwa 30–40 Minuten backen, bis er goldgelb und die Oberfläche fest ist. Aus dem Ofen nehmen, kurz abkühlen lassen, dann mit Puderzucker bestreuen und warm oder zimmerwarm servieren.

PRO PORTION: 193 kcal; 6 g Eiweiß; 25 g Kohlenhydrate; 1 g Ballaststoffe; 8 g Fett (davon 2 g gesättigte Fettsäuren); 45 mg Cholesterin; 0,2 g Salz

VARIATIONEN

Kirsch-Mandel-Kuchen

In Schritt 4 nehmen Sie statt der Beerenmischung 450 g entsteinte Süßkirschen (frisch oder TK-Ware).

Birnen-Rosinen-Kuchen

In Schritt 4 ersetzen Sie die Beerenmischung durch 3 geschälte und in dünne Spalten geschnittene Birnen und 70 g Rosinen.

Preiselbeer-Apfel-Streusel

8 Portionen

VORBEREITUNG: 20 MINUTEN
BACKZEIT: 40–55 MINUTEN

Fruchtig, lecker und gesund zugleich ist dieses Dessert aus Äpfeln, Preiselbeeren, Weizen-Vollkornmehl, Haferflocken, Zimt und Walnüssen – alles Zutaten, die als blutzuckerfreundlich gelten. Sie brauchen nur wenig Butter und erhalten trotzdem eine schöne Krümelmasse, die über den Früchten zu einer knusprigen Schicht gebacken wird. Reichen Sie jede Portion mit einem Klecks Magerjoghurt »Vanille«.

Öl für die Form
4–5 süße, feste **Äpfel**, geschält und in Spalten geschnitten
100 g frische **Preiselbeeren**
70 g feiner Zucker
100 g **Weizen-Vollkornmehl** (Type 1700)
40 g **Hafer**flocken
100 g brauner Zucker (Rohzucker)
2 TL gemahlener **Zimt**
1 Prise Salz
15 g Butter, in Flöckchen
1 EL Rapsöl
3 EL Apfelmus (aus dem Glas)
1 EL **Walnuss**kerne, gehackt
etwas Magermilchjoghurt »Vanille« (nach Belieben)

1 **Ofen** auf 190 °C (Gas Stufe 3) vorheizen und eine Auflaufform mit Öl ausstreichen.

2 **Äpfel** und Preiselbeeren auf dem Boden der Form verteilen und mit dem Zucker bestreuen. Mit Alufolie bedecken und etwa 20 Minuten backen. (Durch TK-Beeren verlängert sich die Backzeit auf etwa 25 Minuten.)

3 **Währenddessen** Mehl, Haferflocken, braunen Zucker, Zimt und Salz in einer mittelgroßen Schüssel mit einer Gabel vermischen. Butter, Öl und Apfelmus mit den Händen locker untermengen, bis große Streusel entstehen.

4 **Die Form** aus dem Ofen nehmen, die Streusel über die Früchte verteilen und mit den Walnüssen bestreuen. Das Dessert offen weitere 20–30 Minuten backen, bis die Oberfläche leicht gebräunt ist. Herausnehmen, 10 Minuten abkühlen lassen und warm oder mit Zimmertemperatur servieren.

PRO PORTION: 218 kcal; 3 g Eiweiß; 43 g Kohlenhydrate; 3 g Ballaststoffe; 5 g Fett (davon 1 g gesättigte Fettsäuren); 4 mg Cholesterin; 0,1 g Salz

Rhabarber-Heidelbeer-Streusel

8 Portionen

VORBEREITUNG: 20 MINUTEN
BACKZEIT: 40–50 MINUTEN

Wer den säuerlichen Geschmack von Rhabarber mag, wird dieses spritzig-fruchtige Dessert sehr schätzen. Rhabarber ist das erste Obst im Frühjahr. Seine Säure harmoniert wunderbar mit Zimt.

Öl für die Form
700 g Rhabarber, geschält und in 1 cm großen Stücken
145 g frische **Brombeeren** (oder TK-Ware, angetaut)
100 g feiner Zucker
1 EL Speisestärke
100 g **Weizen-Vollkornmehl** (Type 1700)
40 g **Hafer**flocken
100 g brauner Zucker (Rohzucker)
1 TL gemahlener **Zimt**
1 Prise Salz
15 g Butter, in Flöckchen
1 EL Rapsöl
3 EL Apfelmus
1 EL gehackte **Mandeln**

1 **Ofen** auf 190 °C (Gas Stufe 3) vorheizen und eine hitzefeste Form (20 × 20 cm, 2 l Inhalt) mit Öl ausstreichen.

2 **Rhabarber** mit Brombeeren, feinem Zucker und Speisestärke vermengen und in die Form geben. Mit Alufolie abdecken und etwa 20 Minuten backen.

3 **Währenddessen** Mehl, Haferflocken, braunen Zucker, Zimt und Salz in einer mittelgroßen Schüssel mischen. Butterflöckchen zugeben und alles mit den Fingern zu Krümeln verarbeiten. Öl und Apfelmus zugeben und Streusel formen.

4 **Die Form** aus dem Ofen nehmen und die Früchte mit der Streuselmasse bedecken. Die Mandeln darüber verteilen. Ohne Alufolie weitere 20–30 Minuten backen, bis die Früchte weich sind und die Oberfläche leicht gebräunt ist. Aus dem Ofen nehmen, 10 Minuten abkühlen lassen.

PRO PORTION: 225 kcal; 4 g Eiweiß; 45 g Kohlenhydrate; 3,5 g Ballaststoffe; 5 g Fett (davon 1 g gesättigte Fettsäuren), 4 mg Cholesterin; Salz in Spuren

VARIATIONEN

Pfirsich-Himbeer-Streusel

In Schritt 2 mischen Sie 1 kg Pfirsiche, geschält und in Scheiben, 120 g Himbeeren, 2 EL Zucker, 1 EL Speisestärke und 1 EL Zitronensaft in einer Schüssel und geben die Mischung in die hitzefeste Form.

Kirsch-Himbeer-Streusel

In Schritt 2 mischen Sie 700 g entsteinte Süßkirschen, 120 g Himbeeren, 70 g Zucker, 1 EL Speisestärke und 1 EL Zitronensaft in einer Schüssel und verteilen die Mischung in der hitzefesten Form.

Pflaumen-Nuss-Streusel

In Schritt 2 mischen Sie 1 kg Pflaumen, entsteint und in Spalten, 70 g Zucker, 2 TL geriebene Orangenschale und 1 EL Orangensaft in einer Schüssel und verteilen die Mischung in der hitzefesten Form. Statt Mandeln nehmen Sie gehackte Walnusskerne.

Menüpläne

Die Nahrungsmittel mit Wunderwirkung in den täglichen Speiseplan einzubauen ist einfacher als Sie denken. Aber – wie sieht so ein Tagesplan denn aus? Wie wissen Sie, ob Sie zu viele Kohlenhydrate essen oder zu wenig? Und wie stellen Sie fest, ob Sie zu viel essen?

Um die Nahrungsmittel mit Wunderwirkung in Form eines übersichtlichen und nachvollziehbaren Essensplans für Sie umzusetzen, haben wir drei Wochenpläne mit unterschiedlichen Energiegehalten entwickelt. Alle Mahlzeiten, auch Snacks und Desserts, basieren auf den sieben in Kapitel 4 vorgestellten Ernährungsregeln, und jeder Tag sieht mindestens ein Dutzend Nahrungsmittel mit Wunderwirkung vor.

Sie erfahren nicht nur, wie viel Sie pro Mahlzeit und pro Tag essen sollten, sondern auch wie eine gesunde Reduktion der Eiweiß-, Fett- und Kohlenhydratzufuhr aussehen kann. Darüber hinaus zeigen wir Ihnen, wie sich drei Vollkornmahlzeiten und fünfmal oder häufiger Obst und Gemüse am Tag realisieren lassen.

Wenn Sie nicht genau wissen, wie viele Kalorien Sie täglich zu sich nehmen sollten oder ob Sie abnehmen müssen, dann fragen Sie Ihren Arzt oder einen Ernährungsberater. Beachten Sie stets die Portionsgröße und den Kaloriengehalt – sie sind die Schlüssel zu einem stabilen Blutzuckerspiegel. Generell geht man davon aus, dass die Pläne mit 1400 kcal für schlanke, kleine Frauen zutreffen oder für Frauen, die abnehmen wollen. Normalgewichtige Frauen mit Durchschnittsgröße sind mit 1800 kcal gut beraten. Bei erhöhter körperlicher Aktivität empfehlen sich 2200 kcal.

Dies sind nur grobe Anhaltspunkte zum Erreichen Ihres Ziels. Manche Tagespläne liegen leicht unter oder leicht über dem vorgegebenen Grenzwert. Dabei handelt es sich jedoch um vertretbare Differenzen, die Ihrem Ziel nicht abträglich sind.

Für welchen Plan Sie sich auch entscheiden, es ist nicht zwingend notwendig, sich strikt an die Abfolge der Tagespläne zu halten. Vor allem Abend- und Mittagessen lassen sich sehr gut tauschen. Versuchen Sie doch einfach ein oder zwei Tage nach Plan zu essen. Sie werden überrascht sein, wie gut es Ihnen tut.

1400 kcal-Tagesplan

	Montag	Dienstag	Mittwoch
Frühstück	1 Becher (200 g) fettarmer Naturjoghurt 2 EL ungezuckertes Müsli 1 Orange Kaffee oder Tee	1 Portion **Haferflockenbrei mit Apfel** (S. 192) Kaffee oder Tee	30 g ungezuckertes Früchtemüsli mit 80 g Erdbeeren und 150 ml fettarmer Milch Kaffee oder Tee
Mittagessen	1 Portion **Putenchili mit Avocado-Salsa** (S. 252) 1 Birne Zuckerfreies Getränk oder Mineralwasser	Sandwich aus 2 Scheiben Vollkornbrot 2 TL Diätmargarine 100 g gebratener Putenbrust Salatblättern 1 Banane Zuckerfreies Getränk oder Mineralwasser	1 Portion **Salat mit gebratener Hähnchenbrust und Orangenfilets** (S. 214) 1 Scheibe Pumpernickel Zuckerfreies Getränk oder Mineralwasser
Zwischenmahlzeit	1 Portion **Orientalischer Erdnuss-Dip** (S. 206) mit 50 g Möhrenstiften	1 Portion **Italienisches Bohnenpüree** (S. 208) 4 **Tortilla-Chips** (S. 210)	1 Portion **Mediterrane Erbsencreme** (S. 208) 4 **Tortilla-Chips** (S. 210)
Abendessen	1 Portion **Hähnchengeschnetzeltes in Apfelsauce** (S. 246) 1 Portion **Pilaw mit Graupen und Pilzen** (S. 276) 80 g Grüne Bohnen Zuckerfreies Getränk oder Mineralwasser	1 Portion **Griechischer Nudel-Hackfleisch-Auflauf** (S. 240) 1 Portion **Brokkoli mit Zitronen-Vinaigrette** (S. 287) Zuckerfreies Getränk oder Mineralwasser	1 Portion **Lachsfilet auf Linsen** (S. 257) 1 Portion **Pilaw mit Vollkornreis, Zitrone und geröstetem Leinsamen** (S. 276) 6 Spargelstangen Zuckerfreies Getränk oder Mineralwasser
Dessert	1 Portion (150 g) Frischer Obstsalat	1 Scheibe frische Ananas	1 Portion **Quarkspeise mit Früchten** (S. 292)
Nährwert-Information	Energiegehalt: 1367 kcal Eiweiß: 77 g Kohlenhydrate: 197 g Fett: 32 g Ballaststoffe: 28 g Nährstoffverhältnis: 22 % Eiweiß, 57 % Kohlenhydrate, 21 % Fett	Energiegehalt: 1412 kcal Eiweiß: 90 g Kohlenhydrate: 165 g Fett: 45 g Ballaststoffe: 20 g Nährstoffverhältnis: 25 % Eiweiß, 47 % Kohlenhydrate, 28 % Fett	Energiegehalt: 1309 kcal Eiweiß: 94 g Kohlenhydrate: 145 g Fett: 37 g Ballaststoffe: 26 Nährstoffverhältnis: 29 % Eiweiß, 44 % Kohlenhydrate, 27 % Fett

Donnerstag	Freitag	Samstag	Sonntag
30 g ungezuckerte Müsliflocken mit 200 g fettarmer Milch und 80 g Heidelbeeren 125 ml Orangensaft	30 g ungezuckertes Müsli mit 200 g Magermilchjoghurt und 80 g Himbeeren Kaffee oder Tee	2 kleine **Vollkornpfannkuchen** (S. 192) mit Sirup und Beeren 200 ml fettarme Milch	1 **Omelette mit Spinat und Ziegenkäse** (S. 194) 2 Spalten Melone (160 g Fruchtfleisch) Kaffee oder Tee
1 **Roggensandwich mit Thunfisch und Möhren** (S. 229) 2 EL **würzige Mandeln** (S. 205) 1 Pfirsich Zuckerfreies Getränk oder Mineralwasser	Vollkornpitta, belegt mit einen Stück Thunfisch naturell (aus der Dose), 2 EL Maiskörnern (aus der Dose) und 2 EL Salatcreme 1 Apfel Zuckerfreies Getränk oder Mineralwasser	1 Portion **Rote Linsensuppe mit Curry** (S. 230) 2 EL Hummus (50 g) mit Rohkostgemüse Zuckerfreies Getränk oder Mineralwasser	1 Portion **Nudelsalat mit Hähnchenbrust und Erdnuss-Dressing** (S. 220) 2 Scheiben frische Ananas (100 g) Zuckerfreies Getränk oder Mineralwasser
1 **Hafer-Erdnuss-Riegel** (S. 211)	1 Becher (150 g) fettarmer Fruchtjoghurt	1 Becher (150 g) Magermilchjoghurt mit 80 g Heidelbeeren	1 kleine Banane und 2 Haferkekse
1 Portion **Rumpsteak mit Balsamico-Sauce** (S. 237) 100 g gegarter Vollkornreis 1 Portion gemischter Salat mit 50 g Kidneybohnen aus der Dose und 1 EL Dressing aus Balsamico-Essig und Olivenöl Zuckerfreies Getränk oder Mineralwasser	1 Portion **Krabben-Gersten-Topf** (S. 260) 80 g grüne Bohnen Gemischter Salat mit 1 EL Dressing aus Balsamico-Essig und Olivenöl Mineralwasser	1 Portion **Rindfleisch-Eintopf** (S. 238) 1 Scheibe **Vollkorn-Leinsamen-Brot** (S. 196) Gemischter Salat mit 1 EL Essig-Öl-Dressing Zuckerfreies Getränk oder Mineralwasser	1 Portion **Gebratenes Frühlingsgemüse mit Tofu** (S. 271) 100 g Vollkornreis (gegart) Zuckerfreies Getränk oder Mineralwasser
1 Birne	1 Portion frischer Obstsalat (150 g)	1 Portion **Orangen-Granatapfel-Salat** (S. 292)	1 Portion **Erdbeer-Joghurt-Eis** (S. 289)
Energiegehalt: 1350 kcal Eiweiß: 80 g Kohlenhydrate: 180 g Fett: 42 g Ballaststoffe: 26 g Nährstoffverhältnis: 23 % Eiweiß, 50 % Kohlenhydrate, 27 % Fett	Energiegehalt: 1399 kcal Eiweiß: 84 g Kohlenhydrate: 172 g Fett: 42 g Ballaststoffe: 26 g Nährstoffverhältnis: 24 % Eiweiß, 49 % Kohlenhydrate, 27 % Fett	Energiegehalt: 1399 kcal Eiweiß: 85 g Kohlenhydrate: 170 g Fett: 45 g Ballaststoffe: 27 g Nährstoffverhältnis: 24 % Eiweiß, 47 % Kohlenhydrate, 29 % Fett	Energiegehalt: 1361 kcal Eiweiß: 80 g Kohlenhydrate: 160 g Fett: 42 g Ballaststoffe: 25 g Nährstoffverhältnis: 24 % Eiweiß, 48 % Kohlenhydrate, 28 % Fett

1800 kcal-Tagesplan

	Montag	Dienstag	Mittwoch
Frühstück	1 Becher (200 g) fettarmer Naturjoghurt 3 EL ungezuckerte Müsliflocken 1 Orange 180 ml Orangensaft Kaffee oder Tee	1 Portion **Haferflockenbrei mit Apfel** (S. 192) mit 15 g gerösteten Mandeln Kaffee oder Tee	40 g ungezuckertes Früchtemüsli mit 80 g Erdbeeren und 150 ml fettarmer Milch Kaffee oder Tee
Mittagessen	1 Portion **Putenchili mit Avocado-Salsa** (S. 252) 1 Scheibe **Vollkorn-Leinsamen-Brot** (S. 196) mit 1 TL Diätmargarine 1 Becher (150 g) Magermilchjoghurt mit 80 g Himbeeren Zuckerfreies Getränk oder Mineralwasser	Sandwich aus 2 Scheiben Vollkornbrot 2 TL Diätmargarine 100 g gegarter Putenbrust Salatblättern 1 Banane 1 Becher (150 g) fettarmer Fruchtjoghurt Zuckerfreies Getränk oder Mineralwasser	1 Portion **Salat mit gebratener Hähnchenbrust und Orangenfilets** (S. 214) 2 Scheiben Pumpernickel 1 Pfirsich Zuckerfreies Getränk oder Mineralwasser
Zwischenmahlzeit	1 Portion **Orientalischer Erdnuss-Dip** (S. 206) mit 50 g Möhrenstiften 1 Birne	1 **Heidelbeer-Hafer-Muffin** (S. 198)	1 Portion **Mediterrane Erbsencreme** (S. 208) 4 **Tortilla-Chips** (S. 210)
Abendessen	1 Portion **Hähnchengeschnetzeltes in Apfelsauce** (S. 246) 1 Portion **Pilaw mit Graupen und Pilzen** (S. 276) 125 g Grüne Bohnen Zuckerfreies Getränk oder Mineralwasser	1 Portion **Griechischer Nudel-Hackfleisch-Auflauf** (S. 240) 1 Portion **Brokkoli mit Zitronen-Vinaigrette** (S. 287) Zuckerfreies Getränk oder Mineralwasser	1 Portion **Lachsfilet auf Linsen** (S. 257) 1 Portion **Pilaw mit Vollkornreis, Zitrone und geröstetem Leinsamen** (S. 276) 6 Spargelstangen Zuckerfreies Getränk oder Mineralwasser
Dessert	1 Portion (150 g) Frischer Fruchtsalat		1 Portion **Quarkspeise mit Früchten** (S. 292)
Nährwert-Information	Energiegehalt: 1767 kcal Eiweiß: 103 g Kohlenhydrate: 258 g Fett: 35 g Ballaststoffe: 37 g Nährstoffverhältnis: 24 % Eiweiß, 58 % Kohlenhydrate, 18 % Fett	Energiegehalt: 1840 kcal Eiweiß: 118 g Kohlenhydrate: 211 g Fett: 58 g Ballaststoffe: 23 g Nährstoffverhältnis: 26 % Eiweiß, 46 % Kohlenhydrate, 28 % Fett	Energiegehalt: 1790 kcal Eiweiß: 124 g Kohlenhydrate: 185 g Fett: 67 g Ballaststoffe: 39 g Nährstoffverhältnis: 27 % Eiweiß, 40 % Kohlenhydrate, 33 % Fett

WUNDERBARE REZEPTE UND MENÜPLÄNE

Donnerstag	Freitag	Samstag	Sonntag
40 g ungezuckerte Müsliflocken und 80 g Heidelbeeren mit 200 ml fettarmer Milch 180 g Fruchtsaft Kaffee oder Tee	1 Grapefruit 1 **Apfelmuffin** (S. 198) 180 ml Orangensaft Kaffee oder Tee	2 kleine **Vollkornpfannkuchen** (S. 192) mit Sirup und Beeren 150 ml Fruchtsaft 200 ml fettarme Milch	**Omelette mit Spinat und Ziegenkäse** (S. 194) 1 Scheibe **Vollkorn-Leinsamen-Brot** (S. 196) 2 Spalten Melone (160 g Fruchtfleisch) Kaffee oder Tee
1 **Roggensandwich mit Thunfisch und Möhren** (S. 229) 4 **Tortilla-Chips** (S. 210) 2 EL **würzige Mandeln** (S. 205) 1 Portion (150 g) Frischer Obstsalat Zuckerfreies Getränk oder Mineralwasser	Vollkornpitta, belegt mit 1 Stück Thunfisch naturell (aus der Dose), 2 EL Maiskörnern (aus der Dose) und 2 EL Salatcreme 1 Becher (150 g) Magermilchjoghurt mit 2 Passionsfrüchten Zuckerfreies Getränk oder Mineralwasser	1 Portion **Rote Linsensuppe mit Curry** (S. 230) 4 **Tortilla-Chips** (S. 210) mit 2 EL fettreduziertem Hummus (50 g) und Rohkostgemüse 1 Pfirsich Zuckerfreies Getränk oder Mineralwasser	1 Portion **Nudelsalat mit Hähnchenbrust und Erdnuss-Dressing** (S. 220) 2 Scheiben frische Ananas (100 g) Zuckerfreies Getränk oder Mineralwasser
1 **Hafer-Erdnuss-Riegel** (S. 211) 2 Vollkorn-Haferkekse mit 1 EL fettreduziertem Hummus (25 g)	1 Becher (150 g) fettarmer Fruchtjoghurt und 2 Haferkekse, bestrichen mit 1 TL fettreduziertem Hummus	1 Becher Magermilchjoghurt (150 g) mit 80 g Heidelbeeren 1 **Heidelbeer-Quark-Schnitte** (S. 291)	1 kleine Banane 2 Haferkekse 2 EL **würzige Mandeln** (S. 205) **Eistee mit Pfirsich** (S. 213)
1 Portion **Rumpsteak mit Balsamico-Sauce** (S. 237) 100 g gegarter Vollkornreis 1 Portion gemischter Salat mit 50 g Kidneybohnen aus der Dose, 1 EL Dressing aus Balsamico-Essig und Olivenöl 1 Birne Zuckerfreies Getränk oder Mineralwasser	1 Portion **Krabben-Gersten-Topf** (S. 260) 80 g Grüne Bohnen Gemischter Salat mit 1 EL Dressing aus Balsamico-Essig und Olivenöl Zuckerfreies Getränk oder Mineralwasser	1 Portion **Rindfleisch-Eintopf** (S. 238) mit 1 Scheibe **Vollkorn-Leinsamen-Brot** (S. 196) mit 1 TL Diätmargarine Gemischter Salat mit 1 EL Dressing aus Balsamico-Essig und Olivenöl Zuckerfreies Getränk oder Mineralwasser	1 Portion **Gebratenes Frühlingsgemüse mit Tofu** (S. 271) 100 g Vollkornreis (gegart) Zuckerfreies Getränk oder Mineralwasser
	1 **Bratapfel** (S. 296)	1 Portion **Orangen-Granatapfel-Salat** (S. 292)	1 Portion **Erdbeer-Joghurt-Eis** (S. 289) und 1 Apfel
Energiegehalt: 1800 kcal Eiweiß: 116 g Kohlenhydrate: 217 g Fett: 55 g Ballaststoffe: 33 g Nährstoffverhältnis: 25 % Eiweiß, 48 % Kohlenhydrate, 27 % Fett	Energiegehalt: 1590 kcal Eiweiß: 84 g Kohlenhydrate: 194 g Fett: 52 g Ballaststoffe: 27 g Nährstoffverhältnis: 21 % Eiweiß, 49 % Kohlenhydrate, 30 % Fett	Energiegehalt: 1730 kcal Eiweiß: 105 g Kohlenhydrate: 215 g Fett: 51 g Ballaststoffe: 35 g Nährstoffverhältnis: 24 % Eiweiß, 50 % Kohlenhydrate, 26 % Fett	Energiegehalt: 1771 kcal Eiweiß: 105 g Kohlenhydrate: 215 g Fett: 55 g Ballaststoffe: 30 g Nährstoffverhältnis: 24 % Eiweiß, 48 % Kohlenhydrate; 28 % Fett

2200 kcal-Tagesplan

	Montag	Dienstag	Mittwoch
Frühstück	1 Becher (150 g) fettarmer Naturjogurt 4 EL ungezuckertes Müsli 180 ml Fruchtsaft 1 Orange Kaffee oder Tee	1 Portion **Haferflockenbrei mit Apfel** (S. 192) mit 15 g gerösteten Mandeln 180 ml Fruchtsaft 1 Pfirsich Kaffee oder Tee	40 g ungezuckertes Früchtemüsli mit 80 g Himbeeren, 15 g Mandelblättchen und 200 ml fettarmer Milch 180 ml Fruchtsaft Kaffee oder Tee
Mittagessen	1 Portion **Putenchili mit Avocado-Salsa** (S. 252) 2 Scheiben **Vollkorn-Leinsamen-Brot** (S. 196) mit 1 TL Diätmargarine 1 Becher (150 g) Magermilchjoghurt mit 80 g Himbeeren Zuckerfreies Getränk oder Mineralwasser	Sandwich aus 2 Scheiben Vollkornbrot 2 TL Diätmargarine 100 g gebratener Putenbrust Salatblättern 1 Becher (150 g) fettarmer Naturjoghurt und 1 Banane Zuckerfreies Getränk oder Mineralwasser	1 Portion **Salat mit gebratener Hähnchenbrust und Orangenfilets** (S. 214), mit ½ Avocado 2 Scheiben Pumpernickel 1 Pfirsich Zuckerfreies Getränk oder Mineralwasser
Zwischenmahlzeit	1 Portion **Orientalischer Erdnussdip** (S. 206) mit 50 g Möhrenstiften 4 **Tortilla-Chips** (S. 210) 1 **Beeren-Joghurt-Getränk** (S. 212)	1 **Heidelbeer-Hafer-Muffin** (S. 198) 2 Haferkekse mit Magerquark **Geeister Kaffeedrink** (S. 213)	1 Becher (150 g) fettarmer Fruchtjoghurt und 1 Kiwi 1 kleine Scheibe Pittabrot mit 2 EL fettreduziertem Hummus (50 g)
Abendessen	1 Portion **Hähnchengeschnetzeltes in Apfelsauce** (S. 246) 1 Portion **Pilaw mit Graupen und Pilzen** (S. 276) 80 g Grüne Bohnen Zuckerfreies Getränk oder Mineralwasser	1 Portion **Griechischer Nudel-Hackfleisch-Auflauf** (S. 240) 1 Portion **Brokkoli mit Zitronen-Vinaigrette** (S. 287) Zuckerfreies Getränk oder Mineralwasser	1 Portion **Lachsfilet auf Linsen** (S. 257) 1 Portion **Pilaw mit Vollkornreis, Zitrone und geröstetem Leinsamen** (S. 276) 6 Spargelstangen Zuckerfreies Getränk oder Mineralwasser
Dessert	1 Portion (150 g) Frischer Obstsalat	1 **Bratapfel** (S. 296)	1 Portion **Quarkspeise mit Früchten** (S. 292)
Nährwert-Information	Energiegehalt: 2250 kcal Eiweiß: 123 g Kohlenhydrate: 310 g Fett: 50 g Ballaststoffe: 45 g Nährstoffverhältnis: 21 % Eiweiß, 55 % Kohlenhydrate, 24 % Fett	Energiegehalt: 2223 kcal Eiweiß: 129 g Kohlenhydrate: 270 g Fett: 67 g Ballaststoffe: 39 g Nährstoffverhältnis: 24 % Eiweiß, 49 % Kohlenhydrate, 27 % Fett	Energiegehalt: 2139 kcal Eiweiß: 124 g Kohlenhydrate: 275 g Fett: 68 g Ballaststoffe: 43 g Nährstoffverhältnis: 22 % Eiweiß, 50 % Kohlenhydrate, 28 % Fett

Donnerstag	Freitag	Samstag	Sonntag
40 g ungezuckertes Müsli mit 80 g Heidelbeeren und 200 g ml fettarmer Milch 180 ml Fruchtsaft Kaffee oder Tee	1 Grapefruit 1 **Apfelmuffin** (S. 198) 180 g Fruchtsaft Kaffee oder Tee	2 kleine **Vollkornpfannkuchen** (S. 192) mit Sirup und Beeren 180 ml Fruchtsaft 180 ml fettarme Milch	1 **Omelette mit Spinat und Ziegenkäse** (S. 194) 1 Scheibe **Vollkorn-Leinsamen-Brot** (S. 196) 2 Spalten Melone (160 g) Kaffee oder Tee
1 **Roggensandwich mit Thunfisch und Möhren** (S. 229) 2 EL **würzige Mandeln** (S. 205) 4 **Tortilla-Chips** (S. 210) und 4 EL Tomatensalsa 1 Becher (150 g) Magermilchjoghurt und 1 Kiwi Zuckerfreies Getränk oder Mineralwasser	Vollkornpitta, belegt mit 1 Stück Thunfisch naturell (aus der Dose), 2 EL Maiskörnern (aus der Dose) und 2 EL Salatcreme 1 Becher (150 g) Magermilchjoghurt mit 1 kleinen Banane	1 Portion **Rote Linsensuppe mit Curry** (S. 230) 4 **Tortilla-Chips** (S. 210) mit 2 EL fettreduziertem Hummus (50 g) und Rohkostgemüse 1 Portion (150 g) Frischer Obstsalat Zuckerfreies Getränk oder Mineralwasser	1 Portion **Nudelsalat mit Hähnchenbrust und Erdnuss-Dressing** (S. 220) 2 Scheiben frische Ananas (100 g) Zuckerfreies Getränk oder Mineralwasser
1 **Hafer-Erdnuss-Riegel** (S. 211) 3 Haferkekse mit 2 EL fettreduziertem Hummus (50 g)	3 Haferkekse bestrichen mit Magerquark 1 **Heidelbeer-Quark-Schnitte** (S. 291)	1 Becher (150 g) Magermilchjoghurt mit 80 g Heidelbeeren 1 kleine Banane	1 kleine Banane 2 Haferkekse 2 EL **würzige Mandeln** (S. 205) **Eistee mit Pfirsich** (S. 213)
1 Portion **Rumpsteak mit Balsamico-Sauce** (S. 237) 100 g gegarter Vollkornreis 1 Portion gemischter Salat mit 50 g Kidneybohnen aus der Dose, 1 EL Dressing aus Balsamico-Essig und Olivenöl Zuckerfreies Getränk oder Mineralwasser	1 Portion **Krabben-Gersten-Topf** (S. 260) 80 g Grüne Bohnen 1 Portion gemischter Salat mit 1 EL Dressing aus Balsamico-Essig und Olivenöl Zuckerfreies Getränk oder Mineralwasser	1 Portion **Rindfleisch-Eintopf** (S. 238) mit 1 Scheibe **Vollkorn-Leinsamen-Brot** (S. 196) Gemischter Salat mit 1 kleinen Avocado und 1 EL Dressing aus Balsamico-Essig und Olivenöl Zuckerfreies Getränk oder Mineralwasser	1 Portion **Gebratenes Frühlingsgemüse mit Tofu** (S. 271) mit 150 g Vollkornreis (gegart) Zuckerfreies Getränk oder Mineralwasser
1 Portion **Clafoutis mit Kirschen** (S. 300)	1 Kiwi	1 Portion **Orangen-Granatapfel-Salat** (S. 292)	1 Portion **Beeren-Mandel-Kuchen** (S. 300)
Energiegehalt: 2200 kcal Eiweiß: 122 g Kohlenhydrate: 285 g Fett: 63 g Ballaststoffe: 41 g Nährstoffverhältnis: 22 % Eiweiß, 52 % Kohlenhydrate, 26 % Fett	Energiegehalt: 2185 kcal Eiweiß: 124 g Kohlenhydrate: 277 g Fett: 65 g Ballaststoffe: 40 g Nährstoffverhältnis: 23 % Eiweiß, 51 % Kohlenhydrate, 26 % Fett	Energiegehalt: 2175 kcal Eiweiß: 120 g Kohlenhydrate: 280 g Fett: 62 g Ballaststoffe: 37 g Nährstoffverhältnis: 22 % Eiweiß, 52 % Kohlenhydrate, 26 % Fett	Energiegehalt: 2190 kcal Eiweiß: 125 g Kohlenhydrate: 285 g Fett: 62 g Ballaststoffe: 40 g Nährstoffverhältnis: 23 % Eiweiß, 52 % Kohlenhydrate, 25 % Fett

Register

Rezepte sind *kursiv* gesetzt.

A

Abdominales Fett	14, 19
Abendessen	180–185
Alkohol	32, 52
Alpha-Linolsäure	112
Alzheimer	16, 17
Aminosäuren	28
Amylopektin	26
Amylose	26
Antioxidantien	150, 165
Äpfel	74, 131
Apfelmuffins	198
Bratapfel	296
Haferflockenbrei mit Apfel	192
Hähnchengeschnetzeltes in Apfelsauce	246
Preiselbeer-Apfel-Streusel	301
Aprikosen	129–132
Salat aus Weizenkörnern, getrockneten Aprikosen und Minze	277
Arborioreis	157
Arterienverkalkung	19
Artischoken	
Warmer Artischocken-Bohnen-Dip	206
Atkins-Diät	34, 36
Auberginen	75
Caponata	201
Penne mit Tomaten-Auberginen-Sauce	262
Sandwich mit gebratenen Auberginen und Paprika-Walnuss-Sauce	227
Auflauf	
Blumenkohl-Spinat-Auflauf	282
Griechischer Nudel-Hackfleisch-Auflauf	240
Nudelauflauf mit Putenfleisch und Spinat	251
Aufstrich	
Indische Kichererbsencreme	209
Italienisches Bohnenpüree	208
Mediterrane Erbsencreme	208
Mexikanische Bohnencreme	209
Austern	118
Avocados	30, 49, 51, 76, 139
Putenchili mit Avocado-Salsa	252
Spinat-Avocado-Salat mit Mohndressing	224

B

Ballaststoffe	31–32, 36
Basmatireis	157
Bauchfett	14, 19
Beeren	77–78, 131
Beereneistee	213
Beeren-Joghurt-Getränk mit Leinsamen	212
Beeren-Mandel-Kuchen	300
Beerensorbet	295
Beilagen	275–287
Beta-Glukan	99, 109
Beta-Karotin	119, 122, 129, 145, 147, 165
Birnen	
Birnen-Beeren-Kuchen	300
Birnen-Rosinen-Kuchen	301
Bittermelone	120
Blähungen	82
Blattgemüse	145–146
Blumenkohl	79
Blumenkohl-Spinat-Auflauf	282
Würziger Blumenkohl mit Erbsen	284
Bluthochdruck	18, 19, 20
Blutzucker	
Ballststoffe	31–32
Diabetes	11, 16–17, 19, 21
Eiweiß (Protein)	28
Gedächtnis	16
glukosereiche Nahrungsmittel	11, 12, 16
Glykämischer Index	24
Herz-Kreislauf-Erkrankungen	14–15
Insulin	13
Insulinresistenz	17–19
Kohlenhydrate	14
Krebs	15
Prädiabetes	19, 20
Übergewicht	13–14
Blutzuckerspiegel	14
Bockshornklee	109
Bohnen	26, 81–82
Ballaststoffe	31
Blähungen	82
Eiweiß	47
Glykämische Last	55
Zubereitung	66
siehe auch Canellinibohnen, Schwarze Bohnen usw.	
Bor	90
Brokkoli	83
Brokkoli mit Zitronen-Vinaigrette	28
Omelett mit Spinat und Ziegenkäse	194
Rindfleischpfanne mit Brokkoli und Paprika	234
Vollkornpizza mit Brokoli und Oliven	270
Brombeeren	77
Beeren-Joghurt-Getränk mit Leinsamen	212
Beerenkaltschale mit Nektarinen und Pflaumen	289
Beerensorbet	295

Brot	27, 40, 62
Glykämische Last	55, 57, 58
Pumpernickel	133
Roggenbrot	136
Sauerteigbrot	52, 147
Vollkornbrot	154–155
Vollkorn-Leinsamen-Brot	196–197
Brustkrebs	15
Bückling	93
Bulgur	84
Bulgur mit Ingwer und Orange	275
Bulgur mit Möhrensaft und Sesam	275
Butter	30
Butternutkürbis	
Hühnerkeule auf marokkanische Art, mit Butternutkürbis und kleinen Zwiebeln	247
Würziges Curry aus Butternutkürbis	282

C

Cannellinibohnen	81
Cannellinisalat mit Thunfisch	218
Italienisches Bohnenpüree	208
Vollkornnudeln mit Tomatensauce, Bohnen und Mangold	266
Warmer Artischocken-Bohnen-Dip	206
Cantaloupe-Melone	119
Cashewnüsse	125
Chai	151
siehe auch Gewürztee	
Chillies	
Käsemakkaroni »Tex-Mex«	265
Linsen-Bohnen-Chili	273
Putenchili mit Avocado-Salsa	252
Quinoa mit Chilischoten und Koriander	278
Schweinelende mit würziger Kruste und Pfirsich-Salsa	243
Chinakohl	
Orientalischer Nudeleintopf	233
Chinesisches Essen	68
Curry	
Rote Linsensuppe mit Curry	230
Würziges Curry aus Butternutkürbis	282

D

Demenz	16
Depressionen	16
Dessert	63, 66, 186–190
Rezepte	288–302
Diabetes	21
Blutzuckerspiegel	11, 16–17
Insulinresistenz	17
Metabolisches Syndrom	19
Prä-Diabetes	20, 22
Symptome	21
Dickdarmkrebs	15
Dill	
Lachs mit Zitronen-Dill-Sauce	258
Dips	
Orientalischer Erdnuss-Dip	206
Warmer Artischocken-Bohnen-Dip	206
Durstgefühl	21

E

Edamame	143
Mediterraner Salat mit Edamame	224
Eier	48, 86–87
Omelett mit Brokkoli und Käse	195
Omelett mit Spinat und Ziegenkäse	194
Pilzomelett	195
Salmonellen	87
Zucchini-Frittata	195
Eintopfgerichte	
Eintopf mit Lammfleisch und Frühlingsgemüse	238
Krabben-Gersten-Topf	260
Krabben- und Muscheleintopf	259
Mexikanischer Eintopf mit Schweinefleisch	238
Rindfleisch-Eintopf	238
Eisen	113, 118, 138, 145
Eiweiß	28–29
Frühstück	168
Low-Carb-Diäten	35–37
Mittagessen	172
Nahrungsmittel mit Wunderwirkung	40, 47–48
Portionsgrößen	52
Endometriumkrebs	15
Erbsen	31, 47, 55–56, 88
Deftige Erbsensuppe mit Croutons	230
Geflügelpastete mit Vollkornkruste	248
Mit Süßkartoffelpüree überbackene Putenpaste	250
Würziger Blumenkohl mit Erbsen	284
siehe auch Splittererbsen	
Erdbeeren	77, 78
Beeren-Joghurt-Getränk mit Leinsamen	212
Beerensorbet	292
Frische Beerensauce	299
Quarkspeise mit Früchten	292
Schnelles Erdbeer-Joghurt-Eis	289

Erdnussbutter	89–90, 139
Hafer-Erdnuss-Riegel	211
Hühnersuppe nach afrikanischer Art	232
Nudelsalat mit Hähnchenbrust und Erdnuss-Dressing	220
Orientalischer Erdnuss-Dip	206
Erdnüsse	125
Essig	30, 51, 52, 91–92
Lammkoteletts mit Senfkruste	241
Rumpsteak mit Balsamico-Sauce	237
Essigsäure	32, 51, 91
Ess-Tagebuch	53

F

Fast-Food	63
Fett	29–31
Gewichtsverlust	30–31
»gute« Fette	30, 40, 48–51, 139
Low-Carb-Diäten	35–37
siehe auch Körperfett	
Fettsäuren	50
gesättigte	28, 30, 36, 48–49, 50, 51
ungesättigte	30, 47, 49
Fettstoffwechsel	18, 19
Fisch	63, 93–94
Bückling	93
Cannellinisalat mit Thunfisch	218
Eiweiß	48
Forelle	93
frischer	94
Gebratene Fischsteaks mit Tomaten-Oliven-Sauce	256
Hering	93
Kabeljau	93
Lachs	93, 94
Lachsfilet auf Linsen	257
Lachs mit Zitronen-Dill-Sauce	258
Makrele	93
Omega-3-Fettsäuren	28, 31, 48, 50, 93
Pumpernickel mit Lachs und Wasabi-Creme	226
Rezepte	255–261
Roggensandwich mit Thunfisch und Möhren	229
Sardinen	93
Schellfisch	93
Scholle nach Florentiner Art	255
Schwertfisch	94
Thunfisch	93
Warmer Lachssalat mit Oliventoast	258
Warmer Thunfischsalat mit Oliventoast	259
Flavonoide	74, 164, 165
Fleisch	48, 50, 62–63
fleischlose Hauptgerichte	271–274
siehe auch Rindfleisch, Lamm usw.	
Folsäure	77, 81, 88, 116
Forelle	93
Freie Radikale	14

Frischkäse	106
Frikadelle	
Putenfrikadelle mit Honig-Senf-Sauce	252
Früchte *siehe* Obst	
Fruchtsäfte	45, 56, 57, 62, 163, 168
Fruchtsauce	
Frische Beerensauce	299
Himbeersauce	299
Fructane	153
Frühlingszwiebeln	165
Graupensalat mit schwarzen Bohnen	216
Griechischer Linsensalat	223
Frühstück	168–171
am Arbeitsplatz	64
Rezepte	192–200
und Gedächtnis	16
Frühstückzerealien	64
Glykämische Last	40–41, 55, 57, 58, 62, 110

G

Gedächtnis	
Blutzuckerspiegel und Gedächtnis	16
Insulinresistenz	17
Low-Carb-Diäten	35
Geflügel *siehe* Hühnchen	
Geflügelpaste mit Vollkornkruste	248
Geistige Leistungsfähigkeit	16
Gelbwurz	95, 149
Gemüse	96–97
Ballaststoffe	31
Eintopf mit Lammfleisch und Frühlingsgemüse	238
Gebratenes Frühlingsgemüse mit Tofu	271
Glykämische Last	56, 57
Glykämischer Index	24
Low-Carb-Diäten	36
Nahrungsmittel mit Wunderwirkung	40, 44–45
Pikanter Hackbraten mit Gemüse	239
Spinat und Blattgemüse	62, 145–146
siehe auch Brokkoli, Tomaten usw.	
Gerste	98
Gerstenflocken	98
Getränke	
Alkohol	33, 52
Beeren-Eistee	213
Chai (Gewürztee)	151, 210
Eistee mit Pfirsich	213
Erfrischungsgetränke, süße	63, 64, 172, 180
Fruchtsäfte	62
Geeister Kaffeedrink	213
Glykämische Last	56, 57, 58
Gewürze *siehe* Bockshornklee, Zimt usw.	
Gewürztee	210
siehe auch Chai	
Ghrelin	13
Glukose	13

Glutenunverträglichkeit	109
Glykämische Last	25, 40–41, 42, 55–58
Kleie	84–85
Mehl	27–28
Nahrungsmittel mit Wunderwirkung	39–40, 42
Glykämischer Index	24
Glykogen	35
Granatapfel	
Orangen-Granatapfel-Salat	292
Grapefruit	103, 104
Gebratene rosa Grapefruit	288
Spinat-Avocado-Salat mit Mohndressing	224
und Medikamente	164
Graupen	98
Graupenrisotto mit Spargel und Zitrone	272
Graupensalat mit schwarzen Bohnen	216
Graupensalat mit Zuckerschoten und Zitronendressing	216
Graupensuppe mit Bohnen	229
Pilaw mit Graupen und Pilzen	276
Grüner Tee	151
Heidelbeer-Melonen-Salat	288

H

Haferbrei	32, 110
Haferflocken	31–32, 99–100
Hafer-Erdnuss-Riegel	211
Haferflockenbrei mit Apfel	192
Heidelbeer-Hafer-Muffins	198
Instant	100
kernige und zarte	100
Haferkleie	100
Harnlassen, häufiges	21
Haselnüsse	125
HDL-Cholesterin	15, 18, 19, 20, 30
Heidelbeeren	77
Beeren-Joghurt-Getränk mit Leinsamen	212
Beerenkaltschale mit Nektarinen und Pflaumen	289
Heidelbeer-Hafer-Muffins	198
Heidelbeer-Melonen-Salat	288
Heidelbeer-Quark-Schnitten	291
Quarkspeise mit Früchten	292
Schnelles Erdbeer-Joghurt-Eis	289
Heilbutt	
Gebratene Fischsteaks mit Tomaten-Oliven-Sauce	256
Hering	93
Herzkrankheiten	
Blutzuckerspiegel	14–15
Low-Carb-Diäten	36
Metabolisches Syndrom	19
Omega-3-Fettsäuren	31
Himbeeren	82, 83
Beeren-Mandel-Kuchen	301
Beeren-Pfirsich-Aprikoseneis	289
Beerensorbet	295
Birnen-Beeren-Kuchen	300
Frische Beerensauce	299
Himbeersauce	299
Kirsch-Himbeer-Streusel	302
Pfirsich-Himbeer-Streusel	302
Quarkspeise mit Früchten	292
Schokoladen-Käse-Kuchen mit Himbeeren	298
Homocystein	36, 113
Honig	
Putenfrikadelle mit Honig-Senf-Sauce	252
Gebratene rosa Grapefruit	288
Honigmelone	119
Hormone	13, 16, 28
Hühnchen	48, 101–102
Geflügelpastete mit Vollkornkruste	248
Hähnchenbrustfilets mit Pfirsich und Ingwer	244
Hähnchen-Cordon bleu	246
Hähnchengeschnetzeltes in Apfelsauce	246
Hühnerkeule auf marokkanische Art, mit Butternutkürbis und kleinen Zwiebeln	247
Hühnerkeulen aus dem Ofen	249
Hühnersuppe nach afrikanischer Art	232
Nudelsalat mit Hähnchenbrust und Erdnuss-Dressing	220
Salat mit gebratener Hähnchenbrust und Orangenfilets	214
Hummer	117, 118
Hunger	13, 21, 29, 65, 66
Hybridfrüchte	135

I

Ingwer	
Bulgur mit Ingwer und Orange	275
Gedünsteter Spinat mit Ingwer und Sojasauce	287
Hähnchenbrustfilets mit Pfirsich und Ingwer	244
Püree aus Süßkartoffeln mit frischem Ingwer und Orange	278
Insulin	
Blutzuckerspiegel	13
Diabetes	16
Eiweiß	28
Herz-Kreislauf-Erkankungen	14
Insulinresistenz	17–19
Low-Carb-Diäten	36–37
Stimmung und Gedächtnis	16
Inuit, Ernährung	93
Isoflavone	144
Italienisches Essen	69

J

Jasminreis	156, 157
Joghurt	103–104
Beeren-Joghurt-Getränk mit Leinsamen	212
Beerenkaltschale mit Nektarinen und Pflaumen	289

Beeren-, Pfirsich- und Aprikoseneis 289
Burritos mit schwarzen Bohnen und
   Süßkartoffeln 274
Gebratene Pflaumen mit Orangensirup 296
Rote Linsensuppe mit Curry 230
Schnelles Erdbeer-Joghurt-Eis 289

K

Kabeljau 93
Kaffee 62, 72, 105
   Geeister Kaffeedrink 213
Kalium 76, 88, 129, 145, 147
Kalorien 13, 17, 52–53
Kalzium 83, 86, 103, 106–107, 121, 125, 138
Karotinoide 76, 119, 137, 145, 147
Kartoffeln 27, 40–41, 45, 57, 58, 62
Käse 106–107
   Blumenkohl-Spinat-Auflauf 282
   Burritos mit schwarzen Bohnen und
      Süßkartoffeln 274
   Gefüllte Kirschtomaten mit Käsepesto 202
   Käsemakkaroni mit Spinat 264
   Käsemakkaroni »Tex-Mex« 265
   Omelett mit Brokkoli und Käse 195
   Omelett mit Spinat und Ziegenkäse 194
   Mediterraner Salat mit Edamame 224
   Penne mit Spargel, Ricotta und Zitrone 264
   Pizza mit Pilzen und Kräutern 268
   Spinat-Hackfleisch-Lasagne 267
Käsekuchen
   Heidelbeer-Quark-Schnitten 291
   Schokoladen-Käse-Kuchen mit Himbeeren 298
Ketone 35, 36
Kichererbsen 81–82
   Indische Kichererbsencreme 209
Kidneybohnen
   Graupensuppe mit Bohnen 229
   Linsen-Bohnen-Chili 273
   Putenchili mit Avocado-Salsa 252
Kirschen 108, 133
   Clafoutis mit Kirschen 300
   Kirsch-Mandel-Kuchen 301
   Quarkspeise mit Früchten 292
Kleie 100, 109–110
   Apfelmuffins 198
Klebreis 156
Knoblauch
   Putenchili mit Avocado-Salsa 252
Koffein 105
Kohlenhydrate 24–27
   Blutzuckerspiegel 14
   Frühstück 168
   Glykämische Last 25, 40–41, 55–58
   Glykämischer Index 24
   Low-Carb-Diäten 34–37

Nahrungsmittel mit Wunderwirkung 39–43
Stress 65
Zwischenmahlzeiten 178
Koriander
   Pilaw mit Vollkornreis, Zitrone und geröstetem
      Leinsamen 276
   Quinoa mit Chilischoten und Koriander 278
Korinthen
   Spinat mit Pinienkernen und Korinthen 268
Körperfett 14, 29
   Low-Carb-Diäten 35
Körpergewicht
   Abnehmen 29, 31, 53–54
   Blutzuckerspiegel 13–14
   Low-Carb-Diäten 35, 37
   Übergewicht 13, 14–15
Krabben 117, 118
   Krabben-Gersten-Topf 260
   Krabben- und Muscheleintopf 259
   Vollkornpizza mit Pilzen und Krabben 270
Kraut
   Gemischter Krautsalat 220
   Schweinekoteletts mit Pfannengemüse 242
Krebs
   Brustkrebs 15
   Dickdarmkrebs 15
   Endometriumkrebs 15
   Prostatakrebs 15
Kümmel
   Rosenkohl-Paprika-Gemüse mit Kümmel 284
Kupfer 117, 118, 125
Kürbis
   Hühnerkeule auf marokkanische Art, mit
      Butternutkürbis und kleinen Zwiebeln 247
   Würziges Curry aus Butternutkürbis 282
Kürbissamen 138

L

Lachs 93, 94
   Canapés mit Räucherlachs 205
   Lachsfilet auf Linsen 257
   Lachs mit Zitronen-Dill-Sauce 258
   Pumpernickel mit Lachs und Wasabi-Creme 226
   Warmer Lachssalat mit Oliventoast 258
Lactobacillus acidophilus 103
Lamm 113
   Eintopf mit Lammfleisch und Frühlingsgemüse 238
   Lammkoteletts mit Senfkruste 241
Langkorn-Reis 157
Lauch
   Krabben- und Muscheleintopf 259
LDL-Cholesterin 19, 30, 36, 37, 50
Leinöl 115
Leinsamen 114–115
   Beeren-Joghurt-Getränk mit Leinsamen 212

Haferflockenbrei mit Apfel	192
Pilaw mit Vollkornreis, Zitrone und geröstetem Leinsamen	276
Vollkorn-Leinsamen-Brot	196
Vollkornreis mit Leinsamen, Limette und Koriander	277
Leptin	13
Ligane	84, 114, 128, 133, 136, 154
Limette	52
Heidelbeer-Melonen-Salat	288
Quinoa mit Chilischoten und Koriander	277
Limonen	162
Linguine	
Orientalischer Nudeleintopf	233
Linsen	47, 116
Griechischer Linsensalat	223
Lachsfilet auf Linsen	257
Linsen-Bohnen-Chili	273
Rote Linsensuppe mit Curry	230
Low-Carb-Diäten	35–37
Lutein	86, 88, 137, 145
Lycopin	119, 152, 164

M

Magnesium	76, 114, 145, 156, 158
Mahlzeiten	
Abendessen	32, 180–185
blutzuckersteigernde	11, 12, 16
Dessert	186–190
Frühstück	32, 168–171
Mittagessen	32, 172–177
Zwischenmahlzeiten	178–179
Maismehl	
Tortilla-Chips	210
Makkaroni	
Käsemakkaroni mit Spinat	265
Käsemakkaroni »Tex-Mex«	265
Makrele	93
Mandarine	163
Mandeln	89
Beeren-Mandel-Kuchen	300
Preiselbeer-Apfel-Streusel	301
Würzige Mandeln	205
Mangan	99, 156, 161
Mangold	
Vollkornnudeln mit Tomatensauce, Bohnen und Mangold	266
Meeresfrüchte	
Austern	30, 49, 51, 76, 139
Hummer	117, 118
Krabben	118
Krabben-Gersten-Topf	260
Krabben- und Muscheleintopf	259
Muscheln	118–119
Vollkornpizza mit Pilzen und Krabben	270

Mehl	
Gerstenmehl	98
Hafermehl	100
Kichererbsenmehl	81
Verarbeitung	27
Vollkornmehl	163–164
Melone	119–120, 131
Heidelbeer-Melonen-Salat	288
Menopause	15
Metabolisches Syndrom	18, 19
Mexikanisches Essen	70
Milch	48, 62, 106, 121
Milchprodukte	36, 48, 56
siehe auch Käse, Milch usw.	
Minze	
Salat aus Weizenkörnern, getrockneten Aprikosen und Minze	277
Mirin	227
Miso	143
Mittagessen	172–177
Mix Pickles	52
Möhren	122
Bulgur mit Ingwer und Orange	275
Geflügelpastete mit Vollkornkruste	248
Graupensalat mit Zuckerschoten und Zitronendressing	216
Mit Süßkartoffelpüree überbackene Putenpaste	250
Nudelsalat mit Hähnchenbrust und Erdnuss-Dressing	200
Nudelauflauf mit Putenfleisch und Spinat	251
Rindfleisch-Eintopf	238
Roggensandwich mit Thunfisch und Möhren	229
Würzige Möhren nach marokkanischer Art	286
Müdigkeit	21
Muffins	
Apfelmuffins	198
Heidelbeer-Hafer-Muffins	198
Umgedrehte Nektarinenmuffins	200
Muscheln	118–119
Krabben- und Muscheleintopf	259
Müsli	64, 168
Hafer-Erdnuss-Riegel	211

N

Nektarinen	
Beerenkaltschale mit Nektarinen und Pflaumen	289
Umgedrehte Nektarinenmuffins	200
Neurotransmitter	16
Nieren, Low-Carb-Diäten	36
Nudeln	27, 64, 123–124
Glykämische Last	41
Griechischer Nudel-Hackfleisch-Auflauf	240–241
Käsemakkaroni mit Spinat	264
Krabben-Gersten-Topf	260
Nudelauflauf mit Putenfleisch und Spinat	251

Nudelsalat mit Gartengemüse	*223*
Nudelsalat mit Hähnchenbrust und Erdnuss-Dressing	*200*
Orientalischer Nudeleintopf	*233*
Penne mit Spargel, Ricotta und Zitrone	*264*
Penne mit Tomaten-Auberginen-Sauce	*262*
Spinat-Hackfleisch-Lasagne	*267*
Vollkornnudeln mit Tomatensauce, Bohnen und Mangold	*266*
Nüchtern-Blutzucker	18, 19
Nüsse	51, 63, 125–126, 139
Glykämische Last	*56*
siehe auch Mandeln, Walnüsse usw.	

O

Obst	66, 130–131, 186
Ballaststoffe	*31*
Beeren	*77–78, 131*
Fruchtsäfte	*45, 56, 62, 163, 168*
Glykämische Last	*56, 57*
Glykämischer Index	*25*
Low-Carb-Diäten	*36*
Nahrungsmittel mit Wunderwirkung	*40, 44–45*
Zitrusfrüchte	*52, 131, 163–164*
Zucker	*26*
siehe auch Äpfel, Beeren, Zitrone usw.	
Oliven	127
Gebratene Fischsteaks mit Tomaten-Oliven-Sauce	*256*
Marinierte Oliven	*202*
Vollkornpizza mit Brokkoli und Oliven	*270*
Warmer Lachssalat mit Oliventoast	*258*
Olivenöl	49, 51, 127–128, 139
Omega-3-Fettsäuren	
Fisch	*31, 48, 50, 93*
Leinsamen	*50, 114*
Omega-3-Eier	*86*
Omelett	
Omelett mit Brokkoli und Käse	*195*
Omelett mit Spinat und Ziegenkäse	*194*
Pilzomelett	*195*
Oolong-Tee	150, 151
Orangen	163, 164
Bulgur mit Ingwer und Orange	*275*
Gebratene Pflaumen mit Orangensirup	*296*
Heidelbeer-Hafer-Muffins	*198*
Orangen-Granatapfel-Salat	*292*
Püree aus Süßkartoffeln mit frischem Ingwer und Orange	*278*
Rindfleischpfanne mit Brokkoli und Paprika	*234*
Salat mit gebratener Hähnchenbrust und Orangenfilets	*214*
Orzi-Nudeln	
Krabben-Gersten-Topf	*260*
Östrogen	112

P

Paprika	
Graupensalat mit schwarzen Bohnen	*216*
Graupensalat mit Zuckerschoten und Zitronendressing	*216*
Käsemakkaroni »Tex-Mex«	*265*
Paprika-Walnuss-Sauce	*227*
Pilaw mit Graupen und Pilzen	*276*
Rindfleischpfanne mit Brokkoli und Paprika	*234*
Rosenkohl-Paprika-Gemüse mit Kümmel	*284*
Sandwich mit gebratenen Auberginen und Paprika-Walnuss-Sauce	*227*
Paranüsse	122
»Parboiled« Reis	157
Pastete	
Geflügelpastete mit Vollkornkruste	*248*
Mit Süßkartoffelpüree überbackene Putenpaste	*250*
Putenpastete mit Vollkornkruste	*249*
Pektin	74, 88, 108, 163
Perlgraupen	98
Pesto	
Gefüllte Kirschtomaten mit Käsepesto	*202*
Pfannkuchen	192
Pfirsich	129–132
Beeren-, Pfirsich- und Aprikoseneis	*289*
Eistee mit Pfirsich	*213*
Hähnchenbrustfilets mit Pfirsich und Ingwer	*244*
Pfirsich-Himbeer-Streusel	*302*
Schweinelende mit würziger Kruste und Pfirsich-Salsa	*243*
Pilaw	
Pilaw mit Graupen und Pilzen	*276*
Pilaw mit Vollkornreis, Zitrone und geröstetem Leinsamen	*276*
Pilze	
Geflügelpastete mit Vollkornkruste	*248*
Orientalischer Nudeleintopf	*233*
Pilaw mit Graupen und Pilzen	*276*
Pilzomelett	*195*
Pizza mit Pilzen und Kräutern	*268*
Vollkornpizza mit Pilzen und Krabben	*270*
Pinienkerne	125
Caponata	*201*
Spinat mit Pinienkernen und Korinthen	*286*
Pistazien	125
Pizza	63, 65
Pizza mit Pilzen und Kräutern	*268*
Schneller Pizzateig aus Vollkornmehl	*268*
Vollkornpizza mit Brokkoli und Oliven	*270*
Vollkornpizza mit Pilzen und Krabben	*270*
Pflaumen	129, 132
Beerenkaltschale mit Nektarinen und Pflaumen	*289*
Gebratene Pflaumen mit Orangensirup	*296*
Pflaumen-Nuss-Streusel	*302*
Plumcots	132

Pluot	132
Polyphenole	99
Portionsgrößen	40, 41, 52–54, 66, 186
Prä-Diabetes	20, 22
Preiselbeeren	77
Preiselbeer-Apfel-Streusel	301
Prostatakrebs	15
Protein *siehe* Eiweiß	
Pumpernickel	133
Pumpernickel mit Lachs und Wasabi-Creme	226
Pute	48, 101–102
Mit Süßkartoffelpüree überbackene Putenpaste	250
Nudelauflauf mit Putenfleisch und Spinat	251
Putenchili mit Avocado-Salsa	252
Putenfrikadelle mit Honig-Senf-Sauce	252
Putenhackbällchen in Tomatensauce	254
Putenpaste mit Vollkornkruste	249

Q

Quinoa	
Quinoa mit Chilischoten und Koriander	278

R

Raita	272
Rapsöl	51
Reis	40, 41
Glykämische Last	44, 63
Kleie	109
Kochen	27
Pilaw mit Vollkornreis, Zitrone und geröstetem Leinsamen	277
Stärke	26
Vollkornreis	156–157
Vollkornreis mit Leinsamen, Limette und Koriander	277
Restaurant, Essen in	54, 63, 67–71
Resveratrol	89
Rhabarber	
Rhabarber-Heidelbeer-Streusel	301
Rindfleisch	63, 134–135
Griechischer Nudel-Hackfleisch-Auflauf	240
Pikanter Hackbraten mit Gemüse	239
Rindfleisch-Eintopf	238
Rindfleischpfanne mit Brokkoli und Paprika	234
Rumpsteak mit Balsamico-Sauce	237
Risotto	
Graupenrisotto mit Spargel und Zitrone	272
Roggen	
Deftige Erbsensuppe mit Croutons	230
Pumpernickelbrot	133
Roggenbrot	136
Roggensandwich mit Thunfisch und Möhren	229
Rollgerste	98

Rosenkohl	137
Rosenkohl-Paprika-Gemüse mit Kümmel	284
Rosinen	
Birnen-Rosinen-Kuchen	301
Spinat mit Pinienkernen und Korinthen	286
Rutin	117

S

Salat	44, 65
Cannellinisalat mit Thunfisch	217
Dressing	63
Gemischter Krautsalat	220
Graupensalat mit schwarzen Bohnen	216
Graupensalat mit Zuckerschoten und Zitronendressing	216
Griechischer Linsensalat	223
Heidelbeer-Melonen-Salat	288
Mediterraner Salat mit Edamame	224
Nudelsalat mit Gartengemüse	223
Nudelsalat mit Hähnchenbrust und Erdnuss-Dressing	220
Orangen-Granatapfel-Salat	292
Salat mit gebratener Hähnchenbrust und Orangenfilets	214
Spinat-Avocado-Salat mit Mohndressing	224
Warmer Lachssalat mit Oliventoast	258
Samen	48, 51, 138, 140
rösten	138
Sandwich/Belegte Brote	72, 180
Pumpernickel mit Lachs und Wasabi-Creme	226
Roggensandwich mit Thunfisch und Möhren	229
Sandwich mit gebratenen Auberginen und Paprika-Walnuss-Sauce	227
Saponine	99
Sardinen	93
Sauerkraut	52, 112
Sauerteigbrot	52, 141
Säurehaltige Lebensmittel	32, 40, 51–52
Schalotten	128
Schellfisch	93
Schokolade	
Hafer-Erdnuss-Riegel	211
Schokoladen-Käse-Kuchen mit Himbeeren	298
Schwangerschaft	14
Schwarze Bohnen	
Burritos mit schwarzen Bohnen und Süßkartoffeln	274
Graupensalat mit schwarzen Bohnen	216
Mexikanische Bohnencreme	209
Putenchili mit Avocado-Salsa	252
Schweinefleisch	142
Mexikanischer Eintopf mit Schweinefleisch	238
Schweinekoteletts mit Pfannengemüse	242
Schweinelende mit würziger Kruste und Pfirsich-Salsa	243

317

Schwertfisch	94
Gebratene Fischsteaks mit Tomaten-Oliven-Sauce	256
Sehvermögen, beeinträchtigtes	21
Selen	101, 117, 118, 125, 138, 156, 158
Senf	33, 52
Lachsfilet auf Linsen	257
Lammkoteletts mit Senfkruste	241
Putenfrikadelle mit Honig-Senf-Sauce	252
Sesam	138
Bulgur mit Möhrensaft und Sesam	275
Gedünsteter Spinat mit Ingwer und Sojasauce	287
Hühnerkeulen aus dem Ofen	249
Snacks	40, 44, 65, 178–179
Rezepte	201–211
Sojabohnen	143, 144
Mediterraner Salat mit Edamame	224
Sojaprodukte	47–48, 58, 143–144
Sonnenblumenkerne	138, 140
Sorbet	
Beerensorbet	295
Zitronensorbet	295
Spargel	
Gebratenes Frühlingsgemüse mit Tofu	271
Graupenrisotto mit Spargel und Zitrone	272
Penne mit Spargel, Ricotta und Zitrone	264
Spinat	145–146
Blumenkohl-Spinat-Auflauf	282
Dhal mit Spinat	272
Gedünsteter Spinat mit Ingwer und Sojasauce	287
Graupensuppe mit Bohnen	229
Käsemakkaroni mit Spinat	264
Nudelauflauf mit Putenfleisch und Spinat	251
Omelett mit Spinat und Ziegenkäse	194
Scholle nach Florentiner Art	255
Spinat-Avocado-Salat mit Mohndressing	224
Spinat-Hackfleisch-Lasagne	267
Spinat mit Pinienkernen und Korinthen	286
Splittererbsen	
Deftige Erbsensuppe mit Croutons	230
Dhal mit Spinat	272
Mediterrane Erbsencreme	208
Stärke	13, 25–26, 27
Steinobst	129–132
Sterine	117, 138
Stimmungsschwankungen	16
Stoffwechsel	14, 29, 30
Fettstoffwechsel	18, 19
Stress, Kohlenhydrate und	65
Streuselkuchen	
Kirsch-Himbeer-Streusel	302
Pfirsich-Himbeer-Streusel	302
Pflaumen-Nuss-Streusel	302
Preiselbeer-Apfel-Streusel	301
Rhabarber-Heidelbeer-Streusel	302
Sulforaphan	92

Suppen	
Deftige Erbsensuppe mit Croutons	230
Graupensuppe mit Bohnen	229
Hühnersuppe nach afrikanischer Art	232
Rote Linsensuppe mit Curry	230
Süßigkeiten	40, 51
Süßkartoffeln	147–148
Burritos mit schwarzen Bohnen und Süßkartoffeln	274
Hühnersuppe nach afrikanischer Art	232
Mit Süßkartoffelpüree überbackene Putenpaste	250
Püree aus Süßkartoffeln mit frischem Ingwer und Orange	278
Süßkartoffeln aus dem Ofen	281

T

Taillenumfang	18, 19
Tee	150–151
Beeren-Eistee	213
Eistee mit Pfirsich	213
Gewürztee (Chai)	210
Tempeh	143, 144
Thailändisches Essen	71
Thunfisch	93
Cannellinisalat mit Thunfisch	218
Roggensandwich mit Thunfisch und Möhren	229
Warmer Thunfischsalat mit Oliventoast	259
Tofu	143, 144
Beeren-Mandel-Kuchen	300
Gebratenes Frühlingsgemüse mit Tofu	271
Orientalischer Nudeleintopf	233
Schokoladen-Käse-Kuchen mit Himbeeren	298
Tomaten	152
Burritos mit schwarzen Bohnen und Süßkartoffeln	274
Caponata	201
Dhal mit Spinat	272
Gebratene Fischsteaks mit Tomaten-Oliven-Sauce	256
Gefüllte Kirschtomaten mit Käsepesto	202
Graupensuppe mit Bohnen	229
Griechischer Nudel-Hackfleisch-Auflauf	240
Hühnersuppe nach afrikanischer Art	232
Krabben-Gersten-Topf	260
Linsen-Bohnen-Chili	273
Mediterraner Salat mit Edamame	224
Penne mit Tomaten-Auberginen-Sauce	262
Putenchili mit Avocado-Salsa	252
Putenhackbällchen in Tomatensauce	254
Rindfleisch-Eintopf	238
Vollkornnudeln mit Tomatensauce, Bohnen und Mangold	266
Topinambur	153
Topinambur-Puffer	281
Trans-Fettsäuren	50

Triglyzeride	15, 18, 19, 20, 32
Trockenfrüchte	45, 58, 132
Tropische Früchte	45

U
Unterzuckerung	13, 33

V
Vanadium	145
Vegetarische Gerichte	271–274
Vinaigrette	
Brokkoli mit Zitronen-Vinaigrette	287
Vitamin B	106, 118, 134, 142, 157
Vitamin C	74, 77, 79, 83, 108, 112, 119, 122, 137, 145, 147, 152, 162, 163, 165
Vitamin D	86, 120
Vitamin E	76, 90, 125, 138, 158
Vitamin K	86, 145
Vollkornbrösel, frische	254
Vollkornbrot	154–155
Vollkorngetreide	36, 159
Ballaststoffe	31
Vollkorn-Leinsamen-Brot	196
Vollkorn-Fladen	
Knusprige-Pitta-Ecken	210
Vollkornmehl	154–155
Vollkornpfannkuchen oder -waffeln	192
Vollkornreis	156–157
Pilaw mit Vollkornreis, Zitrone und geröstetem Leinsamen	276
Vollkornreis mit Leinsamen, Limette und Koriander	277

W
Waffeln	
Vollkornpfannkuchen oder –waffeln	192
Walnüsse	125
Preiselbeer-Apfel-Streusel	301
Pumpernickel mit Lachs und Wasabi-Creme	226
Sandwich mit gebratenen Auberginen und Paprika-Walnuss-Sauce	227
Wasabi	227
Wassermelone	119
Wein	33, 52
Rindfleisch-Eintopf	238
Weißer Tee	151

Weizen	
Kleie	109–110
Nudeln	123
Weizenkeime	158
siehe auch Bulgur	
Weizenkörner	160
Salat aus Weizenkörnern, getrockneten Aprikosen und Minze	277
Wildreis	157
Wundheilung, schlechte	21

Y
Yams	147

Z
Zeaxanthin	88, 137
Zestenreißer	234
Ziegenkäse	
Omelett mit Spinat und Ziegenkäse	194–195
Zimt	148, 161
Würzige Möhren nach marokkanischer Art	286
Zink	76, 107, 113, 117, 118, 134, 138, 158
Zitrone	52, 131, 162
Brokkoli mit Zitronen-Vinaigrette	287
Cannellinisalat mit Thunfisch	218
Graupensalat mit schwarzen Bohnen	216
Heidelbeer-Quark-Schnitten	291
Lachs mit Zitronen-Dill-Sauce	258
Penne mit Spargel, Ricotta und Zitrone	291
Pilaw mit Vollkornreis, Zitrone und geröstetem Leinsamen	276
Salat aus Weizenkörnern, getrockneten Aprikosen und Minze	277
Zitronensorbet	295
Zitrusfrüchte	52, 131, 163–164
Zucchini	
Zucchini-Frittata	195
Zucker	26–27
Zuckerschoten	
Graupensalat mit Zuckerschoten und Zitronendressing	216
Zwiebel	165–166
Hühnerkeule auf marokkanische Art, mit Butternutkürbis und kleinen Zwiebeln	247
Rindfleisch-Eintopf	238
Zwischenmahlzeiten	178–179

Bildnachweis
© Reader's Digest/Elizabeth Watts
außer den folgenden:

Hintergrund Cover: iStockphoto.com
10 iStockphoto.com/Pavel Losevsky
12 M. l.: iStockphoto.com
17 Photolibrary Group/Walter Hodges
23 ShutterStock, Inc/lofoto
27 ShutterStock, Inc/Tomo Jesenicnik
29 o.: iStockphoto.com/Eric Gevaert
31 iStockphoto.com/Graeme Gilmour
33 Getty Images Ltd/Superstudio
34 Photolibrary Group/Dennis Galante
38 Getty Images Ltd/Noel Hendrickson
41 ShutterStock, Inc/Galina Barskaya
42 ShutterStock, Inc/AG Photographer
45 iStockphoto.com/Olga Lyubkina
48 ShutterStock, Inc/Ronen Boidek
51 iStockphoto.com/Ivan Mateev
52 ShutterStock, Inc/Maja Schon
54 ShutterStock, Inc/Dan Peretz
59 Getty Images Ltd/Superstudio
71 ShutterStock, Inc/Graca Victoria
83, 85, 88, 91, 109, 113, 116: Reader's Digest/Ian Hofstetter
125 iStockphoto.com/Robyn Mackenzie
130, 156: Reader's Digest/Ian Hofstetter
166 iStockphoto.com
169 o.: Matton Images/Creativ Studio Heinemann
169 u., 178 o. l., o. r., u. r.: Reader's Digest/Ian Hofstetter
179 o. l., M. r., u. l.: Reader's Digest
179 M. l.: ShutterStock, Inc/Harris Shiffman
187 u., 189 o., 189 u.: Reader's Digest
190 o.: mauritius images/Westend61
190 u., 293: mauritius images/foodcollection
294 Reader's Digest
303 r.: mauritius images/foodcollection